JN116488

山本貴啓 ［著］

［第3版］ ゼミナール監査論

創 成 社

はじめに

　日本経済は長い低成長時代に入り，遂にはデフレ経済脱却のためマイナス金利政策にまで依拠せざるをえないほど逼迫した状況下にある。こうした低成長時代を反映し，日本を代表する大手メーカーで大型の会計不祥事が相次ぎ，公認会計士監査に対し厳しい批判の声が寄せられ，監査に対する世間の関心は高まっているものと思われる。公認会計士は資本主義の番人と言われるが，縁の下の力持ち的な存在で皮肉なことに，監査が有効に機能しているときにはその重要性が注目されることはないが，いざ監査の失敗により会計不正を見抜けなかった時だけ負の意味で脚光を浴びてしまうのである。

　本書は，学部で公認会計士監査に興味を抱き監査論の講義を受講される学生の方を対象に，日本公認会計士協会監査基準委員会が公表する監査基準委員会報告書をベースに，監査論上の主要論点を解説したものである。監査基準委員会報告書は内容だけでなく日本語としても非常に難解であり，いきなり原文に当たるのは難しい。本書では委員会報告書の必要なエッセンスを抽出し，解釈が難しい箇所には詳細な解説を加えてある。よって学部の学生のみならず，公認会計士試験受験生や会計専門職大学院の学生の方々，さらには公認会計士や税理士の実務家を含めた幅広い層の方々にも十分に対応しうるものと考える。

　本書の構成について簡単に触れておくが，第1章から第4章までは，監査の導入的な議論として第1章では主に監査人にとって遵守が求められる規範たる監査基準や監査の目的や監査の限界について，また第2章では，監査の法的根拠としての金融商品取引法及び会社法それぞれの監査制度につき解説している。さらに第3章では，監査主体である公認会計士や監査法人を巡る公認会計士法上の規制，そして第4章では，監査基準の一般基準について触れている。第1章については，本書全体を通読した後再度読まれることを希望する。

　そして第5章から第8章までは，監査実施上の主要論点と監査報告を扱い，第5章ではリスク・アプローチに基づく監査の実施やグループ監査，会計上の

見積りの監査，監査の品質管理を，そして第 6 章では昨今の会計不正への対応として新設された監査に関する不正リスク対応基準を中心とする監査上の不正への対応，第 7 章で監査報告，第 8 章で継続企業の前提に関する監査人の検討を扱っている。第 7 章の最後のページで掲げた監査基準委員会研究報告第 1 号第 21 項のリスクモデルに関する監査基準委員会報告書の相互関係は監査実施論の全体像をつかむ上で非常に有意義であるので，折につけ参照されたい。

　そして最後の第 9 章と 10 章において，主要な監査業務として内部統制監査及び四半期レビュー制度を解説している。紙面の都合上割愛せざるを得なかった論点も無論あるが，現代の監査論を理解する上での主要論点はほぼ網羅できたのではないかと思う。

　私事に渡り恐縮であるが本書の完成に至るまでの間は，東京海洋大学教授であった義兄が病気で車椅子生活となった後早逝し，また父が脳梗塞で倒れ左半身不随となるなど身内にいろいろと大変な事が重なった時期であった。室生犀星の絶筆となった「老いたるえびのうた」は「けふはえびのやうに悲しい」で始まり，「からだじゅうが悲しいのだ」で終わるが，まさにこの悲しみが我事として感じるところとなった。

　人は誰しもこのような悲しみを我が身のこととして感じる時が必ず来るのであろうし，それが年をとるということなのであろう。編集の仕事をしていた父は本書の完成を楽しみにしており，倒れた直後は，執筆は進んでいるかと発破をかけられたものであったが，老人保健施設入所後はひたすら家に帰りたいとこぼすようになり，執筆のことを尋ねることはなくなった。ようやく完成までにこぎつけた今，父と志半ばにして旅立った義兄，また来年米寿を迎える母に，そして現在えびのような悲しみを体中に感じる境遇にある方々へのエールとして，本書を捧げたいと思います。

　なお株式会社創成社の西田徹氏を初めとする方々には，本書の完成に至るまで本当にお世話になりました。この場を借りて感謝申し上げます。

　2016 年 10 月吉日

山本貴啓

第3版発行にあたって

　改訂版発行より早3年がたち，この度第3版を上梓できたことを嬉しく思う。この間，アサーション・レベルで再度固有リスクと統制リスクを分けて評価する，先祖返りの内容となった監査基準の改正を受け，公表された監査基準報告書315でのリスク評価の精緻化や新たな内部統制の扱い，また新たにリスク・アプローチに基づく品質管理システムを導入した「監査の品質管理に関する基準」と品質管理基準委員会報告書第1号及び第2号及び監査基準報告書220の公表，公認会計士法上の上場会社等の監査における登録制の導入及びそれに伴う金融商品取引法の改正，更には財務報告に係る内部統制の評価及び監査の基準の改正等があり，また倫理規則改正に伴い監査報告書上で報酬関連情報の開示が予定されるなど，監査ビッグバンともいうべき大改正が雨後の筍の如く続き，いろいろと大変な中での改訂作業であった。昨今はグレイステクノロジーやEduLab，また日本M&Aセンターホールディングス等大手監査法人が担当する会社での会計不正が相次ぎ，公認会計士監査に厳しい目が注がれる中，こうした改正点を逐次フォローした上で，現場に立つ公認会計士の苦労は如何なるものであろうか。現在，監査法人に所属する会計士の割合は減り，一般事業会社に転職する企業内会計士が増えていると聞く。今後，会計士業界に明るい展望は開けているのであろうか，いささか不安に思う。

　第3版においても上記改正点をはじめ，重要論点を取り扱っており，学部で監査論の講義を受講する学生や，公認会計士試験受験生や会計専門職大学院の院生，さらに公認会計士や税理士をはじめとする実務家を含めた幅広い層の方々にも，十分役立てていけるものと考える。なお紙面の制約上，本文にて触れることのできなかった，第1章3.の内容に関する令和4年12月の金融庁金融審議会ディスクロージャーワーキンググループの四半期開示改正案，そして第1章（3）②の訂正内部統制報告書の留意点についてここで触れておきたい。

　まず現状の第1・第3四半期報告書につき金商法上の開示義務を撤廃し，取

引所規則に基づく四半期決算短信に一本化する。監査人のレビューは任意であるが，会計不正等が起こった場合には一定期間義務付ける。またセグメント情報等の投資家の要望が特に強い情報については内容を拡充し，虚偽記載に対しては取引所のエンフォースメントをより適切に実施していくが，相場変動等の意図的で悪質な虚偽記載については，金商法上の罰則対象となる。また半期報告書につき，上場企業には現行の第2四半期報告書と同程度の記載内容と監査人のレビューを求め，提出期限を決算後45日以内とし，非上場企業も同一の枠組みを選択可とする。そして半期報告書及び臨時報告書の金融商品取引法上の公衆縦覧期間をそれぞれ現行の3年，1年から共に5年間へと延長している。

　また訂正内部報告書については先の基準の意見書で，訂正の理由が十分に開示されることが重要であり，当該報告書において具体的な訂正の経緯や理由の開示を求めるために，関係法令について所要の整備を行うことが適当である，とされている。

　最後にまた私事となり恐縮であるが，昨年2月母はついに帰らぬ人となった。生憎，大学の学務の中，訪問医院から2日前の診察結果により急遽入院要との連絡を受け搬送先の病院にかけつけたが，コロナ禍につき面会謝絶の中，入院直前にほんの数分話をしたのが今生の別れとなり，その2週間後に亡くなった。92歳という年齢を考えれば大往生ではあるが，やはりこうした別れ方は一生悔いが残る。現在コロナへの警戒感は薄れているが，依然一日当たりの感染者数は千人を超え現時点で再度増加傾向にある。また死者数は令和3年から2年連続して戦後最多を更新するなど，我々の気付かない水面下で何か恐ろしい異常事態が進行しているのかもしれない。

　こうした状況下，亡くなられた方のご冥福を心よりお祈りするとともに，私のような悲しみを味わったご遺族の方々，そして全国の医療従事者及び救急車を出動する消防隊員の方々にエールの意味を込めて，そして天国で見守ってくれている亡き父母に，本書を捧げたいと思います。なおこの度も，株式会社創成社の西田徹氏をはじめとする方々には大変お世話になりました。この場を借りて厚く感謝申し上げます。

　2023年4月吉日

山本貴啓

目　次

はじめに

第3版発行にあたって

第5章　監査報告 ——————————— 209

第1章 公認会計士監査の基礎

1. 監査の目的と監査の意義

「監査基準」第一1によれば，「財務諸表の監査の目的は，経営者の作成した財務諸表が，一般に公正妥当と認められる企業会計の基準に準拠して，企業の財政状態，経営成績及びキャッシュ・フローの状況を全ての重要な点において適正に表示しているかどうかについて，監査人が自ら入手した監査証拠に基づいて判断した結果を意見として表明することにある。」とされる。

これはそのまま監査の意義ともとらえることができる。後段の，「監査人が自ら入手した監査証拠に基づいて判断した結果を意見として表明する」際においては，監査人は，一般に公正妥当と認められる監査の基準に準拠して監査を行う必要があり，監査の意義はより正確には，経営者の作成した財務諸表が一般に公正妥当と認められる企業会計の基準に準拠して，企業の財政状態，経営成績及びキャッシュ・フローの状況を全ての重要な点において適正に表示しているかどうかについて，監査人が一般に公正妥当と認められる監査の基準に準拠して監査を実施し，監査意見を表明するものであるといえる。

監査の目的は，平成14年改訂監査基準において設けられたもので，従来，監査基準が監査それ自体の目的を明確にしてこなかったため，監査の役割につき種々の理解を与え，これが**期待ギャップ**（監査人が監査において担う実際の役割と，社会が監査人に対して期待する役割とのギャップ）の発生要因となってきた。よって期待ギャップの解消を図り，監査基準の枠組みを決めるという意味合いを持つものとして，監査の目的が規定された。

監査の目的は，経営者が作成した財務諸表に対して監査人が意見を表明する

ことにあるとしており，財務諸表の作成に対する経営者の責任と，当該財務諸表の適正表示に関する意見表明に対する監査人の責任とを区別しているが，これを**二重責任の原則**という。

　自己監査は監査にあらずと言われ，経営者が自ら作成した財務諸表を自ら正しいと主張しても，また監査人が自ら作成に関与した財務諸表を適正と主張しても，いずれも自己証明になり，社会的な信用は得られない。身近な例としては，駆け出しの料理人が自分の料理を自らうまいと主張しても，それは単なる自己証明にすぎず，それだけで店が繁盛することにならない。しかし例えばミシュランガイドで，三ツ星の評価を得られるといった，社会的に認められた権威ある団体からお墨付きをもらうことで，初めて名声が上がり，客が押し寄せるようになるわけである。

　財務諸表監査もこれと同様である。株式会社は，それ自体社会から孤立して存在するわけではなく，さまざまな利害関係者との相互作用の中で存在する社会的存在である。

　つまり株式会社を巡っては，株主，投資者，銀行等のさまざまな利害関係者が存在し，そうした利害関係者に対し，自らの成績表として公表するのが財務諸表である。そして例えば投資者は財務諸表を基に投資の意思決定を行い，株価の上昇が見込まれる会社の株を買い，さらには下落が予想される会社の株は売却するといった具合に，利害関係者は財務諸表を判断の基準として当該会社との関わり方を決定するが，その際，財務諸表の信頼性が確保されていなければ，誤った意思決定を下すこととなる。

　財務諸表監査は，こうした財務諸表に対し公認会計士や監査法人といった，職業的専門家が会社とは独立の立場で財務諸表に重大な虚偽記載がないかチェックし，その結果を監査意見という形式で財務諸表の利用者に報告するものであり，これにより財務諸表の社会的信頼性を確保し，投資者をはじめとする利害関係者の保護を図るわけである。

　なお，監査の対象である財務諸表は，取締役会による監督及び監査役若しくは監査役会，監査等委員会又は監査委員会（以下，監査役若しくは監査役会，監査等委員会又は監査委員会を「監査役等」という）による監査のもとで，経営者が作成するもので，一般に公正妥当と認められる監査の基準は，経営者や監査役等の

責任を定めるものではなく，また経営者や監査役等の責任を規定する法令等に優先するものではない。

　ただし一般に公正妥当と認められる監査の基準に準拠した監査は，経営者が，図表1－1に掲げる責任を認識し理解しているとの前提（これを「監査実施の基礎となる経営者の責任に関する前提」（**監査実施の前提**とも省略される）という）に基づいて実施される（日本公認会計士協会監査基準報告書（以下「監基報」とする）200第4項，第12項2）。監査人は，監査契約の新規の締結又は更新の条件として，経営者が図表1－1の責任を認識し理解していることにつき，経営者と合意することが要求されている（監基報200A10項，以下数字の前に監基報を付けず番号のみで記載）。

図表1－1　監査実施の前提における経営者が認識し理解すべき責任

① **適用される財務報告の枠組み**（注1）に準拠して財務諸表を作成し適正に表示すること

② 不正か誤謬かを問わず，重要な虚偽表示のない財務諸表を作成するために経営者が必要と判断する内部統制を整備及び運用すること

③ 以下を監査人に提供すること

ア．経営者が財務諸表の作成に関連すると認識している記録や証憑書類等の**全ての**（注2）情報

イ．監査人が監査の目的に関連して経営者に依頼する，**全ての**（注2）追加的な情報

ウ．監査人が監査証拠を入手するために必要と判断した，**企業構成員への**（企業構成員に限定されていることに留意）制限のない質問や面談の機会

（注1）企業の特性と財務諸表の目的に適合するものとして，又は法令等の要求に基づいて，財務諸表の作成と表示において経営者が採用する財務報告の枠組みとされ（200第12項3），我が国において一般に公正妥当と認められる企業会計の基準を基本に考えられている。**一般目的の財務報告の枠組み**は，広範囲の利用者による利用を前提に汎用性のある枠組みとして設定され，認知されている会計基準設定主体（又は法令）が，広範囲の利用者に共通するニーズを調整・反映するための透明性のあるプロセス（つまり，デュープロセス）に従い，策定するものとなる。

　一方，**特別目的の財務報告の枠組み**は，特定の利用者の個別の財務情報に対するニーズに対応するため，例えば，ある一般目的の財務報告の枠組みを基礎としてその一部を適用除外とする等，一般目的の財務報告の枠組みを特

> 定の利用者のためにカスタマイズしたテーラーメード型の枠組みとなる（800
> 実務ガイダンス1号Q2・4）。
> （注2）全てのとあることから，それぞれに関連する限りは，いかなる情報も対象と
> なる。

　ここで二重責任の原則を考えるに当たっての，ケーススタディとして，平成18年の公認会計士の短答式試験で出題された以下の記述の正誤を少しばかり時間をとって，考えて頂きたい。

　「監査人が財務諸表の監査の実施過程において発見した不適切な事項について，経営者に対して当該不適切な事項の訂正を勧告し，その勧告を経営者が受入れた。この場合，当該訂正の適切性に関しては，監査人が第一義的な責任を負う。」この問題を考えるに当たり，公認会計士の監査の機能として，批判的機能と指導的機能を説明しておく。

　批判的機能とは，財務諸表が公正妥当な会計基準に照らして適正に表示されているか否かについて，批判的な検討を行い，監査意見を表明することを意味し，財務諸表監査においては最も重視される機能である。

　指導的機能とは，財務諸表の適正性を確保するため，あらかじめ不適正事項を是正するよう被監査会社に対し，助言を行い指導することをいう。

　投資者をはじめとする利害関係者保護のためには，批判的機能のみならず，指導的機能が大いに発揮されるべきことはいうまでもない。しかし二重責任の原則が示すように，本来的に財務諸表の作成責任は経営者にある。したがって監査人の指導を受け入れるか否かは経営者の裁量にあり，行き過ぎた指導的機能は結果として監査人と経営者が共同で財務諸表を作成することとなり，二重責任の原則に抵触する恐れが生じることに留意すべきであろう。

　以上を前提に先の問題に戻ろう。監査人が発見した不適切な事項の訂正勧告を経営者が受け入れ財務諸表を訂正した場合，監査人はその訂正が行われた財務諸表に対する意見について責任を負い，訂正自体が適切に行われたか否かについては，財務諸表の作成に係る事項であるため，その一義的な責任は経営者が責任を負うべきものである。仮に修正を強要すれば，監査人自ら財務諸表の作成に関わることとなり，二重責任の原則に反するので，経営者がその修正を

受け入れない場合には，監査人は当該事項の財務諸表全体に与える影響に応じ，限定付適正意見あるいは不適正意見を表明することで対応することになるが，除外事項（第5章参照）として経営者が修正を拒否した事実の記載まで要求されるものではない。またこのことから，新しい会計基準の適用につき，経営者が助言を求めてきた場合でも財務諸表の作成責任は経営者にあることから，当該助言は経営者の判断に関与しない範囲に留めておかねばならない。よって，答えは誤りとなる。

2．監査の目的の留意点と監査の限界

　監査の目的との関連において，先に二重責任の原則を説明したが，平成14年改訂監査基準前文三において，二重責任の原則以外に留意すべき点として，以下の図表1-2を挙げている。

　監査の目的の留意点から，監査人の監査意見の表明は，財務諸表には**全体として重要な虚偽の表示**がないことについて**合理的な範囲の保証**を与えるものであり，合理的な保証は絶対的ではないが**相当程度の心証**を得たことを意味すると，要約できる。

> **図表1-2　平成14年改訂監査基準における監査の目的の留意点**

(1)　監査人が表明する意見は，財務諸表が一般に公正妥当と認められる企業会計の基準に準拠して，企業の財政状態，経営成績及びキャッシュ・フローの状況をすべての重要な点において適正に表示しているかどうかについて**監査人が自ら入手した監査証拠に基づいて判断した結果を表明**したものであることを明確にした。

(2)　監査の対象となる財務諸表の種類，あるいは監査の根拠となる制度や契約事項が異なれば，それに応じて，意見の表明の形式は異なるものとなる。

(3)　適正意見と虚偽の表示との関係について，監査人が財務諸表は適正に表示されているとの意見を表明することには，財務諸表には**全体として重要な虚偽の表示がないことの合理的な保証を得た**との自らの判断が含まれていることを明確にした。

(4)　合理的な保証を得たとは，監査が対象とする財務諸表の性格的な特徴（例えば，財務諸表の作成には経営者による見積りの要素が多く含まれること）や監査の特性（例えば，

> 試査で行われること）などの条件がある中で，職業的専門家としての監査人が一般に公正妥当と認められる監査の基準に従って監査を実施して，**絶対的ではないが相当程度の心証を得た**ことを意味する。
>
> 　なお，監査報告書における適正意見の表明は，財務諸表及び監査報告書の利用者からは，結果的に，財務諸表には全体として重要な虚偽の表示がないことについて，**合理的な範囲で保証を与えているもの**と理解されることになる。

　ここで虚偽の表示については，あくまで重要な虚偽の表示であるから，重要でない軽微な虚偽の表示は含まない。また保証は合理的なものであり，絶対的なものではない。そしてその保証は全体として重要な虚偽の表示がないことについてのものであるから，財務諸表上の個々の項目のすべてについて，重要でない軽微な虚偽の表示が皆無であることまでを，100％保証するものではない，と読み替えることができる。

　一方，200第10項（1）では，財務諸表監査の実施における監査人の総括的な目的として，不正か誤謬かを問わず，全体としての財務諸表に重要な虚偽表示がないかどうかについて合理的な保証を得ることにより，財務諸表が全ての重要な点において適正に表示されているかどうかに関して，監査人が意見表明できるようにすること。とし，また監査意見は財務諸表全体に対するものであり，したがって，監査人が，財務諸表全体にとって重要でない虚偽表示についてまで発見する責任を負うものではない，としている（第6項）。

　ここで**不正**とは，不当又は違法な利益を得るために他者を欺く行為を伴う，経営者，取締役，監査役等，従業員又は第三者による意図的な行為，**誤謬**は，財務諸表の意図的でない虚偽表示をいい，金額又は開示の脱漏を含む，とされ，両者は財務諸表の虚偽表示の原因となる行為が意図的であるか否かにより，区別される（240第2項）。

　これにつき，古くより公認会計士の監査は，不正や誤謬の摘発そのものを目的とするものかどうか，ということが議論されてきた。「監査基準」の監査の目的には明示されていないが，先の200第10項（1）及び同第5項において，一般に公正妥当と認められる監査の基準は，監査人に，不正か誤謬かを問わず，財務諸表全体に重要な虚偽表示がないかどうかについて合理的な保証を得るこ

とを要求している，とされたことから，不正・誤謬自体の摘発が目的ではないが，不正・誤謬のうち重要な虚偽表示の原因となるものについて，注意を払うべきことが明確にされた，と解される。

　なお**虚偽表示**は，報告される財務諸表項目の金額，分類，表示又は注記事項と，適用される財務報告の枠組み（図表1－1①参照）に準拠した場合に要求される財務諸表項目の金額，分類，表示又は注記事項との間の差異をいい，誤謬又は不正から発生する可能性がある。監査人が，財務諸表が全ての重要な点において適正に表示されているかどうかに関して意見表明する場合，虚偽表示には，監査人の判断において，財務諸表が全ての重要な点において適正に表示されるために必要となる，金額，分類，表示又は注記事項の修正も含まれる（200 第12項（6））。ここで**注記事項**は，適用される財務報告の枠組みにより求められている，又は明示的か否かにかかわらず記載が認められている説明的若しくは記述的な情報から構成される。注記事項は，財務諸表本表において，又は脚注方式で記載されるが，財務諸表から他の文書に参照をすることによって財務諸表に組み込まれることもある（同A12－2項及びA12－3項参照）。

　また**合理的な保証**については，高い水準の保証であり，監査人が監査リスク（監査人が，財務諸表の重要な虚偽表示を看過して誤った意見を形成する可能性）を許容可能な低い水準に抑えるために，十分かつ適切な監査証拠を入手した場合に得られるものとしている。**監査証拠**は，監査人が意見表明の基礎となる個々の結論を導くために利用する情報をいい，財務諸表の基礎となる会計記録に含まれる情報及びその他の情報からなり，監査意見及び監査報告書を裏付けるために必要なものである（200 第12項，500 第4項）。そして監査人が監査意見を形成する基礎を得るための監査証拠を入手するために実施する手続を**監査手続**といい，監査人は，十分かつ適切な監査証拠を入手するために，個々の状況において適切な監査手続を立案し実施しなければならず，監査実施において，監査手続を実施して監査証拠を入手する（500 第4，6項，A3項）。

　一方，監査人は，監査リスクを零に抑えることまで期待されているわけではなく，またそれは事実上不可能である。よって，財務諸表に不正又は誤謬による重要な虚偽表示がないという絶対的な保証を得ることはできない。これは**監査の固有の限界**があるためであり，結果として監査人が結論を導き，意見表明

の基礎となる監査証拠の大部分は，絶対的というより心証的なものとなり，その意味で合理的な保証は絶対的な水準の保証ではなく，高い水準の保証となる。

　監査の固有の限界は，図表1－3にあるように，財務報告の性質，監査手続の性質及び監査を合理的な期間内に合理的なコストで実施する必要性を，原因として生じる。監査の固有の限界のため，**一般に公正妥当と認められる監査の基準に準拠して適切に監査計画を策定し監査を実施しても，重要な虚偽表示が発見されないというリスクは回避できないし，不正又は誤謬による財務諸表の重要な虚偽表示が事後的に発見された場合でも，そのこと自体が，一般に公正妥当と認められる監査の基準に準拠して監査が実施されなかったことを示すものでもない**。しかしながら，監査の固有の限界は，監査人が心証を形成するに至らない監査証拠に依拠する理由にはならず，監査が一般に公正妥当と認められる監査の基準に準拠して実施されたかどうかは，監査人の総括的な目的に照らして，**状況に応じて実施された監査手続，その結果得られた監査証拠の十分性と適切性，及びその監査証拠の評価に基づいた監査報告書の適切性**によって判断される（200A51項）。

図表1－3　監査の固有の限界

ⅰ）財務報告の性質（200A45項）

　財務諸表は記録と慣習と判断の総合的所産と言われる。つまり，財務諸表の作成においては，状況に応じた合理的な会計上の見積りを行い，適切な会計方針を選択及び適用する必要があるが，これには経営者の判断を伴う。そしてまた多くの財務諸表項目には，主観的な判断や評価又は不確実性が関連しており，合理的と考えられる解釈や判断に幅が存在する。したがって，一部の財務諸表項目は，財務諸表項目の残高に影響を与える固有の変動要因があり，その影響は追加の監査手続を実施してもなくすことはできない。これは例えば，貸倒引当金や繰延税金資産等のように，会計上の見積りを必要とする項目を考えればわかることであり，その意味で監査上の判断も，絶対の正確性を期すことはできないものとなる（A3・A45項）。

　この点につき，昭和25年7月設定の監査基準第一一般基準五において，「監査人の行う監査証明は，客観的事実の証明ではなくして，財務諸表の適否に関する意見の表明である。」としていた。

ⅱ）監査手続の性質（200A46 項）

　監査人による監査証拠の入手には，例えば，以下のような実務上及び法令上の限界がある。まず，経営者及びその他の者は意図的であるか否かにかかわらず，財務諸表の作成及び表示に関連する，又は，監査人が依頼した，全ての情報を提供しない可能性がある。よって，監査人は，関連する全ての情報を入手したとの保証を得るための監査手続を実施しても，**情報の網羅性**についての確信を持つことはできない。

　また不正は，その隠蔽のため巧妙かつ念入りに仕組まれたスキームを伴うことがあるため，監査証拠を入手するために実施する監査手続は，意図的な虚偽表示を発見するためには有効でないことがある。例えば，記録や証憑書類を改ざんするための共謀を伴う場合，監査人は監査証拠が正当なものではないにもかかわらず，正当性があると信じることがある。また監査人は，記録や証憑書類の鑑定の技能を習得していないし，そのような鑑定の専門家であることも期待されていない。この点につき，昭和 25 年 7 月設定の監査基準第一一般基準七において，「監査人は，監査の実施に当って，会計上の不正過失の発見に努め，重大な虚偽，錯誤又は脱漏を看過してはならないが，その監査証明は，不正過失の事実が皆無であることを保証するものではない。」，また同八において，「監査人は，財産の品質及び性能の鑑定又は財産の価値の評価若しくは法律事項の鑑定をなすものではない。」と，していた。

　さらに監査は，法令違反の疑いについて公式な捜査を行うものではないため，監査人は，そのような捜査を行うために必要となる特定の法的権限を有するわけではない。

ⅲ）財務報告の適時性及び費用と便益の比較衡量（200A47 項）

　財務諸表の利用者は，監査人が合理的な期間内に合理的な費用の範囲で財務諸表に対する意見を形成すると想定している，これは，財務諸表利用者が，存在する可能性のある全ての情報を監査人が考慮することや，情報には誤謬又は不正が存在するという仮定に基づいて，それらが存在しないことが明らかになるまで，全ての事項を監査人が徹底的に追及したりすることは実務上不可能であるということを認識しているためである。

　これより監査人は，①効果的な方法で監査を実施するために，監査を計画すること，②不正か誤謬かを問わず，重要な虚偽表示リスクを含む可能性が高いと想定される部分に重点を置いて監査を実施すること，③試査その他の方法を用いて，虚偽表示がないかどうかについて母集団を検討すること（第 5 章 6. 参照），が求められる。

3. 金融商品取引法監査制度

（1）金融商品取引法の目的と監査制度

　金融商品取引法（以下，本文において「金商法」と略）の目的は同第1条においては，以下のように規定されている。

　「この法律は，企業内容等の開示の制度を整備するとともに，金融商品取引業を行う者に関し必要な事項を定め，金融商品取引所の適切な運営を確保すること等により，有価証券の発行及び金融商品等の取引等を公正にし，有価証券の流通を円滑にするほか，資本市場の機能の十全な発揮による金融商品等の公正な価格形成等を図り，もって国民経済の健全な発展及び投資者の保護に資することを目的とする。」

　この目的を達成するうえにおいて，企業内容開示制度の一環として，株式等の金融商品発行者が投資者のために投資情報としての財務諸表を開示することが求められる。そして，投資者が虚偽の情報に基づいて意思決定を行い，不測の損害を被ることがないよう，財務諸表の社会的信頼性を確保する必要があり，このため発行者とは独立の立場にある公認会計士又は監査法人が監査を行い，投資者の適正な意思決定を可能にすることで投資者の保護を図る必要がある。

　監査により，財務内容が適正に開示されることで，資本市場において需要と供給のバランスによる十分な価格形成メカニズムが働き，金融商品発行者等の実力に見合った株価が形成され，資本の効率的な配分が保証され，国民経済の健全な発展と投資者の保護に資することができるわけである。

　第1条の目的に掲げる企業内容等の開示制度の整備の一環として，金商法第193条の2第1項では，後述する有価証券報告書及び有価証券届出書等の経理の状況に記載される貸借対照表や損益計算書をはじめとする財務計算に関する書類に対し，そして同第2項では後述する内部統制報告書に対し，それぞれ提出会社と特別の利害関係のない（つまり独立の立場にあるという意味，本章6.（1）参照）公認会計士又は監査法人による監査証明（会計監査の信頼性確保のため，公認会計士法（以下「法」）第34条の34の2に掲げる上場会社等（金融商品取引所に上場されている有価証券の発行者その他の政令で定める者（法施行令29条の2より同取引所に株券等を上

場する目的で，有価証券届出書を提出しようとする者等））については，協会による適格性の確認の下，上場会社等監査人名簿への登録を受けた公認会計士又は監査法人である登録上場会社等監査人に限る。そして登録上場会社等監査人は，業務の品質管理の状況等を適切に評価し，かつ，当該評価結果及びその理由等の事項を公表する体制の整備等の適切な業務管理体制の整備が求められる。法 34 条の 34 の 6，34 条の 34 の 14，法施行規則第 93 条）を要求している。それぞれの書類の提出義務者についても後述するが，上場会社のみならず非上場会社であっても所定の要件を満たせば該当し，監査対象となる。

　一方，会社法に基づく監査対象会社は**大会社**（最終事業年度に係る貸借対照表に，資本金として計上した額が 5 億円以上，または最終事業年度に係る貸借対照表の負債の部に計上した額の合計額が総額 200 億円以上の会社（2 条 6 号イ，ロ））又は指名委員会等設置会社と監査等委員会設置会社である（会社法第 327 条 5 項，328 条 1 項・2 項）から，金商法監査対象会社と必ずしも一致するわけではない。なお，上記の会社以外についても定款で会計監査人を設置できる（会社法第 326 条 2 項）。

　金商法では，証券市場を**発行市場**と**流通市場**の 2 つに分け，それぞれ開示制度を定めている。発行市場規制は，資金調達のため新たに証券を発行しようとする段階において，公正な発行を促すこと，また流通市場規制は，市場での証券の発行後，証券の公正な取引と流通を促すことを目的とするものである。

（2）発行市場における開示書類

① 有価証券届出書と有価証券通知書

　発行価額又は売出価額の総額が **1 億円以上**の有価証券の募集又は売出しを **50 名以上**の者に行うに当たって，発行者は当該募集又は売出しに際して内閣総理大臣に対し（条文上は内閣総理大臣とあるが，実際の宛先は財務局長等であり以下の書類もすべて同様），**有価証券届出書**の提出が求められる（金商法 4 条第 1 項）。ちなみに**受理されてから 15 日経過後に効力が発生する**ものとされ，受理から 15 日を経過した日以降でなければ，発行者等は当該有価証券を募集又は売り出しにより取得させ又は買付をしてはならない（15 条第 1 項）。

　ここで「**募集**」とは，新たに発行される有価証券の取得の申込みの勧誘のうち，多数の者を相手方として政令で定める場合等に該当するものをいう（2 条

第3項）。一方，「**売出し**」とは，既に発行された有価証券の売付けの申込み又はその買付けの申込みの勧誘のうち，多数の者を相手方として行う場合として政令に定める場合に該当するものをいい（同第4項），これには創業者社長が株式公開をするに当たり，自己の保有する株式を放出する場合等が含まれる。

　有価証券届出書には，**証券情報**（当該募集又は売出しに関する事項）と**企業情報**（発行者である会社の属する企業集団及び当該会社の経理の状況その他事業の内容に関する重要な事項等）が記載され（第5条1項，企業内容等の開示に関する内閣府令（以下「開示府令」）8条），**経理の状況**において財務諸表が開示され，連結財務諸表と個別財務諸表（以下，財務諸表）の双方が開示される。**経理の状況が記載される**ため，**公認会計士又は監査法人の監査証明の対象**となり（193条の2第1項），1年間継続開示している会社が有価証券届出書を提出しようとする時は重複部分について，簡素化した組み込み方式または，参照方式によって有価証券届出書を提出することができる。その場合，すでに有価証券報告書等で監査証明を受けている場合には改めて監査証明を求めず，すでに発行されている監査報告書の写しをとじ込めばよい（5条第3項，4項）。

　なお有価証券届出書は間接開示書類のため，別途投資者への勧誘に当たっての直接開示書類として**目論見書**を作成し，投資者に交付することが求められる（15条第1項）。

　また発行価額又は売出し価額の総額が**1千万円超1億円未満**の場合には，**有価証券通知書**の提出が求められる。この有価証券通知書には発行する株式の概要が記載されるが企業情報は記載されず，また開示書類ではなく公衆の縦覧にも供されないことから，**監査証明は不要**となる（4条5項及び開示府例4条第4項）。

　なお有価証券届出書の原本は，関東財務局及び本店又は主たる事務所の所在地を管轄する財務局，そして写しは，本店及び主要な支店と金融商品取引所等で，5年間公衆の縦覧に供される。これは後述する有価証券報告書（5年間），内部統制報告書（5年間），四半期報告書（3年間），半期報告書（3年間），臨時報告書（1年間），親会社等状況報告書（5年間）についても，同様である（カッコ内は縦覧期間を表す）（25条，開示府令21条第1項）。

（3）流通市場における開示書類

①　有価証券報告書

　金商法 24 条 1 項各号に掲げる，金融商品取引所に上場されている有価証券又はこれに準ずる有価証券（店頭売買有価証券）の発行会社（以下「上場会社等」）をはじめとする各会社は，事業年度ごとに，有価証券届出書と同様，企業情報を記載した**有価証券報告書**を，当該事業年度経過後 3 ヶ月以内に内閣総理大臣に提出しなければならない（24 条第 1 項）。そして経理の状況に含まれる財務計算に関する書類は，**公認会計士又は監査法人の監査証明の対象**となる（つまり，金商法に基づく監査証明の対象は，経理の状況に記載されている連結財務諸表及び財務諸表に限られる）。

　上場会社等以外の有価証券報告書提出会社は，同 24 条 1 項 3 号から，たとえ上場していなくとも過去に有価証券届出書を提出した会社も含まれるほか，4 号から，当該事業年度又は当該事業年度の開始の日前 4 年以内に開始した事業年度のいずれかの末日における発行する有価証券の所有者の数が政令で定める数（同施行令 3 条の 6 第 4 項より千）以上である非上場会社も監査対象会社となる。以上より，ある非上場会社について対象事業年度を×9 年 3 月期とした場合，×5 年から×9 年のいずれかの 3 月末日の株主数が千人以上である場合に，×9 年 3 月期は有価証券報告書の提出が必要となり，監査対象となる。ただし，3 号，4 号に掲げる有価証券に該当する場合において，公益又は投資者保護に欠けることがないものとして内閣総理大臣の承認を受けた場合等には，有価証券報告書の提出は求められない（24 条第 1 項ただし書き）。

　また有価証券報告書の経理の状況につき，**公益又は投資者保護に欠けることがないものとして内閣総理大臣の承認を受けた場合には，監査証明は不要**とされる。これは有価証券届出書や四半期報告書，半期報告書の経理の状況（193 条の 2 第 1 項 3 号）の他，内部統制報告書についても同様（193 条の 2 第 2 項 3 号）である。なお外国会社で有価証券報告書を提出しなければならない場合，その財務書類につき，外国監査法人（第 2 章 3. 参照）等から監査証明に相当すると認められる証明を受けた場合には，日本の公認会計士又は監査法人による監査証明は不要である（193 条の 2 第 1 項 1 号）。なお会計ビッグバンを機に，連結財務諸表が主，（個別）財務諸表が従の関係に変わっただけで，財務諸表も依然とし

て重要な情報であることに変わりはないことから，いずれも監査報告書の添付が必要である（193条の2第1項，開示府令15条第1項参照）。

　なお，有価証券報告書の提出後，記載内容に誤りがあれば訂正報告書を提出する必要があり，訂正後の連結財務諸表及び財務諸表についても，監査証明が必要とされ，これは有価証券届出書，四半期報告書，半期報告書の場合も同様である（財務諸表等の監査証明に関する内閣府令（以下「監査府令」）1条第1項15号）。

② **内部統制報告書**

　内部統制報告書は，有価証券報告書提出会社のうち上場会社等が，事業年度ごとに企業集団及び当該会社の財務計算に関する書類その他の情報の適正性を確保するために必要な体制について評価し，その評価結果を記載した報告書で，**有価証券報告書と併せて内閣総理大臣に提出する**ものである。

　内部統制報告書については，公認会計士又は監査法人による内部統制監査が行われる（24条の4の4第1項，193条の2第2項《内部統制監査だけ財務計算に関する書類に対する監査ではないため，監査の根拠条文が第1項ではなく第2項》，同施行令4条の2の7第1項）が，内部統制の記載内容に誤りがあり，訂正報告がなされた場合の監査証明は不要である（内部統制府令ガイドライン1−1）。

③ **四半期報告書と半期報告書**

　有価証券報告書提出会社のうち，上場会社等は，事業年度が3ヶ月を超える場合に，期間を3ヶ月ごとに区分した期間ごとに当該会社の属する企業集団の経理の状況その他の事業内容に関する重要な事項等を記載した連結ベースの**四半期報告書を，各四半期終了後45日以内に内閣総理大臣に提出する**ことが求められる。そして経理の状況の記載（四半期連結財務諸表では，株主資本等変動計算書の提出は不要となる）があるため，**公認会計士又は監査法人による，監査より限定された手続であるレビューが義務付けられている**（24条の4の7第1項，193条の2第1項）。なお第4四半期報告書の提出は有価証券報告書の提出で済むため不要である。

　有価証券報告書提出会社のうち四半期報告書提出会社以外の会社は，事業年度が6ヶ月を超える場合に，事業年度開始後6ヶ月間の企業集団及び当該会社の経理の状況，事業の内容等を記載した**半期報告書**を事業年度開始後6ヶ月の期間の経過後3ヶ月以内に提出することが求められ（24条の5第1項），経理の

状況の記載があるため，公認会計士または監査法人の中間監査が必要とされる。

　なお**上場会社等は，半期報告書に替え第2四半期報告書を提出**する。半期報告書提出会社が任意に四半期報告書を提出した場合，半期報告制度の適用はない。また四半期報告書の提出義務者のうち自己資本比率にかかる規制を受ける**銀行業，保険業及び信用金庫法に定める事業を行う金融機関**は，半期報告書制度と四半期報告書制度双方の適用を受ける（24条の4の7第1項）。つまり第1と第3四半期は，連結株主資本等変動計算書を除く四半期連結財務諸表だけで済むのに対し，第2四半期は，第2四半期報告書の名称のもと，半期報告書と同様，共に株主資本等変動計算書を含む中間連結財務諸表と中間財務諸表の開示が求められ，それに対し公認会計士又は監査法人によるレビューより保証水準は高いが年度監査よりは保証水準の低い中間監査が実施される。

　この場合，提出期限は個別財務諸表も提出するため，60日以内の政令で定める期間内とされる（24条の4の7第1項後段）。

　なお四半期報告開示の改正案については，はしがきの第3版発行にあたってを参照されたい。

④　**臨時報告書**

　有価証券報告書を提出しなければならない会社は，その会社が発行者である有価証券の募集又は売出しが外国において行われるとき，その他公益又は投資者保護のため必要かつ適当なものとして内閣府例で定める場合に該当することとなったときに，内閣府例（開示府令第19条）で定めるところにより，その内容を記載した**臨時報告書を，遅滞なく**内閣総理大臣に提出しなければならない（24条の5第4項）。提出事由としては，例えば重要な災害の発生，代表取締役の異動，株主総会における決議事項，監査公認会計士等（財務書類監査公認会計士等又は内部統制監査公認会計士等）の異動等がある。臨時報告書には，**経理の状況の記載はないため，監査報告書の添付は不要**である。

⑤　**親会社等状況報告書**

　親会社等状況報告書は，上場会社の親会社等が有価証券報告書提出会社でない場合，当該親会社等が内閣総理大臣に提出を求められる書類である。親会社等状況報告書に含まれる会社法の規定に基づく計算書類等に対し，監査役又は監査役会の監査報告書のほか，会計監査人による監査を受けている場合には，

当該会計監査人である公認会計士又は監査法人の監査報告書も添付することになっている（24条の7，開示府令第5号の4様式）。

⑥　確認書

　確認書は，有価証券報告書を提出しなければならない会社のうち，金融商品取引所に上場されている有価証券の発行者である会社その他の政令で定めるものが，その記載内容が金融商品取引法令に基づき適正であることを確認した旨を記載して，有価証券報告書と併せて内閣総理大臣に提出するものであり，これは四半期報告書（半期報告書の場合は任意）も同様である。

　また各報告書につき訂正報告書を提出する場合も，当該訂正報告書の記載内容に係る確認書を当該訂正報告書と併せて内閣総理大臣に提出することが求められる（24条の4の2第1・4項，24条の4の8第1項，24条の5の2第1項）。

（4）監査概要書

　内閣総理大臣は，公益又は投資者保護のために必要かつ適当であると認めるときは，監査証明を行った公認会計士又は監査法人に対し，参考となるべき報告又は資料の提出を命ずることができる（193条の2第6項）が，その際の報告又は資料の1つとして，**監査概要書，中間監査概要書及び四半期レビュー概要書**があり，それぞれ監査報告書，中間監査報告書，四半期レビュー報告書の**作成日の翌月末日までに提出が求められている**（監査府令5条3項）。ただし，公認会計士又は監査法人は，**利害関係者に直接に概要書を公表する義務はない**。

　監査概要書には，当該監査に係る従事者，監査日数，その他当該監査等に関する事項が記載されるが，その宛先は財務局長等であり（監査府令5条1項），内閣総理大臣あてに提出されるものではない。

（5）内閣総理大臣による有価証券報告書等の不受理処分

　公認会計士又は監査法人が，相当の注意を怠り，重大な虚偽のある財務諸表を重大な虚偽のないものとして監査証明を行った場合，内閣総理大臣は，1年以内の期間を定めて，当該期間内に提出される有価証券届出書，有価証券報告書（その訂正報告書を含む）又は内部統制報告書（その訂正報告書を含む）で当該公認会計士又は監査法人の監査証明に係るものの**全部又は一部**を受理しない旨の

決定をすることができる（193条の2第7項）。したがって有価証券報告書等の不受理処分は，関与先の被監査会社につき必ずしも重大な虚偽記載のある財務諸表提出会社のみに限定されないことを意味し，重大な影響を及ぼすことになるため，聴聞を行わなければならず，また不受理処分を決定した場合には，その旨を当該公認会計士又は監査法人に通知し，かつ，公表しなければならない（第8項）。

（6）法令違反等事実への対応

　公認会計士又は監査法人が，監査証明業務を行うに当たって，被監査会社の法令違反等事実を発見したときは，まずは当該会社に対し当該事実の内容及び当該法令違反の是正その他の適切な措置をとるべき旨を書面により，遅滞なく通知しなければならない（193条の3第1項）。そして通知を行った日から一定の期間が経過してもなお，法令違反等事実があり，かつ被監査会社が是正措置をとらず，**重大な影響を防止するために必要があると認めるときは**，事前に被監査会社に書面による通知をした上で，内閣総理大臣に申し出なければならない（第2項）。また申出を行った公認会計士又は監査法人は，被監査会社に対して当該申出を行った旨及びその内容を書面で通知するものとされる（第3項）。

　これは公認会計士又は監査法人の権限強化のために規定されたものであるが，法令違反等事実を発見した場合でもまずは被監査会社側での自浄作用を期待し，いきなり内閣総理大臣に申し出るものではなく，申し出る場合でも一定の制限がかかることに注意する。

4. 会社法監査制度

（1）会計監査人の役割

　会計監査人は，**計算関係書類**（計算書類及びその附属明細書，臨時計算書類，連結計算書類）を監査し，会計監査報告を作成することを職務とし（396条1項，会社計算規則（以下「規則」）59条1項），大会社（328条），また指名委員会等設置会社及び監査等委員会設置会社において設置される（327条5項）。これらの会社では，規模も大きくその社会的な影響に鑑み，計算関係書類の信頼性を確保し株主と

債権者の保護を図る観点から，その資格を会計の専門家である公認会計士又は監査法人に限定した会計監査人の設置が義務付けられる（337条1項）。

　会社法上の大会社の判定基準となる資本金と負債総額は，それぞれ最終事業年度に係る貸借対照表の計上額であり，それは定時株主総会に報告された貸借対照表を意味する。よって増資により，×2年3月期の期中において資本金が5億円以上となった場合，当該時点を基準とした最終事業年度は×1年3月期で同期に係る定時株主総会で報告された貸借対照表の資本金計上額は5億円未満であり会計監査人が選任されていないため，×2年3月期については会計監査人の監査は不要である。そして×2年6月の総会で会計監査人を選任し，翌期の×3年3月期から会計監査人の監査が実施される。また×2年3月期の期中において減資により資本金が5億円未満となった場合でも，その時点からみた最終事業年度は×1年3月期であり，同期に係る同年6月下旬の定時株主総会ですでに会計監査人が選任済みのため，×2年3月期は引き続き大会社として扱う。そして翌事業年度の×3年3月期より大会社ではなくなり，会計監査人の監査は不要となる。

　なお連結計算書類につき，会計監査人設置会社は法務省令で定めるところにより作成でき（444条1項），作成は任意であるが，**事業年度の末日において大会社であって金商法24条1項の規定により有価証券報告書を内閣総理大臣に提出しなければならないものは，当該事業年度に係る連結計算書類を作成しなければならず，監査役，監査等委員会，監査委員会及び会計監査人の監査を受けなければならない**（同条3項4項）。なお監査対象にキャッシュ・フロー計算書が含まれないことに留意する（435条2項，規則59条1項参照）。

　監査役は，**計算書類等**（計算書類（貸借対照表，損益計算書，株主資本等変動計算書及び個別注記表）及び事業報告並びに附属明細書，臨時計算書類，連結計算書類）を監査し監査報告を作成する（436条，441条2項）。そして業務執行機関である取締役の職務の執行を監査する（381条1項）。**公開会社**（発行する株式の譲渡につき，当該会社の承認を要する旨の定款の定めのない会社をいい（2条5号），上場会社を意味するものではない）である**大会社**は（ただし，指名委員会等委員会設置会社及び監査等委員会等設置会社を除く），株主数も多数となり会社自体の規模も大きく複雑となることが予想され，独任制の監査では限界がある。よって複数の監査役による組織的

監査を通じ，監査役監査の実効性をより強化するため，3名以上の監査役から成り，うち社外監査役を半数以上とする監査役会を設置する（335条3項）。

　また計算関係書類の監査については監査役，監査役会，監査等委員会，監査委員会（以下「監査役等」）の会計監査との重複を避けるため，監査役等が会計監査人の監査の方法又は結果についての相当性につき監査を行い，会計監査人の監査の方法又は結果を相当でないと認めたときは，その旨及びその理由を監査報告において記載しなければならない（規則127条2号，128条2項2号，128条の2 1項2号，129条1項2号）。そして両者の連携を図るため，監査役，監査役会（監査役会設置会社），監査等委員会が選定した監査等委員（監査等委員会設置会社），監査委員会が選定した監査委員会の委員（指名委員会等設置会社）は必要あるときは，会計監査人に監査に関する報告を求めることができ（397条2〜5項），また会計監査人は，監査を行うに際して取締役（指名委員会等設置会社については取締役又は執行役）の職務の執行に関し不正の行為又は法令もしくは定款に違反する重大な事実を発見したときは，遅滞なく当該事項を監査役等に報告する必要がある（397条1項，3〜5項）。なお会計監査人は，計算書類が法令又は定款に適合するかどうかについて監査役等と意見を異にするときは，定時株主総会に出席し意見を述べることができる（義務規定ではないので注意（398条1項））。

　上記以外の会社についても，計算書類及び連結計算書類に関して会計監査人の会計監査を受けることを希望する会社は，定款において会計監査人設置会社であることを定め（326条2項），また会計監査人設置会社であるときは，その旨及び会計監査人の氏名又は名称を登記しなければならない（911条3項19号）。

（2）会計監査人設置会社と会社法上の機関設計

　株式会社では，取締役（指名委員会等設置会社においては執行役）が，計算書類等を作成する（計算関係書類については，会計参与設置会社においては会計参与と共同（374条1項）して作成）。

　会計監査人設置会社においては，計算関係書類は，監査役（監査等委員会等設置会社は監査等委員会，指名委員会等設置会社は監査委員会，以下本節において「監査役等」とする）と会計監査人，事業報告及びその附属明細書は，監査役等が監査をそれぞれ行い（436条2項，441条2項，444条4項），会計監査人が計算関係書類に

ついての会計監査報告を作成し（規則126条），監査役は計算関係書類及び会計監査報告を会計監査人から受領後，監査報告（監査役監査報告）を作成する（規則127条）。なお監査役会設置会社では，規則128条により，監査役監査報告に基づき，監査役会の監査報告（監査役会監査報告）を作成する。監査役会監査報告の内容が監査役監査報告の内容と異なる場合には，各監査役の監査役監査報告の内容を監査役会監査報告に付記することができるため，監査役会監査報告が必ずしも監査役の全員一致によるものではないことに注意する（同2項）。そして監査等委員会設置会社の場合は監査等委員から成る監査等委員会が，指名委員会等設置会社は監査委員から成る監査委員会が，それぞれ計算関係書類及び会計監査報告を受領し，監査報告を作成する。この場合，監査等委員又は監査委員は監査報告の内容が当該監査等委員又は監査委員の意見と異なる場合には，その意見を監査報告に付記することができる（規則128条の2，129条）。

　そして取締役会設置会社にあっては，会計監査人と監査役等の監査を受けた計算関係書類と監査役の監査を受けた事業報告並びにその附属明細書は，取締役会が承認し（436条3項，441条3項，444条5項），取締役は，取締役会の承認を受けた計算書類及び事業報告と連結計算書類を定時株主総会に提出し，又は提供しなければならない。そして，計算書類は定時株主総会，臨時計算書類については株主総会の承認を受けなければならない（連結計算書類についての承認は不要で報告事項となる（444条7項））とともに，事業報告の内容については取締役が定時株主総会への報告義務を負う（438条：計算書類等の定時株主総会への提出等，441条4項）。

　ただし会計監査人設置会社において，436条3項の取締役会の承認を受けた計算書類，臨時計算書類が法令及び定款に従い株式会社の財産及び損益の状況を正しく表示しているものとして，法務省令に定めるいずれの要件にも該当する場合には，計算書類（臨時計算書類）につき，定時株主総会（株主総会）の承認は不要となり取締役会決議だけで確定し，取締役は当該計算書類（臨時計算書類）の内容を定時株主総会（株主総会）に報告する義務を負うだけで済む（439条：会計監査人設置会社の特則，441条4項，会社法施行規則116条5・7号）。この適用は規則135条5号により会計監査人設置会社のうち，あくまでも取締役会設置会社に限られる。会計監査人については公開会社であるか否かを問わず，大会社及び監査

等委員会設置会社と指名委員会等設置会社（以下「委員会設置会社」）は設置義務
があるため，会計監査人設置会社であっても委員会設置会社を除く公開会社で
ない大会社については，取締役会の設置義務はないからである（327 条 1 項 1 号）。

　なお規則 135 条は，上記の 439 条の規定を承認特則規定と定め，次に掲げる
すべてに該当する場合に，承認特則規定の適用が受けられる（同 1 号～ 5 号）。

図表 1 － 4　承認特則規定の充足要件

一　承認特則規定に規定する計算関係書類についての会計監査報告の内容に第 126
　　条第 1 項第 2 号イに定める事項（無限定適正意見）が含まれていること。

二　前号の会計監査報告に係る監査役，監査役会，監査等委員会又は監査委員会の
　　監査報告（監査役会設置会社にあっては，第 128 条第 1 項の規定により作成した監査役会
　　の監査報告に限る。）の内容として会計監査人の監査の方法又は結果を相当でない
　　と認める意見がないこと。

三　第 128 条第 2 項後段又は第 128 条の 2 第 1 項後段又は第 129 条第 1 項後段の規
　　定により第 1 号の会計監査報告に係る，監査役会，監査等委員会又は監査委員
　　会の監査報告に付記された内容が前号の意見でないこと。

四　承認特則規定に規定する計算関係書類が第 132 条第 3 項の規定により監査を受
　　けたものとみなされたものでないこと。つまり，この場合必ず，特定監査役（規
　　則 124 条第 5 項）による特定取締役（規則 124 条第 4 項）及び会計監査人に対する
　　監査報告（監査役会設置会社にあっては監査役会の監査報告に限る。）の内容の通知が
　　必要となる。

五　取締役会を設置していること。

5．監査基準の設定と我が国の監査基準の体系

　監査基準は，監査実務の中に慣習として発達したものの中から，一般に公正
妥当と認められたところを**帰納要約した原則**（演繹的なものではない）であって，
職業的監査人は，財務諸表の監査を行うに当たり，法令によって強制されなく
とも，常にこれを遵守しなければならない。監査基準は監査実務における行為
の尺度及び業務上守るべき規範としての性格を持つものである。

　我が国では，昭和 31 年 12 月に企業会計審議会（以下「審議会」）が監査基準を

公表以来，幾多の改訂を経て，監査の目的，**一般基準**（監査人の適格性の条件及び監査人が業務上守るべき規範を明らかにする原則），**実施基準**（監査手続（意見表明において必要となる監査証拠を入手するための手段，平たくいえば具体的な監査の進め方）の選択適用を規制する原則），**報告基準**（監査を依頼した経営者や，利害関係者に対し監査の結果を報告する監査報告書の記載要件を規制する原則）という現在の構成体系と成っている。

　それぞれの基準の設定理由について，以下，昭和31年の監査基準前文を，引用する。

---

　　i）一般基準の設定理由　　監査は何人にも容易に行いうる簡単なものではなく，相当の専門的能力と実務上の経験とを備えた監査人にして初めて，有効適切にこれを行うことが可能である。又監査は何人にも安んじてこれを委せうるものではなく，高度の人格を有し，公正なる判断を下しうる立場にある監査人にして初めて，依頼人はこれを信頼して委任することができるのである。従って，監査人の資格及び条件について基準を設けることは，監査制度の確立及び維持のために欠くべからざる要件である。

　　ii）実施基準の設定理由　　監査を実施するに当り選択適用される監査手続は，企業の事情により異なるものであって，一律にこれを規定することは不可能であり，監査人の判断にまつところが大である。しかしながら監査の能力と経験は個々の監査人によって差異があるから，一切をあげて監査人の自由に委ねることは，必ずしも社会的信用をかちうる所以ではない。それと同時に又監査の実施に関して公正妥当な任務の限界を明らかにしなければ，徒らに監査人の責任を過重ならしめる結果ともなる。従って，監査に対する信頼性を高めるとともに，任務の範囲を限定するために，監査人の判断を規制すべき一定の基準を設けて，これを遵守せしめることが必要である。

　　iii）報告基準の設定理由　　監査報告書は，監査の結果として，財務諸表に対する監査人の意見を表明する手段であるとともに，監査人が自己の意見に関する責任を正式に認める手段である。従って，その内容を簡潔明瞭に記載して報告するとともに責任の範囲を明確に記載して意見を表明することは，利害関係人ばかりでなく，監査人自身の利益を擁護するためにも重要である。過去の経験に徴するに，監査人は不当に責任を回避するため，あるいは徒らに晦渋な字句を用いて関係者を迷わせ，あるいは必要な記載を省略することが稀ではない。かくては監査本来の目的を没却し，監査制度の健全な発展を阻害することになろう。それ故，監査報告書の記載要件につき一定の基準を設け，監査人をしてこれを厳重に守らしめなければならない。

　監査基準の設定は，徒らに監査人を制約するものではなくして，むしろ監査人，依頼人及び一般関係人の利害を合理的に調整して，監査制度に確固たる基準を与え，その円滑な運営を図ろうとするもので，これにより財務諸表の信頼性を担保する，財務諸表監査そのものに対する社会的信頼性を確保することができ，利害関係者保護の実現が可能となる。監査基準は，財務諸表の種類や意見として表明すべき事項を異にする監査も含め，公認会計士監査の全てに共通するものである（平成14年改訂監査基準前文二３）。

　なお金融商品取引法193条の２第５項において，同第１項及び２項の監査証明は，内閣府令で定める基準及び手続によってこれを行わなければならないとし，「財務諸表等の監査証明に関する内閣府令」３条第２項及び３項では，監査報告書は一般に公正妥当と認められる監査に関する基準（監査の基準と同義）及び慣行に従って実施された監査の結果に基づいて作成されなければならず，審議会により公表された監査に関する基準は，一般に公正妥当と認められる監査に関する基準に該当するとある。よって監査基準は金融商品取引法上，法令によって遵守が求められる監査人の規範となる。

　また，先に示したように，監査人は，**一般に公正妥当と認められる監査の基準**に準拠して監査を実施することが求められ，当該基準は我が国においては，上述した審議会が公表する監査基準と，公認会計士の自主規制機関である日本公認会計士協会（以下「協会」）が公表する**監査実務指針**の両者から構成される。

　ここで監査実務指針は，監査及び監査に関する品質管理に関して，協会に設置されている各委員会が報告書又は実務指針の名称で公表するもの（具体的には監基報と監査基準報告書実務指針）が該当し，審議会が公表する監査基準（法令により準拠が求められている場合は，不正リスク対応基準（第４章参照）を含む）が原則的な規定を定め，一般的・普遍的な部分を扱うものであるのに対し，監査実務指針は，監査基準を具体化した実務的・詳細な規定とされ，監基報は，監査実務指針の中核となる。

　なお，協会が公表する監査に関する実務ガイダンス，周知文書，研究文書及び一般的に認められている監査実務慣行は，監査実務指針の適用上の留意点や具体的な適用の方法を例示し，実務上の参考として示すものであることから，監査実務指針を構成するものではなく，よって一般に公正妥当と認められる監

査の基準を構成するものとはならないことに留意する（監基報（序）第2・3項）。

　また，監査法人の審査体制や内部管理体制等の監査の品質管理に関する非違事例が発生したことに対応し，公認会計士による監査業務の質を合理的に確保することを目的として，平成17年に監査に関する品質管理基準が審議会によって公表され，これも監査基準とともに一般に公正妥当と認められる監査の基準を構成し，監査基準と一体となって適用される。

6．監査基準（一般基準）

　監査基準一般基準については監査を巡る環境の変化に応じて，平成14年改訂監査基準により，従来の一般基準により監査人に求められていた専門的能力や実務経験，独立性，公正不偏性，注意義務などの要件を一層徹底させ，また，**監査人の自主的かつ道義的な判断や行動に任せていた点を制度的に担保する**ものとなった。以下，主要な一般基準について解説する。

（1）一般基準2　公正不偏の態度と独立性の保持

　一般基準2は，「監査人は，監査を行うにあたって，常に公正不偏の態度を保持し，独立の立場を損なう利害や独立の立場に疑いを招く外観を有してはならない。」と規定するが，ここで，**公正不偏の態度の保持が精神的独立性，独立の立場を損なう利害や独立の立場に疑いを招く外観を有してはならない，と**するのが**外観的独立性**を意味する。

　監査業務の場合，公共の利益の観点から，監査人は監査対象である企業に対し独立性を保持することが職業倫理に関する規定によって要求されている。我が国の場合，職業倫理に関する規定は，公認会計士法（以下「法」）・同施行令・同施行規則，協会が公表する会則，倫理規則（以下「規則」）及びその他の倫理に関する規定をいい，監査人は，監査業務に関連する職業倫理に関する規定に従うものとされる。規則は，精神的独立性と外観的独立性の双方の保持を規定し（規則120.15A1項），監査人は，企業に対し独立性の保持により，他者からの不当な影響を受けることなく監査意見を形成することができる。また監査人は，独立性を保持することにより，誠実に行動し，客観性と職業的懐疑心を保持す

ることができ（200A15項），後述する一般基準3の職業的懐疑心の保持は，独立性の保持により担保される関係にある。

　規則は，財務諸表監査を実施する場合の監査人に関連する職業的専門家としての倫理の基本原則を規定しており，当該原則を適用するための概念的枠組みを提供している。規則は専門業務を行う会計事務所等所属の会員を初め全ての会員に適用される基本原則として，誠実性，客観性，職業的専門家としての能力及び正当な注意，守秘義務，職業的専門家としての行動を掲げ，専門業務には保証業務（監査業務を含む）と非保証業務とがあり監査業務以外も含むため，これらの基本原則は監査業務に限定されず，公認会計士が専門業務を行う上で必ず遵守すべき原則となる（200A14項，規則第4項（1）・110.1A1項）。

　精神的独立性（Independence in mental attitude）とは，職業的専門家としての判断を危うくする影響を受けることなく，結論を表明できる精神状態を保ち，誠実に行動し，客観性と職業的懐疑心を保持できることをいう。一般基準1は，監査に対する社会の期待に応えるため，「監査人は，職業的専門家として，その専門能力の向上と実務経験等から得られる知識の蓄積に努めなければならない。」とし，これを体現するものとして協会の会則で継続的専門能力開発制度（CPD）を規定し，監査人の能力担保を図っている。しかし監査人として能力的に優れていても特定の者の圧力や誘惑に負け，不正を看過し又は不正に加担するのであれば，財務諸表監査の社会的信頼性は失われる。その意味で精神的独立性の保持は，監査に対する社会の信頼と権威を確立する上で不可欠なもので，公認会計士監査制度の重要な存立基盤といえる。

　外観的独立性（Independence in fact）とは，事情に精通し，合理的な判断を行うことができる第三者が，会計事務所等又は監査業務チームの構成員の精神的独立性が堅持されていないと判断する状況にはないことをいい，被監査会社との間に独立の立場を損なう外観を与えるような，特別の利害関係（法上は著しい利害関係と定義）がない状態を表す。監査人が被監査会社との間において身分的にも経済的にも特別の利害関係がない者であることが外観的に明白でなければ，その監査は信頼されない。よって監査に対する社会的信頼性確保のため，外観的独立性の維持により第三者的立場から客観的に監査を実施したことが対外的にも認知される。

　精神的独立性と外観的独立性の関係については，外観的独立性の保持により精神的独立性の保持が制度的に担保される関係にある。つまり，監査人がいくら公正不偏の態度の保持を声高に主張してみたところで，利害関係者の立場からみて独立性に疑念を持たれるような身分的・経済的な関係を被監査会社との間に有していれば，監査の社会的信頼性を確保することはできない。ゆえに，法等においてこうした身分的・経済的な関係を例示し，その場合，監査業務を禁止することで独立の立場を堅持させることができ，公正不偏の態度の保持を制度的に担保することが可能となる。

　前文三２（2）では，「監査人は，監査の実施にあたって，精神的に公正不偏の態度を保持することが求められ，独立性の保持を最も重視しなければならない。そのため，公正不偏な態度に影響を及ぼす可能性という観点から，独立の立場を損なう特定の利害関係を有することはもとより，このような関係を有しているとの疑いを招く外観を有してはならないことを明確にした」とされ，監査実施上，独立性の保持が最も重視されていることがわかる。

　監査事務所は，職業倫理に関する規定の遵守に関する阻害要因の識別，評価及び対処等に係る方針及び手続を定め，独立性の保持が要求される全ての専門要員から，独立性保持のための方針及び手続の遵守に関する確認書を少なくとも年に一度入手しなければならない（品質管理基準委員会報告書１号34項（1）（2）及び第３章図表３−46参照）。

　一般基準に掲げる独立性の具体的な規制として，法第24条において，公認会計士又はその配偶者が，役員，これに準ずるもの若しくは財務に関する事務の責任ある担当者であり，又は過去１年以内にこれらの者であった場合，また公認会計士がその使用人であり，又は過去１年以内に使用人であった場合，その他公認会計士が**著しい利害関係**（公認会計士又はその配偶者が会社その他の者との間にその者の営業，経理その他に関して有する関係で，公認会計士の行う監査業務の公正を確保するため業務の制限を有することが必要かつ適当であるとして政令で定めるもの）を有する場合の，会社その他の者の財務書類については，監査業務が禁止される。

　著しい利害関係については，法施行令７条１項において規定があり，例えば同４号において公認会計士又はその配偶者が，被監査会社等の株主，出資者，債権者又は債務者である場合が該当し，よってたとえ単元未満株主であっても

株主であることに変わりないため，著しい利害関係に該当する。ただし債権者
又は債務者にあっては，その有する債権又は債務が被監査会社等との間の法 2
条 1 項又は 2 項の業務に関する契約に基づく場合や，その有する債権又は債務
の額が 100 万円未満である場合を除くとの規定があるため，法 2 条 1 項又は 2
項の業務上生じたものや，100 万円未満の債権又は債務を有する場合は，例外
規定に該当するため，独立性を害することにはならない。またいずれも，相続
又は遺贈による取得後 1 年を経過しない場合を除くとあるため，株式や 100 万
円以上の債権又は債務を，相続又は遺贈により取得し，かつ取得後 1 年を経過
した場合に初めて独立性を害することになろう。

　なお従来監査法人の独立性確保のため，監査法人の社員の配偶者が役員等を
務める会社等に対し，監査法人による監査業務の提供を制限していたが，令和
4 年改正により当該社員が監査に関与する場合に限り制限することとされた(第
34 条の 11 第 1 項)。

（2）一般基準 3　正当な注意と職業的懐疑心

　一般基準 3 は「監査人は，職業的専門家としての正当な注意を払い，懐疑心
を保持して監査を行わなければならない。」としている。ここで**正当な注意**(due
professional care)とは，平均的な監査の専門家であれば当然払うべき，又は払
うことが期待される注意義務をいい，民法 644 条の善良なる管理者の注意義
務（民法 644 条「受任者ハ委任ノ本旨ニ従ヒ善良ナル管理者ノ注意ヲ以テ委任事務ヲ処理ス
ル義務ヲ負ウ」）にほぼ相当する，あるいはそれよりやや高度な注意義務である。
またその内容は，固定的・普遍的なものではなく，公認会計士に対する社会か
らの期待や，一般に公正妥当と認められる監査の基準の改訂を受け，時代に応
じ変化を遂げるものである。正当な注意は監査の実施段階だけでなく，監査契
約の締結から，監査報告書の作成・提出に至る監査業務の全般にわたって行使
することが求められる。

　また法 30 条 2 項において，「相当の注意」を怠った場合の公認会計士の責任
が明示されているが，この「相当の注意」は，「正当な注意」を意味するもの
であり，法律上の公認会計士の責任を正当な注意の欠如に基づく過失責任に限
定する意味を持つ。つまり二重責任の原則により，経営者が財務諸表に重要な

虚偽表示を行った場合，監査人が即経営者とともに責任を負うのではなく，あくまで重要な虚偽表示が行われた財務諸表につき，監査人が故意に（＝精神的独立性を保持せずに）あるいは正当な注意を払わなかった（＝過失があった）結果として，当該虚偽表示を看過し，それにより利害関係者に損害を与えた場合に，任務懈怠として責任が問われることになる。

　一方，精神的独立性を保持し，正当な注意を払った（＝過失がない）にもかかわらず重要な虚偽表示を発見しえなかった場合には，監査人は任務を果たしていることになり，過失責任はない。ただし，挙証責任の転換により，正当な注意を払って監査を実施したことの立証責任は監査人側にあり，これについては金融商品取引法上の規定がある（金商法21条）。

　また**懐疑心**とは，職業的専門家としての懐疑心または**職業的懐疑心**ともいい，誤謬または不正による虚偽表示の可能性を示す状態に常に注意し，監査証拠を鵜呑みにせず，批判的に評価する姿勢をいう（200第12 (11)）。監査人が監査の全過程において職業的専門家としての正当な注意を払うことが求められる中，財務諸表上重要な虚偽記載がないことを合理的に保証するという監査の目的を達成するために，監査計画の策定からその実施，監査証拠の評価，監査意見の形成に至るまで，経営者の誠実性について予断を持たず，財務諸表上の重要な虚偽表示が存在するおそれに常に注意を払うべきとの観点から，正当な注意の一部をなすものとして，特に懐疑心の保持が強調されたものである（前文三2 (3)）。

　職業的懐疑心は，例えば，①入手した他の監査証拠と矛盾する監査証拠，②監査証拠として利用する記録や証憑書類又は質問に対する回答の信頼性に疑念を抱かせるような情報，③不正の可能性を示す状況，④監基報により要求される事項に加えて追加の監査手続を実施する必要があることを示唆する状況，について注意を払うことを含む（200A17項）。また，監査の過程を通じて職業的懐疑心を保持することにより，①通例でない状況を見落とすリスク，②監査手続の結果について十分な検討をせずに一般論に基づいて結論を導いてしまうリスク，及び③実施する監査手続の種類，時期及び範囲の決定及びその結果の評価において不適切な仮定を使用するリスク，を抑えることができる（200A18項）。

　また懐疑心は，経営者が誠実であるかどうかについて予断を持たないという

監査人の姿勢を基礎とするもので，監査人が過去の経験に基づいて，経営者，取締役及び監査役等は信頼が置ける，又は誠実であると認識していたとしても，それによって職業的懐疑心を保持する必要性が軽減されるわけではなく，また合理的な保証を得る際に心証を形成するに至らない監査証拠に依拠することが許容されるわけではない（同A21項）。

（3）一般基準４　不正等に起因する虚偽の表示への対応

一般基準４では，「監査人は，財務諸表の利用者に対する不正な報告あるいは資産の流用の隠蔽を目的とした重要な虚偽の表示が，財務諸表に含まれる可能性を考慮しなければならない。また，違法行為が財務諸表に重要な影響を及ぼす場合があることにも留意しなければならない。」とされる。

ここで前段の文章については，財務諸表上の不正への対応について述べたものであり，一般基準３で述べた懐疑心と密接に関連する。財務諸表の虚偽の表示の多くは，非意図的な単純な誤りである誤謬ではなく，財務諸表の利用者を欺くための不正な報告（いわゆる粉飾），あるいは，資産の流用等の行為を隠蔽するために意図的に虚偽の記録や改竄等を行うことに起因すると考えられる。そこでこうした不正等につき，特段の注意を払うとともに，監査の過程において不正等を発見した場合，経営者に適切な対応を求め，その財務諸表への影響について評価することを求めたものである。

また後段は，違法行為により，企業に罰金，課徴金，訴訟等がもたらされ，それらが財務諸表に重要な影響を及ぼすことがあるため規定されたものであり，250「財務諸表監査における法令の検討」では，違法行為による財務諸表の重要な虚偽表示の識別に資するよう，要求事項を定めている。

しかし，取締役会による監督及び監査役等による監査（以下「取締役会及び監査役等による監視」）の下で，企業の財務諸表の金額又は開示に関する法令を遵守することを含め，法令に従った業務の実施を確保する責任を有するのは経営者であり，監査人が企業の違法行為の防止に対し責任を負うわけではない。また違法行為の判断には法律の専門的な知識が必要となることが多いが，監査人は会計の専門家であり法律の専門家ではないため，すべての違法行為それ自体を発見することは監査人の責任ではないが（250第３項〜５項），財務諸表の重要な

虚偽の表示につながるおそれのある違法行為を発見した場合には，不正等を発見した場合に準じて適切な対応を求めるものである（前文三2（4））。

（4）一般基準5　監査調書

　一般基準5において，「監査人は，監査計画及びこれに基づき実施した監査の内容並びに判断の過程及び結果を記録し，監査調書として保存しなければならない」とされる。前文三2（5）では，その趣旨は以下のとおりとされる。

一般基準5の趣旨

　企業の大規模化や企業活動の複雑化は，とりもなおさず監査人の膨大な作業と高度な判断を要求するが，それらの作業や判断の質を自らあるいは組織的に管理するためには，監査調書の作成が不可欠である。また監査人は，自らの責任を問われるような事態に対処し，説明責任を果たすためにも，監査計画の策定から意見の形成に至るまでの監査全体について，判断の過程を含めて記録を残すこととした。なお，今後，コンピュータを利用して監査調書を作成することも視野に入れ，特に，文書による保存という表現は用いていない。

　監査調書は，実施した監査手続，入手した関連する監査証拠及び監査人が到達した結論の記録をいい（230第5項（1）），通常，紙媒体，電子媒体等で記録され，例えば，監査手続書，監査上検討した事項の説明，重要な事項の要約や，電子メールを含む重要な事項に関するやり取りを示した文書が含まれる。また監査人は，重要な契約書や覚書といった企業の記録の抜粋又はコピーを監査調書の一部として含めることができる（230A3項，あくまでコピーであり，原本でないことに注意）。

　230「監査調書」の要求事項及び他の監基報の文書化に関する特定の要求事項を満たす監査調書は，監査人の総括的な目的の達成に関する監査人の結論についての基礎となる証拠，及び**一般に公正妥当と認められる監査の基準のみならず適用される法令等に準拠して監査計画を策定し監査を実施したという証拠**を提供するものであり（230第2項（2）），監査人が正当な注意を払って監査を実施したことを立証する際の根拠資料となる。しかしながら，監査人が監査において検討された事項又は職業的専門家としての判断の全てを文書化することが必要となるわけでもない（同A7項）し，また作成途中の財務諸表や監査調書の

草稿，結論に至っていない考えや予備的な考えを書いたメモ等を監査調書に含める必要はない（同 A4 項）。

　監査調書の保存期間は，会社法上の会計帳簿に関する保存期間の 10 年が参考となるが，状況によってはこの保存期間よりも短い保存期間が適当とすることもあれば，監査事務所等の責任について係争中であるような場合にはこれよりも長い保存期間が適当であるとすることもある（同 A23 項）。

（5）一般基準6・7　監査の質の管理
　一般基準6・7及びその趣旨については，以下のように定めている。

一般基準6
　監査人は，自らの組織として，全ての監査が一般に公正妥当と認められる監査の基準に準拠して適切に実施されるために必要な質の管理（以下「**品質管理**」という）の方針と手続を定め，これらに従って監査が実施されていることを確かめなければならない。

一般基準7
　監査人は，監査を行うに当たって，品質管理の方針と手続に従い，指揮命令の系統及び職務の分担を明らかにし，また，当該監査に従事する補助者に対しては適切な指示，指導及び監督を行わなければならない。

両者の趣旨（前文三 2.(6)）
　財務諸表の監査に携わる監査人に対して，自らの監査業務の質の確保に十全な注意を払うとともに，組織としても監査業務の質を担保するための管理の方針と手続を定め，さらに，その実効性の確保までを求めることを明確にした。監査業務の質の確保は，監査補助者の監督，他の監査人の監査結果の利用などに関しても同様に求められるものである。また，監査業務の質の確保には，新規に監査契約を締結する際における調査や前任監査人との引き継ぎ等も含まれる。

　監査の社会的信頼性を確保する上においては，監査業務の質の確保が十分に担保されなければならないことはいうまでもなく，一般基準6は監査事務所レベル，そして一般基準7は，個々の監査業務を実施する監査実施者レベルにおける監査の質の管理を定めたものである。なお協会は，業界全体での品質管理

の一環として，会員である監査事務所（監査法人及び個人事務所）の監査証明業務
の運営の状況の調査（**品質管理レビュー**）を行い，必要に応じ監査事務所に対し
改善勧告を行う（法46条の9の2）。そしてその調査結果を，公的な監視監督機
関として金融庁に設置される**公認会計士・監査審査会**（以下「**審査会**」法35条1
項）に報告し，審査会はその内容を審査し，必要に応じ協会や監査事務所，被
監査会社に立入検査を実施する（法46条の12，49条の3）。なお令和4年改正法
では，審査会の効果的・効率的なモニタリングに向け，立入検査等において監
査事務所の業務運営に加え，虚偽証明等の検証も行えることとされた（法第49
条の4第2項）。その結果，協会において品質管理レビューが適切に行われなかっ
たことや，監査業務が法令等に準拠していないことが明らかになった場合や，
監査事務所における監査の品質管理が著しく不十分な場合，業務の適正な運営
を確保するために必要な行政処分その他の措置を金融庁長官に勧告する（法41
条の2）。金融庁長官は，協会に対し業務改善を命令し，監査事務所に対し業務
改善指示・懲戒処分を行うことができる（法46条の12の2，30条，31条，34条の
2，34条の21）（以上，協会品質管理委員会年次報告書資料1「現行の品質管理レビュー制
度」，審査会パンフレット，3頁）。ただし，懲戒処分を行う権限は，あくまで内閣
総理大臣にある（法34条の21）ので注意すること。

（6）一般基準8　守秘義務

　一般基準8は，「監査人は，業務上知り得た秘密を正当な理由なく他に漏ら
し，又は窃用してはならない。」とし，監査人の**守秘義務**を規定したものである。
守秘義務違反は，本来，職業倫理上からも当然許されないことであり，あえて
守秘義務が一般基準の1つとして維持されるのは，これに反すれば監査を受け
る企業との信頼関係を損ない，監査業務の効率的な遂行を妨げる原因ともなり
かねないからである。つまり，監査は被監査会社の協力なしには実施すること
はできず，守秘義務を遵守しなければ会社から監査上必要な資料の入手もでき
なくなるからである（前文三2（7））。

　こうした守秘義務の意義は，今日においても変わるものではないが，昨今は
監査の信頼性を確保する観点から，監査人には，質の高い監査の提供だけでな
く，財務諸表利用者に対して監査に関する説明・情報提供を十分かつ適時，適

切に行うことも求められるようになっている。とりわけ，近年，財務諸表において会計上の見積りを含む項目が増え，これらに対する監査の重要性が高まっている中，具体的な監査上の対応や監査人の重要な判断に関する説明・情報提供の充実が要請されている。

　この点，法第 27 条が，「業務上取り扱ったことについて知り得た**秘密**」を公認会計士の守秘義務の対象としている（これに違反した場合は，同第 52 条により「2 年以下の懲役又は百万円の罰金」が科される。）のに対し，従来の監査基準は「業務上知り得た**事項**」を対象としていた。これより，本来，守秘義務の対象は，企業の秘密に限られるものであるが，我が国においては，一般的に，企業に関する**未公表の情報**（＝会社により公にされていない当該会社に関する全ての情報をいい，有価証券報告書の財務諸表以外の区分や会社法の事業報告，決算発表又は投資家向けの説明資料等により，会社が口頭又は書面で公表している情報は含まれない（701A35 項））について，あらゆるものが守秘義務の対象になり得ると考えられる傾向があると指摘されてきた。

　そもそも守秘義務は正当な理由がある場合には，解除される（規則 114.1 A1 項参照）。金融庁が 2019 年 1 月 22 日に公表した「会計監査に関する情報提供の充実に関する懇談会」報告書Ⅱ 2（3）では，会社の未公表の情報の全てが監査人の守秘義務の対象になるわけではなく，また，仮に「秘密」に該当する情報であっても，監査に関する情報提供の充実を求める社会的要請が高まる中，監査人が監査報告書の利用者に必要な説明・情報提供を行うことは，守秘義務が解除される正当な理由に該当するとしている。このため，令和元年改訂監査基準において守秘義務の規定については，法との整合を図るため，秘密を対象にするものであることが明確化された。そしてこれより，監査人が自ら行った監査に関する説明を監査上の主要な検討事項として監査報告書に記載することは，守秘義務が解除される正当な理由に該当するが，この点は第 5 章にて改めて述べる。なお，監査人の守秘義務の対象と正当な理由による解除の関係については，図表 1 − 5 を参照されたい（以上，令和元年改訂監査基準前文二 2 及び監基報 700 実務ガイダンス第 1 号「監査報告書に係る Q&A」（以下「報告 Q&A」）の Q2 − 15）。

　なお守秘義務は，規則 R114.1 項でも規定され，規則《用語集》では，「業務上知り得た秘密とは，会員が，会計事務所等又は所属する組織雇用主及び依頼

人から知り得た秘密並びに専門業務を行うことにより知り得た依頼人及びその他の事業体の秘密」とされ，同（3）から依頼人には潜在的な依頼人も含まれ，必ずしも依頼人である被監査会社から知り得た秘密に限定されないことに留意する必要がある。さらに，日常生活においても守秘義務への注意を払い，特に業務上の関係者又は家族若しくは近親者への意図や違反の自覚がないことによる情報漏洩には十分留意し（同（1）），公認会計士の監督下にある職員や公認会計士の求めに応じて助言・支援を行う者に対しても守秘義務を遵守させる義務を負う（同（7））ことを定める他，公認会計士が所属する組織を変えた場合や新規顧客を獲得した場合に，以前の経験を活かすことは否定されないが，業務上知り得た情報を利用したり漏洩してはならない（規則 R114.2 項），とされる。

　また「依頼人又は所属する組織若しくは会計事務所等との関係が終了した後も、守秘義務の原則を遵守しなければならない。」（規則 R114.2 項）とされるほか，法 27 条では守秘義務の定めにつき「公認会計士でなくなった後でも，同様とする」旨を定めていることから，守秘義務は勤務していた監査法人を退職した場合や，公認会計士の登録を廃止した場合でも，一生その義務を負うものである。

図表 1 － 5　監査人の守秘義務の対象と正当な理由による解除の関係

監査人の守秘義務の対象と正当な理由による解除

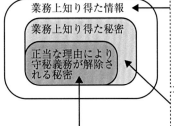

監査の過程で知り得た情報であっても，監査人に開示された時点で既に公知となっていたものや既に監査人が保有していたもの，監査人に開示された後に監査人の責めに帰すべき事由によらず公知となったもの，監査人が守秘義務を負うことなく第三者から正当に開示されたものは，守秘義務の対象にはならない。(現行の監査約款より)

監査人の守秘義務の対象：守秘義務は，会社が監査人に対して，監査に必要な情報を提供することを確保するための不可欠な前提

守秘義務が解除される正当な理由 (倫理規則 114.1 A1 項を元に要約，組替)
● 法令等によって要求されている場合 (起訴手続の過程で文書を作成又は証拠提出するとき，法令等による質問・調査・検査に応じるとき) (例えば，公認会計士・監査審査会の立入検査を受ける場合 (第3章9.参照)等)，法令違反等事実を当局に申し出るとき(例えば，金商法193条の3(第1章3.(6)参照)による場合) 等
● 職業上の義務又は権利がある場合 (監査の基準に基づくとき，日本公認会計士協会 (JTCPA) の会則に基づく品質管理レビューや質問又は調査に応じるとき，訴訟手続において自己の職業上の利益を擁護するとき等)。監査の基準に基づく際の，守秘義務が解除される正当な理由には，監査業務の引継ぎを行う場合が含まれ，その場合あらかじめ監査契約書又は監査約款にその旨を明記しなければならない。監査業務の交代において，前任監査人，監査人予定者及び監査人は，業務上知り得た情報を他の者に漏洩し，又は自己若しくは第三者の利益のために利用してはならない。また監査人予定者及び監査人は，前任監査人から入手した情報については，監査契約の締結の可否の判断及び円滑な監査業務の引継ぎに役立てるためのみに利用し，それ以外に利用してはならない。さらに監査人予定者は，監査契約を締結するか否かにかかわらず，監査契約の締結前に会社から得た情報及び監査業務の引継ぎに関して前任監査人から得た情報についても，守秘義務を負い (規則 114.1 A1 項(3)④参照)，会社とその旨を文書で確認しなければならず，監査人予定者が会社との間で監査契約の締結前に守秘義務について確認するための文例である「守秘義務についての確認書」が監基報 900 付録 2 で示されている (以上，監基報 900 第18~20 項)。
　また監基報 900 第 15 項では，前任監査人が，監査人予定者及び監査人に対して，期首残高に関連する調査等の閲覧の求めに応じなければならないが，その際目的外の利用が制限されること等を明確にするため，前任監査人と監査人予定者及び監査人は，監査調書の閲覧の前に「監査調書の閲覧に伴う守秘義務」に関する承諾書」を取り交わさなければならない，とされている。
● 会社の了解が得られている場合
(注) 守秘義務が解除される理由ごとに，解除される範囲は異なる。法令の規定，監査の基準，JICPA の会則等，それぞれの趣旨に照らして守秘義務が解除される秘密の範囲は判断される。

出所：報告 Q&A の Q2 - 15 の表を一部改訂。

第2章　公認会計士と監査法人

1．公認会計士の業務と監査法人

　公認会計士法（以下「法」と略）2条1項において，「公認会計士は，他人の求めに応じ報酬を得て，財務書類の監査又は証明をすることを業とする。」とされ，これは公認会計士でなければ監査業務ができないことを意味し，**監査業務を公認会計士の独占業務として規定する**重要な条文である。また法47条の2において「公認会計士または監査法人でない者は，法律に定めのある場合を除くほか，他人の求めに応じ報酬を得て第2条第1項に規定する業務を営んではならない。」としている。ここで第2条第1項においては，「財務書類の監査又は証明」とされ，法定監査以外の任意監査もこれに含まれることから，**法定監査以外の任意監査についても公認会計士の独占業務となる**。なお法上の上場会社等（第1章3．（1）参照）の監査証明については，登録制となる。

　一方，「公認会計士は，前項に規定する業務のほか，公認会計士の名称を用いて，他人の求めに応じ報酬を得て，財務書類の調製をし，財務に関する調査若しくは立案をし，又は財務に関する相談に応ずることを業とすることができる。ただし，他の法律においてその業務を行うことが制限されている事項については，この限りでない。」（法2条2項）とされ，第2条第1項の監査証明業務に対し，非監査証明業務として，通称2項業務と呼ばれる。

　この非監査証明業務の具体例として，法施行規則第6条においては6つの業務（図表2−7参照）を掲げているが，このことからもわかるように，法は，法定監査以外の任意監査や2項業務のような公認会計士の名称を用いて行うコンサルティング業務等についても適用されるものである。

　次に監査法人制度は，昭和40年の山陽特殊製鋼の倒産事件を契機として，従来の個人業務形態による公認会計士監査を組織化し，より充実強化させることを目的として昭和41年改正法により，創設された。**監査法人を設立するには**，その社員になろうとする者が共同して定款を定めなければならない。そして社員になろうとする者の中には，**5人以上の公認会計士**を含めねばならないが，平成19年改正法により，業務の専門性や複雑化に伴い多様なスペシャリストを擁する必要が出てきたため，監査法人の社員資格は公認会計士以外にも拡大され，公認会計士でない者も，法34条の10の8により**特定社員**として日本公認会計士協会に登録すれば，社員として参画できるものとされた（法34条の2の2第1項，34条の4第1項，34条の7第1項）。

　ただし監査証明業務については，公認会計士である社員のみが業務を執行する権利を有し義務を負い，かつ代表権を有するが，代表権につき，公認会計士である社員全員の同意によって，特に監査法人を代表すべき社員を定めることができる。また監査証明業務以外はすべての社員が業務を執行する権利を有し義務を負い，かつ代表権を有す。ただし，定款又は総社員の同意によって，社員のうち特に監査法人を代表すべき社員を定めることができる（法34条の10の2第1項・2項，法34条の10の3第1項・2項）。また社員は**無限連帯責任**を負い，**監査法人の財産をもってその債務を完済できないとき，各社員が連帯してその弁済責任を負う**ものとされる（法34条の10の6）。

　また監査法人の業務管理体制上，特定社員が監査証明業務に不当な影響を及ぼすことを排除するための措置を含まなければならないものとされ（法34条の13第2項第3号），監査法人の社員のうちに公認会計士の占める割合，また監査法人の活動上，重要な事項に関する意思決定を社員の一部をもって構成される合議体で行う場合に，当該合議体を構成する社員のうちに公認会計士の占める割合が，ともに最低でも**75%以上**でなければならないとしている（法施行規則19条，28条）。

　なお特定社員についても，公認会計士と同様の法上の義務が課される。守秘義務（p.32参照）については，特定社員でなくなった後も同様とされ（法34条の10の16），法に違反した場合，戒告，2年以内の業務従事の禁止，さらに登録の抹消の処分を受けることとなる（法34条の10の17）。

　また監査法人の社員は，他の監査法人の社員となってはならない（法34条の14第1項）他，自己又は第三者のためにその監査法人の業務の範囲に属する業務を行ってはならない。ただし，当該範囲に属する業務が法2条第2項の非監査証明業務である場合において，業務を行うことにつき，当該社員以外の社員全員の承認を受けたときは，この限りでない（同2項）。ただし，大会社等に対する業務の特例（本章3．参照）において，独立性の強化により，社員が大会社等から2項業務により継続的な報酬を受けている場合には，監査法人は当該大会社等の財務書類につき，監査証明業務を行えない（法34条の11の2第2項）ので注意する。

　監査法人は，第2条第1項の監査証明業務の他，その業務に支障のない限り定款によって，第2条第2項の非監査証明業務の全部又は一部を行うことができる（法34条の5）。そして主たる事務所の所在地において設立登記をすることによって成立し，成立の日から2週間以内に，登記事項証明書及び定款の写しを添えて内閣総理大臣に届け出なければならない（法34条の9の2）。

　なお，外国の法令に準拠し，外国において，他人の求めに応じ報酬を得て，財務書類の監査又は証明をすることを業とする者が，金商法の規定に基づき外国又は外国の者が提出する財務書類（外国会社等財務書類）につき，監査証明業務に相当すると認められる業務を行うときは，外国の行政機関その他これに準ずるものの適切な監督を受けると認められる者として内閣府令で定めるものを除き，あらかじめ内閣総理大臣に届け出なければならず（法34条の35），この届出を受けた者を**外国監査法人**という（法1条の3第7号）。

　次に監査法人の種類と社員の責任であるが，そもそも監査法人は，社員として最低5名の公認会計士がいれば設立でき，当初は社員同士が相互に顔見知りであり，人的な信頼関係が強い小規模な合名会社形態を想定していたため，社員の責任は無限連帯責任とされた。こうした監査法人は**無限責任監査法人**（法1条の3第5項）と呼ばれるが，被監査会社自体が大規模化するに伴い，監査法人自体も規模拡大を迫られ，これに伴い，人的な信頼関係を前提とした合名会社形態を前提とする無限連帯責任は，もはや時代にそぐわないものとなってきた。つまり，無限連帯責任では非違行為に関係のない社員まで連帯して責任を問われることとなり，これではあまり酷なため，無限責任監査法人において**指**

定社員制度の採用が許可されることとなった（指定社員制度の採用が強制されるものではないことに注意（法34条の10の4））。

　指定社員制度は，特定の証明について業務を担当する社員を一人ないし数人に指定し，当該指定がされた証明を「**指定証明**」，この指定を受けた社員を「**指定社員**」とし，指定社員のみが無限連帯責任を負担し，指定社員以外の社員の責任を出資の価額に限定するもので，指定をしたときはその旨を被監査会社に通知しなければならない（法34条の10の6第4・5項，法34条の10の4第4項）。ただし，この場合，指定社員以外の社員の責任の限定は対被監査会社に限られ，対第三者に対して負う無限責任監査法人の債務については，指定の有無を問わずすべての社員が責任を負うことになり，依然として社員の責任は重大である。

　そこで上記の無限責任監査法人における指定社員制度の持つ問題点を克服し，各自が関与する業務に責任を限定させることで緊張感を持たせ，さらに有能な人材を確保することを目的として，**その社員の全部を有限責任とする有限責任監査法人**（法1条の3第4項）が新たに創設された。有限責任監査法人はその行うすべての証明につき，証明ごとに一人又は数人の業務を担当する社員（特定社員を除く）を指定し，当該指定がされた証明を「**特定証明**」，指定を受けた社員を「**指定有限責任社員**」とし，指定をしたときは，証明を受けようとする者に対し，その旨を書面又は電磁的方法により通知しなければならず，指定がされない証明があったときは，当該証明につき全社員を指定したものとみなされる（法34条の10の5第1・2・4項）。また有限責任監査法人は，その名称中に有限責任という文字を使用することが求められる（法34条の3第2項）。

　監査証明業務においては，無限責任監査法人制度における指定社員制度では，対被監査会社については，指定社員のみ無限連帯責任を負うが，対第三者については，指定社員以外も無限連帯責任を負うのに対し，**有限責任監査法人では，対会社，対第三者ともに指定有限責任社員のみが無限連帯責任を負い，指定有限責任社員以外はあくまで出資の価額を限度として責任を負うことになる**（法34条の10の6第7・8項）。ここで有限責任監査法人とはいっても，特定証明に対し指定有限責任社員以外の責任が対会社，対第三者のいずれもその出資の価額に限定されるという意味での有限責任であり，指定有限責任社員の責任は従来どおり無限連帯責任であることに注意する。以下，監査法人の形態と監査証

	対被監査会社	対第三者
	図表2−1　監査法人の形態と無限連帯責任を負う社員	
	（法規委員会研究報告第8号（以下「法研報8号」）Q2）	
無限責任監査法人（指定社員制度無し）	全社員	全社員
無限責任監査法人（指定社員制度有り）	指定社員	全社員
有限責任監査法人（特定証明に限る）	指定有限責任社員	指定有限責任社員

明業務に対し無限連帯責任を負う社員を図表2−1にまとめておく。

　なお，監査証明業務以外の業務から生じる債務及び監査法人の運営上生じる通常の債務については，無限責任監査法人であれば指定社員制度採用の有無を問わず，全社員が無限連帯責任を負い，有限責任監査法人であれば，全社員の責任は出資の価額を限度とする有限責任となる。ただし悪意又は重過失がある場合には，監査法人と連帯して損害賠償責任を負う（法34条の23第3項，会社法547条）。いずれの場合も，監査法人がまず第一次的な責任を負うことは，無限責任，有限責任法人の場合も変わりはない。

　なお有限責任監査法人は内閣総理大臣の登録を受けなければ監査証明業務が実施できず（法34条の24），財産的基盤の強化のため，資本金が公益又は投資者保護のため必要かつ適当なものとして定めた，社員総数に100万円を乗じた額に満たない場合，内閣総理大臣により登録が拒否される（法34条の27第1項3号，法施行令（以下「令」）22条）。さらに損害賠償請求権に対する債務の履行を確保するため，社員総数に200万円を乗じた額を供託する義務がある（法34条の33第1項，令25条）が，損害賠償責任に関する保険契約を締結し，内閣総理大臣の承認を受けたときは供託金の全部又は一部が免除される（法34条の34第1項，令29条第2項）。

　また収益の額（売上高（役務収益等）の他，営業外収益，特別利益の額も含む）が10億円未満の場合を除き，その計算書類につき利害関係のない公認会計士又は監査法人の監査報告書を添付する必要がある（法34条の32第1項，令24条）（法研報8号Q2）。

　有限責任監査法人は，定款の変更により再度，無限責任監査法人となること

を妨げるものではない（法34条の22第8・9項）ため，有限責任監査法人に組織変更した無限責任監査法人は再度，無限責任監査法人となることができる。

２. 正当な注意と公認会計士及び監査法人の責任

公認会計士の虚偽又は不当の証明については，図表２−２の処分を受ける。

図表２−２　公認会計士の虚偽又は不当の証明についての処分

① **故意**に虚偽，錯誤又は脱漏のある財務書類を虚偽，錯誤及び脱漏のないものとして証明した場合には，内閣総理大臣は２年以内の業務の停止又は登録の抹消の処分をすることができる（法30条1項）。故意は，精神的独立性を保持していないこと（p.24参照）を意味する。

② **相当の注意**を怠り**重大な**虚偽，錯誤又は脱漏のある財務書類を重大な虚偽，錯誤及び脱漏のないものとして証明した場合には，戒告又は２年以内の業務の停止処分となる（同2項）。相当の注意は正当な注意（p.27参照）を意味する。

　故意の場合は悪質なため，虚偽，錯誤又は脱漏は重大でないものでも責任が追及され，かつ登録抹消という最も重い処分が課されるので注意する。ただし，法4条1項6号において，公認会計士の欠格条項として，登録抹消の処分の日から5年を経過しない者が定められていることから，5年を経過すれば内閣総理大臣の認可を受けることなく，再登録が可能であることに留意されたい。

また監査法人が虚偽，錯誤又は脱漏のある財務書類を虚偽，錯誤及び脱漏のないものとして証明した場合において，当該証明に係る業務を執行した社員である公認会計士が故意又は相当の注意を怠った事実があるときは，当該公認会計士に図表２−２の①と②の処分が下される（法4条3項）。

さらに公認会計士が**法若しくは法に基づく命令に違反**したとき，又は公認会計士が行う**監査証明業務が著しく不当**と認められる場合において，当該公認会計士が行う監査証明業務の適正な運営を確保するために必要と認められるときは，内閣総理大臣は，当該公認会計士に対し，**必要な指示**をすることができる（法34条の2）。そして公認会計士がこの指示に従わない場合又は法若しくは法に基づく命令に違反したときは，**戒告，２年以内の業務の停止，登録の抹消**の懲戒

処分をすることができる（法31条1項）。さらに公認会計士が**著しく不当と認められる業務の運営**を行った場合には，内閣総理大臣は，**戒告と2年以内の業務の停止**の懲戒処分を行うことができる（同2項）。

一方，監査法人については，以下の場合，内閣総理大臣は当該監査法人に対し，戒告し，第34条の13第1項に規定する業務管理体制の改善を命じ，2年以内の期間を定めて業務の全部若しくは一部の停止を命じ，又は解散を命じることができる（法34条の21第2項1～4号）。

図表2−3　監査法人に処分が下されるケース

① 社員の故意により虚偽，錯誤又は脱漏のある財務書類を虚偽，錯誤及び脱漏のないものとして証明したとき。
② 社員が相当の注意を怠ったことにより，重大な虚偽，錯誤又は脱漏のある財務書類を重大な虚偽，錯誤及び脱漏のないものとして証明したとき。
③ 公認会計士法若しくは公認会計士法に基づく命令に違反し，又は運営が著しく不当と認められるとき等の場合。

またこの場合，監査法人の処分に対し重大な責任を有すると認められる社員に対し，内閣総理大臣は2年以内の期間を定めて，当該監査法人の業務又は意思決定の全部又は一部に関与することを禁止することができる（法34条の21第3項）。そして監査法人が業務停止処分を受けた期間内に，清算が結了した後においても，処分の手続が結了するまでは，存続するものとみなされる（同5項）。さらに当該監査法人の社員に虚偽又は不当の証明の事実があり，また当該監査法人の社員及び特定社員に公認会計士法違反等に該当する事実があるときは，その社員である公認会計士と特定社員に対し，監査法人の処分と併せて懲戒処分を行うことを妨げるものと解してはならない（同6項，7項）。

また公認会計士と監査法人につき，上記の事実があった場合において，内閣総理大臣はこれらの処分とあわせて，当該公認会計士又は監査法人に対し，故意による場合は会社が監査証明を受けた会計期間に相当する**監査報酬相当額**の1.5倍，相当の注意を怠った場合には当該監査報酬相当額の1倍に相当する課徴金を国庫に納付することを，それぞれ命じなければならず（法31条の2第1項

１号２号，法34条の21の２），課徴金は監査報酬相当額を基準として算定される。最近では東芝の不正会計事件で，担当した監査法人が相当の注意を怠り，重大な虚偽のある財務書類を重大な虚偽のないものとして証明し，法人の運営が著しく不当と認められたため，３ヶ月間の契約の新規の締結に関する業務の停止と業務改善命令の他，21億円の課徴金納付命令を受け，７名の公認会計士が最長６ヶ月の業務停止処分を受けている。

　これまでみてきた相当の注意は，**正当な注意**に相応するものであり，たとえ**重大な虚偽**，錯誤又は脱漏のある財務書類を重大な虚偽，錯誤及び脱漏のないものとして証明した場合でも，正当な注意を払って監査を実施しなかった場合に初めて責任が問われることになる。

　なお何人も，公認会計士に虚偽又は不当の証明の事実がある場合には，内閣総理大臣に対してその事実を報告し，適当な措置をとるべきことを求めることができる（法32条第１項）。

3．大会社等に対する業務の制限の特例

　図表２－４の公認会計士法上の大会社等（法24条の２第１項及び同施行令10条，及び独立性に関する法改正対応解釈指針（以下「指針」とする）第５号３項参照）については，社会的影響力が大きく監査の厳格化の要請が強いことから，別途さまざまな業務の制限の特例を設けている。

図表２－４　公認会計士法上の大会社等

① 　会計監査人設置会社（ただし，最終事業年度に係る貸借対照表に資本金として計上した額が百億円未満であり，かつ，最終事業年度に係る貸借対照表の負債の部に計上した額の合計額が千億円未満の株式会社を除く。施行令８条参照。）

② 　金融商品取引法193条の２第１項の規定により監査証明を受けなければならない者（ただし金融商品取引法５条第１項の特定有価証券の発行者で，特定有価証券以外に一定の有価証券を発行していない者を除く。また，金融商品取引法24条第１項第３号又は第４号により有価証券報告書を提出する発行者で，資本金が５億円未満又は損益計算書の売上高若しくは直近３年間に終了した各事業年度に係る損益計算書の売上高の額の合計額を三で除して得た額のうちいずれか大きい方の額が10億円未満であること，及び負債の額の合計額が

200億円未満であることの双方を満たす者等を除く（令9条））

③　銀行法及び長期信用銀行法二条（保険業法二条二項）に規定する銀行（保険会社）

さらに上記に掲げる者に準ずる者として政令で定める者

　ここでの大会社は，会社法の大会社とは意味が異なることに留意。①は言い換えれば，会社法の規定による会計監査人設置会社がすべて大会社等に該当するわけではなく，そのうち，資本金が百億円以上または負債総額が千億円以上の会社が，該当する。あとは上場会社と銀行と保険会社と押さえておけば差し支えない。

1）単独監査の禁止

　大会社等については，監査の厳格化の要請から，法24条の4において，他の公認会計士若しくは監査法人と共同し，又は他の公認会計士を補助者として使用して行わなければならず，単独監査が認められない。ただし，共同して監査証明業務を行う監査法人が解散したこと等，内閣府令で定めるやむを得ない事情がある場合はこの限りでない（法施行規則11条1項1～5号）。

　なお法上の上場会社等につき登録上場会社等監査人が公認会計士個人の場合，内閣府令で定めるやむを得ない事情がある場合（法施行規則第92条参照）を除き，登録を受けた①監査法人または②他の1人以上の公認会計士（但し補助者である公認会計士の数は3人以上必要）との共同監査が求められる（法34条の34の13，同施行令29条の5）。

2）ローテーションルール

　法では，公認会計士（監査法人）は，大会社等の財務書類について監査証明業務を行う場合において，公認会計士（当該監査法人の社員）が当該大会社等の財務書類について7会計期間連続して監査関連業務を行った場合には，当該公認会計士（その監査証明に係る業務を執行した社員で，当該証明書にその資格を表示して自署し，かつ，自己の印を押した社員を意味する**業務執行社員**）につき翌会計期間以後2会計期間，当該大会社等の財務書類につき，監査関連業務を行わせてはならない，と規定される（法24条の3，34条の11の3第1項，施行令16条，17条）。なお7会計期間連続してという場合には，**短期間のインターバルをとるなどの場合も含まれる**ことに留意されたい（指針6号1・3項）。

　これは，同一監査人が，大会社等に長期間関与することから生ずる当該監査

人の外観的独立性に対する疑念を払拭することにより，監査証明の客観性を確保するためである（指針6号1項）。

　また金融商品取引所にその発行する有価証券を新規に上場しようとする者（その他政令で定める者（大会社等を除く））の財務書類について公認会計士（監査法人の社員）が監査関連業務を行った場合，上場される日の属する会計期間の前の一定期間については，その者を大会社等とみなして連続会計期間に算入されることとなり，公開後の最初の連続会計期間が制限される（新規公開企業に係る公開後の最初の連続会計期間の制限：法24条の3第2項，法34条の11の5，指針6号9項）。具体的には，発行する有価証券が上場される日の属する会計期間前の3会計期間の範囲内で内閣府令で定める会計期間（2会計期間。ただし，上場される日以前に1会計期間に限り監査関連業務を行った場合には1会計期間）につき，大会社等とみなして，連続する会計期間に算入される。

　なおローテーションの対象者は，監査法人の場合，業務執行社員，審査担当社員及び業務執行社員と同程度以上に関与している補助者を含む（公認会計士の場合は監査責任者の公認会計士と，補助者でありながら監査責任者と同程度以上に実質的な関与をしていると認められる者，さらに他の公認会計士から委託を受け，監査証明業務の意見審査を行う者を含む）（指針6号5）。

　また，**大規模監査法人**（直近の会計年度においてその財務書類について当該監査法人が監査証明業務を行った上場有価証券発行者等の総数が百以上である場合における当会計年度における監査法人（法施行規則24条））が**上場有価証券発行者等**の財務書類について監査証明業務を行う場合においてはさらに特例があり，**筆頭業務執行社員等**については，ローテーションルールをより厳格化し，5会計期間連続して当該上場有価証券発行者等の監査関連業務を行った場合，その翌会計期間以後5会計期間連続して監査関連業務を行わせてはならない（法34条の11の4，令19・20条）としている。上場有価証券発行会社は，金融商品取引所に上場されている有価証券の発行者その他政令で定める者をいい（令18条），また筆頭業務執行社員等の具体的な範囲は，法施行規則23条により，監査証明業務を執行する社員のうちその事務を統括する者として**監査報告書の筆頭に自署し，自己の印を押す社員1名**と，監査証明業務に係る**審査に関与し，当該審査に最も重要な責任を有する者1名**（以下「審査最重要責任者」と略），とされている。また先

ほどと同様，5会計期間連続には，やはり短期間のインターバルをとるなどの場合も含まれるので留意されたい（指針6号1・3・8項参照）。

　なお，新規公開企業に係る公開後の最初の連続会計期間の制限（指針6号9）については，大会社等の場合と変わるところはない。

　また，上記法とは別に，倫理規則が，**社会的影響度の高い事業体**（①法上の大会社等及び②会計事務所等が，利害関係者が多数かつ多岐に及ぶ事業体につき，事業の内容，規模，従業員数を検討し，追加的に社会的影響度の高い事業体として扱うこととした事業体（倫理規則400.8項）。よって，図表2－4の①で法上の大会社等から除かれた，会計監査人を設置する資本金が百億円未満かつ負債が千億円未満の会社法上の大会社も含む可能性がある。）の監査業務につき，対象者及びクーリングオフ期間を図表2－5の通りに定めている（R540.5, R540.11～18項）。

図表2－5　倫理規則のローテーションルール

対象者	関与期間	クーリングオフ期間
（1）筆頭業務執行責任者	累積して7会計期間	その後連続する5会計期間（注）
（2）審査担当者		その後連続する3会計期間（注）
（3）その他の監査業務の主要な担当社員等		その後連続する2会計期間（注）

（注）ただし最短でも2年間

　なお関与期間はすべて，短期のインターバルを含めた累積しての7会計期間となる。また筆頭業務執行責任者は，監査業務執行責任者（業務実施の責任者，すなわち業務実施者のうち，業務とその実施及び発行する報告書に責任を負う，社員等又はその他の者）のうち，その事務を統括する者として監査報告書の筆頭に署名する者1名をいい，法上の筆頭業務執行社員等と異なり，審査最重要責任者を含まず，これは上記（2）に分類される。また上記（3）は，その他，監査業務の重要な事項について重要な決定や判断を行う者をいい，我が国においては，法施行規則第9条第3項第1号及び第3号に規定される監査業務執行責任者と同程度以上に実質的な関与をしていると認められる者が通常該当するが，これ

以外にも，例えば重要な子会社や部門に責任を負う監査業務執行責任者等が含まれる場合がある（倫理規則用語集）。

　なお法上の大会社等の監査証明業務に関与せず，当該大会社等の監査報告書に監査法人の代表者としてのみ署名している場合（監査証明内閣府令第4条）も，「社員として関与」に当たり，監査関連業務に該当するため，ローテーションの対象者となる。そして，業務執行社員ではない法人の代表者が監査報告書の筆頭に署名した場合には，当該代表者の次に署名した業務執行責任者を筆頭業務執行責任者として，5会計期間のクーリングオフ期間を適用することとなるので，留意する（「倫理規則に関するQ&A」（以下「倫理QA」）Q540－4－1）。

　なお倫理規則の適用においても，法等の法令等によって定められた独立性に関する規定を当然に遵守することが求められる（倫理規則400.1 JP。なお同100.7 A1では，会員は，会員の業務に関連する法令等に本規則の規定と異なる，又は範囲を超えた規定がある場合，そのような差異を把握するとともに，法令等により禁止されている場合を除き，より厳格な規定を遵守する必要がある，としていることに留意）。そのため，インターバル期間において，仮に会計期間が1年未満の場合は，法の規定を遵守するためいずれの場合も最短でも2年，との但し書きがついている。さらに，上場会社等の監査証明業務に大規模監査法人の筆頭業務執行社員等が従事する場合は，より厳格な法の規定が適用され，連続する5会計期間の全ての会計期間（一旦関与を外れた場合にその期間が5会計期間未満であるときも含む）に係る財務書類について監査関連業務を行った場合は，その後5会計期間において監査関連業務が禁止されることとなるので留意する（倫理QA Q16－1　5.）。よって，それ以外は，全て倫理規則のルールが適用され，法の定める最短でも2年間のインターバル期間を遵守した上で，図表2－5の規定が適用される。

　また累積した7会計期間の関与期間において，大会社等の監査業務に，監査業務の主要な担当社員等として複数の役割で関与した場合，要求されるクーリングオフ期間は，監査業務の主要な担当社員等としての役割と関与した期間によって決定し（倫理規則R540.14項から同17項），図表2－6のとおり説明される。なお，筆頭業務執行責任者として関与した期間をEP，審査担当者として関与した期間をEQCR，その他の監査業務の主要な担当社員等としての関与期間をその他KAP，とする。

図表２－６　複数の役割で関与した場合のクーリングオフ期間

ケース１）監査業務の主要な担当社員等の中でも，特に重要な，筆頭業務執行責任者と審査担当者については，７会計期間の半数を超える４会計期間以上従事したときは，それぞれの規定が優先適用される。よって，以下のとおり

① EP ≧４なら，５会計期間（注１）（R540.14）。

② EQCR ≧４なら，３会計期間（注１）（注２）。

ケース２）次に両者で通算して４会計期間以上となったときは，その中で特に厳しい規定が適用される筆頭業務執行責任者につき，４会計期間中半数を超える３会計期間以上従事すれば筆頭業務執行責任者の規定，それ以外は審査担当者の規定が適用される。つまり

③ EP＋EQCR ≧４かつ EP ≧３なら，５会計期間（注１）（R540.16(1)）。

④ 上記③以外，つまり EP＋EQCR ≧４かつ EP ＜３（これには，EQCR ≧３，また EP ＝ EQCR ＝２の場合も含む）なら，３会計期間（注１）（R540.16(2)）。

ケース３）最後に上記以外の場合，つまり，その他の監査業務の主要な担当社員の関与期間が４会計期間以上となったとき，その規定が適用される。よって

⑤ その他 KAP ≧４なら，２会計期間（注１）（R540.17），

（注１）ただし最短でも２年間（法の規定を満たすため）

（注２）なお①から⑤の順に厳しい適用となる必要がある（以下であればよく超えてはならない）が，③が５会計期間と②の３会計期間を超えている。これは，②で EQCR ＝ ４かつ EP ＝３の時もあり，③の前提条件を同時に満たすためである。よって，R540.15では，②については，③の前提条件を満たす場合を除く，との但し書きがつくことに注意。よって

ケース１）② ３会計期間（但し③の前提条件となる場合は，５会計期間）（R540.15）となる。

３）同時提供禁止規定

　法24条の２（公認会計士の規定）及び34条の11の２（監査法人の規定）においては，以下のような定めがなされている。

　公認会計士（監査法人）は，当該公認会計士，その配偶者又は当該公認会計士若しくはその配偶者（当該監査法人又は当該監査法人）が実質的に支配していると認められるものとして内閣府令で定める関係を有する法人その他の団体が，大会社等から２条２項の業務（財務書類の調整に関する業務その他の内閣府令で定めるものに限る）により継続的な報酬を受けている場合には，当該大会社等の財務

書類について，同条1項の業務を行ってはならない（監査法人の場合には，上記に加えさらに，その社員が大会社等から2条2項の業務により継続的な報酬を受けている場合には，当該大会社等の財務書類について同条1項の業務を行ってはならない，とされる）。

　これは監査証明業務の信頼性を確保するため，自己監査及び監査人の経営判断への関与を防止する観点から，公認会計士又は監査法人（公認会計士又は監査法人等が実質的に支配する子会社及び関連会社等を含む）が，大会社等に対し監査証明業務と特定の非監査証明業務を同時に提供することを禁止する，同時提供禁止規定として知られ，当該非監査証明業務については，法施行規則6条に以下のとおり規定される（指針4号1項）。

図表2－7　同時提供禁止規定の対象となる非監査証明業務

① 会計帳簿の記帳代行その他の財務書類の調整に関する業務
② 財務又は会計に係る情報システムの整備又は管理に関する業務
③ 現物出資その他これに準ずるものに係る財産の証明又は鑑定評価に関する業務
④ 保険数理に関する業務
⑤ 内部監査の外部委託に関する業務
⑥ 上記のほか，監査又は証明をしようとする財務書類を自らが作成していると認められる業務又は被監査会社等の経営判断に関与すると認められる業務

　上記①から④の業務は，いずれも監査人が自ら財務諸表の作成者としての立場の業務を実施することになり二重責任の原則に反し，自らが作成した財務諸表を自ら監査する自己監査の防止の観点から，禁止される。また⑤は，財務会計に関わる内部統制及び情報システム並びに財務諸表の作成・開示に関する内部監査の外部委託業務をいい，被監査会社等における内部統制システムの一部を構成するものとして，本来経営者の責任において構築・維持されるべきものである。よって経営者から独立した立場であるべき外部監査人がこの機能を担えば，経営者の責任を分担することとなり経営判断に関わることとなるので，これを防止する観点から，禁止される。そして⑥は，業務の多様化等に個別的に対応して同時提供禁止業務を限定的に列挙することは困難と考えられることから，包括的な禁止規定として設けられたものとされる（指針4号2）。

4. 公認会計士法の就職制限

公認会計士が監査証明業務を行った場合，当該公認会計士（公認会計士であった者を含む）は，関与した会計期間とその翌会計期間の終了の日までの間は，当該会社その他の者又はその連結会社等（当該会社その他の者と連結して財務書類を作成するものとされる者として内閣府令で定めるものをいう）の役員又はこれに準ずる者に就いてはならない（法28条の2）とされているが，これは対象が大会社等に限定されておらず，**すべての会社（被監査会社）に共通するものである**ことに注意されたい。また「内閣府令で定めるもの」については，法施行規則13条第1項第2号より，被監査会社等の連結子会社並びに持分法が適用される非連結子会社及び関連会社又は被監査会社等をその連結子会社等とする会社等（つまり親会社），さらには被監査会社等をその連結子会社等とする会社等の連結子会社等（つまり，兄弟会社）とされ，親会社子会社のみならず，**兄弟会社まで含まれる**ので注意されたい。

なおこの規定は監査法人が監査証明業務を行った場合の当該業務を執行した社員についても，準用されるが，当該業務を執行した社員以外の社員についてまで準用されるわけではない（法34条の14の2）。

また連結会社等の役員又はこれに準ずる者に就くことにつきやむを得ない事情があると認められるときその他内閣府令で定める場合において，内閣総理大臣の承認を得たときは，この限りでないとしている。この内閣府令に定める場合につき，監査法人の社員の場合については監査証明業務を行った社員（社員であった者を含む）が就職制限会社等以外の会社の役員に就いた後，当該会社が当該就職制限会社と合併することとなった場合において，当該業務を執行した社員が合併後存続する会社等の役員等に就くこととなった場合（役員就任時に当該合併について知っていた場合を除く）としており（法施行規則13条3項1号），本来は就職制限会社の役員に就くことができないはずなのに，こうした事情により社員が就職制限会社等の役員になった場合を想定し，この場合，監査法人はその関与期間又はその翌会計期間（関与社員会計期間）まで当該会社の監査業務を行ってはならない（法34条の11第1項3号）。

第3章　監査実施論

1．財務諸表監査の立証構造と監査要点

　「監査基準」第三実施基準一基本原則３では，「監査人は，自己の意見を形成するに足る基礎を得るために，経営者が提示する財務諸表項目に対して，実在性，網羅性，権利と義務の帰属，評価の妥当性，期間配分の適切性及び表示の妥当性等の監査要点を設定し，これらに適合した十分かつ適切な監査証拠を入手しなければならない。」としている。

　経営者は二重責任の原則に基づき，財務諸表を通して，会社の財政状態や経営成績等に関する言明を行っているものと考えられる。ここで財務諸表の最小の構成要素としてまずは，現金や売掛金といった勘定科目が挙げられる。そして簿記の一巡より日々の取引が仕訳を通して各勘定に集計され決算整理前残高試算表が出来上がる。これに期末の決算整理と，例えば資産・負債につき，正常営業循環基準や１年基準により，流動固定分類を行い，また各種注記を行う等の開示上の整理を経て，公表財務諸表が作成されるわけであり，その意味で，**取引種類，勘定残高又は注記事項**が財務諸表の最小の構成要素といえる。

　したがって経営者が作成した財務諸表が全体として適正であるためには，そのパーツである**取引種類，勘定残高又は注記事項**が，一般に公正妥当と認められる企業会計の基準（GAAP）に準拠している必要がある。よって二重責任の原則に基づき適正な財務諸表を経営者が作成しているとすれば，それは，明示的か否かにかかわらず，その取引種類，勘定残高又は注記事項に関し，GAAPに準拠していると認められるための一定の要件を充足しているとの主張を経営者が行っていると考えられる。これを監査基準では，経営者が提示する財務諸

表項目として**経営者の主張**，また 315 第 11 項（4）では「経営者が財務諸表
において明示的か否かにかかわらず提示するものであり，財務諸表が，情報の
認識，測定，表示及び注記に関して適用される財務報告の枠組みに準拠して作
成されていることを表すものである。監査人は，重要な虚偽表示リスクの識別，
評価及び対応において，発生する可能性のある虚偽表示の種類を考慮する際に
これを利用する。」として，**アサーション**としている。

　GAAP に準拠していると認められるための充足要件としてのアサーション
は，具体的には図表 3 − 1 にまとめられる（315A124・125 項）。

図表 3 − 1　アサーション

**監査対象期間の取引種類や会計事象及び関連する注記事項に係るアサーション（フ
ロー概念のもの）**

1）発生　記録又は注記された取引や会計事象が発生し，当該取引や会計事象が企
　業に関係していること

2）網羅性　記録すべき取引や会計事象が全て記録されていること及び財務諸表に
　関連する注記事項が全て含まれていること。

3）正確性　記録された取引や会計事象に関する金額や他のデータが正確に記録さ
　れていること及び関連する注記事項に含まれる金額の測定及び記述が適切である
　こと。

4）期間帰属　取引や会計事象が正しい会計期間に記録されていること

5）分類の妥当性　取引や会計事象が適切な勘定科目に記録されていること

6）取引及び会計事象が適切に集計又は細分化され，明瞭に記述されていること，
　並びに適用される財務報告の枠組みに照らして，関連する注記事項が目的適合性
　を有し，理解しやすいこと。

期末の勘定残高及び関連する注記事項に係るアサーション（ストックのもの）

1）実在性　資産・負債・純資産が実際に存在すること

2）権利と義務　企業は資産の権利を保有し又は支配していること。又は負債は企
　業の義務であること

3）網羅性　記録すべき資産，負債及び純資産が全て記録されていること並びに財
　務諸表に関連する注記事項が全て含まれていること

4）評価と期間配分　資産，負債及び純資産が適切な金額で財務諸表に計上され，
　評価の結果又は期間配分が適切に記録されていること，並びに関連する注記事項

に含まれる金額の測定及び記述が適切であること。

5）分類の妥当性　資産，負債及び純資産が適切な勘定科目に記録されていること。

6）表示及び注記　資産，負債及び純資産が適切に集計又は細分化され，明瞭に記述されていること，並びに適用される財務報告の枠組みに照らして，関連する注記事項が目的適合性を有し，理解しやすいこと。

その他の注記事項に係るアサーション

　上記のアサーションは，状況に応じて，取引種類，会計事象又は勘定残高に直接関連しない注記事項において発生する可能性のある様々な種類の潜在的な虚偽表示を考慮する際に利用されることがある。これらの注記事項には，例えば，金融商品から生じるリスクについて，リスクに対するエクスポージャー及び当該リスクがどのように生じるのか，リスク管理の目的，方針及び手続，並びにリスクを測定するために用いている方法等に関する注記事項が該当する。

　経営者の主張，つまりアサーションの集合体である財務諸表の全体としての適正性の立証は，監査人にとっての究極的な要証命題であるが，その直接的な立証は困難である。そこでまずは直接的に立証可能な，財務諸表の基礎となる取引種類，勘定残高又は注記事項までブレークダウンし，これらにつき監査人の側で立証すべき目標である**監査要点**として，このアサーションを利用する。例えば，売掛金について実在性が充足されれば，架空売上による売掛金の計上を防止できるといったように，取引種類，勘定残高又は注記事項につきアサーションが真に充足されているかにつき監査を通じ個々に立証していけば，財務諸表の虚偽表示が未然に防止される。よって発生する可能性のある虚偽表示の種類を考慮した監査手続を立案する際に，アサーションに対して監査要点を設定する。つまりストックを表すB/S項目や，フローを表すP/L項目及びそれらの注記事項に係るアサーションにつき，監査人の側で立証すべき監査要点として設定し，それぞれに適合する監査証拠を，監査手続を通じて収集・評価した上で，最終的に財務諸表全体の適正性という観点からそれらを積み上げて統合化した上で総合的に評定し，財務諸表に関する意見形成の根拠となる**自己の意見を形成するに足る基礎**（意見表明の基礎）を獲得した上で，意見表明を行うことになる。このように，経営者の提示する財務諸表項目は経営者が責任の主

体であるのに対し，監査要点は監査人が設定した立証すべき目標として，両者は区別される（平成17年改訂監査基準前文二5.）。

２．監査証拠と監査手続

　先に述べたとおり，監査人は意見表明の基礎を得た上で財務諸表に対する意見を表明するが，当該基礎の獲得に当たっては，不正か誤謬かを問わず，財務諸表全体に重要な虚偽表示がないかどうかについて合理的な保証を得ることが求められる。そして合理的な保証は，監査人が監査リスクを許容可能な低い水準に抑えるために**十分かつ適切な監査証拠**を入手した場合に得られる。

　監査証拠は主として監査の過程で実施した監査手続から入手するが，それのみならず過年度の監査において入手した情報（但し当該情報が当年度の監査における監査証拠として適合性と信頼性を依然として有しているかにつき評価した場合）や，監査契約の新規の締結及び更新に関する監査事務所の品質管理手続において入手した情報など，その他の情報源から入手した情報も含み，企業内外の情報源に加え，企業の会計記録は監査証拠として重要な情報源となる。監査証拠は，アサーションを裏付ける情報と矛盾する情報の両方から構成され，例えば，経営者が依頼した陳述を拒んだ場合等，情報がないことそれ自体が監査証拠となる場合がある（500A1項）。

　監査人は，ある情報源から入手した監査証拠が他の情報源から入手した監査証拠と矛盾する場合，また監査人が監査証拠として利用する情報の信頼性に関して疑義を抱く場合でも，即座に監査手続の変更が求められるわけではなく，問題を解消するためにどのような監査手続の変更又は追加が必要であるかを判断し，監査の他の側面に与える当該事項の影響があればその影響を考慮しなければならない（500第10項）。

　また監査意見を裏付ける監査証拠は十分かつ適切な監査証拠でなければならないが，**監査証拠の十分性と適切性**はそれぞれ，監査証拠の量的尺度と質的尺度を意味し，十分性に関し，必要な監査証拠の量は，虚偽表示のリスクの程度と，監査証拠の質によって影響を受け，虚偽表示リスクの程度が高い程より多くの監査証拠を必要とし，質が高い程少なくて済む。しかし，量の多さは，必

ずしも質の低さを補完するものではなく，質の低い監査証拠をいくら入手した
としても十分かつ適切な監査証拠とはならない。

　一方，質的要件としての適切性は，意見表明の基礎を裏付ける監査証拠の適
合性と証明力であり，証明力は，情報源及び種類により影響を受け，入手する
状況により異なる（500A5項）。

　監査証拠の適合性は，監査手続の目的により影響を受け，監査手続の目的が
買掛金の実在性又は評価の妥当性に関して過大計上の有無を確かめることであ
れば，帳簿に計上された買掛金を検討することが目的に適合する。また買掛金
の網羅性に関し過小計上の有無を確かめる場合，帳簿に計上された買掛金の検
討は目的に適合せず，期末日後の支払，未払の請求書，仕入先の支払通知書，
不一致がある検収報告書などの情報の検討が目的に適合する（500A27項）。

　また期末日後の売掛金の回収に関連した記録や文書の閲覧は，売掛金の期末
日における実在性と評価の妥当性の両方に関する監査証拠を提供するが，売掛
金の期間帰属の適切性については必ずしも監査証拠を提供しない（例えば，期末
日後の売上を当期の売上として繰上計上している場合，期末日後の入金により実在性と評価
の妥当性は確かめられても，出荷書類や請求書控え等により，出荷日を確認しないと，当期
の売上であることは立証できない）など，特定のアサーションに適合する監査証拠
を提供する監査手続でも，他のアサーションに適合する監査証拠を提供しない
場合がある。よって，立証しようとする監査要点に適合する監査証拠を入手で
きる監査手続の実施が必要とされる（500A28項）。

　また，**監査証拠の証明力**は，情報源及び情報の種類，並びに関連する場合に
は情報の作成と管理に関する内部統制を含む情報を入手する状況によって影響
され，一般的には以下の図表のとおりとされる。

図表3－2　種々の監査証拠の証明力の一般化（500A31項）

・企業から独立した情報源から入手した場合には，より強くなる。
・企業内部で作成される監査証拠の証明力は，情報の作成と管理に関する内部統制等，
　関連する内部統制が有効な場合には，より強くなる。
・監査人が直接入手した監査証拠（例えば，内部統制の運用について観察により入手した監
　査証拠）は，間接的又は推論に基づいて入手する監査証拠（例えば，内部統制の運用に

ついて質問により入手した監査証拠）よりも，証明力が強い。
・監査証拠は，紙媒体，電子媒体又はその他の媒体にかかわらず，文書化されたもの（文書的証拠）の方が口頭で得た証拠（口頭証拠）よりも証明力が強い（例えば，議事録は，会議の後の口頭による議事説明よりも，証明力が強い）。
・原本によって提供された監査証拠は，コピーやファックス，フィルム化，デジタル化その他の方法で電子媒体に変換された文書によって提供された監査証拠よりも，証明力が強い（後者は，偽造・改竄が容易であるため）。原本以外の文書の信頼性は，その作成と管理に関する内部統制に依存することがある。

　監査意見の形成における監査人の作業のほとんどは，監査証拠を入手し評価することからなり，監査証拠を入手するための手段である監査手続には，実査，立会，確認，質問に加え，閲覧，観察，再計算，再実施及び分析的手続があり，多くの場合はそれらを組み合わせて実施する（500A2項）。

図表3−3　主要な監査手続

実査	**実査**とは被監査会社の保有する現預金・受取手形・有価証券等の物理的な実体を有する資産につき，監査人が期末時点で自ら現物を照合して確かめるものであり，財務諸表に計上されている資産が**実在するものであるかどうかという実在性の監査要点を立証するのに最も適した監査手続**である。不正防止のため現金の実査を行うときは，換金可能性のある預金証書や，有価証券，受取手形，小切手の実査を同時に行わなければならない。また後日紛失等があった場合に責任を問われないようにするため，実査実施時には必ず会社担当者の同席を求め，終了時に，担当者より実査を受けた現金等の返還を受けた旨の直筆の署名と押印のある書面を入手しておくことも必要となる。さらに簿外の資産がないかどうか，網羅性という監査要点の観点から他に保管されている現金がないかどうか，会社の金庫等に出向き，すべての保管物の実査を行うことも必要である。 　また実査からは，必ずしも資産に係る権利と義務又は評価に関する監査証拠を入手できるわけではない（500A14〜16項）。
立会	実地棚卸の**立会**は被監査会社の保有する棚卸資産の実地棚卸の現場に監査人が赴いて，その実施状況を確かめ，棚卸資産の実在性と網羅性という監査要点を立証するために実施するものである。立会にあたってはあらかじめ，実地棚卸結果を記録し管理するための経営者による指示と手続を定めた実地棚卸計画を検討し，実地棚卸の方法および手続が合理的かつ妥当であることを確かめ，不備があれば改善を求める必要がある。また実地棚卸の，棚卸計画に定めた棚

卸手続への準拠性を確かめるほか，監査人自身が自ら抜き取り検査（テストカウント）を行うことに留意すべきである。

　実地棚卸の立会時に棚卸資産を実査することにより，棚卸資産の実在性を確かめること（ただし，必ずしもその所有権を確かめることはできない）に役立つとともに，現物の状態も確認できるため，例えば，陳腐化品，破損品，又は老朽品を識別することができ（501A6項），その意味では棚卸資産の評価の妥当性にも適した手続となる。

　また，経営者が年次の棚卸によって棚卸数量を決定するか，又は継続記録を実施しているかにかかわらず，実務上の理由によって実地棚卸が期末日以外に行われることがあり，いずれの場合も，棚卸資産の増減に係る内部統制の整備及び運用状況の有効性に基づき，期末日以外の日に実地棚卸を実施することが適切であるかどうかを判断する（501A9項）。

　なお第三者が保管し管理している棚卸資産が財務諸表において重要な場合は，①棚卸資産の数量及び状態に関し第三者に確認を実施する，②実査又は個々の状況において適切な他の監査手続を実施する，の**いずれか**又は双方の実施（必ず双方の実施が必要となるわけではない）により，棚卸資産の実在性と状態について十分かつ適切な監査証拠を入手しなければならない（501第7項）。

確認	**確認**とは，財務諸表項目の勘定残高とその明細に関連する情報又は現在の契約条件等について，監査人が会社の取引先等の第三者に対して文書により問い合わせを行い，その回答を直接入手し評価する監査手続である。受取手形や売掛金については，確認によって被監査会社の支配力の及ぶ範囲外である取引先から直接，証拠を入手するため，期末残高の実在性という監査要点を立証するのに強力な監査手続となる。また売掛金の残高確認は併せて相手勘定の売上高の計上時点をも検証できるため，期間配分の適切性（カットオフ）に関する監査証拠も同時に入手できることになる。 　確認は，主に，**勘定残高とその明細に関連する情報**について頻繁に使用されるが，これのみに限定するものでもなく，例えば，**契約条件や企業が第三者と行った取引**について確認を行い，この場合，**契約が変更されたかどうか，変更されていれば，その内容**について問い合わせる。 　確認を実施する際，確認先の選定，確認状の発送及び回収を被監査会社に任せると，被監査会社が確認状に対し不正を働く恐れがあるため，これらについては必ず自らコントロールし，自らの手で発送を行い，返信先も監査人宛とし回収そのものも監査人自身が行うようにしなければならない。 　監査人は，経営者が確認依頼の送付に同意しない場合，同意しない理由について質問し，その正当性と合理性に関する監査証拠を求めるとともに，不正リスクを含む，関連する重要な虚偽表示リスクに関連する監査人の評価及びその他の監査手続の種類，時期及び範囲に及ぼす影響を評価し，さらに適合性と証

明力のある監査証拠を入手するため立案した代替的な監査手続を実施しなければならない。そして経営者の不同意につき合理性がないと結論付けた場合又は代替的な監査手続から適合性と証明力のある監査証拠を入手できなかった場合は，監査役若しくは監査役会，監査等委員会又は監査委員会に報告し，また監査の継続と監査意見に対する影響（監査範囲の制約（第5章参照）として扱うことになる）を判断しなければならない（505A7・A8 項）。

確認には，**消極的確認**（確認回答者が，確認依頼で提供された情報に同意しない場合にのみ，監査人に直接回答する方法）と，**積極的確認**（確認依頼の情報に同意するか，又は不同意かを示したり，依頼された情報を提供することにより，すべての場合に監査人に直接回答することを求める方法）とがある。

積極的確認への回答は，通常，証明力のある監査証拠を提供すると期待されるが，回答者が，情報の正確性を検討せずに確認依頼に回答するリスクは存在する。監査人は，当該リスクを抑えるため，確認依頼に金額（又は情報）を記載せず，回答者に金額の記入や他の情報の提供を依頼するブランクの積極的確認依頼を利用することがあるが，これは回答者に追加作業が要求されるため，回答率がより低くなることがある（505A5 項）。

確認依頼への回答については，紙媒体，電子媒体その他の媒体を問わず，入手の妨害や改竄又は不正に係る何らかのリスクがあり，特に電子メールなどの電子的に受領した回答は，回答者の属性と権限を明らかにすることが困難であり，改竄の発見が困難となることがあるため，信頼性のリスクに関連する。このリスクについては，**監査人と回答者が確認依頼の送付及び回答に利用する電子的なプロセスが信頼できる環境にある場合，低減が可能**である（505A12 項）。

積極的確認に対し未回答（確認回答者が積極的な確認依頼に対して回答しない場合や回答が不十分な場合のみならず，確認依頼が配達不能で返送された場合も含む）の場合，監査人は，適合性と証明力のある監査証拠を入手するため，例えば売掛金残高に関しては，回収状況の検討，出荷書類との突合，及び期末近くの売上取引の調査，買掛金については，支払状況の検討又は納品書等の記録の調査といった，代替的な監査手続を実施しなければならない。これにつき，**確認依頼への口頭による回答の入手は監査人への直接の文書による回答ではなく，確認の定義に該当せず確認の実施には当たらない**ため，状況に応じ，文書により監査人に直接回答するよう回答者に依頼し，文書による回答を受領しなかった場合，代替手続によって口頭による回答の情報を裏付ける他の監査証拠を入手する（505 第11 項，A15・18 項）。

また例えば，経営者のアサーションを裏付けるための利用可能な情報が，企業外部のみで入手可能である場合や，経営者が内部統制を無効化するリスク，又は，従業員や経営者が関与した共謀のリスクなど，特定の不正リスク要因があり，監査人が企業から入手する監査証拠に依拠できない場合は，アサーション・レベルで評価した重要な虚偽表示を識別し，それについて十分かつ適切な監査

証拠を入手するため，積極的確認の回答が必要となる。このとき確認の回答が未回答のため，代替的な手続を実施しても十分かつ適切な監査証拠を入手できない場合，なお積極的確認に対する回答が必要と判断されることになる。よってこうした場合，監査人は，**監査範囲の制約**（第5章参照）**として監査意見への影響に加え，監査の継続自体が可能かどうかにつき，検討しなければならない**（505 第12 項）。

　消極的確認から入手する監査証拠は，積極的確認から入手する監査証拠と比べ証明力が弱く，以下の全てに該当しない限り，アサーション・レベルで評価した重要な虚偽表示リスクに対応するための単独の実証手続として，消極的確認を利用してはならない（505 第14 項）。

・監査人が，重要な虚偽表示リスクを低いと評価し，アサーションに関連する内部統制の運用状況の有効性に関して十分かつ適切な監査証拠を入手したこと。
・消極的確認の対象となる項目の母集団は，多数の少額で同種な勘定残高，取引又は条件から構成されていること。
・確認差異の割合が非常に低く予想されていること。
・消極的確認の相手先が確認依頼を無視するであろう状況や条件の存在を監査人が認識していないこと。

　確認差異は，確認手続の時期（基準日の設定），測定，又は事務処理上の誤りなどに起因していると結論付けることがあるなど，必ずしも虚偽表示を意味するとは限らないが，財務諸表における虚偽表示又は虚偽表示の可能性や，財務報告に係る内部統制の不備を示唆していることがあり，虚偽表示が識別された場合，当該虚偽表示が不正の兆候であるかどうかを評価する必要がある（以上，505A21・22 項）。

閲覧	記録や文書の**閲覧**は，紙媒体，電子媒体又はその他の媒体による企業内外の記録や文書を確かめる監査手続であり，記録や文書の性質や情報源によって，さらに，企業内部の記録や文書の場合には，それらの作成に係る内部統制の有効性によって，監査人が記録や文書の閲覧により入手する監査証拠の証明力は異なる。契約書の閲覧により，収益認識についての会計方針の適用に関する監査証拠が得られることがある（500A14 ～ 15 項）。
観察	**観察**は，他の者が実施するプロセスや手続を確かめる手続であり，例えば，企業の従業員が実施する棚卸資産の実地棚卸状況や内部統制の実施状況を監査人が観察する手続である（500A17 項）。
質問	**質問**は，監査人が財務又は財務以外の分野に精通している企業内外の関係者に情報を求める監査手続であり，質問以外の監査手続と組み合わせて監査の全過程で利用される。質問に対する回答から，新たな情報又は既に入手していた

監査証拠を裏付ける情報や，既に入手した情報とは大きく異なる情報（例えば，経営者による内部統制の無効化の可能性に関する情報）を入手することがある。質問に対する回答によっては，実施する手続の修正や，監査手続の追加実施が必要となる。

　なお，質問を通じて入手した監査証拠を裏付けることは特に重要であるが，経営者の意思に関連した質問の場合，経営者の意思を裏付ける利用可能な情報は限定されていることがある。このような場合，経営者がその意思を実行に移した過去の経緯，特定の行動方針の選択に関し経営者が説明した理由，及び特定の行動方針を遂行するための経営者の能力を理解することにより，質問により入手した証拠を裏付ける関連情報を入手できることがある（500A22～24項）。質問は，重要な監査証拠を提供することがあり，虚偽表示の証拠を提供する可能性もあるが，通常，質問のみでは，アサーション・レベルの重要な虚偽表示がないこと又は内部統制の運用状況の有効性について十分な監査証拠を提供しない（500A2項）。

分析的手続	**分析的手続**は，監査人が財務データ相互間又は財務データと非財務データとの間に存在すると推定される関係を分析・検討することによって財務情報を評価することをいい，他の関連情報と矛盾する，又は監査人の推定値と大きく乖離する変動や関係の必要な調査も含む。具体的には以下のものがある（520第3・A1・A2項，1号第6項）。

1）趨勢分析
　財務情報の変動分析であり，一般的に，財務情報の変動に係る矛盾又は異常な変動の有無を確かめるために効果的な手法である。趨勢分析は，財務データ間に存在する関係が合理的に推測できる場合に最も適合するが，事業内容の変化や会計方針の変更があるときには，効果的でない場合がある。趨勢分析においては，単に前事業年度と比較するより，数事業年度にわたる比較が有効である。

2）比率分析
　財務データ相互間又は財務データと財務データ以外のデータ（例えば年度を通じて給与月額と従業員数が明らかである場合，このデータを利用して年度の給与合計を高い精度で見積もることができる）との関係を用いる手法であり，データ間に存在する関係が合理的に推測できるとともに安定している場合に最も適合する。また貸借対照表項目と損益計算書項目との関係による比率分析（例えば，売上債権の回転期間につき業界情報を利用し，業界平均又は同程度の規模の同業他社と比較する等）によって異常な増減を明らかにすることがあり，趨勢分析よりも効果的な場合がある。

3）合理性テスト
　監査人が算出した金額又は比率による推定値と財務情報を比較する手法である。適用例として，平均借入金残高及び平均借入利率を用いた支払利息の妥当性の検討，減価償却資産の残高（増減を含む），平均耐用年数及び減価償却方法を

	用いた減価償却費の妥当性の検討がある。合理性テストの有効性は，財務諸表項目に影響する要因やデータ間に存在する関係に関する監査人の理解により影響を受ける。 ４）回帰分析 　統計的手法による合理性テストの一種で，統計的なリスク比率と精度の水準を利用して求めた金額による推定値と財務情報を比較する手法である。その利点は，①推定値の算出が明確かつ客観的に可能となり，精度の高い推定値が算出できること，②推定値の算出に当たり，多くの関連する独立変数を求めることができる，③推定値の精度の水準が直接的に，かつ数値により明らかにされることである。
再実施	**再実施**は，企業が内部統制の一環として実施している手続又は内部統制を監査人自らが実施することによって確かめる手続である（500A21項）。例えば，検印が計算のチェックを示す場合には，監査人自らが計算を実施して，その統制行為が正確に実施されたことを確かめる手続であり，請求書等の証憑との照合を示す場合には，監査人自らが検印のある帳票と当該請求書等の証憑とを突合して，その統制行為が正確に実施されたことを確かめる手続である（監査委員会研究報告第16号《以下「研16号」》第三部3.及びp.99参照）。

３．リスク・アプローチの意義とリスクの諸概念

　リスク・アプローチとは，重要な虚偽表示が生じる可能性が高い事項について重点的に監査の人員や時間を充てることにより，監査を効果的かつ効率的なものとすること，つまり**監査の有効性と効率性**を達成することを狙いとした監査実施方法をいい，平成3年の監査基準の改訂で取り入れられ，また平成14年改訂監査基準で，一層その仕組みが明確化されたものである。

　監査に投入できる費用・人員や時間といった監査資源は限られており，監査実施に当たり，ただやみくもに監査資源を投入すればいいわけではない。そもそも監査の目的は，財務諸表上，重要な虚偽記載がないということを合理的に保証するものであるから，当該目的達成に向けて限られた監査資源をいかに有効活用すべきかとの観点から，重要な虚偽記載が生じる可能性の高い事項については重点的に監査資源を配分し，そうでない項目については相応の手続を実施し，もって監査の有効性と効率性を達成しようとするわけである。

　監査リスク（Audit Risk：AR）とは，監査人が，財務諸表の重要な虚偽表示を看過して誤った意見を形成する可能性をいい，リスク・アプローチに基づく監査においては，AR を合理的に低い水準に抑えることが求められる。合理的な低い水準で許容されるのは，監査の限界（第1章図表1 – 3参照）より AR を零にまで抑えることは，到底不可能とされるからである。AR には，財務諸表に重要な虚偽表示がない場合に重要な虚偽表示があるという意見を表明するリスクや，財務諸表監査に関連して発生する訴訟，風評，又はその他の事象から発生する損失など，監査人の事業上のリスクは含まない（200A32 項）。

　仮に財務諸表上，重要な虚偽表示が存在していても，監査人が監査の過程で当該虚偽表示に気づけば，まずは指導的機能を発揮し経営者に修正を依頼し，経営者が素直にそれに応ずれば適切に修正された財務諸表に対し無限定適正意見を表明できる。一方，経営者が監査人の指導に従わない場合，監査人は二重責任の原則に基づき，意見を限定し（第5章参照），利害関係者に財務諸表の利用への注意を促すことで自らの責任を果たせるわけであり，それはともに監査意見の表明を通じ，財務諸表利用者の合理的な意思決定を可能ならしめるという監査の目的が達成されたことを意味する。したがって AR は言い換えれば監査の失敗であり，それは財務諸表上の重要な虚偽表示を看過し，本来は誤っている財務諸表を正しいとして意見表明してしまうことから生ずる。

　AR は，固有リスク（Inherent Risk：IR）と統制リスク（Control Risk：CR）及び発見リスク（Detection Risk：DR）の3つの要素で構成され，以下の式で表せる。

　AR = IR × CR × DR　①

　それぞれの意義については図表3 – 4を参照。ここで IR が高いからといって，それがすぐに財務諸表上の重要な虚偽表示につながるわけではない。例えば内部統制の構築によって，現金の管理担当者と記帳担当者を分離するなどの職務分掌が行われていれば，同一の者が記帳と管理を行う場合に比べ不正は生じにくい。したがって IR は内部統制により，それがそのまま財務諸表の重要な虚偽表示につながるリスクを低く抑えることができるわけである。

　ただし，内部統制は，トップである経営者が設定するものであるから，経営者がこれを無視した場合や，経営者自らが不正を行った場合には機能しないと

いった固有の限界があるため，内部統制の有効性は100％となり得ない。よって，内部統制によっても，財務諸表の重要な虚偽表示が防止又は適時に発見されないという，CRは常に存在する。なおIRとCRは，企業側のリスクであり，財務諸表監査とは独立して存在する（200A36項）。

そしてIRが，CRによって内部統制を通しても除去されずに財務諸表上残ってしまったものが，財務諸表の重要な虚偽表示であり，これにつき最終的に監査人が監査を実施して，当該虚偽表示を発見するよう努めるわけである。しかし，監査には図表3－4に掲げた要因のほか，固有の限界があるためDRをゼロにすることはできず，よって監査人が監査を実施しても，重要な虚偽表示を看過し，結果として誤った意見を形成する可能性であるARはどうしても生ずるわけである。

しかし内部統制と監査によりIRが最終的に財務諸表上，重要な虚偽表示となって残存するリスクは減少する。仮にIRを80％，CRを30％，DRを25％としよう。IRが80％であれば，内部統制及び監査がなければ，財務諸表上，重要な虚偽表示が生ずるリスクは，80％のままである。ここで，内部統制によって，そのリスクをどの程度未然に防止しうるかは，CRによって決まり，防止できないリスクは80％のうち30％であるから，監査人の監査実施以前において財務諸表上，重要な虚偽表示が生じるリスクは24％（＝80％×30％）まで減少している。

図表3－4 監査リスクの構成要素

固有リスクとは，関連する内部統制が存在していないと仮定の上で，取引種類，勘定残高及び注記事項に係るアサーションに個別に又は他の虚偽表示と集計すると重要となる虚偽表示が行われる可能性をいい，企業内外の経営環境により影響を受ける種々のリスク及び特定の取引記録及び財務諸表項目が本来有する特性から生ずるリスクからなる。

後者のリスクとしては例えば，現金や有価証券は盗難や紛失の危険性が高く，経営者や従業員の横領の対象となる可能性がある。また複雑な計算と簡単な計算とでは，前者の方が虚偽表示が起こりやすく，さらに資産の評価や引当金の計上等，測定に重要な不確実性を伴う会計上の見積りは，定型的で事実に基づく情報から算出された金額よりも虚偽表示が起こりやすい。

　また前者のリスクとしては，技術革新の進展により特定の製品が陳腐化し，それにより棚卸資産の勘定残高が過大に表示される可能性が大きくなるといった，事業上のリスクを生じさせる外部環境が固有リスクに影響を与える場合もある。さらに，事業継続のために必要な運転資本の不足や倒産の多発に象徴される産業衰退等，多くの又はすべての取引種類，勘定残高及び注記事項に関係する，企業と企業環境のある要因が，特定のアサーションに関連する固有リスクに影響を与えることもある（200A37項）。

　統制リスクとは，取引種類，勘定残高及び注記事項に係るアサーションで発生し，個別に又は他の虚偽表示と集計すると重要となる虚偽表示が，企業の内部統制によって防止又は適時に発見・是正されないリスクをいう（200第12項（10）②）。
　会社には，不正や誤謬を未然に防止するための管理体制やチェック体制を意味する内部統制が整備されているのが通常であり，統制リスクは，財務諸表の作成に関連する企業目的の達成を妨げる恐れがあると識別したリスクに対応するために経営者が整備及び運用する内部統制の有効性により影響を受ける（200A38項）。

　発見リスクとは，虚偽表示が存在し，その虚偽表示が個別に又は他の虚偽表示と集計して重要になり得る場合に，監査リスクを許容可能な低い水準に抑えるために監査人が監査手続を実施してもなお発見できないリスクをいう（200第12項（5））。
　発見リスクの発生原因には，例えば，①ある特定の勘定残高又は取引記録のすべてについて監査手続を実施するわけではないこと，②監査人が不適切な監査手続を選択し実施してしまうことがあること，③監査人が誤った方法で監査手続を実施してしまうことがあること，④監査結果を誤って解釈してしまうことがあること，が挙げられる（監査委員会研究報告第10号《以下「研10号」》第5章4.（1）①）。
　発見リスクは実施する監査手続の種類，時期及び範囲に関係し，実施した監査手続の有効性により影響を受ける，よって適切な監査計画の策定，監査チームメンバーの適切な配置，職業的懐疑心の保持，そして適切な監督の実施と監査調書の査閲は，実施した監査手続の有効性を高め，監査人が不適切な監査手続を選択したり，監査手続の適用を誤ったり，その結果を誤って解釈したりする可能性を抑えるのに役立つ（200A42項）。

　そして監査人の監査によっても重要な虚偽表示を発見できないリスクであるDR は25％であることから，監査を実施した上でも，最終的に重要な虚偽表示を看過し，誤った意見を表明する可能性は6％（＝24%×25%）まで減少し，以

上から先の式①が導出できるわけである。

　ここで大事なことは，IR は勘定科目の性質や経営環境の影響，また CR は内部統制の有効性の影響を受けるため，監査人が監査を通じて影響を与えることができるのは，あくまで DR のみであるという点である。したがって式①の IR × CR の値は，監査人が監査を実施する以前において，財務諸表の個々の勘定科目に対し，重要な虚偽表示が存在するリスクを意味する。監査人にとってこの値は，所与のものとしてあくまで評価の対象となるだけで，監査人自身がこの値を動かすことができないことに注意する必要がある。

　なお先に示したとおり，AR は財務諸表上の重要な虚偽記載を看過し，誤った意見を表明する可能性，つまり監査意見が誤っている可能性であるから，監査意見の信頼性の水準である**監査意見の保証水準**と AR の関係は，以下の式で表せる。

　監査意見の保証水準 =100% － AR　　　②

　リスク・アプローチに基づく監査においては，AR はあくまで合理的に低い水準に抑えることが要求され，結果として上記の②式より，監査意見の保証水準は，絶対的ではないが相当程度の高い水準である合理的な保証にまで高められる。通常，統計学上の考えに従い，AR を５％にまで抑え，結果として監査意見の保証水準は 95% まで高めることが求められる。監査人は，AR を５％の目標水準に抑えるため，まず①式を以下のように変形する。

$$DR = \frac{AR}{IR \times CR} \qquad ③$$

　IR × CR は，監査人の監査の実施以前において財務諸表上に重要な虚偽表示が存在するリスクであり，監査人はまずこの値を評価する。一方，社会的に許容可能な AR の水準は一般的に５％（つまり信頼性の水準が 95%）と設定され，そのうえで③式に従い，評価した IR × CR の水準を所与として，AR を５％に抑えるための目標値として，DR を設定する。このように，DR は，監査リスクを目標水準以下に抑えるため，IR × CR の値を所与として③式をベースとして決定されるものであるから，監査人が直接操作することのできない変数であり，こうして導出された DR の水準を基に，監査人は実施すべき監査手続

の種類・実施時期及び範囲を決めることとなる。

　なお AR を一定にするには，設定する DR の程度と財務諸表項目レベルの IR × CR は反比例の関係にある。当初の AR の目標水準をベースに，IR × CR が高いと判断すれば，DR を低くしなければならないが，IR × CR の水準が低ければ，DR は高めに設定してもよい。以下事例を挙げて考える。

ケース 1 ）IR × CR ＝ 20%（IR ＝ 80%，CR ＝ 25%）
ケース 2 ）IR × CR ＝ 10%（IR ＝ 50%，CR ＝ 20%）

　ここでいずれのケースにおいても AR= 5 ％の水準にまで低くすることが目標とされる。これより，DR はケース 1 においては 25%，ケース 2 では 50% と設定され，評価した IR × CR の水準に応じてその値が変わり，IR × CR が高く（低く）なれば，低く（高く）設定することになり，その意味で両者は反比例の関係にある。

　DR は言い換えれば，その水準までなら監査によって重要な虚偽表示を見逃しても許容される水準といえる。ケース 1 では，IR × CR の水準が高く監査実施以前において財務諸表に重要な虚偽表示が含まれる可能性が高いからこそ，重要な虚偽表示を見逃さず監査の許容失敗水準である DR を低く抑えるよう，慎重に監査を実施することが求められる。

　これに対しケース 2 では，IR × CR の水準が低く，当初から財務諸表に重要な虚偽表示が含まれる可能性が低いからこそ，監査人にとっての許容失敗水準である DR を高く設定しても許されるのである。仮にこの場合でもケース 1 と同様，DR を 25% と設定すれば最終的に AR は 2.5% となるが，これは監査資源をいたずらに浪費する過剰監査となり，監査の効率性を害することになる。

　リスク・アプローチでは監査の有効性と効率性の最適なトレードオフを追求する観点から，監査の有効性についてはいずれの場合も AR= 5 ％を目標値として掲げ，その達成に向けて監査人に対して評価した IR × CR の水準に応じ，DR の水準を適切に決定することを要求することで，監査の効率性をも同時に追求する思想といえる。

4．リスク・アプローチの変遷

　リスク・アプローチの焦点となる財務諸表の重要な虚偽表示は，**現実の企業における日常的な取引や会計記録の多くがシステム化され，ルーティーン化**される中，そうしたルーティーン化された日常取引よりはむしろ，**事業経営の状況を糊塗することを目的とした会計方針の適用等に関する経営者の関与**に代表される，**経営者レベルの不正**から生ずる可能性が相対的に高い状況にある。一方，監査人の監査上の判断は，その本来の発生原因たる経営者レベルの不正よりは，財務諸表上の個々の項目に集中する傾向があり，これが経営者の関与によりもたらされる重要な虚偽表示の発見が看過される最大の要因とされてきた。

　重要な虚偽表示をもたらす経営者の関与は，「経営者の経営姿勢，内部統制の重要な欠陥，ビジネス・モデル等の内部的な要因と，企業環境の変化や業界の慣行等の外部的な要因，あるいは内部的な要因と外部的な要因が複合的に絡みあってもたらされる場合が多い。」そこで，監査人にこうした諸要因に対する配慮を喚起すべく，平成17年改訂監査基準において，IRとCRを結合した「重要な虚偽表示のリスク」の評価と「財務諸表全体」及び「財務諸表項目」の2つのレベルにおける評価等の考え方を根幹とする**「事業上のリスク等を重視したリスク・アプローチ」**が導入され，「リスク・アプローチの適用において，**リスク評価の対象を広げ**，監査人に，**内部統制を含む，企業及び企業環境を十分に考慮し，財務諸表に重要な虚偽の表示をもたらす可能性のある事業上のリスク等を考慮**することを求めることとした」。

　事業上のリスク（Business risk）は，企業が事業を経営する上で，その事業内容，属する産業の状況，規制及び事業の規模や複雑性等によってさらされるさまざまなビジネス・リスクをいう。また企業目的の達成や戦略の遂行に悪影響を及ぼし得る重大な状況，事象，環境及び行動の有無に起因するリスク，又は不適切な企業目的及び戦略の設定に起因するリスクとされる。経営者は事業上のリスクを識別し，それに対応しながら事業を遂行している。

　事業上のリスク等を重視したリスク・アプローチの特徴点は，以下の点にまとめられる（平成17年改訂監査基準前文）。

図表3－5　事業上のリスク等を重視したリスク・アプローチの特徴点

1）「重要な虚偽表示リスク」の評価（Risk of Material Misstatement（RMM）以下 RMM）

　先述した通り，IR×CR の値は監査の実施前に財務諸表に重要な虚偽表示が存在するリスクであり，従来は，DR の水準の決定に際し，IR と CR を個々に評価していた。しかし，両者は実際には複合的な状態で存在することが多く，また独立して存在する場合でも，両者を分けて評価することに拘れば，リスク評価が形式的になり DR の水準の的確な判断ができなくなるおそれもある。そこで原則，IR と CR を結合した「**重要な虚偽表示リスク**」監査が実施されていない状態で，財務諸表に重要な虚偽表示が存在するリスク（200第12項（10）））としてまとめて評価することとした。

　RMM の評価は，百分率などの定量的な評価または定性的な評価もでき，いずれの場合も監査人にとって重要なのは適切なリスク評価を行うことである（200A39 項）。

2）「財務諸表全体」及び「財務諸表項目」の2つのレベルでの評価

　従来のリスク・アプローチでは財務諸表項目における IR と CR の評価，及びこれらと DR の水準の決定との対応関係に重点が置かれ，監査人は自らの関心を財務諸表項目に狭めてしまい，かつ財務諸表に重要な虚偽の表示をもたらす要因の検討が不十分になる傾向があった。いわば木を見て森を見ずの状態に陥りがちであったことになる。

　そこで広く財務諸表全体における重要な虚偽の表示を看過しないための対応が必要と考えられ，財務諸表における「重要な虚偽表示リスク」を「財務諸表全体」及び「財務諸表項目」の2つのレベルで評価することとした。

　なお財務諸表項目レベルの重要な虚偽表示は，監基報315 第4項ではアサーション・レベル（取引種類，勘定残高及び注記事項に関連するアサーション（＝監査基準でいう経営者の主張）ごと）の**重要な虚偽表示**とされる。

3）「特別な検討を必要とするリスク」への対応

　会計上の見積りや収益認識等の重要な会計上の判断に関して財務諸表に重要な虚偽表示をもたらす可能性のある事項，不正の疑いのある取引，関連当事者（ある当事者が他の当事者を支配しているか，又は他の当事者の財務上及び業務上の意思決定に対して重要な影響力を有している場合の当事者等をいい，親会社，子会社，関連会社，財務諸表作成会社の主要株主や役員及びそれらの近親者等をいう（企業会計基準第11号））間で行われる通常ではない取引等，監査実施の過程において特別な検討を行う必要がある取引等を，「**特別な検討を必要とするリスク**」（以下「特検リスク」）が存在する取引として，それが財務諸表における重要な虚偽表示をもたらしていないかを確かめるための①実証手続の実施及び，必要に応じて②内部統制の整備状況の調査や③運用状況の評価を実施することを求めている。

　一方，近年会計基準の改訂等により会計上の見積りが複雑化する傾向にある中，審査会の検査結果においては，会計上の見積りにつき経営者の使用した仮定の合理性の検討が不十分等のRMMや特検リスクの評価に対応する手続に係る指摘が増えている。そのため**アサーション・レベルにおけるRMMの評価がより一層重要**となり，特検リスクを含むRMMの評価についてその強化を図り，さらに会計上の見積りについては，適切に評価されたリスクに対応した深度ある監査手続が必要と考えられるため，令和2年改訂監査基準では，図表3－6に掲げる以下の3点を柱とし，リスク・アプローチの強化を図るものとされた。

図表3－6　令和2年改訂監査基準のリスク・アプローチの変更点

1）アサーション・レベルでのRMMの評価方法の変更

　RMMの評価において財務諸表全体レベルでは従来の考え方を維持しつつ，アサーション・レベルでは，IRの性質に着目し重要な虚偽の表示がもたらされる要因などを勘案することがRMMのより適切な評価に結び付くことから，IRとCRを分けて評価することとした。また会計上の見積りについては，上記のとおり，IRとCRを分けて評価しつつ，リスクに対応する監査手続として，原則として，経営者が採用した見積りの方法の評価並びにそれに用いられた仮定及びデータを評価する手続が必要である点を明確にした。なお，経営者が行った見積りと監査人の行った見積りや実績とを比較する手続も引き続き重要，とされる。

2）固有リスク概念の精緻化

　IRにつき，重要な虚偽の表示がもたらされる要因を勘案し，①虚偽の表示が生じた場合の金額的及び質的影響の度合いと，②虚偽の表示が生じる可能性，の双方を組み合わせて評価することとした。また315第11項（6）では，固有リスクの識別及び評価の強化のため，関連する内部統制が存在しないとの仮定の上で，不正か誤謬かを問わず，取引種類，勘定残高又は注記事項に係るアサーションにおける虚偽表示の生じやすさに影響を及ぼす事象又は状況の特徴を表す，定性的又は定量的な要因として**固有リスク要因**を掲げ，**固有リスク要因がどのように及びどの程度，アサーションにおける虚偽表示の生じやすさに影響を及ぼすか**の検討を求めている。適用される財務報告の枠組みで要求される情報の作成に関する定性的な固有リスク要因として，複雑性・主観性・変化・不確実性・経営者の偏向（財務情報の作成又は表示における経営者の中立性の欠如）又はその他の不正リスク要因，がある（図表3－20参照）。

また，取引種類，勘定残高又は注記事項に係るアサーションにおける虚偽表示の生じやすさに影響を及ぼすその他の固有リスク要因として，①取引種類，勘定残高若しくは注記事項の量的又は質的な重要度，②取引種類や勘定残高を通じて処理される項目若しくは注記事項に反映される項目の量又は項目の構成内容の多様性，も影響を及ぼす場合がある（315A3・A 4 項）。

さらに IR の評価に役立つよう，原点から縦軸を影響の度合い，横軸を発生可能性としたグラフの第 1 象限上において，境界線がなく無段階に連続的に変化する**固有リスクの分布**という概念を導入し，IR をそのグラフ上で低リスクから高リスクまでの範囲で評価することを可能としている。

これを受け 200A12-4 項は，RMM は，虚偽表示が存在する可能性（＝発生可能性）と発生した場合に重要となる可能性（＝影響の度合い）の双方が，合理的にあり得る場合に存在するものとしている。これは，RMM の識別・評価のための閾値の考え方を示したものといえる。

3）特検リスクの定義の変更

特検リスクを IR の評価を踏まえた定義とし，315 第 11 項（10）では，固有リスク要因が，虚偽表示の発生可能性と虚偽表示が生じた場合の金額的及び質的な影響の度合いの組合せに影響を及ぼす程度により，IR の重要度が最も高い領域に存在すると評価された RMM（他の監基報の要求事項が特検リスクとして取り扱う 240 第 26 項の不正リスク及び 550 第 17 項の企業の通常の取引過程から外れた関連当事者との重要な取引を含む）としている。そして特検リスクが存在する「不正の疑いのある取引や特異な取引等」への対応として，従来は，必要に応じ実施する②の手続も，①と併せ必須とした（本章 11.（2）②（ロ）参照）。

5．監査上の重要性

リスク・アプローチでは，財務諸表上，重要な虚偽記載を看過して誤った意見を形成する可能性である AR を，合理的に低い水準に抑えることが求められる。また監査の目的でも，財務諸表上，重要な虚偽記載がないということを合理的に保証するものとされ，そもそも財務諸表監査においては，重要でない虚偽記載まで発見することは求められていない。これより，監査上，重要な虚偽記載という場合，何をもって重要とするか，その検討が求められることになる。この判断を誤れば，本来重要と判断されるべき虚偽記載が重要でないと判断さ

れ看過されることとなり，財務諸表監査の意義が問われることになる。こうした重要性の判断基準となるものを，**監査上の重要性**という。

　監査上の重要性は，「財務諸表の利用者の意思決定に影響を与える程度」（監基報第5号2項），つまり財務諸表の利用者の意思決定に影響を及ぼす虚偽表示の大きさで，いくら以上違っていれば財務諸表は適正でないとするかの判断の基準値となるものをいう。よって，虚偽表示は，財務諸表利用者の経済的意思決定に影響を与えると合理的に見込まれる場合に重要性があると判断され，重要な虚偽表示リスクの識別及び評価を行う際，監査人は，**職業的専門家としての判断**（＝個々の専門業務の状況に応じた適切な措置について十分な情報を得た上で判断を行う際に，保証業務の基準，会計の基準及び職業倫理に関する規定に照らして，関連する知識及び経験を適用することをいう（200第12項））に基づき，重要な虚偽表示となり得る取引種類，勘定残高及び注記事項（定性的な注記を含む）を識別する。定性的な注記事項が重要であるかどうかを判断する際に，監査人が考慮する要因には，例えば①監査対象期間における企業の状況（例えば，期間内に，企業が重要な合併や買収を行っている場合），②適用される財務報告の枠組み及びその改正（例えば，企業にとって重要な定性的な注記事項が新たに求められる場合），また③企業の事業活動等に起因して，財務諸表利用者にとって重要となる定性的な注記事項（例えば，金融機関においては，流動性リスクの注記が財務諸表利用者にとって重要である場合）がある（320A2項）。

　ARは，重要な虚偽記載を発見できず，監査人が不適切な意見を表明してしまうかもしれない危険性であるから，リスク・アプローチに基づく監査においては，監査リスクとともに，監査上の重要性を考慮しなければならない。監査基準　第三　実施基準　二1.において「監査人は，監査を効果的かつ効率的に実施するために，監査リスクと監査上の重要性を勘案して監査計画を策定しなければならない。」と規定される所以である。

　ここで**監査上の重要性の水準とARの間には，負の相関関係がある。**仮に，7千万円の虚偽記載を見逃した場合，5千万円を重要性の基準値とすれば，基準値以上の虚偽表示は重要と判断されるため，監査の失敗となる。しかし重要性の基準値を引き上げ1億円とすれば，1億円未満のため，見逃しても監査の失敗とならないことになる。したがって監査上の重要性が高く（低く）なれば，

AR は低く（高く）なる。

一方，監査上の重要性が当初より高く（低く）なれば，IR は低く（高く）なる。IR は「関連する内部統制が存在しないとの仮定の上で，財務諸表に重要な虚偽表示がなされる可能性」だから，内部統制を考慮せずに当初より 7 千万円の虚偽記載が生じるリスクがあるとした場合，重要性の基準値が 5 千万円であればオーバーするため IR に該当する。しかし，1 億円となれば基準値未満のため IR に該当しなくなるため，IR は低下することになる。

先の監査リスクモデルの③式によれば，重要性の基準値が高く（低く）なれば，IR は低下（上昇）し，分母の IR × CR（=RMM）が低下（上昇）する。したがって，AR を一定とすれば，監査上の重要性が高く（低く）なれば，IR の低下（上昇）を通して，分母である IR × CR が低下（上昇）するため，DR の水準は高く（低く）設定することになる。

これに関連し監査人は，監査計画の策定において，実施する監査手続，実施の時期及び範囲を決定するため，監査上の重要性と AR の合理的に低い水準との相関関係を勘案する（監基報 5 号 4 項）とされ，重要性を過度に大きくすれば，結果として虚偽の表示が見逃される可能性が高くなる。よって重要性の判断につき，財務諸表の一般的な利用者が有する財務情報に対する共通のニーズを勘案して行い（320 第 2 項），重要性の水準を適切に決定することが監査の計画と実施において求められることになる（同第 3 項）。

6．内部統制システムと試査

内部統制システムとは，①企業の財務報告の信頼性を確保し，②事業経営の有効性と効率性を高め，③事業経営に係る法令の遵守を促す，という企業目的を達成するために，経営者，取締役会，監査役等及びその他の企業構成員により，整備（デザインと業務への適用を含む。）及び運用されている仕組みをいう（315 第 3 項）。したがって，内部統制システムは，上記 3 つの目的の達成を妨げる恐れがあると識別した事業上のリスクに対応するために，経営者自ら企業内に設定し，デザインし，業務に適用する（315A48 項）。

ただし内部統制システムはいかに有効であっても，企業の財務報告の信頼性

を確保するという目的の達成について企業に合理的な保証を提供するにすぎない。当該目的の達成可能性は、意思決定時の判断の誤りや、担当者の単純な間違いにより、内部統制が機能しなくなるなど、内部統制の固有の限界により影響を受ける。例えば、内部統制のデザインやその変更において、不備が発生する可能性がある他、例外処理報告書等の内部統制目的で作成された情報が、当該情報の検討に責任を有する者がその目的を理解していないこと又は適切な行動を取らなかったことにより、効果的に使用されなかった場合には、内部統制は有効に機能しないことがある。

　また共謀による場合や、そもそも内部統制システムは経営者が設定するため、経営者や部門責任者が不当に内部統制を無効化した場合（第4章図表4-5参照）にも、本来の機能を果たせなくなる。例えば、経営者や部門責任者が正規の承認を受けることなく、通常の販売契約条項を変更する付帯契約を顧客と結ぶような場合には、結果的に不適切な収益認識につながることもある。また特定の与信限度を超える取引を識別し報告するよう設計されたITアプリケーション内のエディット・チェック（図表3-7参照）による内部統制からの情報が、経営者や部門責任者等により無視されたり、無効にされてしまうことがある（315A43・44項）ので注意が必要である。

　内部統制システムは、①**統制環境**（経営者の経営理念や経営方針、取締役会や監査役等の有する機能、社風や慣行など。統制環境は、内部統制に対する従業員の意識に影響を与え、社風を形成するとともに、企業の内部統制システムの他の構成要素に全般的な基礎を提供する（29号第63項・315付録3．4項））、②**企業のリスク評価プロセス**（企業目的に影響を与えるすべての経営リスクを認識し、その性質を分類し発生の頻度や影響を評価するもの）、③**内部統制システムを監視する企業のプロセス**（企業の内部統制システムの有効性を評価し、必要な是正措置を適時に行うための継続的なプロセスであり、日常的監視活動、独立的評価（定期的に実施される。）、又はその二つの組合せによって構成される）、④**情報システムと伝達**（情報システムとは情報を識別・収集・処理及び報告するシステムをいい、必要な情報が関係する組織や責任者に適宜適切に伝えられることを確保する機能をいい、伝達は企業内での内部統制システムに関する個々人の役割と責任を理解させることに関係し、会計と財務報告に関連する基本方針、マニュアル及び通達といった形式をとることがある。）、⑤**統制活動**（経営者や部門責任者等が自らの命令や指示が適切に実行さ

れること（例えば，**企業目的の達成を脅かすリスクに対応するために必要な行動を確保する。**）**を確保するために定めた方針と手続**である。統制活動には事前に不正や誤謬を防止する防止的統制活動と，事後的に誤謬や不正を発見して修正する発見的統制活動があり，IT を利用したものか，手作業によるものかを問わず，さまざまな目的達成のため，組織のあらゆる階層と部署に適用される。例えば，権限や職責の付与及び職務の分掌や承認などがある），という 5 つの相互に関連した要素から構成される（同 A55 項）。

　一方，**内部統制**は，企業が，経営者又は取締役会，監査役等の統制目的を達成するために策定し，企業の内部統制システムの構成要素に組み込まれた**方針**（統制を遂行するために，組織内ですべきこと又はすべきでないことを示したもので，文書化されたり，伝達の中で明示的に述べられたり又は行為や意思決定を通じ黙示的に示されることもある）又は**手続**（方針を実行するための行為で，様々な形態をとり，正式な文書による規定や，経営者や監査役等による伝達，また，強制されてはいないが，企業文化によって当然のこととされた行為からもたらされる場合もある。また，企業が利用する IT アプリケーションや企業の IT 環境の他の側面（データベース，オペレーティング・システム，ネットワーク等）による処理を通じて実行される場合もある（A9 項））をいう。研 16 号では，内部統制は，経営者，管理者，担当者の各階層の PDCA サイクル（P：計画，D：実施，C：チェック，A：次へのアクション）に組み込まれ，企業の重層的組織構造にわたって構築・運用されるものであることから，その理解に当たっても，こうした経営者，管理者，担当者の各階層の実施する内部統制を総体として理解する必要がある，としている。

　監査人は監査に関連する内部統制を理解する必要があり，それは通常，一般に公正妥当と認められる企業会計の基準に準拠して適正な外部報告用の財務諸表を作成する目的と，財務諸表に重要な虚偽表示を生じさせる可能性のあるリスクの管理に関係する内部統制である。そしてそのほとんどが財務報告の信頼性に係る内部統制であるが，事業経営の有効性と効率性を高める目的と，事業経営に係る法令の遵守を促す目的に関連する内部統制につき共に，監査人が監査手続を実施する際に評価又は利用するデータに関連する場合や，後者が財務諸表における企業の偶発事象の注記事項に関連する場合には，財務報告にも関連する可能性があり，当該内部統制の運用評価手続の実施を計画する場合がある（315A 151 項，付録 3 の 3.）。

　内部統制は，**直接的な内部統制**（アサーション・レベルの RMM を防止，発見又は修正するのに十分な精度を有した内部統制）と，**間接的な内部統制**（直接的な内部統制を支援する，つまり，他の内部統制を支援することで，虚偽表示が適時に発見又は防止される可能性に間接的な影響を与えることがある）に分類される（315A10 項）。以下図表3－7で，内部統制の分類と，内部統制の理解において必要な IT 関連用語を説明する。

図表3－7　内部統制の分類と IT 関連用語

間接的な内部統制

　内部統制システムのうち，①統制環境，②企業のリスク評価プロセス及び③内部統制システムを監視する企業のプロセスの，それぞれにおける内部統制は，主に間接的な内部統制である（直接的な内部統制が含まれる場合もある）。上記①は，内部統制システムの他の構成要素に全般的な基礎を提供し，虚偽表示を直接的に防止又は発見し修正するものではないが，内部統制システムの他の構成要素における内部統制（無論直接的な内部統制を含む）の有効性に影響を及ぼす。同様に，②と③は，内部統制システム全体を支援するようにデザインされる。よってこれらは企業の内部統制システムの基礎となるものであるため，その運用における不備は財務諸表の作成に広範な影響を及ぼす可能性がある。したがって，これらの構成要素に対する監査人の理解及び評価は，財務諸表全体レベルの RMM の監査人による識別及び評価に影響を与え，アサーション・レベルの RMM の識別及び評価にも影響を与える可能性がある，そして財務諸表全体レベルの RMM は，監査人のリスク対応手続の種類，時期及び範囲への影響を含め，全般的な対応の立案に影響を及ぼすため，上記①から③の理解が求められることとなる（315A 85・86 項）。

　研 16 号では，間接的な内部統制を会社全般に渡る**全般的内部統制**（第7章でみる全社的内部統制にも相当する）とし，事業体レベルにおいて取引サイクルにおける内部統制（プロセス別内部統制で，第5章でみる業務プロセスに係る内部統制に相当）の継続的な整備・運用を確実に支援するための行為や仕組みであり，経営者が各取引サイクルを目的に向けて運営するために構築・運用するリスク評価の機能や独立的評価（監視活動），各取引サイクルに共通しその基盤となる統制環境や情報伝達の機能を含む，と説明している。そしてこれについては，経営者への質問やその他企業構成員への質問，分析的手続，観察及び記録や文書の閲覧，財務報告目的の情報システムを経由した取引の開始から財務諸表までの追跡を意味する**ウォーク・スルー**などのリスク評価手続（本章7.参照）を実施し，監査上重視すべき財務諸表全体レベルの内部統制を

識別・評価し，これらが実際に業務に適用されているか判断し，財務諸表全体レベルの内部統制の有効性を評価しなければならない。

直接的な内部統制

　④情報システムと伝達，及び⑤統制活動における内部統制は，主に直接的な内部統制である。上記④に対する理解は，財務諸表の作成に関連する取引の流れやその他の情報処理活動を含めた企業の方針の理解が含まれ，④が財務諸表の作成を適切に支援しているかどうかを評価することは，監査人がアサーション・レベルの RMM を識別し評価することに役立つ。また，この理解と評価の結果，監査契約の新規の締結及び更新の過程において入手した情報から想定された内部統制システムと，監査手続の結果とが整合していない場合には，財務諸表全体レベルの RMM を識別する場合もある。監査人は，統制活動における個々の内部統制を識別し，**デザインを評価**（デザインの評価は，内部統制が単独で又は他のいくつかの内部統制との組合せで，重要な虚偽表示を有効に防止又は発見・是正できるかどうか（つまり内部統制の目的）を検討することを含む（A163 項））し，**実際に適用されているかどうか**（内部統制が存在し，実際に企業が利用していること（A164 項））を**評価**することが求められている（図表 3 − 9 の 5. を参照）。この識別と評価は，特定のリスクへの経営者の対処方針の理解を可能とし，330 が要求するリスク対応手続の立案及び実施に関する決定に役立つ。また，監査人が，識別した内部統制の運用状況の有効性の評価を計画していない場合であっても，特定のリスクに対する経営者の対処方針の理解は，関連する RMM に対応する実証手続の種類，時期及び範囲の立案に役立つため，④と⑤の理解が求められることとなる（315A 112・113 項）。

　また研 16 号では，これを個々の業務機能（取引サイクル）に関連し，勘定科目に会計記録を提供するまでの事業体の業務処理の過程であるプロセスにおける内部統制として**プロセス別内部統制**と定義し，会計記録の正確性を確保する上での内部統制の評価につながるため，**監査要点に関連する内部統制**ともいわれる。主として管理者，担当者によって担われ，主要な業務機能を表す取引サイクルを構成する処理業務がその目的を果たすように実施されるように仕向けるための行為や仕組みであり，主として規程等の方針・手続やその実施に対する日常監視活動を含む。

　プロセス別内部統制は，アサーション・レベルの RMM に対応するものであるが，財務諸表全体レベルの内部統制の評価が，アサーション・レベルの内部統制の評価に影響を与えることもある。

IT 関連の用語の解説（315 及び 315 実務ガイダンス 1 号（以下 315 実 1））

　まずコンピュータの構成は**ハードウエア**と**ソフトウエア**に分かれ，ハードウエア

は，演算処理装置を中心に入力，出力，保存，通信等の機能を担う機器で構成され，これらのハードウエアを動作させるために必要なソフトウエアは，一つ又は複数のプログラムから構成される。よってソフトウエアをプログラムと同義に使う場合もある。またソフトウエアは，さらに**アプリケーション・ソフトウエア**と**システム・ソフトウエア**に分かれる。前者は特定の作業をするために用いられるソフトウエアであり，監査に関係するものの多くは取引又は情報の開始，処理，記録及び報告において使用され，315では後述する**IT アプリケーション**と定義するが，一般的にはアプリケーション（・プログラム）やソフトウエア（・プログラム）と呼ぶこともある。**IT アプリケーション**は，取引若しくは情報の開始，処理，記録及び報告において使用されるプログラム又は一連のプログラム群のことをいい，IT アプリケーションには**データウエアハウス**と**レポートライター**も含まれる。**データウエアハウス**は，一般に，一つ又は複数の異なるソース（複数のデータベース等）からのデータを統合して保管する場所として説明され，そこからレポートが作成され，他のデータ分析活動のために使用される。**レポートライター**は，一つ又は複数のソース（データウエアハウス，データベース，若しくは IT アプリケーション等）からデータを抽出し，指定された形式でデータを提示するために使用される IT アプリケーションである。

　一方システム・ソフトウエアはハードウエアの管理を中心に担い，異なるアプリケーション・ソフトウエアがハードウエアを操作可能にする共通基盤を構築するソフトウエアであり，基本ソフトウエア（OS：**オペレーティングシステム**）が代表的なものとなる。また大勢がコンピュータを利用する場合には，コンピュータの役割を利用者のクライアントと機能や情報を提供するサーバに分け，通信回線で接続するクライアント・サーバ・システムの構成を採用することが多くあるが，この場合，サーバでは複数のクライアントの情報の授受を行うために一部の機能を強化した**ミドルウエア**を搭載したシステム構成にすることがあり，このミドルウエアもシステムソフトウエアとなる。

　例えば，財務会計の IT アプリケーションを複数で利用する場合，各利用者のクライアントに IT アプリケーションのソフトウエアをインストールするのではなく，IT アプリケーションの利用に特化したアプリケーションサーバを準備し，各クライアント PC から通信回線を利用して操作するのがクライアント・サーバ・システムの構成になる。ミドルウエアを搭載したサーバには，アプリケーションサーバの他に，データ参照に特化したデータベースサーバ，外部回線との接続に特化したウェブサーバなどが代表例となる（315 実1 Q3）。

　IT 環境は，IT アプリケーション及びそれを支援する IT インフラストラクチャーをいい，IT プロセスや IT プロセスに関わる要員も含まれ，企業は，これらを業務の支援や事業戦略を達成するために利用する。なお **IT インフラストラクチャー**は，

ネットワーク，オペレーティング・システム，データベース（IT アプリケーションが
使用するデータを保存し，また多くの相互に関連するデータテーブルで構成される），そして，
これらに関連するハードウエアとソフトウエアから構成される。また **IT プロセス**は，
IT 環境へのアクセスの管理（職務分掌とアクセス権管理，データへの不当なアクセス制御
を防止するアクセスルートの確立，認証機能等）（アクセス管理プロセス），プログラムの変
更又は IT 環境に対する変更の管理（変更管理プロセス）及び IT 業務の管理（運用管理
プロセス）をするための企業のプロセスをいう。

　情報処理統制は，情報のインテグリティ（取引及びその他の情報（データ）の**網羅性，
正確性，正当性**）のリスクに直接対応する，企業の情報システムにおける IT アプリケー
ションの情報処理又は手作業による情報処理に関連した内部統制をいい，個々のア
プリケーション・システムにおいて，開始された取引が承認され，漏れなく正確に
記録され，処理されることを確保する，主に取引データ等の処理に関する内部統制
である。情報のインテグリティに対するリスクは，企業の情報システムにおける情
報の流れ，記録及び報告に係るプロセスを規定する企業の情報に関する方針が有効
に適用されないことに影響を受ける。情報処理統制は，企業の情報に関する方針が
有効に適用されるための処理又は手続である。情報処理統制は，自動化されている
場合（すなわち，入力データの**エディット・チェック**（入力必須項目として金額を数字で入れ
るべきところに文字を入れた場合にエラーとするなどのフォーマットチェックのように，入力内
容が入力を予定している内容と一致しているかどうかをチェックする機能）や誤入力データの修
正を伴う連番チェック等の自動照合等のように IT アプリケーションに組み込まれている。）と
手作業の場合（インプット又はアウトプットに係る内部統制で，例えば情報システムが作成す
る例外処理報告書（エラーレポート）に基づく管理者による査閲等のように人と情報システムが
一体となって機能する統制活動）があり，他の情報処理統制や IT 全般統制を含む他の
内部統制に依拠することがある（315 A 5 項）。

　IT 全般統制は，IT 環境の継続的かつ適切な運用を支援する企業の IT プロセスに
係る内部統制のことをいう。IT 環境の継続的かつ適切な運用には，継続して有効に
機能する情報処理統制，及び企業の情報システム内の情報のインテグリティの確保
が含まれる。情報処理統制の監査対象期間を通じた継続的で有効な運用は，情報処
理統制に対する未承認のプログラム変更や未承認のアクセスを適切に防止又は発見
する IT 全般統制（すなわち，関連する IT アプリケーションに対するプログラムやデータの
不適切又は未承認の変更や不正アクセスを防止する内部統制）の有効性に依存するため，IT
全般統制の運用評価手続を実施する場合がある。IT 全般統制は，一般にネットワー
クの運用管理，システム・ソフトウエアの取得及び保守，アクセス・コントロール
やアプリケーション・システムの取得，開発及び保守に関する統制活動が含まれる。

　IT の利用から生じるリスクは，企業の IT プロセスにおける内部統制のデザイン

若しくは運用が有効でないことにより，情報処理統制が有効にデザイン若しくは運用されない可能性又は企業の情報システム内の情報のインテグリティに対し引き起こされるリスクをいう。

　これには，例えば①データの破壊や不適切なデータの変更につながる可能性のある，データへの未承認のアクセス（未承認若しくは架空取引の記録，又は取引の不正確な記録等。特に，複数の利用者が共通のデータベースにアクセスする場合にリスクが生じる可能性がある），②IT部門の担当者が担当業務の遂行に必要な権限を越えてアクセス権を取得し，それにより職務の分離を侵害する可能性，③マスターファイル内のデータに対する未承認の変更，④ITアプリケーション又はその他のIT環境に対する未承認の変更，⑤ITアプリケーション又はその他のIT環境に必要な変更が行われない，⑥手作業による不適切な介入，⑦データの消失の可能性，又は必要なデータへのアクセスができない，といったリスクが挙げられる（315付録5第18項）。

　なお，①多額な，通例でない又は非経常的な取引，②予め定義したり想定したりすることが困難な誤りが発生する状況，③既存の自動化された内部統制が想定していない状況の発生，④自動化された内部統制の有効性の監視活動，などの状況のように適切な判断や裁量が必要とされる場合には，手作業による内部統制の方が適切となることがある（315A54項）。

　なお監査人は，企業の内部統制システムの各構成要素の評価に基づき，**内部統制の不備**（内部統制の整備及び運用が不適切であり，財務諸表の虚偽表示を適時に防止又は発見・是正できない場合又は財務諸表の虚偽表示を適時に防止又は発見・是正するのに必要な内部統制が存在しない場合に存在する（265第5項(1)）。）が識別されたかどうかを判断しなければならない。当該評価を実施する際，ある構成要素における企業の特定の方針が企業の性質及び状況にとって適切ではないと判断することがある。こうした判断は，監査人が内部統制の不備を識別するのに役立つ兆候となり，この結果当該不備を識別した場合，その不備が330のリスク対応手続の立案に与える影響を検討するとともに，単独で又は複数組み合わさって**内部統制の重要な不備**（財務諸表の監査において，監査人が職業的専門家として，監査役等の注意を促すに値するほど重要と判断した内部統制の不備又は不備の組合せをいい，監査役等には適時に，また適切な階層の経営者（経営者に直接報告することが適切ではない場合を除く。）には監査役等への報告の前後いずれかの時期に，書面又は電磁的記録により報告する（265第5・8・9項））となるかどうかの判断につき，職業的専門家としての

判断を行使する。当該重要な不備の存在を示唆する状況は，以下の図表のとおりである（315第26項・A171項）。

図表3－8　内部統制の重要な不備の存在を示唆する状況

・重要かどうかを問わず，上級経営者が関与する不正が識別されたこと。
・内部監査において指摘された不備の報告と伝達に関連する不適切な内部プロセスが識別されたこと。
・経営者が，過去に伝達された不備を適時に是正していないこと。
・経営者が，特検リスクに対応していないこと。例えば，特検リスクに対する内部統制を業務に適用していないこと。
・過去に公表した財務諸表の修正再表示又は訂正報告書の提出

なお内部統制システムの構成要素の詳細は図表3－9を参照されたい。

図表3－9　監査人が理解する内部統制システムの構成要素

1．統制環境（315第13項，A72～82項）

　統制環境は，ガバナンス（企業統治）及び経営の機能，並びに企業の内部統制システムとその重要度に対する，経営者，取締役会及び監査役等の態度，姿勢及び実際の行動が含まれる。

　監査人はリスク評価手続を通じて得た以下（1）の理解と（2）の評価により，財務諸表の作成に影響を及ぼす統制環境を理解しなければならない（315第13項）。

（1）以下に関する一連の内部統制，プロセス及び企業構造の理解（A89項からA90項参照）

① **企業文化の醸成及び維持，並びに誠実性及び倫理観に対する経営者の姿勢などを通して経営者の監視責任がどのように遂行されているか。**

　企業構成員が運用する仕組みである内部統制の有効性は，内部統制にかかわるすべての者の誠実性と倫理観に大きく依存する。よって誠実性と倫理観は統制環境の基本的要素となり，内部統制のデザイン，運営及び監視に影響を及ぼし，構成員が遵守すべき行動綱領や企業倫理の規程において具現化され，経営者や役職者等の倫理観やそれに基づいた行動は，部下の倫理観やその行動に影響を与えることから，特に重要となる。

② 監査役等が経営者と分離されている場合における，監査役等の独立性と監査役等による企業の内部統制システムの監視状況

企業構成員の内部統制に対する意識に影響を与え，その影響の程度は，取締役会や監査役等の，経営者から独立している程度，経験や見識，内部統制に対する関与の範囲と入手している情報の程度，監視活動の強さ及びその実施の適切さ，入手している情報の内容，経営者に対して行う経営判断に関する質問，内部監査部門や監査人との連携の程度，に依存する。

③ 権限と責任の付与の状況

業務活動に対する権限と責任がどのように付与され，承認と報告の指揮命令系統がどのように構築されているかが含まれる。**権限や職責を付与された者がその内容と，企業目的や事業活動目的との関連性を理解していること，付与された職責には必要十分な権限が委譲されていること及び付与された権限にはそれに見合う報告責任が伴っていることが必要である。**

④ どのように，有能な人材を採用し，育成し，良好な雇用関係を維持しているか。

最適任者を採用するために制定された採用基準，期待される役割と責任を伝達する研修方針，有能な人々をより責任のある高い職位に昇格させる企業の取組を明らかにするような，定期的に実施される実績評価に基づく昇進制度等，個々人に与えられている職務を達成するのに必要な知識と技能を有する人材を確保しようとする企業の取組を含む。企業構成員の能力や誠実性に依存する側面が大きいことから，人事に関する方針と管理は統制環境に影響を及ぼす。人事に関する方針は，**企業構成員に必要な誠実性，倫理的行動及び職務遂行能力に関する伝達**を含み，人事に関する管理は，**採用，教育研修，評価制度，カウンセリング制度，昇進，給与体系，懲戒制度等**が含まれる。人事に関する方針と管理は，内部統制に対する意識に関連する重要な事項を示していることが多い。

⑤ **内部統制システムの目的を遂行する上での役割をどのように各構成員に認識させているか。**

内部統制の実施の役割と責任を構成員に伝達し認識させ，必要な際には是正措置を実施するための仕組み，内部統制システムの責任者に対する職務遂行の評価基準，インセンティブ及び報酬制度の確立，内部統制の目的の達成と構成員の責任及び職務遂行の評価との関連付け，必要に応じた構成員への懲戒等の手段を含む。

（2）以下の事項の評価（A91 項から A96 項参照）

① **経営者は，取締役等による監督及び監査役等による監視の下で，誠実性と倫理的な行動を尊重する企業文化を醸成し維持しているかどうか**（誠実性と倫理観に対する企業の方針が，企業内にいかに伝達され，誠実で倫理的な行動が企業内に定着しているか）。

② 企業の事業内容と複雑性を考慮した場合，統制環境が内部統制システムの他の構成要素に適切な基礎を提供しているかどうか。

③ 統制環境の不備によって，企業の内部統制システムの他の構成要素が損なわれていないかどうか。

統制環境は内部統制システムの他の構成要素の基礎となっていることから，上記の評価により，監査人が内部統制システムの他の構成要素における潜在的な問題を識別するのに役立つ。また企業が直面するリスクを理解し，財務諸表全体レベルのRMM及びアサーション・レベルのRMMを識別し評価するのに役立つことがある（A91項）。

統制環境の理解に関連する監査証拠は，**質問と聴取した内容を裏付ける文書の閲覧や観察等のその他のリスク評価手続とを組み合わせて実施**することにより，入手する。例えば，経営者と従業員への質問，並びに外部の情報源から得た情報の考慮を通じ，企業経営に対する考え方や倫理的行動についての見解を経営者がどのように従業員に伝達しているか，また経営者が正式な行動規範を策定し，実際にその規範に準拠して行動しているかを，理解する場合がある。

統制環境の評価に当たっては，**統制環境の各要素の有効性を総合的に検討し，内部統制の他の要素に適切な基礎を提供しているかどうか**，さらに，**統制環境の一部の要素の有効性が他の要素の脆弱性により大きく損なわれていないかどうか**を検討する。例えば，有能な財務，会計及びIT担当者を雇用するという人事に関する方針に基づき有能な人材を確保したとしても，収益を過大に計上しようとする経営者の姿勢から生じる統制環境の不備を軽減することは，通常困難である。東芝の不正会計事件は，社長の「チャレンジ」という号令のもと，達成困難な目標が掲げられたために生じたものであり，まさに格好の具体例といえる。

以下のような場合は，統制環境が脆弱と考えられる。

・経営者の誠実性に問題がある。・経営者は，会計・開示制度の重要性を十分に理解していない。・経営者は，営業担当者に対して非常に強引な営業上の目標を課している。

・経営が一人又は少数の集団により支配され，監査役等による監査又は監督が不十分となっている。・経営者は，非常に積極的な又は非現実的な業績予想を公表している。・経営者は管理部門のコストを過度に削減しようとしている。・経営者が，規程に基づく承認手続と決済手続を重視していない。・経営者が財政状態が低迷又は悪化している企業の重要な債務を個人的に保証している等（監査委員会研究報告第15号）。

２．企業のリスク評価プロセス（315 第 21 ～ 22 項，A99 項）

　監査人は，財務諸表の作成に影響を及ぼすリスク評価プロセスを理解しなければならない。また当該理解のために，リスク評価手続を通じ，①財務報告に影響を及ぼす事業上のリスクの識別，②発生可能性を含む当該事業上のリスクの重要度の評価，③当該事業上のリスクへの対処，に関する企業のプロセスを理解し，企業の事業内容と複雑性を考慮した場合，企業のリスク評価プロセスが，企業の状況に対して適切かどうかの評価が求められる。

　企業のリスク評価プロセスを評価することは，企業が発生可能性のあるリスクをどの領域で識別し，当該リスクにどのように対処したのかの理解に役立つ。また，企業がどのように事業上のリスクを識別し，評価し，対処しているかについて評価することは，企業が直面しているリスクが識別され，評価され，企業の事業内容や複雑性に応じて適切に対処されているかを理解するのに役立つ。また，当該評価は，監査人が財務諸表全体レベルの RMM 及びアサーション・レベルの RMM を識別し評価するのに役立つ場合もある。

　監査人は，経営者が識別した事業上のリスクについて質問し，それらが財務諸表の重要な虚偽表示となるかどうかを検討するが，経営者が識別していない RMM を識別した場合には，当該リスクが企業のリスク評価プロセスにおいて本来識別されなければならないリスクであるかどうかを判断しなければならない。仮にそうしたリスクである場合には，なぜ企業のリスク評価プロセスが識別できなかったのかを理解し，その状況に照らして適切であるかどうかを評価，又は企業のリスク評価プロセスに関する内部統制の重要な不備かどうかを判断しなければならない。

３．内部統制システムを監視する企業のプロセス（315 第 23 項，A102 ～ 110 項）

　監査人は，財務諸表の作成に影響を及ぼす内部統制システムを監視する企業のプロセスを理解しなければならない。そのために，リスク評価手続を通じ，（１）①内部統制の有効性を監視し，内部統制の不備を識別・是正するための日常的及び独立的評価及び②企業の内部監査機能（例えば営業部門の販売契約の条件に関する企業の方針の遵守についての内部監査人による評価等，通常，企業の内部統制システムの有効性を評価又は監視することを目的とした活動が含まれるため，その責任及び内部監査により実施された又は実施される予定の業務等の活動内容を含む。）という２つの事項に対応する企業のプロセスと，（２）内部統制システムを監視する企業のプロセスにおいて利用される情報源及びその情報が監視目的に照らし十分に信頼できると経営者が判断している理由，を理解した上で，（３）企業の事業内容と複雑性を考慮した場合，内部統制システムを監視する企業のプロセスが，企業の状況に対して適切であるかどうか，の評価が求められる。内部統制の有効性を監視するための企業の日常的監視活動と独立的評価

の方法について監査人が評価することは，企業の内部統制システムの監視活動以外の構成要素が存在し機能しているかどうか，すなわち，内部統制システムの他の構成要素を理解するのに役立つ。また，この監査人の評価は，財務諸表全体レベルのRMM及びアサーション・レベルのRMMを監査人が識別し評価するのに役立つ（A109項）。

内部統制システムを監視する企業のプロセスは，**企業の内部統制システムの有効性を評価し，必要な是正措置を適時に行うための継続的なプロセス**であり，日常的監視活動，独立的評価（定期的に実施される。），又はその二つの組合せによって構成され，監査人は，その理解において監視活動のデザイン（日常的な監視か，定期的な監視か）や，監視活動の実施状況及び頻度，さらに識別された不備は，是正措置を講じる責任者に適時に報告され，適切な是正措置によって対処されているか等を考慮する。日常的監視活動は，多くの場合，企業の反復継続する通常の活動の中に組み込まれ，経営者や部門責任者等が通常行う定期的な管理・監督活動も日常的監視活動に含まれる。このプロセスは，企業によるリスク評価に応じて，その範囲と頻度が異なる。

なお監視活動に使用される情報の多くが情報システムにより生み出され，経営者がその正確性につき何ら検証していない場合には，情報に誤りが存在する可能性がある。監査人は，それらの情報源や情報の入手方法とともにそれが監視目的に照らし十分に信頼できると経営者が判断している理由を理解する。

４．情報システムと伝達 （315 第24 項A7 ～ 83 項）

財務報告に関連する情報システムに求められる機能は，①**すべての正当な取引を識別・記録**，②財務報告のために**取引の適切な分類**を可能とするよう**十分かつ詳細，適時に取引を記録**，③財務諸表に**適切な金額で記録**されるよう**取引の価額を測定**，④適切な会計期間に取引が記録されるよう**取引発生の期間帰属**を決定，⑤**取引と関連する開示内容**を財務諸表に**適切に表示**，の５つである。

財務諸表の作成に関連する情報システムは，a.企業の取引の開始，記録，処理（及び取引以外の事象や状況に関する情報の把握，処理，開示），並びに資産，負債及び純資産を適正に計上する，b.取引の誤処理を解消（例えば，保留ファイルの自動処理による作成と，保留項目を適時に処理するフォロー手続）する，c.システム化された内部統制の無効化又は回避を調査し報告する，d..取引処理システムから総勘定元帳に情報を転送（例えば，補助元帳に蓄積された取引の転送）する，e.財務諸表の作成に関連する取引以外の事象や状況に関する情報を把握し処理（例えば，資産の減価償却，及び資産の回収可能性の見直しなど），f.適用される財務報告の枠組みにより開示が要求される情報が，収集，記録，処理，要約され，財務諸表上で適切に報告されることを確かめる，ためにデ

ザインし構築された活動及び方針並びに会計処理及びその他の裏付けとなる記録から構成される。なお企業の業務プロセス（製品やサービスの開発，購買，生産，販売及び流通に至る一連の活動や，法令の遵守の確保及び情報の記録（会計と財務報告の情報を含む。）のためにデザインされた活動を含み，情報システムによって記録，処理，報告されることにより，取引として認識される。）の理解は，監査人が企業の状況に応じて情報システムを理解することに役立つ。

　監査人は，リスク評価手続を通じて得た以下の（1）と（2）の理解及び（3）の評価により，財務諸表の作成に関する企業の情報システムと伝達を理解しなければならない（24項，A119項参照）。

（1）重要な取引種類，勘定残高又は注記事項（p.126参照）**に関する企業の情報処理活動**（処理されるデータ及び情報，情報処理活動に使用される経営資源，並びに情報処理活動について定めた方針が含まれる）**の理解として，以下①から④の事項を理解**

　これより，情報処理活動に関し理解すべき範囲は，企業及び企業環境，並びに適用される財務報告の枠組みの理解により暫定的に識別された，**重要な取引種類，勘定残高又は注記事項に関連するものとなることに注意**（315A44項及び本章10.（3）②）。

①　企業の情報システムにおける情報の流れ（取引の開始から，それに関する情報の記録，処理，必要に応じた修正，総勘定元帳への取り込み，財務諸表での報告に至るまでの流れや，取引以外の事象や状況に関する情報が把握され，処理され，財務諸表において開示されるまでの流れ，を含む。）

　情報システムに対する監査人の理解には，重要な取引種類，勘定残高又は注記事項に関連する情報の流れやその他の情報処理活動を定めた企業の方針の理解が含まれ，この際監査人は，ア.処理すべき取引，その他の事象及び状況に関するデータ又は情報，イ.当該データ又は情報のインテグリティを維持するための情報処理，及びウ.情報処理プロセスにおける情報処理，担当者及びその他の経営資源，を考慮する。なお当該理解及び情報システムに対する評価から得られた理解により，暫定的に識別した重要な取引種類，勘定残高又は注記事項に対する監査人の評価が影響を受ける場合がある（A115・122項）他，統制活動における内部統制を識別する場合がある（A116項）。

②　会計記録，特定の勘定及び情報システムにおける情報の流れに関連する他の裏付けとなる記録

③　注記事項を含む，財務諸表を作成するプロセス（リース契約や，経営者が利用する専門家が作成した公正価値等，総勘定元帳や補助元帳以外から入手した情報が財務諸表に注記される場合がある（A128項））

④　上記①から③に関連するIT環境を含む企業の経営資源（例えば，情報システムの

完全性に関するリスクを理解する上で必要となる人的資源として，業務の担当者の能力，適切な人材が存在しているか，適切な職務分離が行われているか（A 121 項））

（２）情報システム及び内部統制システムのその他の構成要素において，財務諸表の作成に係る重要な事項及び報告責任について，①企業構成員間での伝達（財務報告の役割と責任の伝達を含む。）②経営者と取締役会や監査役等間の伝達③規制当局等の外部への伝達，を含め，企業がどのように内外に伝達しているかの理解（A132 項から A133 項参照）。

（３）企業の情報システムと伝達が，適用される財務報告の枠組みに従った財務諸表の作成を適切に支援しているかどうかの評価（A134 項参照）

　企業は IT アプリケーションや関連するその他の IT 環境の利用により IT の利用から生じるリスクが高まる場合があるため，監査人は，上記（１）で情報システムを理解するに当たり，**企業の情報システムにおける取引の流れや情報処理に関連する IT 環境を理解**する。また IT 環境の理解においては，IT アプリケーションのプログラム変更，又は，取引や情報を処理又は保存するデータベース上でのデータの直接修正により，取引の流れ又は情報システム内の情報が変更されることがあるため，**企業による IT の利用状況を理解**し，**情報システムにおける取引の流れや情報処理に関連する特定の IT アプリケーション**及びその他の IT 環境を識別し，その内容や数に重点を置く場合があり，利用されている IT アプリケーションの性質と特性，さらにはそれを支援する IT インフラストラクチャーや IT に関する情報を収集する。

　IT 環境を理解する際に監査人が考慮する事項として，自動化の範囲及びデータの利用に関する事項（情報処理においてシステムが生成するレポートに企業が依拠する範囲やデータの入力方法（すなわち，手作業入力，顧客又はベンダーによる外部入力，又はファイルのアップロード）等），IT アプリケーションや IT 基盤に関する事項（アプリケーションの種類，IT アプリケーションとその基礎となるハードウエアや基本ソフトウエアまたネットワークの構成等の IT 基盤の性質の複雑性等），そして IT プロセスに関する事項（アクセス権を管理するプロセスの複雑性，期中に重要なデータ変換があったか。IT 環境の変更があった場合には，その内容と重要性及びデータ変換の有無，情報の処理方法に対しプログラム変更が実施されているか，またその変更の頻度等）がある（315 A 128・129 項，同付録 5 第 4 項）。

　また上記（２）において，そもそも内部統制は企業構成員も運用する仕組であるため，企業構成員も，企業内での財務報告目的の内部統制に関する個々人の役割と責任をこの伝達により理解することが必要となる。企業内の伝達は会計と財務報告に関連する基本方針，マニュアル及び通達等の規定類の整備の形で現れてくる。さらに企業構成員が自らの行動と他の企業構成員の作業との関連をどの程度理解しているか，上位者に対し例外事項をどのように報告するかについても含む（組織内にお

ける自らの役割と責任と自らの仕事の位置づけ）。自由闊達な雰囲気や風土が存在する場合，例外事項に関する報告とそれに基づく活動が効果的に行われる。これはいわば風通しのいい組織作りの必要性を説くものであろう。

　なお，監査人は，①取引の開始から，記録，処理及び報告に至るまでの手続，又は企業の財務報告プロセスについての担当者への質問，②企業の情報システムの方針，マニュアル又はその他の文書の閲覧，③担当者による方針又は手続の実施の観察，④情報システムにおいて，取引の開始から財務諸表に反映されるまでを追跡すること（すなわち，ウォーク・スルーの実施）等，様々な方法により情報システムを理解する（A124項）。

5．統制活動（315第25項，A94〜104項）

　監査人は，リスク評価手続を通じて以下の順に実施する識別及び評価により，統制活動を理解しなければならない（A135項からA145項参照）。

（1）統制活動のうち，アサーション・レベルのRMMに対応する（つまり重要な取引種類，勘定残高又は注記事項に関連）する以下の内部統制の識別（25項（1）①）

①　特別な検討を必要とするリスクに対応する内部統制

②　仕訳入力に関する内部統制（非経常的な取引や通例でない取引の仕訳，又は修正仕訳といった非定型的な仕訳を含む）・・・企業が取引処理に関連する情報を総勘定元帳に記録する方法は，定型的か否か，自動化の有無を問わず，通常，仕訳入力を伴うため，仕訳入力に関する内部統制は，アサーション・レベルのRMMに対応し，全ての監査において識別されることが想定される（A148項からA149項参照）。

③　監査人が運用評価手続の実施を計画している内部統制（実証手続の種類，時期及び範囲を決定するため。これには，実証手続のみでは，十分かつ適切な監査証拠を入手できないリスクに対応する内部統制が含まれる。）

④　監査人が職業的専門家としての判断に基づいて評価することが適切であると考えるその他の内部統制（ア.特別な検討を必要とするリスクとは判断されていないものの，固有リスクが相対的に高いと評価されたリスクに対応する内部統制　イ.総勘定元帳と明細の調整に関する内部統制　ウ.受託会社を利用している場合の，企業の相補的な内部統制（A163項））

（2）（1）で識別された内部統制について，ITの利用から生じるリスクの影響を受けるITアプリケーション及び関連するその他のIT環境の識別

（3）（2）で識別されたITアプリケーション及び関連するその他のIT環境について，①ITの利用から生じるリスクと，②ITの利用から生じるリスクに対応するIT全般統制を識別（第11項（2）参照）

（4）（1）及び（3）②で識別された個々の内部統制の評価（デザインと業務への適用

を確認し，これが内部統制の整備状況の評価となる）。
① 当該内部統制が，アサーション・レベルの RMM に効果的に対応するようにデザインされているか，又は他の内部統制の運用を支援するよう効果的にデザインされているかの評価
② 企業の担当者への質問に追加して他の手続を実施することによる，当該内部統制が業務に適用されているかの判断

　これより，統制活動において監査人が識別しデザインと業務への適用の確認が求められる内部統制は，上記（1）の①から④の内部統制であることが明確にされた。また監査人の当該内部統制に対する理解は，RMM に対応する実証手続の種類，時期及び範囲の立案に役立つことがあるため，識別された内部統制の運用評価手続を実施しない場合であっても，デザインと業務への適用を確かめることとなる（A169項）。
　次に識別した内部統制は，IT の利用を伴うか IT に依拠する場合がある。そこで監査人は，当該内部統制の識別と評価において，4．で述べた，情報のインテグリティのリスクに直接対応する，企業の情報システムにおける情報処理に適用される内部統制である情報処理統制に重点を置き，経営者が依拠している自動化された情報処理統制に関連する IT アプリケーションに着目する。これには，実証手続のみでは十分かつ適切な監査証拠を入手できないリスク（本章10.（7）参照）に対応する内部統制が含まれる。さらに，監査人は，重要な取引種類，勘定残高又は注記事項に関連する情報システムにおいて，情報がどのように保存及び処理されるか，並びに経営者がその情報のインテグリティを維持するために IT 全般統制に依拠しているか否かについても考慮する。（A136・156 項）。よって当該内部統制につき，上記（2）で IT の利用から生じるリスクの影響を受ける IT アプリケーション及び関連するその他の IT 環境の識別を行う。ただし，監査人は，重要な取引種類，勘定残高又は注記事項に関する取引の流れやその他の情報処理活動を定めた企業の方針に関連する全ての情報処理統制を識別し，評価することは求められていない。
　そしてこれにつき，IT 全般統制は有効な情報処理統制の継続的な運用を支援するため（ただし通常，IT 全般統制だけでは，アサーション・レベルの RMM に対応できない（A138項）），（3）で IT の利用から生じるリスクと当該リスクに対応する IT 全般統制を識別し，（4）から IT 全般統制の個々の内部統制につき，質問や他の手続により，デザインの評価と業務への適用を判断することとなる。なお IT 全般統制が，有効にデザインされていない又は適切に業務に適用されず（内部統制が IT アプリケーションに対し未承認のプログラム変更や未承認のアクセスを適切に防止又は発見しない場合等），情報処理統制の継続的で有効な運用が確保されない場合がある。この時アサーション・レ

ベルの RMM に対応する内部統制の運用評価手続の実施において，当該 IT 全般統制の影響を受ける IT アプリケーションの自動化された情報処理統制に依拠するという監査人の判断に影響を及ぼす他，情報処理統制の CR の評価が高まり，監査人によるアサーション・レベルの CR の評価に影響を及ぼすこととなる。

　ただし，IT 全般統制の不備の存在が，直ちに情報システムの内部統制に依拠できないという結論につながるものではなく，**当該不備が情報処理統制等の有効性に影響を与えているか否かを検討することが必要である**。例えば，①不備の発見された IT 全般統制を代替又は補完する他の IT 全般統制を識別し評価（ユーザー・アクセスに関連し防止的統制に該当する IT 全般統制に不備がある場合に，IT 管理者がエンド・ユーザーのアクセスレポートを適時にレビューし。事後の承認やログのレビュー等の発見的な IT 全般統制が有効に機能している場合は，リスクが軽減している。），②発見された不備により IT の利用から生じるリスクが発現していないことの確認（例えば，利用者が IT アプリケーションに承認なしにアクセスできるが，アクセスを追跡するシステムログにアクセスできない又は変更できない場合，監査人はシステムログを査閲し，その利用者が期中に IT アプリケーションにアクセスしていなかったという監査証拠を入手する（330A28-3 項）），③IT 全般統制の不備の影響を受ける情報処理統制等の評価手続の実施範囲を拡大（運用評価手続の範囲（件数，期間等）を拡大，インプットデータとアウトプットデータの突合や，データ間の整合性の検討，計算結果の再計算などにより，結果が正しく処理されているかを検証），及び④実証手続を拡大して実施，等の対応を取る（57 号 Q35）。

　また監査人は，企業が IT アプリケーションによって作成した情報を監査証拠として利用する場合，システムが生成したレポートに対する内部統制を評価する場合がある。この内部統制の評価には，不適切若しくは未承認のプログラム変更又はレポート上でのデータの直接変更のリスクに対応する IT 全般統制の識別や評価を含む。一方，情報を生成する IT アプリケーションが，IT の利用から生じるリスクの影響を受けるため。監査人は，システムにより生成された情報に対する内部統制に依拠せず，その情報のインプットとアウトプットを直接検証することを計画する場合もある。この場合，監査人は関連する IT アプリケーションを，IT の利用から生じるリスクの影響を受ける IT アプリケーションとして識別しない場合がある（A154・157 項）。

　このように，上記（1）から（4）の実施は，**IT 全般統制の識別と業務の適用及び評価の実施**につながる。そして，この前段階として企業及び企業環境に関する事項であるビジネスモデルの理解において，**ビジネスモデルが，IT をどの程度活用しているかを理解する**（図表3 - 18の1. 1）③参照）。さらに，企業の組織構造及び所有構造の理解において，多様な事業で多くのレガシーシステムが使用され，それらのシステムが十分に統合されていないため，結果として複雑な IT 環境となっている

等の，**企業のIT環境の構造と複雑性**を理解する（315A 51項）。315付録２の固有リスク要因において，重要な虚偽表示を生じさせる可能性のある事象又は状況の例として，IT環境の変化及び財務報告に関係する重要な新規ITシステムの導入を挙げているが，こうしたIT環境の複雑性も固有リスク要因となろう（図表３－20の1.と3.(2)参照）。

また先の４.の**情報システムの理解**の中で重要な取引種類，勘定残高又は注記事項に関する情報の流れに関連するIT環境を理解し，IT全般統制の識別の基礎とすることが求められる。

統制活動における内部統制は，以下①〜⑤がある。

なお統制活動における内部統制には，情報処理統制とIT全般統制が含まれ，手作業による情報処理統制である場合もあれば，自動化された情報処理統制である場合もある。経営者が財務報告において依拠する内部統制が自動化されている程度が高いほど，自動化された情報処理統制の継続的な運用を支援するIT全般統制の適用は重要となる（315第20項）。

①**物理的又は論理的アクセスに係る内部統制**（未承認のアクセス，取得，使用又は処分を防止するための資産の保全に関する内部統制を含む。）

—資産や記録へのアクセスに対する安全性の高い設備のような適切な保全手段を含む，資産の物理的保全

—コンピュータ・プログラムとデータファイルへのアクセス権限の付与（すなわち，論理的アクセス）

—資産の実際残高と帳簿残高との定期的な照合（例えば，現金，有価証券の実査及び棚卸資産の実地棚卸と帳簿残高との比較）

資産の窃盗や流用を防止するための資産の保全に係る内部統制の程度は，財務諸表の信頼性に関連し，したがって，資産の横領の可能性が非常に高い場合には，それは監査に関連する。

②**職務の分離**

職務の分離は，取引の承認，記録及び資産の管理に関する職責をそれぞれ違う担当者に割り当てることである。職務の分離は，職務担当者が職務遂行の過程において不正や誤謬を犯し，隠蔽する機会を減少させることを意図している。例えば，掛売り販売の承認権限を持つ管理者は，売掛金の記帳及び入金処理を担当しない。これら全ての権限が一人の担当者に割り当てられる場合，架空売上の計上が可能となり，発見も困難である。同様に，商品価格や販売手数料率を変更する権限は販売担当者に付与されるべきではない。

③**承認**

承認は，取引が正当である（すなわち，取引が実際に発生した経済事象に基づいている，

又は企業の方針に従ったものである。）ことを確認する内部統制であり，一般的に，上長による承認，又は取引が正当であるかどうかの検証と判断という形式をとる。例えば，上長は，経費が合理的か，企業の方針に従ったものであるかどうかを検討した上で，経費報告書を承認する。自動承認の例としては，請求書に記載された単価が，注文書の単価と自動的に照合され，事前に定められた許容範囲内である請求書は自動で支払の承認がされ，許容範囲を超える請求書は追加調査が必要なものとして識別される場合が挙げられる。

④調整

調整は，二つ以上のデータを照合し，差異がある場合には，差異の調整を行うもので，通常，取引処理の網羅性又は正確性に関する内部統制である

⑤検証

検証は，二つ以上の項目を相互に照合したり，又は，ある項目と企業の方針の比較に基づいたりして行われる。項目間の不整合が識別されたり，当該項目が方針と整合していなかったりする場合には，追加対応が行われる可能性が高い。検証は，通常，取引処理の網羅性，正確性及び正当性に関する内部統制である。

監査人は上記（１）の①から④に該当する場合には，統制活動における内部統制を識別しなければならないが，複数の内部統制が同一の目的を達成する場合には，その目的に関連する全ての内部統制を識別する必要はない（315A 140 項）。

監査人は，リスク・アプローチに基づき，監査を効果的かつ効率的に実施するために，被監査会社の良好な内部統制を前提として，監査手続を原則として**試査**により実施する。試査とは監査人が利用可能な監査手続の対象項目の抽出方法として，特定の監査手続の実施に際し，**母集団**（監査人が，特定の監査手続の実施についての結論を得るためにサンプル又は特定項目を抽出しようとする項目全体）からその一部の項目を抽出して，それに対して監査手続を実施するもので，全部の項目を抽出して監査手続を実施する方法を**精査**という。試査には**監査サンプリングによる試査と特定項目抽出による試査**がある。

図表3－10　監査サンプリングによる試査と特定項目抽出による試査

　監査サンプリング又はサンプリングは，監査人が監査対象となった母集団全体に関する結論を導き出すための合理的な基礎を得るため，**母集団内の全てのサンプリング単位に抽出の機会が与えられるような方法で**，母集団内の100％未満の項目に監査手続を適用することをいい，監査サンプリングによる試査では，母集団からその一部の項目を抽出してテストすることによって，母集団全体に関する結論を導き出すことができるように立案する。

　監査サンプリングには，**統計的サンプリング**と，**非統計的サンプリング**があり，統計的サンプリングは，①サンプル項目の無作為抽出と②サンプリングテストの測定を含めサンプルのテスト結果を評価するに当たっての確率論の利用，という特性を持ったサンプリング手法をいい，双方の特性を持たないサンプリング手法は，非統計的サンプリングとみなされる。

　サンプリングには，抽出したサンプルから導き出された監査人の結論が，母集団を構成する全ての項目に同じ監査手続を実施した場合の結論と異なるリスクである**サンプリングリスク**と，**ノンサンプリングリスク**（例えば，不適切な監査手続の適用や監査証拠の誤った解釈により虚偽表示又は内部統制の逸脱を識別できない等，サンプリングリスクに関連しない他の理由によって誤った結論を導くリスク）を伴い，監査人はサンプリングリスクを許容可能な低い水準に抑えるために，十分なサンプル数を決定しなければならない。

　また監査人は，母集団から特定項目を抽出することを決定することがあり，これを特定項目抽出による試査という。この決定をするに当たって，監査人は，企業の理解，評価した重要な虚偽表示リスク，及びテストする母集団の特性などを考慮する。抽出される特定項目には，高額の項目又は他の特性（リスクが高い，又は過去において誤謬が発生等）を示す項目，一定金額以上のすべての項目，情報を入手するための項目を含むことがある。

　取引種類又は勘定残高から特定項目を抽出する試査は，監査証拠を入手する効率的方法ではあるが，それは，監査サンプリングによる試査には該当せず（よって，サンプリングリスクは伴わない），この方法によって抽出した項目に対して実施した監査手続の結果からは，母集団全体にわたる一定の特性を推定することはできない。したがって，特定項目抽出による試査は，母集団の中から抽出されない母集団の残余部分に関する監査証拠を提供しない。監査人の判断による特定項目の抽出は，ノンサンプリングリスクを伴う（なお精査にも，ノンサンプリングリスクは伴う）（以上，530第4・6項・A4項，500A52・54・55・56項）。

現代のように大規模化・複雑化した企業の監査において**精査**によることは物理的にも経済的にも不可能である。また財務諸表監査の目的からして重要でない虚偽記載についてまで皆無であることを絶対的に保証するものではないことからも，**試査**によることができるが，内部統制の有効性が高ければ取引記録の信頼性が向上し，母集団の均一性が高まるため監査手続の範囲を狭めることができる。また分析的手続の適用範囲の拡大や，実証手続の実施時期を期末から期中にシフトする等の弾力的な対応が可能となる（研10号第5章 II.3.(1)）。よって監査の有効性と効率性の観点から監査手続の範囲の決定においても，また試査による監査手続に依拠する上での理論的なバックボーンを構築する上においても，内部統制のデザインと業務への適用及び運用状況（本章7.参照）を調べる必要がある。

7．監査手続と監査リスクを構成する各リスクとの関係

監査手続と監査リスクを構成する各リスクとの関連については，図表3－11を参照されたい。

監査の実施過程を大別すれば，監査計画の策定，監査の実施，監査の終了，意見表明となるが，監査人は内部統制を含む企業及び企業環境を理解し，RMM

図表3－11　監査手続と監査リスクを構成する各リスクとの関係

対象とするリスク要素	リスク評価手続			リスク対応手続		
				内部統制の運用評価手続	実証手続	
					分析的実証手続	詳細テスト
	固有リスク（IR）	統制リスク（CR）			発見リスク（DR）	
		内部統制の整備状況		内部統制の運用状況		
		デザイン	業務への適用	想定	裏付け※	
	重要な虚偽表示リスク（RMM）					

＊監査人は，運用評価手続の結果により，内部統制の整備状況に基づいて暫定的に評価したRMMが裏付けられているかどうかを見直す。さらに実証手続の結果によってRMMの修正が必要になることもある。

出所：『会計監査ジャーナル』2009年3月号，15ページより引用。

を暫定的に評価するために**リスク評価手続**を実施し，評価した財務諸表全体レベルの RMM については全般的な対応を，アサーション・レベルの RMM については実施する**リスク対応手続**，その実施の時期及び範囲をそれぞれ監査計画に反映させる。監査計画には，リスク対応手続の実施前に完了することが必要な一定の活動と監査手続の実施時期について考慮することが含まれ，例えば，RMM の識別と評価の実施前に，①リスク評価手続として実施する分析的手続，②企業に適用される法令及び企業がこれをどのように遵守しているかについての全般的な理解，③監査上の重要性の決定，④専門家の業務の利用の程度の決定，及び⑤その他のリスク評価手続の実施を考慮しておく必要がある（300A2項）。RMM は財務諸表全体及びアサーション・レベルで評価され，財務諸表全体に係る RMM の存在を把握した場合には，その程度に応じ補助者の増員，専門家の配置，監査時間の増加，適切な監査時間の確保等，全般的な対応を監査計画に反映させる。

　アサーション・レベルの RMM は，IR と CR からなり，CR は内部統制の整備状況と運用状況によって影響を受ける。

　内部統制の整備状況の理解は，**①内部統制のデザインの評価**と，**②それが業務に適用されているかどうか**（図表3－9の5.参照）を判断することが含まれる。内部統制が適切にデザインされ，それが業務に適用されているかどうかを判断するための監査証拠を入手するリスク評価手続には，①企業の担当者への質問，②特定の内部統制の運用状況の観察，③**文書や報告書の閲覧**，及び④**ウォーク・スルー**が含まれる。**不適切にデザインされた内部統制は，財務諸表に重要な影響を及ぼす内部統制の重要な不備となる可能性があるため，デザインが有効でない内部統制について，業務への適用を評価することは，監査上意義がない。**よって内部統制の整備状況の理解に際しては，まずは企業の担当者への質問やその他の手続により内部統制のデザインを評価し，その結果，**適切にデザインされていると判断される内部統制につき，担当者への質問や取引のウォーク・スルーにより，業務への適用を検討する。**なお質問のみでは，監査に関連する内部統制のデザインの評価やそれが業務に適用されているかどうかの判断には十分ではない（315A163～165項）。

　また**内部統制の運用状況**の調査は，①当該内部統制の有効性を想定し，②当

初の想定どおり有効に運用されているかを調べることを含むが，①の有効性の想定については，内部統制の整備状況の調査結果を基に，リスク評価手続で行われる。そして②を調べるために行う手続が，リスク対応手続として実施される**運用評価手続であり，したがってRMMの最終的な評価は，運用評価手続を経て初めて確定**する。よって運用評価手続を実施する前の内部統制を含む企業及び企業環境を理解する段階におけるRMMの評価は確定的なものとはなりえず，暫定的評価にとどまるわけである。

　リスク対応手続は，監査人がARを合理的に低い水準に抑えるために，暫定的に評価したアサーション・レベルのRMMに対応して実施する監査手続であり，先に述べた内部統制の運用状況の評価手続である運用評価手続と**実証手続**（取引種類，勘定残高又は注記事項に関して実施する**詳細テスト**と**分析的実証手続**）からなる。実証手続は，監査要点の直接的な立証のために行う手続をいい，運用評価手続実施後のアサーション・レベルのRMMの評価（又はその結果の想定）に基づき，監査リスクモデルから導かれたDRの水準を達成するために実施するもので，詳細テストは記録や文書の閲覧，実査，立会，確認，観察，質問等の監査の手法としての監査手続があり，通常，実在性や評価の妥当性等のアサーションに関する監査証拠を入手する場合により適切である。

　詳細テストが，勘定科目及び取引を構成する個々の項目について適用される監査手続であるのに対し，**分析的実証手続**は，一般的に取引量が多く予測可能な取引に対して適用される監査手続である（330A43項）。

　以上よりアサーション・レベルのRMMの存在を把握した場合には，整備状況が良好と判断された内部統制の運用評価手続及びDRの水準に応じた実証手続に係る監査計画を策定する。さらに不正の疑いのある取引や特異な取引等，特検リスクを把握した場合には，そのリスクに個別に対応する監査手続に係る監査計画を策定する。すなわち，以上に掲げたそれぞれのリスク評価に対応する監査手続であるリスク対応手続（内部統制の運用評価手続と実証手続）や全般的な対応が監査計画において策定されるわけである。

　そして監査計画策定後，アサーション・レベルのRMMに対応するため，内部統制の運用評価手続及び実証手続を実施するが，①内部統制の運用評価手続により，RMMの程度が暫定的な評価よりも高くなった場合，また②実証手続

により想定していなかったような虚偽表示を発見した場合，当初の RMM の暫定的な評価そのものを見直し，DR の水準を低くするために，再度監査計画を修正する。そしてその上で，十分かつ適切な監査証拠を入手できるよう，監査手続を実施しなければならない。ただし，監査人は，評価した RMM の程度にかかわらず，重要な取引種類，勘定残高又は注記事項と重要性のある取引種類，勘定残高又は注記事項の各々に対する実証手続を立案し実施しなければならない（330 第 17 項）ため，たとえ RMM が暫定的な評価より低いと判断あるいは関連するアサーションを識別していなくともこれらにつき，実証手続を省略してはならない（本章 11.（2）参照）。また特検リスクがあると判断した場合には，それが財務諸表における重要な虚偽表示をもたらしていないか確かめるための実証手続を実施し，内部統制の整備状況を調査し，必要に応じその運用状況の評価手続を実施する。

　監査の実施過程で財務諸表全体に関係する RMM を新たに発見した場合，及び当初の監査計画における全般的な対応が不十分と判断した場合には，当初の監査計画を修正し，全般的な対応を見直して監査を実施することになる。

　次に違った切り口から研 16 号第一部から第三部に従い，CR の評価をみていこう。監査人は，勘定科目ごとの実証手続を決定する場合，AR を合理的に低い水準に抑えるため，IR の評価と併せて CR の評価を実施し，監査人にとって許容可能な DR の程度を決定する。勘定科目の CR の評価とは，**勘定科目に会計記録を提供するまでの業務の過程，**すなわち**プロセスに存在する統制行為の評価**となる。

　通常プロセスの中で，内部統制の目的のうち企業の財務報告の信頼性に係るもので，会計記録の正確性を確保するための仕組みが設けられており，この仕組みを手続・工夫・制度等に具体化したものを**統制行為**と呼ぶ。内部統制の 5 つの構成要素としては，主として統制活動あるいは監視活動が，単独又は他の要素と一体となりながら，制度や行為等に具体化されたものと考えられる。例えば，受注記録と出荷指図書の一致の確認，出荷指図書と出荷する製品現物との照合，出荷指図書と売上請求書の照合，売上請求書集計の検算等，売上記録の正確性を確保するための手段が設けられている。この統制行為の評価とは，統制行為が**会計記録の正確性を確保する，**すなわち**会計記録に対する誤謬等を**

防止又は発見できる上で有効かどうかの評価である。したがって統制行為は，プロセスを理解した上ではじめてその存在を認識することができる。統制行為は，通常，プロセスの中の，転記・集計等の情報の変換点で設けられていることが多い。

　そこで勘定科目ごとに，DR の程度を判断するために，CR を評価する場合には，まずは購買，販売，給与，財務といった主要な取引サイクル内の内部統制につき，プロセスを認識し，そこに存在する統制行為を認識・把握して，その有効性を暫定評価することになる。そして勘定科目に会計記録を提供するプロセスの統制リスクを総合することにより，勘定科目の CR を評価し，IR の評価と併せて，監査人にとって許容可能な DR の程度を決定して，実証手続の範囲を決めることになる。

　プロセスの理解のためには**フローチャートの入手・査閲，業務規程の入手・査閲，質問等の手続を実施**し，理解の結果として**フローチャートや数値・帳票・業務の流れについての文書**を，監査調書に残すことが必要である。

　プロセス別内部統制又は監査要点に関連する内部統制（図表3－7参照）は，**統制行為が存在し，**かつ**当該統制行為が会計記録の正確性を確保する上で有効かどうかにより評価される。統制行為が存在**しない，又は**存在しても，当該統制行為が有効と判断できないとき，**さらに**統制行為が業務に適用されていない**場合は，**CR の暫定的評価は「高い」**となる。統制行為が存在し，その統制行為が有効と判断され，業務への適用が確かめられれば，その有効性の程度により，CR の暫定的評価は，「中位」又は「低い」となる。

　この統制行為の有効性に係る CR の暫定的評価は，監査要点別に実施する。例えば，「出荷報告書（出荷の事実）と売上伝票（売上の計上）の照合」という統制行為は，実在性に関する CR の評価になり，さらには「出荷報告書には出荷と同時に日付印が押される」という条件がつき，「売上伝票の計上日と出荷報告書の日付との照合」であれば，期間配分の適切性に関する CR の評価となり得る。上記の監査要点に関連する内部統制に係る CR の暫定的評価は，内部統制の整備状況に係るリスク評価手続を通じて実施される。一方，内部統制に依拠した監査を実施するには，**暫定的評価をした統制行為が依拠する期間**，すなわち**監査対象期間を通じて継続的に運用されていること**を，運用評価手続によ

図表 3 − 12　内部統制の評価 （出所：300 実務ガイダンス第 1 号）

「業務プロセスに係る内部統制」の記入方法

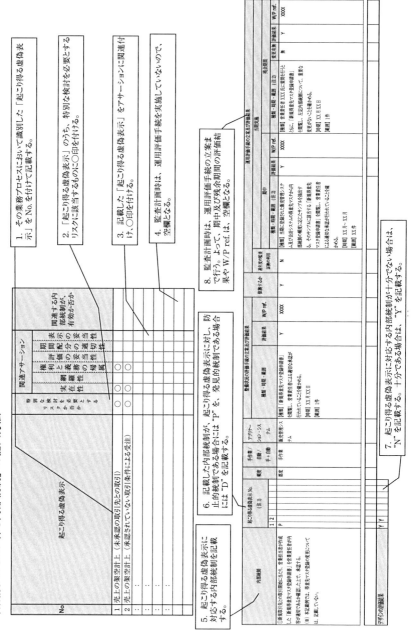

り確かめねばならない。運用評価手続としては，質問，内部統制の運用の証跡（例えば，帳簿上の検印や承認印等のチェックや承認行為という統制行為が実施された証跡をいう）を示す関連文書の閲覧，観察，再実施（図表3-3参照）があり，質問のみでは十分かつ適切な監査手続とはなりえず，閲覧，観察，再実施等の他の手続と組み合わせて運用評価手続を実施する。

　以下，300実務ガイダンス第1号の様式6を参考までに前頁に掲げる。これは販売の業務プロセスにつき，起こり得る虚偽表示に対する統制行為としての内部統制を抜き出し，まずはデザインを評価後，業務への適用を整備状況の評価手続により確かめ暫定的に内部統制の有効性を評価する。そして暫定的評価をした内部統制が監査対象期間を通じて継続的に運用されていることを確かめるため，期中（例えば3月決算なら12月まで），そして残余期間（1月から3月）に分けて，運用評価手続を立案・実施し，その評価結果を記載するものである。

8．監査計画

　監査人は，監査を効果的かつ効率的に実施するために，ARと監査上の重要性を勘案して監査計画を策定しなければならない。**監査計画**とは，ARを合理的に低い水準に抑えるために，監査業務に対する**監査の基本的な方針**を策定し，**詳細な監査計画**を作成することである。監査計画の策定には，監査経験や洞察力を十分に有する監査責任者及び監査チームの主要メンバー（全てのメンバーではない）が参画することにより，監査計画のプロセスの有効性と効率性を高め，適切な監査計画を策定することができ，それにより，①監査の重要な領域に対して監査人が適切な注意を払うこと，②潜在的な問題を適時に識別し解決すること，③監査業務を適切に管理し，その結果，効果的かつ効率的な方法で監査を実施すること，④リスクに対応するために，適切な能力及び適性を有する監査チームメンバーを選任し，作業を適切に割り当てること，⑤監査チームメンバーに対する指揮，監督及び監査調書の作成を初めとする作業の査閲を適切に行うこと，及び⑥必要に応じて，構成単位の監査人の作業や専門家の業務と連携すること，が可能となる（300第2項）。

　監査人は，詳細な監査計画を作成する際の指針となるよう，①監査業務の範

囲，②監査の実施時期及び③監査の方向性，を設定した監査の基本的な方針を策定しなければならず，これより，当該方針で識別した事項に対応する詳細な監査計画の作成に着手することが可能となる。その際，監査人は，監査の目的を達成するために，監査チームメンバーの経験，能力，監査時間等の効率的な利用を検討する。ただし監査の基本的な方針と詳細な監査計画とは，必ずしも別個の，又は前後関係が明確なプロセスではなく，一方に修正が生じれば他方にも修正が生じることがある，相互に密接に関連するものである。

　上記①の決定の際は，行政官庁が義務付ける産業特有の報告事項，予定する監査実施割合（例えば子会社等の数や所在地），企業の事業内容及び企業が属する産業における専門知識の必要性，連結範囲を決定する親会社と子会社等との支配従属関係，企業の内部監査機能（企業に対して確立され又は提供される評価活動をいい，内部統制の妥当性及び有効性を検討，評価及び監視することを含む）の有無また有る場合には，監査の目的に照らし当該機能に従事する内部監査人の作業を利用する領域及び利用の程度，等を考慮する。また②の決定では，監査役等や経営者との間での，監査報告書等発行すべき報告書及び文書や口頭によるその他の報告の内容や時期についての協議や，実施すべき監査手続，実施時期及び範囲についての協議日程，財務報告の予定時期（期中あるいは最終段階）及び監査報告の期限，を考慮する。そして ③では，重要な子会社等また重要な勘定の識別も含む監査上の重要性，RMM が高い可能性のある領域についての適切な監査資源の配分，企業に影響を与える重要な事業展開（主要な経営者の交代並びにM&A, 事業の売却等），会計基準の変更のような財務報告の枠組みにおける重要な変更，会計上の見積りや複雑な計算等を伴う会計処理の識別等，監査人の職業的専門家としての判断により，監査チームの作業に重要な影響を及ぼす要素を考慮する。

　また監査人は毎期の監査において，監査契約を締結できる程度に AR を低い水準に抑えるために，監査の遂行に支障をきたす可能性のある事象又は状況をあらかじめ網羅的に検討するため，監査契約に係る予備的な活動を実施する。これにより，監査人が必要となる独立性と監査遂行能力を保持し，契約更新に影響を及ぼす経営者の誠実性に問題がなく，契約内容につき企業との間に誤解がないことを確認できるが，これも監査の方向性を決定する際の考慮事項とな

る（監基報27号第2・3・9・10項，監査基準第三実施基準二1，300第7項・付録）。

監査人は，監査の基本的な方針の策定プロセスを通じて，かつリスク評価手続の完了により，以下の事項を明確にすることができる（300A8項）。

・特定の監査の領域に配置すべき業務運営に関する人的資源，テクノロジー資源又は知的資源の内容（例えば，重要な虚偽表示リスクの程度が高い領域への豊富な経験を有する監査チームメンバーの配置や，複雑な事項に対処するための専門家の利用）

・特定の監査の領域に配分すべき資源（例えば，複数の事業所の実地棚卸の立会に配置する監査チームメンバーの人数，**グループ監査**（複数の企業又は事業単位の財務情報を含む，連結又は持分法による会計処理等の連結プロセスを通じて作成された財務諸表であるグループ財務諸表の監査をいう。なお**構成単位**はグループ監査における監査手続の計画及び実施を目的として，**グループ監査人**（グループ監査に責任を負うグループ監査責任者及び監査チームのメンバー（構成単位の監査人を除く。）をいう。）により決定される企業，事業単位，機能若しくは事業活動又はそれらの組合せをいい，**構成単位の監査人**はグループ監査の目的で構成単位に関連する監査の作業を実施する監査人をいう（600第12項）。）における他の監査人の作業の程度，RMMの程度が高い領域に配分すべき監査時間が含まれる）

・資源を配置すべき時期（例えば，期中の監査の段階又は特定の基準日に配置することが含まれる）

・資源についての指揮，監督又は利用の方法（例えば，監査チーム内で指示及び報告のために討議を実施する時期，監査責任者や監督機能を有する監査補助者が実施する監査調書の査閲等の方法（往査先での実施又は監査事務所での実施など），監査業務に係る審査の時期が含まれる）

また詳細な監査計画は，監査リスクを合理的に低い水準に抑え，十分かつ適切な監査証拠を入手するために，監査チームが**実施すべき監査手続，その実施の時期及び範囲を決定**することである。これには，①監査チームのメンバーへの指揮，監督及び作業の査閲の内容，時期及び範囲，②重要な虚偽表示リスクを十分に評価するために計画したリスク評価手続の種類，実施時期及び範囲，③計画するアサーション・レベルのリスク対応手続の種類，実施時期及び範囲，及び④一般に公正妥当と認められる監査の基準に準拠するために要求されるその他の監査手続（例えば経営者確認書），が含まれる。

　監査人は，これらの監査手続の計画を監査期間にわたり作成し，通常，リスク評価手続の計画は監査の初期の段階で作成し，リスク対応手続の計画をリスク評価手続の結果に基づき作成する。ただし監査人は，全てのリスク対応手続に係る詳細な計画を作成する前であっても，一部の取引種類，勘定残高及び注記事項に関するリスク対応手続を実施することがある。

　なお注記事項には広範囲かつ詳細な情報が含まれることから，注記事項に関連するリスク評価手続及びリスク対応手続の種類，時期及び範囲の決定は重要である。さらに，特定の注記事項には，総勘定元帳や補助元帳以外から入手した情報が含まれる可能性があるため，評価されたリスク及びそれに対応するための手続の種類，時期及び範囲に影響を及ぼすことがある。

　注記事項については監査の初期段階での検討により，取引種類，事象及び勘定残高と同様の方法で，注記事項への対応について適切に注意を払い，適切な監査時間を計画することができ，また監査人が監査に影響する図表3－13の事項を判断するのに役立つことがある（300A14項）。

図表3－13　初期段階での注記事項の検討により判断に役立つ監査に影響する事項

- 企業環境，事業活動又は財務状況の変化の結果として必要となる重要な注記事項の追加又は変更（例えば，重要な企業結合によって必要となるセグメントの識別及びセグメント情報の記載の変更）
- 適用される財務報告の枠組みの改正に伴う重要な注記事項の追加又は変更
- 特定の注記事項に対する監査手続における監査人の利用する専門家の関与の必要性（例えば，年金その他の退職給付債務に関する注記事項）
- 監査人が監査役等と協議することが想定される注記事項に関する事項（260A13項参照）。

　監査人は，監査期間中，必要に応じて，監査の基本的な方針及び詳細な監査計画を見直し修正しなければならない（以上300A10，12，13項）。

　なお監査人は，監査の実施と管理を円滑にするために，例えば，立案した監査手続の一部について，企業の従業員の業務と連携するなど，監査計画の内容について経営者と協議することがある。但し，実施する詳細な監査手続の種類及び時期について経営者と協議すれば，監査手続を容易に予測され，監査の有

効性が阻害されることもある。よって監査の基本的な方針又は詳細な監査計画について協議を行う場合には，監査の有効性を損なわないための配慮が必要となる（300A3項）。

9．監査計画の策定時における重要性の基準値と 手続上の重要性の決定

　先に監査上の重要性について触れたが，監査人は，監査の基本的な方針を策定する際，重要性の基準値を決定しなければならない（320第9項）。**重要性の基準値**とは，監査計画の策定時に決定した，財務諸表全体において重要であると判断する虚偽表示の金額（監査計画の策定後，改訂した金額を含む）をいう（320第8項（1））。

　監査計画の策定時に決定する重要性の基準値は，全ての未修正の虚偽表示が，いかなる場合においても，個別に又は集計しても重要性がないと評価できる金額として設定する必要はない（320第6項）。この表現はわかりにくいが，監基報5号5項「監査人は，財務諸表には全体として重要な虚偽の表示がないということについて合理的な保証を入手できるように監査を計画し，実施しなければならないが，金額的に重要でない虚偽の表示のすべてを発見するように監査計画を策定することは想定されていない。」と，同じことを言い換えたものといえる。

　つまり重要性の基準値の決定において，通常は金額的な影響が考慮されるが虚偽表示の質的影響についても注意を払う必要がある。虚偽表示が（金額的な意味での）重要性の基準値を下回る場合であっても，当該虚偽表示が，個別に，又は監査の過程で集計した他の虚偽表示と合わせて検討した結果，（質的に）重要であると評価することがあり，当該評価に影響を与える状況として図表3－14を参照されたい。

> **図表 3 − 14　虚偽表示が質的に重要と評価される可能性がある状況（450A20 項）**

- 虚偽表示が，法令遵守に影響を与えている（例えば，銀行の自己資本比率規制等）。
- 虚偽表示が，借入に係る財務制限条項（第 7 章図表 7 − 12 参照）又はその他の契約条項の遵守に影響を与えている。
- 虚偽表示が当年度の財務諸表に与える影響は重要ではないが，翌年度以降の財務諸表に重要な影響を与える可能性が高い会計方針の不適切な選択又は適用に関係している。
- 虚偽表示が，経営者の報酬を増加させている（例えば，虚偽表示により，報酬や賞与の要件を満たしている場合）。
- 虚偽表示が，企業の財政状態，経営成績，又はキャッシュ・フローの状況の評価に使用する比率に影響を与えている。
- 虚偽表示が，セグメント情報に影響を与えている（例えば，企業の事業活動や収益力に重要な役割を果たしていると認識されているセグメントに対して虚偽表示が重要である）。
- 虚偽表示が，既に公表した業績見込み等の財務諸表利用者に示された情報に照らして重要である。
- 虚偽表示が，特定の当事者との取引に関係している（例えば，経営者に関連する関連当事者との取引）。
- 開示に関する規則等において特に定められている事項のほか，財務諸表利用者が企業の財政状態，経営成績又はキャッシュ・フローの状況に関して適切な判断を行うために必要と監査人が判断する事項が注記されていない。
- 虚偽表示が，監査した財務諸表が含まれる開示書類におけるその他の記載内容（例えば，有価証券報告書における「業績等の概要」，「財政状態及び経営成績の分析」に含まれる情報，第 5 章 2.（9）参照）に関連し，財務諸表利用者の経済的意思決定に影響を与えると合理的に見込まれる。

　すなわち，監査人は未修正の虚偽表示が財務諸表に与える影響を評価する際，金額だけでなく，**内容や，虚偽表示が生じた特有の状況といった質的な面も考慮**する必要がある。さらに財務諸表の注記事項に関する潜在的な虚偽表示の性質については，重要な虚偽表示リスクに対応する監査手続の立案に当たって考慮する必要がある（315A128 項及び A129 項参照）。しかし，監査計画の策定時においては質的な内容のみにより重要となり得る全ての虚偽表示を発見するための監査手続を立案するのは実務的とはいえないことから，先の規定をしたもの

である。

　監査計画の策定に際しての重要性の基準値の決定は，**最初に指標を選択し，その指標に対しての特定の割合を適用**する。通常，前年度あるいは当年度の予算に基づく財務諸表数値等を基礎とし，企業の状況に応じた適切な指標の例として，一般的には，売上高，経常利益，税引前利益，当期純利益等の各段階の損益，株主資本合計又は純資産，のそれぞれに与える影響が考慮される。ただし，当年度の財政状態や経営成績が異常である場合，当年度のみならず過年度の数値も参考として正常な財政状態及び経営成績を算定し，それらも併せて考慮することが求められる。選択した指標に適用する割合の決定は，職業的専門家としての判断を伴うものであり，例えば，製造業を営む営利を目的とする企業において税引前利益を指標とする場合には，5％が適切であるが，状況によってはこれと異なる割合が適切と考える場合もある。また選択する指標に適用する割合も，指標の性質により異なり，売上高に適用する指標は，通常，税引前利益に適用する割合よりも小さい（320A6項）。

　監査人は，重要性の基準値を，報告対象とする財務諸表に基づいて算定するため，新規設立企業や決算期変更のように，12ヶ月ではない会計期間について財務諸表が作成されている場合，重要性の基準値は，当該会計期間に対して作成される財務諸表に基づいて算定する（320A5項）。

　また企業の特定の状況において，特定の取引種類，勘定残高又は注記事項に関する虚偽表示が，重要性の基準値を下回る場合でも，財務諸表の利用者が財務諸表に基づいて行う経済的意思決定に影響を与えると合理的に見込まれる場合に限り，監査人は，当該特定の取引種類，勘定残高又は注記事項について適用される重要性の基準値（**特定の取引種類，勘定残高又は注記事項に対する重要性の基準値**）も決定しなければならない（320第9項）。そのような特定の取引種類，勘定残高又は注記事項の存在を示す要因には，図表3－15の事項が含まれる。

図表3－15　特定の取引種類，勘定残高又は注記事項の存在を示す要因（320A8項）

・法令又は適用される財務報告の枠組みの要請により行われる特定の項目の測定又は財務諸表の注記事項が財務諸表の利用者の期待に影響を与えているかどうか

> （例えば，関連当事者との取引，取締役及び監査役等の報酬，高い見積りの不確実性を伴う公
> 正価値の測定について行われる感応度分析が該当する場合がある）。
> ・企業が属する産業に関する主要な注記事項があるかどうか（例えば，製薬会社の研
> 究開発費が該当する場合がある）。
> ・財務諸表において別個に注記されている企業の事業に関する特定の情報に注目が
> 集まっているかどうか（例えば，セグメント又は重要な企業結合に関する注記事項が該当
> する場合がある）。

　特定の状況において，上記のような取引種類，勘定残高又は注記事項が存在
するかどうかを検討する際，監査人は，経営者及び監査役等が意識している事
項についての理解が有益と判断することがある（320A 9 項）。

　さらに，監査人は，RMM を評価し，リスク対応手続の種類，時期及び範囲
を決定するために，**手続実施上の重要性**を決定しなければならない（320第10項）。
ここで手続実施上の重要性は，先に示した財務諸表全体の重要性の基準値を基
に，個別の勘定や取引ごとの重要性の値として決定されたものと考えればよ
く，**未修正の虚偽表示及び未発見の虚偽表示の合計が，財務諸表全体としての
重要性の基準値を上回る可能性を表す合算リスク（320 第 8 項（4））を適切な低
い水準に抑えるために，監査人が重要性の基準値より低い金額として設定する
金額**をいい，複数設定される場合がある。なお，特定の取引種類，勘定残高又
は注記事項に対する重要性の基準値に対して設定した手続実施上の重要性を含
む（320 第 8 項（3））。

　これは，個別に重要な虚偽表示を発見することのみを意図した監査計画を策定
すると，個別の勘定や取引において発見した虚偽表示の金額は重要ではないが，
発見した全ての虚偽表示を集計すると重要性の基準値を超える場合があること，
さらに，未発見の虚偽表示が存在する可能性があることを考慮していないことに
なるためである。これより手続実施上の重要性については，**合算リスクを適切な
低い水準に抑えるために，重要性の基準値より低い金額として設定**される（320A10
項）。

10.　重要な虚偽表示リスクの識別と評価

（1）リスク評価手続並びに内部統制を含む，企業及び企業環境についての情報源

　監査人は企業及び企業環境，適用される財務報告の枠組み並びに企業の内部統制システムの理解から進み，不正又は誤謬による財務諸表全体レベルのRMM及びアサーション・レベルのRMMの識別及び評価と，リスク対応手続の立案に関する適切な基礎を提供する監査証拠を入手するために，**リスク評価手続を立案し実施する**。その際，**職業的専門家としての懐疑心を保持し，裏付けとなるであろう監査証拠を入手する**，又は**矛盾するであろう監査証拠を除外する方向に偏らないよう留意しなければならない**（315 第 12 項－A14 項）。また**入手する監査証拠が偏らないように，企業の内外の複数の情報源から証拠を入手する**場合があるが，監査証拠を入手し得る全ての情報源を識別するために，網羅的な調査まで行う必要はない。監査証拠の入手に当たっては，監査契約の新規の締結及び更新に関する監査人の手続から得られた情報，また監査責任者が企業の監査以外の業務に関与している場合には，その業務から得られた情報を考慮する。また，企業での過去の経験と過年度の監査で実施した監査手続から，過去の虚偽表示及びそれらが適時に修正されたかどうか，企業及び企業環境並びに企業の内部統制システム（不備を含む。）等の情報を入手することがあるが，当年度の監査において，当該情報を利用しようとする場合には，その情報が**当年度においても依然として適合性と信頼性を有しているかどうか**について判断することが求められる。

　信頼性のある財務報告に影響を及ぼすリスク要因には，財務情報の開始，記録，処理及び報告において，アサーションに影響を及ぼす可能性のある外部及び内部の事象，取引及び状況が含まれ，期中における変化によりリスクが新たに発生又は変化する可能性がある（例えば期中における規制環境，経済環境又は経営環境の変化は，競争力の変化や著しく異なるリスクをもたらす可能性がある。また新規従業員の雇用，情報システムの重要かつ急速な変化，事業の急成長，新技術の導入，新たなビジネスモデルや新規事業の採用又は新製品の販売開始，リストラクチャリング，海外での事業

活動の拡大は，内部統制システムに関連するリスクの変化をもたらす。また新しい会計基準の適用や会計基準の改訂は，財務諸表の作成に係るリスクに影響し，IT の利用は，データ及び情報処理のインテグリティーに関するリスクや，企業の IT 戦略が企業の事業戦略を効果的に支援していない場合に生じる，企業の事業戦略に関するリスク，また企業の IT 環境の変更若しくは阻害，企業の IT 担当者の退職，又は企業が IT 環境の必要な更新を行っていないか更新が適時でない場合に生じるリスク）。よって**企業及び企業環境等の理解は，情報の収集，更新及び分析の累積的かつ反復的なプロセスとなり，監査期間全体を通じて継続し，新たな情報の入手により監査人のリスク評価の認識が変化する場合がある**（同 A43 項・付録 3 第 9 項）。

　なおリスク評価手続には，図表 3 − 16 の①から③に掲げる全ての手続を含めなければならない。しかし，企業及び企業環境等の理解すべき項目のそれぞれの要素毎に，全てのリスク評価手続の実施まで求められるものでない(315A20 項)。

図表 3 − 16　内部統制を含む企業及び企業環境の理解のために実施するリスク評価手続

① 　**経営者への質問，及び内部監査の活動に従事する者**（内部監査機能がある場合）**へを含む，その他の適切な企業構成員への質問**（315 第 13 項（1）・A22 項〜 A24 項）
　監査人は，以下の様に経営者及び財務報告の責任者，並びにその他の適切な企業構成員及び異なる階層の従業員に対する質問を通じて，RMM の識別及び評価に関する異なる見方を入手することがある。
・監査役等への質問は，経営者による財務諸表の作成に対する監査役等による監視の程度を監査人が理解するのに役立つ。
・内部監査の担当者には，内部統制のデザインと有効性に関する内部監査の実施状況と改善提案に対し経営者が十分に対応しているかを質問。
・複複雑又は通例でない取引の開始，処理若しくは記録に責任を有する従業員への質問は，当該取引に適用する会計方針の選択及び適用の適切性の評価に役立つ。
・法務部門への質問は，訴訟，法令の遵守，不正又は不正の疑いについての認識，製品保証，瑕疵担保責任，共同支配企業などの業務提携形態，契約条項等の情報を提供する。
・マーケティング又は営業担当者への質問は，販売戦略，販売動向又は顧客との販売契約の変更についての情報を提供する。
・リスク管理に従事する者への質問は，財務報告に影響を及ぼす可能性がある事業運営上又は規制上のリスクについての情報を提供する。

・IT の担当者への質問は，情報システムの変更，情報システムの不具合や内部統制の逸脱等の情報システムに関連するリスクについての情報を提供する。

なお，企業が内部監査機能を有する場合，内部監査機能の活動に従事する適切な者（適切な知識，経験及び権限を有すると監査人が判断した者，例えば，内部監査責任者や状況によっては内部監査に従事する他の者）への質問は，監査人が企業及び企業環境，適用される財務報告の枠組み並びに企業の内部統制システムを理解する際や，財務諸表全体レベル及びアサーション・レベルの RMM を識別し評価する際に，有益な情報をもたらす場合がある。内部監査人は，内部監査の実施を通じて，企業の事業運営や事業上のリスクに関する知識を有していることが多く，また，内部統制の不備等の指摘を行っていることがある。これらの情報は，監査人の企業の理解，監査人のリスク評価又は監査の他の局面において有益なことがある。したがって，監査人の質問は，実施する監査手続の種類若しくは時期を変更するか，又は範囲を縮小するために，監査人が内部監査人の作業を利用するか否かにかかわらず，実施される。特に，内部監査人から取締役会又は監査役等に報告された事項や，内部監査人が実施したリスク評価プロセスの結果に関する事項についての質問は有益である。

② **分析的手続**（同 A25 項から A27 項）

分析的手続は，売上高と売場面積や販売数量の関係などの財務情報と非財務情報の双方を含むことがあり，監査人が気付いていなかった企業の状況を識別し，変化などの固有リスク要因がどのようにアサーションにおける虚偽表示の生じやすさに影響を及ぼすのかについて理解することがあり，評価したリスクへの対応手続の立案と実施に関する基礎を得るための RMM を評価する際に役立つ。また，監査上留意すべき他の関連情報との矛盾，通例でない取引又は事象，金額，比率及び傾向を識別するのに有益なことがある。データ間に存在すると推測される関係を利用して推定値を算出し，それと B/S 項目や P/L 項目等の金額又は比率とを比較した結果，異常又は予期せぬ関係を発見した場合，重要な虚偽表示リスクを識別するため，それらの差異の検討を行う。

③ **観察及び記録や文書の閲覧**（同 A30 ～ 32 項）

企業活動や業務の観察，内部文書（事業計画書や予算書等），関連する記録及び内部統制マニュアルの閲覧，経営者によって作成された四半期財務情報等及び取締役会の議事録の閲覧，企業の施設や工場設備の視察，財務報告目的の情報システムにおける取引の開始から財務諸表までの追跡（ウォーク・スルー）等の監査手続に代表される，観察又は記録や文書の閲覧等によって，経営者等に対する質問の回答を裏付けたり，又は否定することもあれば，企業及び企業環境についての情報を入手することもある。

> また上記以外に，RMM を識別するために有用な情報が入手できる場合には，顧問弁護士又は企業が利用した鑑定や評価の専門家への質問，業界誌や経済誌，アナリスト，銀行や格付機関の報告書等の外部情報源から得た情報の査閲などを必要に応じ実施する。

　またこの際，監査チームの個々のメンバーが，**担当する特定の領域において，不正又は誤謬による財務諸表の重要な虚偽表示が行われる可能性があるかどうかをより良く理解する**，また**実施するリスク評価の結果が，リスク対応手続，その実施時期及び範囲の決定等の監査の他の局面に影響を与える可能性について理解する**ことを目的として，監査責任者と監査チームの主要メンバーは適用される財務報告の枠組みの適用状況及び財務諸表の重要な虚偽表示の生じやすさに関して，討議しなければならない。この討議により，**監査責任者等の企業に関する豊富な知識と洞察力を監査チームのメンバーで共有**することができ，また，**監査チームのメンバーは，企業が直面する事業上のリスク及び固有リスク要因が取引種類，勘定残高及び注記事項に係るアサーションにおける虚偽表示の生じやすさにどのように影響を及ぼすか，並びに不正又は誤謬による重要な虚偽表示が財務諸表のどこにどのように行われる可能性があるか**について，意見交換をすることが可能となる。さらに，監査の過程を通じて入手したRMM の評価，又はリスク対応手続に影響を及ぼすことがある新しい情報を伝達し共有することが可能となる。特に不正による重要な虚偽表示の可能性について監査チーム内で討議することが重要である（315A39項）。

　また監査チーム内の討議で，適用される財務報告の枠組みにおいて要求される注記事項を検討することは，**注記事項に関連する RMM を監査の初期段階において識別する**のに役立つ。監査チームが討議する可能性がある事項には，例えば①新たな重要な注記事項又は重要な注記事項の変更をもたらす可能性がある，適用される財務報告の枠組みの改正や，②企業環境，事業活動又は財務状況の変化（例えば，監査対象期間における重要な企業結合），また③過去に十分かつ適切な監査証拠を入手することが困難であった注記事項や，複雑な事項に関する注記事項（例えば，注記事項の要否及びその詳細さについて経営者の重要な判断を伴うものを含む）が挙げられる（315A42項）。

　ただし，討議に参加するメンバーや討議の開催時期，方法及び範囲について
は，監査人の職業的専門家としての判断により決定し，主要メンバーは，通常
討議に参加するが，グループ監査のような大規模な監査チームによる業務では
監査チーム内の討議に全てのメンバーが参加することは必ずしも必要ではな
く，実務的でもない。また監査チームの全てのメンバーに討議の結論の全てを
知らせることも必ずしも必要ではない（315A41項）。ただし討議に参加してい
ないメンバーについては，監査責任者は当該メンバーへの伝達事項を決定する
（同第17項）。

（2）企業及び企業環境並びに適用される財務報告の枠組みの理解

　監査人は，リスク評価手続を実施し，**企業及び企業環境**に関する事項（①企
業の組織構造，所有とガバナンス及びビジネスモデル（ビジネスモデルがITをどの程度活
用しているかを含む。），②産業，規制等の外部要因，③企業の業績を評価するために企業内
外で使用される測定指標，の3つの事項）と，**適用される財務報告の枠組み**（企業の
会計方針が適切であるか，及び適用される財務報告の枠組みに準拠しているかどうかを評価
し，会計方針の変更がある場合にはその理由を含む）を理解しなければならない（315
第18・19項）。固有リスク要因は，虚偽表示の発生可能性又は発生した場合の
虚偽表示の影響の度合いに関連することで，取引種類，勘定残高又は注記事項
に係るアサーションにおける虚偽表示の生じやすさに影響を及ぼす可能性があ
り，上記の理解を通じ，**企業に関連し固有リスク要因のある事象又は状況を識
別するのに役立てる**ことができる。さらに**財務諸表を作成する過程で，固有リ
スク要因がどのように及びどの程度アサーションにおける虚偽表示の生じやす
さに影響を及ぼすのかについても理解する**ことができる。またこの理解は，**ア
サーション・レベルでのRMMを識別する際の，虚偽表示の発生可能性と影響
の度合いの監査人の予備的な理解と，IRを評価する際に起こり得る虚偽表示
の発生可能性と影響の度合いの監査人の評価に役立てる**ことができ，ひいては
リスク対応手続の立案と実施にも役立つこととなる（315A74項・付録2第1項）。
　またこの理解は，上記の他，図表3-17に掲げる監査上の局面において役
立つ（315A45・46項）。

> **図表 3 − 17　企業及び企業環境並びに適用される財務報告の枠組みの**
> **理解が求められる監査上の判断事項**

① 監査人が RMM を識別し評価する際の判断の枠組みとなり，例えば，以下の事項について監査人が計画する際，及び監査の過程を通じて職業的専門家としての判断を行い職業的懐疑心を保持する際に役立つ。

・315 又は他の関連する監基報に従った財務諸表の RMM（不正リスクや会計上の見積りに関するリスクを含む）の評価

・250「財務諸表監査における法令の検討」に従った，財務諸表に重要な影響を及ぼすことがある法令への違反の識別に資する手続の実施（250 第 14 項参照）

・700 に従った財務諸表が適正に表示されているかどうかの評価（700 第 11 項 (5) 参照）

・320 に従った重要性の基準値又は手続実施上の重要性の決定

・会計方針の選択及び適用の適切性並びに財務諸表の開示の妥当性についての検討特別な監査上の検討を必要とする可能性のある財務諸表の金額又は注記事項に関連する領域の特定（例えば，関連当事者との取引，継続企業の前提に関する経営者の評価の適切性又は取引の事業目的との整合性の検討）

② 例えば以下の局面において，どのようにリスク対応手続を計画し実施すればよいかについての判断が可能となる。

・520 に従った分析的手続の際に利用する推定値の算定（図表 3 − 27 参照）

・330 に従った識別した RMM への対応（十分かつ適切な監査証拠を入手するためのリスク対応手続の立案及び実施を含む）

・入手した監査証拠の十分性と適切性の評価（例えば，会計上の見積りに使用される仮定や，口頭，書面及び電磁的記録による経営者の陳述の適切性など）

　また企業及び企業環境並びに適用される財務報告の枠組みの理解の内容と程度は，監査人の職業的専門家としての判断事項であり，IT 環境を含む，企業の規模及び複雑性，企業に関する監査人の過去の経験，企業の内部統制システム及び業務プロセスの内容（企業として正式に確立しているかどうかを含む。）や，文書化されている事項及びその文書の形態等の，企業の事業内容及び状況によって企業ごとに異なる。ただし，**監査人に求められる理解の程度は，経営者の理解の程度よりも低いものとなる**（315A47-48 項）。

　企業及び企業環境，適用される財務報告の枠組みの詳細については，以下を参照されたい。

図表 3 － 18　企業及び企業環境，適用される財務報告の枠組みに関する事項

1．企業及び企業環境に関する事項（315 第 18 項（1），A60 ～ 63 項）

1）企業の組織構造，所有とガバナンス及びビジネスモデル（ビジネスモデルが IT を
どの程度活用しているかを含む。）

① 企業の組織構造と所有構造

ア．企業の組織構造の複雑性

　例えば，多数の所在地に構成単位がある場合など，企業グループの複雑な組織構
造は，連結財務諸表の作成が複雑となることに加え，事業セグメントへののれんの
配分と減損，共同支配企業，子会社又は関連会社に対する投資の会計処理，又は特
別目的事業体に係る会計処理において，重要な虚偽表示リスクの発生原因となる問
題をもたらすことが多い。よって事業活動等の理解を通じ，企業の構造の複雑性を
理解することにより，これらが適切に会計処理されかつ財務諸表に適切に開示され
ているかを，確かめられる。

イ．所有構造及び所有者とその他の者との関係の理解（関連当事者を含む。）。関連当
事者との取引が適切に識別され記録され，財務諸表に適切に注記されていること
を監査人が確かめる際に役立つ。

ウ．所有者，監査役等及び経営者の区別（複雑でない企業において，企業の所有者が経営
に関与している場合があり，その場合は，所有とガバナンスと経営の区別がほとんどないか
又は全くない）

エ．企業の IT 環境の構造と複雑性（多様な事業において多くのレガシーシステムが使用さ
れ，それらのシステムが十分に統合されていないため，結果として複雑な IT 環境となってい
る。）

② ガバナンス（監査役等のいずれかが企業経営に関与しているかどうか・業務執行に関与
しない役員による会議体の有無，有る場合には業務執行担当者からの分離状況・監査役等が，
企業の機関における法的に不可欠な地位を占めているか，等を考慮）

　ガバナンスの理解は，企業が内部統制システムを適切に監視できているかの理解
に役立ち，この結果，内部統制の不備を識別した場合，企業の財務諸表における
RMM の生じやすさが高まっていることを示している場合がある。

③ 企業のビジネスモデル

　事業上のリスクの多くは財務諸表に影響を与えるため，その理解は，監査人が
RMM を識別するのに役立つ。そして企業がどのような事業上のリスクに直面し対
処しているかを理解するためには，企業の目的，戦略及びビジネスモデルを理解し，
企業戦略の観点から企業を理解することが必要となる。何故なら企業は，産業，規

制その他の内外の要因に沿って事業を行っているが，これらの要因に対応するため，企業の経営者等は企業目的を定義し，それが企業の全般的な計画となり，また経営者は企業目的を達成するために事業上の戦略を策定する（315A34項）。そして企業のビジネスモデルは，様々な形でITの活用に依拠しており，例えば靴の販売を実店舗で行う場合は，先進的な在庫管理システムやPOSシステムを使って販売を記録し，またオンライン販売の場合，ウェブサイト上での受注を含め，全ての販売取引処理がIT環境で実施されるなど，ビジネスモデルが大きく異なるため，事業上のリスクも大きく異なることになるからである（315A55項）。これより，企業のビジネスモデルが，顧客，仕入先及び資金の貸手などの利害関係者との遣り取りにおいて，**ITインターフェイス**（例えば，販売アプリケーションでの処理データが，会計アプリケーションに引き継がれ会計仕訳が生成されるなど，業務アプリケーションと会計アプリケーション間のデータのやり取りを意味する。）や他の技術を通じて，どのようにITを活用しているか（315付録1.3）の理解が求められ，これを通じ情報システムにおいて利用が想定されるITの内容と利用の程度についての有用な情報が得られる場合がある（315 A 129項）。

　事業上のリスクは，企業目的の達成や戦略の遂行に悪影響を与え得る重大な状況，事象及び行動の有無，又は不適切な企業目的及び戦略の設定により発生する。外部環境が変化することと同様に，企業の事業運営は，日々の活動の中で変化していくものであり，企業の目的及び戦略も時とともに変化するが，事業上のリスクは，特にこうした変化又は複雑性に起因して生じる。また変化への対応の必要性を認識しないことがリスクとなることがあり，例えば，新製品の開発を行い市場で販売する場合において，①新製品又はサービスの開発に失敗すること，②新製品又はサービスに成功したとしても，市場で販売する段階で，市場が未だ十分に成熟していないため販売が伸び悩むこと，③製品やサービスの欠陥により法的責任が生じ，又は評判に傷がつくといったリスクが考えられる（315A57項）。

　事業上のリスクは，財務諸表のRMMを含み，それよりも広義のリスクである。事業上のリスクの多くは財務諸表に影響を与えるため，企業が直面する事業上のリスクを理解することは，RMMを識別する可能性を高めるものの，その全てがRMMとなるわけでないので，監査人は，**財務諸表に影響を及ぼす事業上のリスクのみに注目し，全ての事業上のリスクを識別し評価する責任を負うわけではない**（315A56項）。企業のビジネスモデル，企業目的及び戦略並びに財務諸表のRMMとなる可能性のある，関連する事業上のリスクを理解する際に監査人が検討することがある事項には，例えば以下の事項が含まれる（括弧内は，関連する事業上のリスクの例示である）。

・産業の発展（産業変化に対処できる人材や経験が企業にないこと）
・新しい製品やサービス（製造物責任の増加）
・事業の拡大（需要を正確に予測できないこと）

・新しい会計基準（不完全又は不適切な導入，対応するための費用の増加）

・法的な要求事項（増加する法的リスク）

・現在又は将来の資金需要（見込まれる需要に対応できないために生じる財務損失）

・IT の利用（システムとプロセスの不整合）

・戦略の導入の影響，特に新たな会計上の対応が必要となるような影響（不完全又は不適切な導入）

　また事業上のリスクには，直ちにアサーション・レベルの RMM につながるものもあれば，財務諸表全体レベルの RMM につながるものもある。例えば，業界の再編・整理統合による顧客基盤の縮小から生じる事業上のリスクは，売掛金の評価についての RMM を高める可能性がある（アサーションに与える影響）一方，経済全体が停滞している場合，同じリスクがより長期的な影響をもたらすことがあり，監査人は，継続企業の前提の妥当性を検討する際に，その影響を考慮する（財務諸表全体に与える影響）。したがって監査人は，事業上のリスクが RMM となる可能性があるかどうかについて，企業の状況を考慮した上で検討する必要があり（315A38 項）事業上のリスクに関連し RMM の存在を示唆する事象と状況については，図表3－20 を参照。

　さらにアサーション・レベルの特定の項目に影響を与える事業上のリスクとして，監査基準委員会28号11項（1）では，「事業上のリスクを生じさせる外部環境も固有リスクに影響を与える。例えば，技術革新が進めば，特定の製品が陳腐化し，それにより，たな卸資産の勘定残高が過大に表示される可能性が大きくなる。またこれに加えて，多くの又はすべての取引，勘定残高，開示等に関係する，企業と企業環境のある要因が，特定の経営者の主張に関連する固有リスク要因に影響を与えることもある。こうした要因として，例えば，事業継続のために必要な運転資本の欠乏や倒産の多発による産業衰退等が挙げられる。」としている。この例として，図表3－19 を参照されたい。

　なお企業のビジネスモデルに含まれる企業の活動を理解する際に考慮する事項として，以下がある。

ア．事業運営

　収益の源泉，製品又はサービス，及び市場の特徴（例えばインターネット販売のような電子商取引への参画やマーケティング活動）・業務の運営（例えば，生産工程と方法，又は環境リスクに対応する活動）・業務提携，共同支配企業及び外部委託・地理的分散と事業セグメント・生産設備，倉庫及び事務所の所在地，並びに棚卸資産の保管場所と数量・主要顧客，及び商品とサービスの主要仕入先，並びに雇用協定（例えば，労働協約，年金などの退職給付，ストック・オプションや業績連動賞与，労働関連法規）・研究開発活動と支出・関連当事者との取引

イ．投資及び投資活動

　計画中か若しくは最近実行された事業買収又は事業売却・有価証券，貸付金等の投融資と処分・設備投資・提携関係，共同支配企業，特別目的事業体を含む非連結企業への投資

ウ．財務及び財務活動（組織構造や資本関係と資金調達の方法）

　主要な子会社と関係会社（例えば，連結及び非連結の状況）・負債構成とその関連条件（例えば，オフバランスでの資金調達等の契約とリース契約）・実質的所有者（国内外，事業の評判と経験）及び関連当事者・デリバティブ取引の利用状況

２）産業，規制等の外部要因

① 産業

　競争的な環境，仕入先や顧客との関係，技術開発等の産業の状況を含み，監査人は，例えば，市場と競争（需要，供給及び価格競争を含む），エネルギーの供給と価格，循環的又は季節的な変動，企業の製品に関連する生産技術などを検討する。

　企業の属する産業によっては，**事業活動，規制，業界特有の会計実務**により，特定のRMMが生じることがあり，**長期工事契約に工事進行基準を適用している場合は，収益や原価にRMMを発生させる重大な見積りが含まれている可能性**がある。このとき十分かつ適切な知識と経験を持ったメンバーにより，監査チームが組成されているかどうかを監査人は検討するものとされる。

　東芝の会計不正で，平成27年12月22日に金融庁が新日本監査法人に下した処分事案において，ETC設備更新工事事案について，工事進行基準売上を特検リスク（本章10.（4）参照）として識別したにもかかわらず，会社の説明を鵜呑みにし，また会社から提出された発番票等の資料を確認するにとどまり，見積工事原価総額の内訳などについて，詳細な説明や資料の提出を受けておらず，経営者が使用した重要な仮定の合理性や見積りの不確実性の検討過程を評価していないなど，当然行うべき，特検リスクに対応した十分かつ適切な監査証拠を入手できていなかったと，されている。

② 規制に関連する外部要因

　企業をとりまく規制環境，特に適用される財務報告の枠組みと法的及び政治的な環境並びにその変更（規制産業に対する規制の枠組み（例えば，関連する開示要求事項を含む，金融機関に対する健全性規制）・会計基準と業界特有の実務（それぞれの地域の法令等により，業界特有の財務報告上の要請事項が規定されている場合，経営者が法令等に従って財務諸表を作成していないときには，準拠すべき財務報告の枠組みに照らすと，財務諸表に重要な虚偽表示が存在する可能性があるため，監査人は企業が属する業界に特有の財務報告の要請事項が規定されているかどうかを検討）・企業の事業運営に著しく影響を与える法令（例えば，雇用や就労関連の法令及び規則）・税制（法人税ほか）・企業の事業に影響を与える政策（例えば，外国為替管理等の金融政策，財政政策，政府の助成金制度のような財務的インセンティブ及び関

税や通商政策）・産業と企業の事業に影響を与える環境規制などを検討する。
③　その他の外部要因（金利又は資金調達の容易さ，一般的な経済情勢，インフレーション
又は通貨価値の改定を検討）

3）企業の業績を評価するために企業内外で使用される測定指標 (315 第 18 項 (1) ③, A65 ～ 71 項)

　監査人は，経営者及びその他の企業内外の人々が行う企業の業績の測定と検討の結果について理解しなければならない。

　監査人は，企業の業績とその検討に基づき，経営者及びその他の企業内外の人々が重要とみなしている企業の業績の特徴を理解することができる。企業内外での業績の測定が企業に対する圧力となり，その結果，経営者は，経営成績の改善策を講じることもあるが，財務諸表の虚偽表示の動機を持つこともある。企業の業績の測定についての理解は，企業内外からの業績に対する圧力により経営者が重要な虚偽表示リスクを増大させるような行動をとっていたかどうかを監査人が検討する際に役立つ。

　業績の測定指標は，関連する財務諸表上の RMM の存在を監査人に示すことがある。例えば，同業他社と比較して企業が異常に急成長，又は収益率が劇的に改善されていることに気付く場合がある，特に，業績連動賞与やインセンティブ報酬等を採用している企業では，財務諸表の作成において経営者が作為的な会計処理を行っている等の経営者の偏向が存在する潜在的なリスクを示している可能性があり，その意味でこれが不正リスク要因（第4章図表4‐1参照）に関連する。

　なお，監査人は，監査のために業績の測定結果を利用するとき（例えば，分析的手続を実施するとき）は，企業の業績を検討する際に経営者が使用する情報が信頼のおけるものであり，十分な精度があることを検討する必要がある。企業内部で作成された情報には，以下のものがある。

・主要な業績指標（財務及び非財務），主要比率，趨勢及び業務運営上の統計数値・業績の期間比較分析・予算，予測，差異分析，セグメント情報及び事業部又は他の組織レベルでの業績報告・従業員の業績評価とインセンティブ報酬に関する方針・競合企業との業績比較

2．適用される財務報告の枠組み並びに企業の会計方針及び会計方針の変更がある場合にはその理由 (会計方針の変更の理由を含む)（315 第 18 項 (2)，A72 ～ 73 項)

　監査人は，会計方針の選択や適用について理解し，一般に公正妥当と認められる企業会計の基準に準拠して取引や会計事象の実態を適切に反映しているかどうか，企業の属する業界で適用されている会計方針と整合しているかどうかを評価しなけ

ればならない。会計方針の選択と適用に関する理解には，以下の事項が含まれる。

1）適用される財務報告の枠組みに関する財務報告の実務

　会計基準と，重要な取引種類，勘定残高又は注記事項を含む業界特有の実務（例えば，銀行にとっての融資と投資，製薬業にとっての研究開発）・収益認識・関連する信用損失を含む，金融商品の会計処理・外貨建資産及び負債並びに取引・議論のある又は新たな領域における取引を含む，通例でない又は複雑な取引の会計処理（例えば，暗号資産の会計処理）

2）企業の会計方針の選択及び適用（会計方針の変更及びその理由を含む。）に関する理解

　重要かつ通例でない取引の認識，測定，表示及び開示方法・確立された指針等がない，議論のある又は新たな領域における重要な会計方針への影響・会計方針の変更が必要となるかもしれない，適用される財務報告の枠組みや税制などの環境の変化・企業に新たに適用される会計基準及び法令，並びに適用時期及び適用方法

　なお，例えば，当期中に重要な企業結合があった場合，当該企業結合に関連して取引種類，勘定残高及び注記事項の変更が想定される等，企業及び企業環境についての理解は，企業の財務報告に及ぼす変化（例えば，前期以前からの変更）を監査人が想定するのに役立つことがある，また，当期中に企業及び企業環境に重要な変更がなければ，前期に得られた企業の財務報告に関する監査人の理解が，依然として適切と確認できる場合がある。

図表3－19　事業上のリスクと勘定等の特性より識別される固有リスクの例

（監査・保証実務委員会研究報告（以下「監保実」）第19号付録3）

企業環境	事業上のリスク （固有リスク要因）	固有リスク：影響を受ける勘定等及び経営者の主張
景気の後退期： ・販売の低下 ・与信先の業績が悪化	・陳腐化したたな卸資産が滞留する可能性	・たな卸資産の過大計上（評価）
	・滞留債権の発生	・貸倒引当金の過少計上 （網羅性・評価）
技術革新のテンポの著しく速い産業	・生産設備の陳腐化 ・遊休資産の発生 ・たな卸資産が陳腐化し販売不能	・減価償却費の計上不足（評価） ・表示の誤り（表示） ・たな卸資産の過大計上（評価）
商慣習が確立していない業界： ・売上計上時点が不明確 ・代金の回収も規則的に行われない	・従業員による売上代金の着服 ・滞留債権の発生	・売上の早期計上（期間帰属） ・売掛金の過大計上（実在性） ・貸倒引当金の過少計上 （網羅性・評価）
・為替相場の変動が激しい	・先物為替予約や通貨オプション取引などの失敗	・損失計上の先送り（網羅性）
・受注産業，熾烈な受注競争	・裏リベート等の支出	・費用の未計上（網羅性）
・不動産，宝飾品又は美術品などが商取引の対象であり，取引価格に必ずしも客観性があるわけではない	・不正取引 ・売上代金の着服	・架空計上，売上の過大計上 （実在性）
・顧客が特定少数	・親密な関係が構築できるので，不正が発生する可能性	・全般的な対応が必要となる可能性が高い
・取締役会や監査役の監視機能が十分に機能していない	・経営者や従業員が不正を行う可能性	・この条件だけでは勘定等に結び付く固有リスクを特定できないが，全般的な対応が必要となる可能性が高い
・経営者が積極的な経営方針を掲げ，厳しい販売目標を設定	・従業員が，その圧力に耐えられず，押込販売，滞留債権の発生	・架空計上，売上の過大計上（実在性） ・貸倒引当金の過少計上 （網羅性・評価）
・経営者が開示制度の重要性を十分に理解していない	・会計方針の採用につき，適切な判断ができなかったり，会計方針を不適切に変更する	・財務諸表全体の適正表示に影響

　適用される財務報告の枠組みに従って必要となる情報（以下「財務報告に必要な情報」という。）の作成に関連する固有リスク要因及び当該要因に関連してアサーション・レベルの RMM の存在を示唆する事象（取引を含む。）と状況（以下「事象又は状況」）を，図表 3 - 20 に掲げる（表中の括弧数字は，固有リスク要因に関連して RMM の存在を示唆する事象又は状況を表し，また図表 3 - 18 の企業及び企業環境に関連する場合参照を付している。）。

> ### 図表 3 - 20　固有リスク要因及び関連する RMM の存在を示唆する事象又は状況

> 　1．**「複雑性」**（財務報告に必要な情報につき，その性質と作成過程のいずれかを原因とし，また当該情報の作成プロセス自体に困難さを伴う場合も含む。）。
>
> 　仕入先に対するリベートの支払額の計算には取引条件を考慮する必要があり，仕入先が多く仕入先ごとに取引条件が異なる場合，又は相互に関係する多くの取引条件がある場合には，計算が複雑になる。
>
> **（1）規制・・非常に複雑な規制を受ける事業運営**（図表 3 - 18 の 1. 2）②）
>
> **（2）ビジネスモデル・・複雑な業務提携及び合弁企業の存在**（図表 3 - 18　1. 1）①及び③）
>
> 　2．**「主観性」**―利用可能な知識や情報に制約があり，客観的な方法で財務報告に必要な情報を作成することに固有の限界があり，経営者が，採用する適切なアプローチ及びその結果として財務諸表に含まれる情報について，選択又は主観的判断を行う必要がある場合。
>
> **（1）適用される財務報告の枠組み**（図表 3 - 18 の 2. も参照）
>
> **ア．減価償却費や工事収益の経営者による認識等，会計上の見積りにおいて，適用され得る広範な測定規準。**工事収益については，リスク評価手続を通じ理解する企業及び企業環境の構成要素である，産業及び規制等の外部要因の中でも，建設業における長期工事契約には，RMM を発生させる収益及び費用の見積りが含まれている，としている（図表 3 - 18 の 1. 2）①参照）。
>
> **イ．投資不動産のような非流動資産の評価技法やモデルに関する経営者の選択**
>
> 　財務報告に必要な情報を作成する際に，適用される財務報告の枠組みにおいて要求される事項を適切に適用したとしても，異なるアプローチを採用すれば異なる結果が生じる可能性がある。知識やデータに制約があるほど，十分な知識及び独立性を有する者による判断であっても，その主観性が高まり，様々な判断結果が生じることとなる。
>
> 　なお上記 1. と 2. につき，適用される財務報告の枠組みに基づき，将来についての

仮定を使用し会計上の見積りを行い，その仮定の選択において重要な判断を伴う場合，会計上の見積りの測定は主観性と不確実性を伴い，さらに計算が複雑になるという複雑性の影響を受ける可能性が高くなる。このように，複雑性又は主観性から生じる取引種類，勘定残高又は注記事項における虚偽表示の生じやすさの程度は，多くの場合，下記3.と4.に掲げる状況の変化又は不確実性の影響をどの程度受けるかに密接に関係している。また複雑性又は主観性に起因して，取引種類，勘定残高又は注記事項の虚偽表示の生じやすさが高いほど，監査人が職業的懐疑心を保持する必要度は高まる。さらに，ある取引種類，勘定残高又は注記事項に，複雑性，主観性，変化又は不確実性に起因して虚偽表示が生じやすい場合には，これらの固有リスク要因は意図的であるかどうかにかかわらず下記5.の経営者の偏向が存在する機会を発生させ，経営者の偏向による虚偽表示の生じやすさに影響を及ぼす可能性がある。このように監査人によるRMMの識別やアサーション・レベルのIRの評価は，固有リスク要因の間の相互関係にも影響を受ける（315A76・77項）。

3．「変化」—時の経過により，企業の事業又は経済，会計，規制，産業若しくは企業が事業を行う環境の他の側面に影響を及ぼす事象や状況がもたらす結果で，それらの事象や状況の影響が財務報告の必要な情報に反映される場合に生じる。変化は，適用される財務報告の枠組みにおいて要求される事項，企業及びそのビジネスモデル又は企業の事業環境の進展の結果から生じ，経営者の仮定及び会計方針の選択又は会計上の見積り方法若しくは関連する注記事項の決定を含む経営者の判断に影響を与える場合がある。

（1）経済状況

　経済的に不安定な地域における事業運営（例えば，重大な通貨切下げや高いインフレーション経済にある国々）（図表3－18の1.2）③参照）

（2）IT

　IT環境の変化や財務報告に関係する重要な新規ITシステムの導入

（3）適用される財務報告の枠組み

　新しい会計基準の適用（図表3－18の2.参照）

4．「不確実性」—財務報告に必要な情報が，直接的な観察によって検証可能な十分に正確かつ包括的なデータのみによって作成することができない場合

（1）財務報告

ア．会計上の見積り及び関連する注記事項に係る重要な測定の不確実性を伴う事象又は取引

イ．係争中の訴訟と偶発債務（例えば，製品保証，保証債務，環境改善）

5．「経営者の偏向又はその他の不正リスク要因が固有リスクに影響を及ぼす場合における虚偽表示の生じやすさ」　―経営者の偏向の生じやすさは，財務報告に必要な情報を作成する際に，意図的であるか否かを問わず，経営者が中立性を保つことが難しい状況から生じる。経営者の偏向は，判断を行う際に経営者が中立性を保つことができない可能性のある特定の状況（潜在的な経営者の偏向の兆候）と関係することが多く，経営者が意図的であれば，財務報告に必要な情報が不正による重要な虚偽表示となり得る。このような兆候には，例えば，利益目標や自己資本比率等の財務目標を達成しようとする誘因といった固有リスクに影響を及ぼす動機やプレッシャー及び機会が含まれ，結果として中立性を保つことが困難となる。

　経営者の偏向による虚偽表示の生じやすさに影響を及ぼす可能性のある事象や状況は，その他の不正リスク要因（第6章参照）による虚偽表示の生じやすさにも影響を及ぼす可能性がある。したがって，これは240第23項の不正リスク要因の検討に関連する情報となる可能性があり，監査人は，実施したその他のリスク評価手続とこれに関連する活動により入手した情報が，一つ又は複数の不正リスク要因の存在を示しているかどうかを検討しなければならない（315A78項）。

（1）財務報告
　経営者や従業員による不正な財務報告（重要な情報の省略，又は不明瞭な注記事項を含む。）の機会（図表3－18の1.3））

（2）取引
　関連当事者との重要な取引（図表3－18の1.1）①イ）

　なお適用される財務報告の枠組みの新たな要求事項や改訂された要求事項に対応するために，ITアプリケーションに重要な又は広範なプログラム変更が行われる場合，新たな要求事項が複雑で，財務諸表に重要な影響を及ぼすことを示唆している。こうした大幅なプログラムやデータの変更が行われる場合，ITアプリケーションがITの利用から生じるリスクの影響を受ける可能性が高くなる。

（3）重要な虚偽表示リスクの評価手順

　監査人は，リスク評価手続を実施して入手した情報を，RMMの識別と評価の基礎となる監査証拠として使用する。例えば統制活動において識別した内部統制のデザインを評価し，それが業務に適用されているかどうかを判定する際に入手した監査証拠は，リスク評価を裏付ける監査証拠として使用する。RMMは，内部統制を含む企業及び企業環境を理解するためのリスク評価手続

を実施して入手した情報に基づいて，図表 3 - 21 の手順で識別し暫定的に評価する（315 第 25 項）。

> ### 図表 3 - 21　重要な虚偽表示リスクの評価手順

① 企業及び企業環境（虚偽表示リスクに関連する内部統制を含む）を理解する過程を通じて，また取引種類，勘定残高及び注記事項（定性的及び定量的な情報を含む。）を検討することにより虚偽表示リスクを識別する。
② 識別した虚偽表示リスクが，財務諸表全体に広く関わりがあり，多くのアサーションに潜在的に影響を及ぼすものであるかどうかを評価する。
③ 識別した虚偽表示リスクがアサーション・レベルでどのような虚偽表示になり得るのかを関連づける。このとき，当該リスクに関連する内部統制を考慮する（運用評価手続の実施を予定している場合）。
④ 複数の虚偽表示につながる可能性も含め，虚偽表示の発生可能性を検討し，潜在的な虚偽表示の影響の度合い（重要な虚偽表示となるかどうか）を検討する。

　なお，財務諸表の注記事項に関するリスクを識別する際，監査人は，定性的及び定量的な注記事項の双方について，重要となり得る虚偽表示を検討する。企業や監査業務の状況によって異なるが，例えば，図表 3 - 22 の事項がRMM を評価する際に関連する可能性がある**定性的な注記事項**として挙げられる（315A190 項）。

> ### 図表 3 - 22　重要な虚偽表示リスクの評価の際に関連する定性的な注記事項

・財政状態の悪化時における，企業の流動性や借入に係る財務制限条項
・減損損失を認識することとなった事象又は状況
・見積りの不確実性の主な原因（将来事象に関する仮定を含む。）
・適用される財務報告の枠組みにより注記が要求される会計方針の変更の内容及び他の関連する注記事項（例えば，未適用の新しい財務報告の基準が企業の財政状態や経営成績に重要な影響を及ぼすことが予想される場合）
・株式に基づく報酬契約（費用として認識した金額等の算定方法に関する情報や関連する他の注記事項を含む。）
・関連当事者及び関連当事者取引
・会計上の見積りに関連する感応度分析（計上又は注記された金額の測定の不確実性を利用者が理解するために記載された，企業の評価技法に使用されている仮定の変更の影響に関する注記事項を含む。）

　監査人は，RMM を，財務諸表全体レベル（財務諸表全体に広く関わりがあり，その多くに潜在的に影響するもの，あるいは特定のアサーションに個別に関連付けてその大きさを評価できないもの）と，アサーション・レベル（特定の取引種類，勘定残高及び注記事項に関連するアサーションに関わるもの），の 2 つのレベルで識別し評価しなければならない。そしてリスク評価手続を実施して入手した監査証拠を基に，前者に対しては全般的な対応を立案し，後者にはリスク対応手続の種類，時期及び範囲を立案し実施するというように，それぞれの対応が異なるため，両者を適切に区分しなければならない。

①　財務諸表全体レベルの重要な虚偽表示リスクの識別と評価

　財務諸表全体レベルの RMM は，アサーション・レベル，すなわち，取引種類，勘定残高及び注記事項における特定のアサーションと必ずしも結び付けられるものではない。むしろ，経営者による内部統制の無効化リスクのように，アサーション・レベルにおける RMM を広範に高めることがある状況を意味する。

　また例えば，企業が，営業損失や流動性の問題に直面し，実行が不確かな資金調達に依存している状況においては，監査人は継続企業を前提とした会計処理が財務諸表全体レベルの RMM を生じさせると判断することがある。この場合，継続企業を前提としない会計処理が必要となることがあり，このことが全てのアサーションに広く影響を及ぼすことがある。このように，財務諸表全体レベルの RMM が潜在的に多くのアサーションに影響を及ぼす場合には，監査人によるアサーション・レベルの RMM の識別と評価に影響を及ぼすことがある（315A182 項）。

　以上より，RMM が財務諸表に広範な影響を及ぼすことで，330 第 4 項に掲げる全般的な対応が必要となるかどうかを判断するために，監査人は財務諸表全体レベルの RMM を識別し，またその評価において（1）当該リスクが，アサーション・レベルのリスクの評価に影響を及ぼすかどうかを判断すると共に，（2）当該リスクが，財務諸表に対して及ぼす広範な影響の内容とその程度の評価を実施しなけばならない（315 第 29 項）。

　財務諸表全体に広く関わるリスクは，特に脆弱な統制環境や経済状況の悪化等外部の事象や状況から発生しうる。**脆弱な統制環境から発生するリスクは，**

特定の取引種類，勘定残高及び注記事項における RMM に限定されないという特徴を持ち，例えば**経営者としての資質に欠ける，又は財務諸表の作成に対する監視の不備等の問題は，財務諸表に広範な影響を与え得る**ものであり，**監査人による全般的な対応が必要**となることがある（315A117・A118 項）。

　また不正による RMM は，財務諸表全体レベルの RMM に関する監査人の検討に特に関連することがある。例えば，経営者に対する質問により，運転資金を確保するための融資先との追加借入協議に企業の財務諸表が使用されることが判明した場合，資金調達が確実に行われるように，資産及び収益の過大計上や負債及び費用の過小計上等の不正な財務報告のリスクが高まる。これより監査人は，IR に影響を及ぼす不正リスク要因が，虚偽表示の発生可能性を高めていると判断することがある（315A184 項　なお図表 3 – 20 の 5. も参照）。

　統制環境及び内部統制システムのその他の構成要素の理解や評価の結果，経営者の誠実性について深刻な懸念が想定され，経営者の不正な財務報告のリスクにより監査を実施できないと結論付ける，または IT 環境の重大な変化について経営者及び取締役会又は監査役等による監視がほとんど行われておらず，その管理が不十分であり，会計記録など書類の保存状況や信頼性に懸念があるため十分かつ適切な監査証拠が入手できないと結論付けるなど，監査の実施につき可能かどうか疑問が提起されることもある。この場合，意見を限定するか，表明しないことを検討するが，適用される法令の下で可能であれば監査契約の解除を検討することもある（315A185 項）。

②　アサーション・レベルの重要な虚偽表示リスクの識別と評価

　アサーション・レベルの RMM は，IR と CR から成り，その識別においては，関連するアサーションとそれに関連する重要な取引種類，勘定残高又は注記事項を決定する。**関連するアサーション**は，企業及び企業環境並びに適用される財務報告の枠組みの理解に基づき，固有リスク要因がどのように RMM に影響するのかを検討し，その結果，取引種類，勘定残高又は注記事項に係るアサーションのうち，RMM が識別されたアサーションをいう。これは関連する内部統制を考慮する前に固有リスク要因を検討して行うものであるから，IR が識別されたアサーションと同義であり，よってアサーション・レベルの RMM は，

IR の識別を意味することに注意する。

　RMM は，①虚偽表示の発生（すなわち発生可能性）と，②虚偽表示が発生した場合の重要性（影響の度合い）につき，合理的な可能性がある場合に存在し，その識別は，発生する可能性と発生した場合に重要となる可能性が合理的にあり得る虚偽表示に関する監査人の予備的な検討に基づき行われる（200A12-4 項，315A174 項）。これは当該リスクの識別における，閾値の考え方を示したものといえる。

　そして**重要な取引種類，勘定残高又は注記事項**は，関連するアサーションが一つ以上存在する取引種類，勘定残高又は注記事項となる。関連するアサーションの決定において求められる企業及び企業環境，並びに適用される財務報告の枠組みの理解は，情報の収集，更新及び分析の累積的かつ反復的なプロセスであり，監査期間全体を通じて継続し，新たな情報を入手することで，監査人のリスク評価の認識が変化する場合があるため，監査人が，重要な取引種類，勘定残高又は注記事項を暫定的に識別することに役立つこととなる。そしてこうして識別された重要な取引種類，勘定残高又は注記事項に基づき，（内部統制システムの構成要素の中で）理解する企業の情報システムの範囲を決定する（315A43·44 項及び図表 3 － 9 の 4.（1）参照）。なお，当該理解及び情報システムに対する評価から得られた理解により，暫定的に識別した重要な取引種類，勘定残高又は注記事項に対する監査人の評価が影響を受ける場合があり（A115 項），これがリスクの識別と評価の反復的かつ累積的な性質を示している。

　次に監査人は識別したアサーション・レベルの RMM について，①固有リスク要因が，どのように，そしてどの程度，関連するアサーションにおける虚偽表示の生じやすさに影響するのか，また，②財務諸表全体レベルの RMM が，どのように，そしてどの程度，アサーション・レベルの RMM に関する IR の評価に影響するのか，を考慮に入れ，IR を評価しなければならない。つまり RMM を識別した後 IR の評価に入るため，300 実 1 第 18 項では，IR を評価する段階で，取引種類，勘定残高又は注記事項に係るアサーションについて，RMM の識別を行う，としている。

　IR は，①虚偽表示の発生可能性と②虚偽表示が生じた場合の影響の度合い，の組合せの重要度に応じて評価され，当該評価はリスク対応手続の立案と特検

リスクの決定に役立つため，監査人は，RMM の発生可能性と影響の度合いを評価する。上記①の検討の際に，固有リスク要因がアサーションの虚偽表示の生じやすさに影響を及ぼす程度を考慮し，②の検討の際に，起こり得る虚偽表示の定性的及び定量的な側面を考慮する（すなわち，取引種類，勘定残高又は注記事項に関するアサーションにおける虚偽表示を，規模，内容又は状況と照らし重要であると判断することがある。）。評価した IR の程度は高いものから低いものまで様々であり，影響の度合いと発生可能性を，それぞれ原点から縦軸と横軸にとったグラフの第1象限上において，境界線がなく無段階に連続的に変化する**固有リスクの分布**として表現される。ただし，IR が高いと評価されるのは，双方が必ずしも高い場合とは限らず，例えば，虚偽表示の発生可能性は低くても，影響の度合いが非常に大きいと想定される場合には，高く評価されることがあるので注意する（315A191 ～ 200 項）。

　次に，評価した RMM（ここでは IR）が特検リスクであるかどうか，また実証手続のみでは十分かつ適切な監査証拠を入手することができないリスクかどうかを判断しなければならない。

　そして監査人が内部統制の運用状況の有効性を評価する場合は，CR を評価し，これによりアサーション・レベルの RMM の評価は完結するが，内部統制に依拠せず運用状況の有効性を評価しない場合は，RMM と IR は同じ評価となる（315 第 30 ～ 33 項）。

　なお，有価証券報告書における1億円以上の個別の役員報酬の開示のように，これらに関する情報の省略や，誤った表示，又は不明瞭な記載により，当該財務諸表の利用者の経済的意思決定に影響を与えると合理的に見込まれる場合がある。これらにつき，監査人が RMM を識別していなければ，重要な（significant）取引種類，勘定残高又は注記事項とはならないが，財務諸表利用者の経済的意思決定に与える影響の重要性（つまり量的又は質的に重要性の高いもの）に鑑み，**関連するアサーションを識別していないが重要性のある（material）取引種類，勘定残高又は注記事項**とし，これにつき関連するアサーションに関する監査人の評価が，引き続き適切であるかどうかの評価が求められる（315 第 35 項・A218・219 項）。重要な取引種類，勘定残高又は注記事項はリスクの視点から，また重要性のある取引種類，勘定残高又は注記事項は財務諸表利用者の視点から定義

され, 後者は前者を包含するより広い概念 (つまり前者は後者の真部分集合) である。これにより, 関連するアサーションに関する監査人の当初の判断に見落としや漏れがなかったかが再確認される。

（4）特別な検討を必要とするリスク

　監査人は, 特検リスクの決定に際し, まず IR が高いと評価した RMM を特定し, どのリスクが最も高い領域に存在し特検リスクとなるかを, 内部統制を考慮せずに, ①潜在的な虚偽表示が及ぼす影響の度合い (そのリスクにより複数の虚偽表示につながる可能性等), ②リスクの発生可能性の程度, さらに③リスクの性質, を検討したうえで, 職業的専門家としての判断により決定する。特検リスクは, 多くの場合, 金額又は性質から通例でなく, それ故その発生が稀な重要な非定型的取引や, 重要な測定の不確実性が存在する又は複雑なモデルの会計上の見積りを含む, 判断に依存している事項に係るものであり, また重要な虚偽表示の原因となり得る事業上のリスクから発生することが多い。IR が高く, 特検リスクであると判断することがある RMM は, ①会計処理に対する経営者の強い干渉, ②勘定残高を記録するためのデータ収集と処理の複雑性 (多数の手作業の介在等), ③複雑な計算を伴う勘定残高や定量的な注記事項, ④異なる解釈をもたらす可能性がある会計基準, ⑤会計処理の変更を伴う企業の事業の変化 (例えば, 企業結合), 等の事項から生じることがある。

　一方, IR の評価の際, 固有リスク要因が及ぼす影響も考慮し, 当該影響が低いほど, IR は低く評価されることが多いが, これより機械的に処理される定型的で単純な取引は, IR が相対的に低く, 通常は特検リスクとはならないことが多い (315A135 項, 29 号 104 ～ 108 項)。

　リスクが最も高い領域に近いかどうかは, リスクを評価した企業の事業内容と状況によって決まるため, 企業によって異なり, また毎期必ずしも同じではない。例えば小売業者であるスーパーマーケットの現金は, 流用リスクにより, 起こり得る虚偽表示の発生可能性が高いと通常判断されるが, その影響の度合いは, 店舗で扱われる現金の量が少ないため一般的に極めて低い。よって発生可能性と影響の度合いの組合せを考慮すると, 現金の実在性が特検リスクとなる可能性は低くなる (315A204・205 項)。

　監査人が，特検リスクを決定する理由は，**IR が最も高い領域に存在すると評価したリスクにより重点を置くことが可能となる**ためであり，特検リスクに対し，図表 3 − 23 に掲げる事項を含む特定の対応（内部統制の運用評価手続と実証手続については 11.（2）①及び②（ロ）を参照）が求められる（315A203 項）。

図表 3 − 23　特検リスクに対する特定の対応

---

①　特検リスクに対応する内部統制を識別し，当該内部統制が効果的にデザインされ，業務に適用されているかどうかを評価（315 第 25 項（1）①及び（4））

　これより特検リスクかどうかの判断に際しては内部統制を考慮しないが，特検リスクと判断したリスクについては，内部統制を考慮することになる。例えば重要な非定型的取引又は判断に依存している事項に関連するリスクに対し，定型的な内部統制では対応できない場合が多いため，経営者が別の対応を行っている場合がある。

　こうした特検リスクに対応するための内部統制について，企業がデザインし業務に適用しているかどうかにつき，監査人が理解するには，**経営者が当該リスクにどのように対処したか，並びに上級経営者や専門家による仮定の検討，会計上の見積りに関する文書化された手順などの正規の手続，又は取締役会による承認といった統制活動がかかるリスクに対して実行されているかどうかを理解する**ことになる。例えば，重要な訴訟の通知の受領等の非定型的事象への企業の対処には，法務部や顧問弁護士等の適切な専門家の意見の聴取，潜在的な影響の評価，どのように財務諸表上で開示すべきかの検討が含まれる，としている（315A146 項）。

②　監査人が識別した特検リスクについて監査役等とのコミュニケーションを実施（260 第 13 項）。

③　監査上の主要な検討事項（第 5 章 2.（8）参照）となる可能性のある，監査人が特に注意を払った事項を決定する際には，特検リスクを考慮（701 第 8 項）。

④　監査責任者は，監査の実施中の適切な段階で適時に監査調書を査閲する。これにより，監査報告書日前に，特検リスクを含む重要な事項を監査責任者が納得できるように適時に解決することが可能となる（220 第 16 項・A15 項）。

⑤　グループ財務諸表における RMM が高いと評価された領域又は特検リスクについて，実施するリスク対応手続を構成単位の監査人が決定している場合，グループ監査人（グループ監査責任者及び監査チームのメンバー（構成単位の監査人を除く。）をいう）がそのリスク対応手続の立案及び実施の適切性を評価する（600 第 42 項参照）。

（5）実証手続のみでは十分かつ適切な監査証拠を入手できないリスク

　一部のリスクについて，実証手続のみでは，十分かつ適切な監査証拠を入手することができない又は実務的でないと判断し，内部統制への依拠を検討する場合があり，例えば，図表3−24の事例が挙げられる（監基報29第112項）。

図表3−24　重要な虚偽表示リスクの評価の過程で内部統制のデザインの評価とその業務への適用を必ず検討しなければならないケース

・発注条件や支払条件等を事前にシステムに組み込んで発注・配送指示・支払等を自動化している企業（情報システムを通して作成されたもの以外には，発注又は物品受領書類が作成又は保存されることはない）。
・インターネット接続サービス業者や通信会社を介して顧客へのサービス提供記録・請求処理・会計記録への記帳等を自動化している企業。

　定型的な日々の取引においては，多くの場合，ほとんど又は全く手作業を介在させない高度な自動化処理が可能となっており，例えばITアプリケーションを高度に統合した**情報システム**において**膨大な情報が電子的な方法によってのみ開始・記録・処理・報告される状況**がそれに該当する。この場合，利用可能な監査証拠は電子媒体のみでしか存在しないことがあり，その十分性と適切性は，一般に正確性と網羅性に対する内部統制の有効性に依存している。内部統制が有効に運用されていない場合，情報の不適切な開始又は変換が発生しても発見されない可能性が増大することがある。通常これらは，企業の販売・購買及び現預金の回収や支払等に関係するものであり，監査人は財務報告目的の情報システムを理解することにより，定型的な取引又は勘定残高の記録や信頼できる財務諸表の作成に直接的に関係するRMMを識別することが可能になる（315第29項，A143〜145項）。

11．評価した重要な虚偽表示リスクへの対応

　内部統制を含む企業及び企業環境を理解し，RMMの識別と暫定的評価を行った後，評価したRMMへの対応を行う。それは①財務諸表全体レベルの

RMM に応じた**全般的な対応**と，②　アサーション・レベルの RMM に応じた**リスク対応手続**からなる。

（1）全般的な対応

　監査人は，広く財務諸表全体に関係し特定の財務諸表項目に関連付けられない RMM（＝財務諸表全体レベル）があると判断した場合，そのリスクの程度に応じて全般的な対応を監査計画に反映させる。全般的な対応として，①監査証拠の入手と評価において監査チームメンバーが職業的懐疑心を保持，②豊富な経験を有する又は特定分野における専門的な知識・技能を持つ監査チームメンバーの配置，専門家の利用，③監査チームメンバーに対する指示，監督及び監査調書の査閲の内容，時期及び範囲の変更，④実施するリスク対応手続の選択に当たっての企業が想定しない要素の組込み，⑤ 300 が要求する監査の基本的な方針又は計画された監査手続の変更（これには，320 に従い決定した手続実施上の重要性や，内部統制の運用状況の有効性を評価する監査人の計画（特に，統制環境又は企業の監視活動における不備が識別された場合には，内部統制の運用状況の有効性に依拠するためにはより広範な監査証拠が必要となる），また実証手続の種類，時期及び範囲に関する変更（例えば，RMM が高いと評価した場合には，期末日又は期末日近くで実証手続を行うことが適切である場合がある。）を含む場合がある。）及び，⑥適切な監査時間の確保と補助者の増員，が挙げられる（330 第 4 項，A1 項）。

　なお監査人の統制環境の理解は，財務諸表全体レベルの RMM の評価と，それに関する監査人の全般的な対応に影響を及ぼす。統制環境が有効である場合には，監査人の内部統制への依拠の程度及び企業の内部で作成された情報の監査証拠としての証明力が高くなるため，例えば，監査手続を実施する基準日を期末日ではなく期末日前にすることができる（330A2 項）。

　しかし，統制環境に不備があり脆弱な場合は，①期末日前よりも期末日を基準日としてより多くの監査手続を実施，②実証手続によってより多くの監査証拠を入手，③より強い説得力のある監査証拠を入手するため監査手続を変更，④監査対象とする事業所等の範囲を拡大，といった対応が求められる。リスク対応手続において，監査アプローチの選択に当たり，実証手続を中心とするか，実証手続と運用評価手続を組み合わせるかの判断にあたって，統制環境が脆弱

かどうか（図表3－9を参照）を十分に考慮する（330A3項）。

（2）リスク対応手続

　監査人は，評価したアサーション・レベルの RMM に応じて，AR を許容可能な低い水準に抑えるために，リスク対応手続の種類，時期及び範囲を立案し実施する。監査人は，リスク対応手続の立案に当たって，図表3－25の事項を実施しなければならない（330第5・6項）。

図表3－25　リスク対応手続の立案に当たり実施すべきこと

（1）重要な取引種類，勘定残高又は注記事項について，評価したアサーション・レベルの RMM の根拠を，以下の事項を含めて考慮すること
①　重要な取引種類，勘定残高又は注記事項に係る特性に起因する虚偽表示の発生可能性及び影響の度合い（IR）。
②　RMM に対応する内部統制を勘案しているか（CR）。すなわち，実証手続の種類，時期及び範囲の決定において，内部統制の運用評価手続の実施を計画しているか。この場合には，内部統制の運用状況が有効であるかどうかを判断するための監査証拠を入手することが必要である。
（2）評価した RMM の程度が高いほど，**より確かな心証が得られる監査証拠を入手**する。例えば**監査証拠の量を増やす**ことや，**第三者からの証拠の入手に重点を置き，又は異なる複数の情報源から補強する証拠を入手する等，より適合性が高くより証明力の強い監査証拠を入手**することがある（330A18項）。

　識別したアサーション・レベルの RMM の評価は，監査人がリスク対応手続の立案及び実施に関する**適切な監査アプローチ**を考慮する際の基礎を提供し，①運用評価手続を実施するだけで，評価した RMM に対応することが可能である，②実証手続のみを実施することが適切と判断し，RMM の評価の過程で内部統制の影響を考慮しない，また③運用評価手続と実証手続を組み合わせる監査アプローチが有効である，のいずれが適切かを決定する。上記②は，監査人が実証手続のみでは十分かつ適切な監査証拠を入手できないリスクを識別していないため，内部統制の運用評価手続を必要としない場合が含まれ，監査人は，内部統制の運用評価手続の実施を計画せずに，実施する監査手続の種類，

時期及び範囲を決定する。ただし，監査人は，実証手続のみを実施することがRMMを合理的な低い水準に抑えるために効果的であるとするには，十分な検討が必要であり，安易に実証手続のみを実施するアプローチをとらないように留意する必要がある（330A4項，30号第8項）。

　監査人は，RMMの評価が許容可能な低い水準を下回っている場合には，リスク対応手続を立案し実施する必要はない。しかし**関連するアサーション（つまりRMM）を識別していないが重要性のある取引種類，勘定残高又は注記事項に対する実証手続を立案し実施**しなければならない。ただしこの場合全てのアサーションについて実証手続が要求されるわけではなく，実施すべき実証手続の立案において，**仮に虚偽表示が発生した場合に当該虚偽表示が重要である合理的な可能性があると判断したアサーションに対して**実施すべき手続の適切な種類，時期及び範囲を決定する。また選択した監査アプローチ及び評価したRMMの程度にかかわらず，監査人は，**重要な取引種類，勘定残高又は注記事項**についても，**実証手続を立案し実施する**ことに注意する。これは，監査人のリスク評価には判断を伴い，RMMの全てを正確に識別できるとは限らず，また，内部統制には経営者による内部統制の無効化を含む固有の限界があることといった事実を反映するもので**リスク・アプローチの限界を補う手続**である（330第17項・A41-41-2項，監査基準委員会研究報告第1号（以下「監基研1号」）第212項）。仮に運用評価手続のみで十分な心証が得られたとしても，内部統制には限界があり，必ずしも重要な虚偽表示が皆無であることを保証するものではないため，**最低限の実証手続（例えば，分析的実証手続）は欠かせない**（監保実第19号V5.（1））。

　監査手続の種類は，その目的（すなわち運用評価手続又は実証手続）と手法（すなわち，閲覧，観察，質問，確認，再計算，再実施又は分析的手続）に関係し，評価したリスクへの対応という点では，監査手続の種類が最も重要とされる（330A5項）。**評価したリスクが高い場合は，記録や文書の閲覧に加え，契約条件の網羅性を相手方に確認する**等，実施する監査手続の手法とこれらの組合せの双方に影響することがある（330A9項）。

　また**監査手続の実施の時期**は，**いつ監査手続を実施するか，又は監査証拠を入手する期間若しくは時点**に関係する（330A6項）。そして監査人は，監査手続

の実施の時期においては，①統制環境，②必要な情報が入手可能な時期（例えば，電子ファイルが後で上書処理される場合や観察対象の手続がある時点においてのみ実施される場合），③虚偽表示リスクの内容（例えば，売上契約を事後的に偽造して予算達成のため収益を過大計上する可能性がある場合，監査人は期末日時点で利用可能な契約書の検討を望むことがある。），④監査証拠が関連する期間又は時点，⑤財務諸表，特に貸借対照表，損益計算書，包括利益計算書，株主資本等変動計算書又はキャッシュ・フロー計算書に計上された金額についての詳細な説明を提供する注記事項の作成時期，等の要因を考慮し，期末日前か期末日を基準として，運用評価手続又は実証手続を実施する（330A6・11・14項）。監査人は，期末日前を基準日として監査手続を実施することで，重要な検討事項を監査の初期の段階で認識し，経営者とともに検討事項を解決すること，又は検討事項に対する有効な監査アプローチを採用することが可能となることがあるが，例えば，期末日において，企業が不適切な販売契約を締結するリスクや，期末日までに完結しない取引に関するリスクに対応して実施する監査手続等は，期末日以後のみに実施が可能となる。

　また**監査手続の範囲**は，例えば，サンプル数や内部統制の観察回数等，監査手続を実施する量に関係し，監査人の判断が必要な監査手続の範囲は，重要性，評価したリスク，及び監査人が得ようとする保証水準を考慮した後に決定される（330A7・15項）。RMMの程度が高いほど，実証手続を期末日により近い時期又は期末日を基準日として実施，又は事前の通知なしに若しくは容易に予測できない時期に監査手続を実施する（例えば予告せずに事業所を往査し監査手続を実施等）ことを検討し，また監査手続の範囲を拡大する（330A11・15項）。

① **運用評価手続の立案と実施**

　監査人は，図表3－26のいずれかの場合には，内部統制の運用状況の有効性に関して，十分かつ適切な監査証拠を入手する**運用評価手続**を立案し実施しなければならない（330第7項）。

図表3－26 運用評価手続を立案し実施すべきケース

（1） アサーション・レベルの RMM を評価した際に，内部統制が有効に運用され
ていると想定する場合（すなわち，実証手続の種類，時期及び範囲の決定において，内
部統制の運用評価手続の実施を計画している場合）。
（2） 実証手続のみでは，アサーション・レベルで十分かつ適切な監査証拠を入手
できない場合（図表3－24参照　企業が IT を利用して業務を行っており，取引に関連
する文書が IT システム外では，作成，保存されていない場合（330A23項）や，損益計算
書の売上高，販管費等の勘定科目等，膨大な件数の項目により構成されており，また貸借対
照表においても，少額かつ多数の項目により構成され，しかも勘定残高が多額である場合，
合理的な監査時間の範囲内では，実証手続のみでは十分かつ適切な監査証拠を入手できな
い（監保実第19号4.（3）））。

　運用評価手続は，あくまでリスク評価手続において関連するアサーションの
重要な虚偽表示を防止又は発見・是正するために適切にデザインされていると
監査人が判断する（つまり，整備状況が良好と判断される）内部統制に対してのみ，
計画されることに留意する（330A19項）。
　運用評価手続の目的は，内部統制が**有効に運用**されていること，つまりリス
ク評価手続により**ある一時点で暫定的に評価した内部統制**が，**監査対象期間を
通じて想定どおりに継続的に有効に運用されているか**について十分かつ適切な
監査証拠を入手することにある。質問とその他の監査手続を組み合わせた運用
評価手続の実施により，監査対象期間において内部統制が**どのように運用**され
ているのか，その**運用は一貫**しているか，**誰が又はどのような方法で運用**して
いるかに関する監査証拠を入手できる（330第9項，29号25項）。
　その意味で運用評価手続は，内部統制のデザインと業務への適用を理解し評
価する**リスク評価手続とは異なる**が，**同一種類の監査手続が利用される**。した
がって監査人はリスク評価手続と同時に，**内部統制の運用評価手続を実施する
ことが効率的と判断**することもあり，運用評価手続として特に立案されていな
いリスク評価手続が，内部統制の運用状況の有効性に関する監査証拠を提供し，
結果として運用評価手続となる場合がある。このようなリスク評価手続には，
①経営者等に対する予算管理についての質問，②経営者が月次で実施する経費
の予算実績分析についての観察，③予算と実績の差異に関する調査報告書の閲

覧，を含む。これらの手続により，企業の予算管理方針及びそれが業務に適用されているかどうかについての情報とともに，経費の分類に関する重要な虚偽表示の防止又は発見に係る予算管理の運用状況の有効性に関する監査証拠も入手できる（330A21 項）。

　また，監査人は**同一の取引に対し，詳細テストと同時に実施する運用評価手続を立案**する場合もある。詳細テストの目的は，アサーション・レベルの重要な虚偽表示を看過しないことであり，**両者の目的は異なるが，同一取引に対する詳細テストと運用評価手続の実施を通じて同時に達成される**ことがあり，これは**二重目的テスト**と呼ばれる（330A21・22 項）。例えば監査人は請求書の検討において，承認の有無を検討することにより，内部統制の運用状況に関する証拠を入手できるとともに，請求書の金額を確かめることで，費用計上に関する実証手続による監査証拠を同時に入手することができ，両方の目的を達成できるよう，このようなテストの立案と評価について慎重に検討する必要がある。監査人は，運用評価手続の立案と実施に当たって，有効に運用されている内部統制への依拠の程度が高いほど，より確かな心証が得られる監査証拠を入手しなければならない（330 第8項）。

　なお，監査人は，過年度の監査で入手した内部統制の運用状況の有効性に関する監査証拠を利用する場合，当該内部統制の重要な変更が過年度の監査終了後に発生しているかどうかについての監査証拠を入手し，過年度の監査から引き継ぐ監査証拠の適合性と信頼性を確認しなければならず，その適合性に影響する変更があった場合には，当年度の監査で内部統制の運用評価手続を実施しなければならない。またこのような変更がない場合でも，**少なくとも3年に1回は内部統制の運用評価手続を実施**し，その際，**毎期必ず内部統制の一部について実施**し，依拠する全ての内部統制の運用評価手続をある年度で実施し，その後2年間インターバルを置くことはできない（330 第13項）。一般的に，運用評価手続のインターバルは RMM の程度が高いほど，又は内部統制に対する依拠の程度が高いほど，短くなる可能性が高い。そして当該インターバルを短くする要因，又は過年度の監査において入手した監査証拠に全く依拠できなくなる要因としては，①統制環境の不備，②内部統制システムを監視する企業のプロセスにおける不備，③内部統制の重要な部分の手作業による実施，④内部

統制の運用状況に重要な影響を及ぼす人事異動，⑤内部統制の変更の必要性を示す環境の変化，及び⑥IT 全般統制の不備，が挙げられる。なお**特検リスクに対する内部統制に依拠しようとする場合には，当年度の監査において必ずこれに関連する内部統制の運用評価手続を実施する**（つまり過年度の監査で入手した内部統制の運用状況の有効性に関する監査証拠を利用してはならず，これが図表３－23の特検リスクへの特定の対応となる（330 第14・20 項）。）。

　また監査人は，依拠しようとする内部統制の運用状況の有効性の評価において，実証手続によって発見された虚偽表示が，内部統制が有効に運用されていないことを示唆しているかどうかを評価しなければならない。**実証手続によって虚偽表示が発見されていないことのみでは，検討対象としたアサーションに係る内部統制が有効であることに関する監査証拠とはならないことに留意する**（330 第15項）。これは，運用評価手続の目的が，内部統制が有効に運用されているかどうかを評価すること，つまり内部統制の運用状況の検証にあるのに対し，実証手続の目的は，アサーション・レベルの重要な虚偽表示を看過しないこと，つまり勘定科目の数値の検証にあるためである（監保実第 19 号 V4.）。

②　実証手続の種類と範囲及び実施時期

　監査人は，AR を許容可能な低い水準に抑えるために，評価したリスクに応じ，①**分析的実証手続の実施だけで十分である**（例えば，監査人のリスク評価が，運用評価手続によって入手した監査証拠によって裏付けられている場合），②**詳細テストのみの実施**が適切である，③**分析的実証手続と詳細テストの組み合わせが評価**したリスクに最も適している，のいずれに該当するかを判断する（330A42 項）。**分析的実証手続は取引量が多く予測可能な取引種類により適しており，詳細テストは実在性や評価の妥当性といった監査証拠の入手により適している。**上記①から③のいずれによるかは，利用可能な監査手続の有効性と効率性についての監査人の判断に基づいて決定される（520A4 項）。なお RMM の程度が高いほど，実証手続の範囲は拡大し，また RMM の評価では内部統制が考慮されているため，運用評価手続の結果が当初の想定どおりでない場合は，実証手続の範囲を拡大する。

　詳細テストの立案に当たっては，**リスク評価とアサーションの種類を考慮**する必要があり，例えば，**実在性又は発生というアサーションに関係する詳細テ**

ストには，財務諸表計上項目からのサンプル抽出及び関連する監査証拠の入手を行い，網羅性というアサーションに関係する詳細テストには，関連する財務諸表に計上されるべき項目（例えば，証憑書類等の監査証拠）からのサンプルを抽出し，これらが財務諸表に含まれているかどうかを確かめる。例えば，負債項目である買掛金については，過大計上よりも過小計上の誘因が強く，一般的に実在性よりは網羅性のアサーションにおいて虚偽表示リスクが高く，監査人は，期末日後の出金に関する記録を閲覧し，買掛金の支払状況を確かめ計上漏れがないかどうかを判断する（330A44 項，30 号 53 項）。

なお監査人は，期末日前を基準日として実証手続を実施する場合，その結果を期末日まで更新して利用するための合理的な根拠とするため，残余期間について，①運用評価手続と組み合わせて，実証手続を実施，又は②監査人が十分と判断する場合，実証手続のみを実施，のいずれかを実施しなければならない。残余期間についての実証手続として，異常と思われる金額を識別し，当該異常な金額について調査し，さらに分析的実証手続又は詳細テストを実施するために，期末日現在の残高と期中における対応する残高を比較，調整する（330 第 21 項・A54 項）。

（イ）分析的実証手続

実証手続として，単独で又は詳細テストとの組合せにより，**分析的実証手続**を立案し実施する場合に，監査人は以下を行わなければならない（520 第 4 項）。

図表 3 - 27　分析的実証手続の立案と実施プロセス

1 ）アサーションとの適合性

　特定のアサーションに対して評価した RMM と対応する詳細テスト（該当する場合）を考慮に入れ，これらのアサーションに対して特定の分析的実証手続が適切かどうかを判断する。詳細テストが同じアサーションに対して実施される場合，特定の分析的実証手続が適切であることがある。例えば，売掛金の評価についての監査証拠を入手する場合，回収可能性を判断するため，貸借対照表日後の売掛金の回収に関する詳細テストと組み合わせ，取引先ごとの残高や回転日数の前期比較等の分析的手続を実施することがある（520A10 項）。

2 ）計上された金額又は比率に対する監査人の推定に使用するデータの信頼性を評価すること

　データの信頼性を判断する場合に，**利用可能な情報の，①情報源**（外部の独立した情報源かどうか），**②比較可能性**（市場に関する一般的なデータは，特定領域の製品を生産して販売する企業のデータと比較できるようにするためには，調整が必要等），**③性質と目的適合性**（予算が達成目標ではなく，予想される結果として策定されているか）並びに**④網羅性，正確性及び正当性を確保するように整備された情報の作成に係る内部統制**（例えば，予算の編成，実績との比較検討及び見直しについての内部統制），を検討する。また監査人は分析的手続の実施に当たって利用する情報の作成に関する内部統制があれば，当該内部統制の運用評価手続を検討することがある（520A11〜12項）。

3）推定値の精度

　計上された金額又は比率に関する推定を行い，当該推定が，個別に又は集計して重要な虚偽表示となる可能性のある虚偽表示を識別するために**十分な精度であるか**どうかを評価すること。この評価には，①分析的実証手続において推定する結果に関する**予測の正確性**（例えば，研究開発費や広告宣伝費のような経営者の裁量が効く費用の比較よりも売上総利益率の期間比較においてより高い一貫性を維持できる），**②情報を細分化できる程度**（財務諸表全体に適用するよりも個別の事業部門に関する財務情報や多角的な企業の構成単位の財務諸表に適用する方が効果的），**③財務情報と非財務情報の両方の利用可能性**（予算や見込みなどの財務情報と，生産数量や販売数量などの非財務情報が利用可能であるかどうか）といった事項も含む（520A14項）。

4）推定値と財務諸表項目又は比率との許容可能な差異の金額の決定

　分析的手続により，**他の関連情報と矛盾する**，又は**推定値と大きく乖離する変動若しくは関係**が識別された場合，監査人は，①経営者への質問及び経営者の回答に関する適切な監査証拠の入手及び②状況に応じて必要な他の監査手続の実施，を行うことにより**当該矛盾又は乖離の理由を調査しなければならない**（520第6項）。経営者の回答に関連する監査証拠は，企業及び企業環境に関する監査人の理解を考慮に入れて，監査の過程で入手した他の監査証拠とともに，当該回答を評価することにより入手されることがあり（520A19項），例えば，**経営者が説明できない場合**や経営者の回答に関連して入手した監査証拠と照らして**経営者の説明が不適切と考えられる場合**には，**他の監査手続を実施する必要性が生じる**ことがある（520A20項）。

　計上された金額と監査人の推定値との差異に対して，こうした**追加的な調査を行わなくても監査上許容できる差異の金額**を決定することが求められ，推定値との差異について，追加的な調査をせずに許容可能とするかどうかの監査人の判断は，個別に，又は他の虚偽表示と集計した場合に重要な虚偽表示となる可能性を考慮に入れて行われるが，重要性と手続から得ようとする保証水準によって影響を受ける。監基報330は，評価した重要な虚偽表示リスクの程度が高いほど，より確かな心証が得られる監査証拠を入手するよう監査人に要求しており，**評価したリスクが高くなるのに応じて，確かな心証が得られる証拠を入手するため，調査をせずに許容可能と考えられる差異は減少する**（520A15項）。

　なお監査計画の策定及び財務諸表の総括的吟味においては，**実証手続の段階と異なり必ず分析的手続を実施する**ものとされ，監査計画段階における RMM の評価のために実施する際は，財務諸表項目の前事業年度との比較，月次データを用いた趨勢分析，比率分析等を行うが（監基報 1 号 10 項），**実証手続としての場合には支払利息や減価償却費のオーバーオールテストなどの合理性テストが主なものとなり**，両者で実施される具体的な手続は一般的に異なるものと考えられる。分析的実証手続の立案に当たっては，RMM が高いほど，必要な心証の程度を高くする。

(ロ) 特別な検討を必要とするリスクに対する実証手続

　監査人は，評価したアサーション・レベルの RMM が特検リスクであると判断した場合，**そのリスクに個別に対応する実証手続を実施**しなければならず（330 第 20 項），特検リスクが識別されている場合にはそうでない場合よりも，**さらに実証手続から証明力が強くかつ適合性のより高い監査証拠を入手する必要が**ある。例えば，経営者に利益目標の達成のプレッシャーがかかっていると識別した場合には，売上契約の条件に反して収益を認識すること又は出荷前に納品書を発行することにより，売上を過大計上するリスクを特検リスクと判断することがある。このとき当該リスクに個別に対応する実証手続として，監査人には，例えば，売上債権残高だけでなく，日付，返品条件及び引渡条件を含めた販売契約の詳細を確認，また販売契約及び出荷条件の変更について，経理以外の部門に質問し，確認を補完することが求められる（330A52 項）。

　また監査人は，**特検リスクに対して実証手続のみを実施する場合，詳細テストを含めなければならない**（330 第 20 項）ため，特検リスクに対して内部統制に依拠せず実証手続のみ実施する場合には，分析的実証手続のみの実施は認められず，詳細テストのみ実施又は両者を組み合わせて実施しなければならない。これより特検リスクに対し，**内部統制に依拠し運用評価手続を実施するのであれば，実証手続に必ずしも詳細テストを含めなくてもよいもの**といえる。

(ハ) 財務諸表作成プロセスに関連する実証手続

　監査人は，財務諸表作成プロセスに関連する実証手続を実施しなければなら

ず，当該手続の種類及び範囲は，企業の財務報告プロセスの性質及び複雑性並びにこれに関連する RMM の程度により異なる。そして，以下の手続を含めるものとする（330 第19項，A51項）。

・注記事項を含む財務諸表に記載されている情報（総勘定元帳や補助元帳以外から入手した情報を含む。）とその基礎となる会計記録との一致又は調整内容を確かめること

・財務諸表作成プロセスにおける重要な仕訳及びその他の修正を確かめること

(3) リスク評価修正のプロセス

アサーション・レベルの RMM に関する監査人の評価は，入手した監査証拠に基づいており，監査実施中に図表3 - 28 のように，監査証拠を追加して入手することにより変更される。

RMM の評価は監査終了時まで確定するものではなく，リスク対応手続から，**当初の評価に基づく監査証拠とは矛盾する監査証拠を入手した場合には，暫定的に評価した当初の RMM の程度を変更し，当初の監査計画において策定した監査手続を修正して実施する**ことになる。これより，**監査計画の策定は，監査期間全体，すなわち，前年度の監査終了直後，又は前年度の監査の最終段階から始まり，当年度の監査の終了まで継続する連続的かつ反復的なプロセスである**(300A2項)とされる。なおこの場合のように，内部統制の運用評価手続の結果，当初の監査アプローチを変更し，追加の監査手続の実施が必要になった場合など，監査上の主要な検討事項（第5章2.(8) 参照）の決定理由に内部統制の記述が含まれることがある。

図表3 - 28　リスク評価修正のプロセス (315 第30項・A125 項)

・RMM の評価は，アサーション・レベルの重要な虚偽表示を防止，発見又は是正する内部統制が有効に運用されていることを想定して実施するため，当初の評価はあくまでも暫定的，よって DR（= AR/RMM）の評価も暫定的となる。
・運用評価手続の実施の結果，内部統制が監査対象期間において適時に有効に運用されていない監査証拠を入手すれば，RMM の評価を修正する。
・また実証手続を実施した結果，リスク評価時の想定よりも大きな金額又は多数の虚偽表示を発見した場合も，RMM の評価を修正しなければならず，上記の場合

> も含め当初の DR を変更する必要がある。
> ・よって DR の評価を受け決定されるリスク対応手続，その実施時期及び範囲を変更しなければならず，すでに実施されたとしても，もう一度実施する必要がある。

12. 監査の終了と監査結果の要約

（1）財務諸表の表示および注記事項の妥当性の評価

　監査人は，**財務諸表の全体的な表示が，適用される財務報告の枠組みに準拠**しているかどうかを評価する監査手続を実施しなければならない。この評価において，財務諸表が，①財務情報並びにその基礎となる取引，事象及び状況の分類及び記述，②財務諸表の表示，構成及び内容，を適切に反映して表示されているかどうかを検討しなければならない。

　財務諸表の表示，配置及び内容の適切性の評価には，例えば，**適用される財務報告の枠組みで要求される用語が使用**されているか，**十分詳細な情報が提供**されているか，**項目の集計及び細分化並びにその根拠の説明の検討**が含まれる（330 第 23 項，A58 項）。

（2）入手した監査証拠の十分性と適切性の評価

　監査人は監査の終了に当たり，例えば実証手続，その実施の時期及び範囲並びに企業のリスク評価のプロセスを含む内部統制の運用状況の有効性に関する監査証拠を見直すなどにより，**AR を合理的に低い水準に抑えることができたか，及び実施した監査手続の性質・実施時期・範囲を再検討する必要があるか**どうかを評価する（30 号第 68 項）。財務諸表監査は累積的かつ反復的なプロセスであり，当初立案した監査手続の実施により入手した監査証拠により，他の立案した監査手続の種類，時期及び範囲の変更を迫られる場合もある。また当初のリスク評価の基礎となった情報と著しく異なる情報に気付くこともある。例えば，実証手続によって虚偽表示を発見した場合，その程度によりリスク評価に係る判断を変更することもあれば，内部統制の重要な不備を示すこともある。また会計記録の矛盾，証拠の矛盾又は紛失に気付くこともあれば，財

務諸表の総括的吟味において実施する分析的手続によってそれまで認識していなかった RMM に気付く場合もある。これらの場合，監査人は，再評価した RMM 及び重要な取引種類，勘定残高又は注記事項と関連するアサーションへの影響に基づき，立案した監査手続の再検討が必要となることがある。よって監査の最終段階においては，実施した監査手続及び入手した監査証拠に基づいて，アサーション・レベルの RMM に関する評価が依然として適切であるかどうかを判断しなければならない（330第24項，A59項）。発見した不正又は誤謬は単発的なものと推定することはできないため，虚偽表示の発見が，評価した RMM に，どのように影響を及ぼすかの検討は，リスク評価が依然として適切であるかどうかの判断に際して重要である（330A60項）。

　さらに監査人は，十分かつ適切な監査証拠を入手したかどうかを結論付けなければならない。監査意見の形成に当たり，アサーションを裏付けるか否かにかかわらず，全ての関連する監査証拠を考慮する（330第25項）。なお，監査証拠の十分性と適切性に関する判断は，監査人の職業的専門家としての判断によるが，①アサーションにおける潜在的な虚偽表示の重要性，及び当該虚偽表示が個別に又は他の虚偽表示と合計したときに財務諸表に重要な影響を及ぼす可能性，②経営者のリスクへの対処及びリスクに対応する内部統制の有効性，③過年度の監査において発見した同様の虚偽表示，④実施した監査手続の結果（監査手続により不正又は誤謬の事実が識別されたかどうかを含む），⑤入手可能な情報の情報源および信頼性，⑥監査証拠により形成された心証の程度，⑦企業及び企業環境，適用される財務報告の枠組み並びに企業の内部統制システムの理解，といった要因によって影響を受ける（330A61項）。

　上記の結果，ある取引種類，勘定残高又は注記事項に係る関連するアサーションについて十分かつ適切な監査証拠を入手していないと判断した場合には，監査計画を修正し，監査証拠を追加して入手しなければならず，十分かつ適切な監査証拠を入手できない場合には，限定付適正意見を表明するか，または監査意見を表明してはならない（330第26項）。

（3）監査の最終段階における分析的手続

　監査人は，監査の最終段階において，**企業に関する監査人の理解と財務諸表**

が整合していることについて，**全般的な結論を形成し**，**財務諸表を総括的に吟味するために**，分析的手続を立案し実施しなければならない（520第5項）。総括的吟味には，**財務諸表の全般的な検討並びに監査計画又は監査実施過程において明らかにされていた異常な項目又は関係に対して入手した監査証拠の十分性かつ適切性**及びあらかじめ明らかにされていなかった**異常な項目又は関係の吟味**も含まれる。分析的手続の結果から得られた結論は，財務諸表の個別の構成単位又は構成要素について監査中に形成された結論を裏付けることが意図され，監査人が意見表明の基礎となる結論を導くのに役立つ。

　総括的な吟味の結果，これまで認識していなかったRMMを識別することがある。こうした状況下において315ではRMMの評価を修正し，計画したリスク対応手続も修正するよう監査人に要求しており，監査手続の追加が必要であると監査人が判断した場合は，監査手続を追加して実施するものとされる。これにより**財務諸表の主要な項目につき得られた結論に大きな齟齬がないか**，また**財務諸表の全体的な表示が合理的か**を確かめる。その結果は，意見表明に合理的な基礎を与えるに足る十分かつ適切な監査証拠を入手したかどうかについての検討に利用する。監査の最終段階での分析的手続は，リスク評価手続と同様である場合がある（520A16～18項）が，通常，①情報の比較（財務諸表又は特定の財務情報の重要な変化を明確にするため，当年度の財務諸表の最終ドラフトの重要項目について，例えば，過年度の財務諸表や財務情報，当年度の予算，類似業種の会社の情報等と比較）と②比較結果の分析（すべての重要な変化に対する説明が，監査対象会社の事業に対する理解，個々の勘定残高及び監査証拠に照らして矛盾していないことを確かめる。説明が不能な変化に対しては，経営者に対する個別の質問，特定の情報の入手等によりその理由を検証し，当該項目について監査人として納得できる十分な監査証拠を入手する必要がある）を実施する（研10号第6章 II.6.（3））。

（4）経営者確認書

　監査人は，適正な財務諸表を作成する責任は経営者にあること，財務諸表の作成に関する基本的な事項，経営者が採用した会計方針，経営者は監査の実施に必要な資料を全て提示したこと及び監査人が必要と判断した事項について，経営者から書面をもって確認しなければならない（監査基準第三　三　9）。この

ように**特定の事項を確認するため又は他の監査証拠を裏付けるため**，監査人が監査意見の表明に当たって経営者（財務諸表に対する最終的な責任を有し，確認事項についての知識を有する，企業の最高経営責任者や最高財務責任者又はこれらの役職名を使用しない企業の場合には企業内のその他の同等の者をいう）から入手する書面による陳述を，**経営者確認書**（580A2，A6 項）という。監査に関連して監査人が求める必要な情報であるため，質問に対する回答と同様，監査証拠とされる。ただし**記載されている事項に関する十分かつ適切な監査証拠とはならず**，また経営者から信頼性のある経営者確認書を入手したとしても，経営者が監査実施の基礎となる責任を果たしたこと又は特定のアサーションに関して監査人が入手する他の監査証拠の種類又は範囲には影響を及ぼさないため，当該アサーションに関する監査手続の範囲を縮小することはできない（580 第4項）。財務諸表監査制度は，財務諸表の作成者である経営者とその監査人が協力して真実かつ公正な財務諸表を利害関係者に提供することを本来の目的としている。したがって両者はもともと対立関係にあるのではなく，財務諸表に関する責任を分担しながら相互に協力し合う関係にある。かかる協力関係を示し，もって監査制度に対する社会的信頼性を一層高めていくために，経営者確認書の入手が不可欠とされる（平成3年改訂監査基準前文三2.（3））。

　監査人が経営者確認書への記載を要請した事項に経営者が変更を加えている場合，そのことが，要請した事項の確認が得られなかったことを必ずしも意味するわけではないが，変更の理由が監査報告の意見に影響を及ぼすことがある（580A23 項）。なお，経営者確認書に関する記載事項のうち，①一般に公正妥当と認められる企業会計の基準に準拠して財務諸表を作成し適正に表示する責任を果たした旨，②監査契約書の合意に従い，経営者が財務諸表の作成に関連すると認識している又は監査に関連して監査人が依頼した全ての情報及び情報を入手する機会を監査人に提供した旨，及び③全ての取引が記録され財務諸表に反映されている旨の3つの確認事項につき，経営者から確認が得られない場合や経営者の誠実性につき深刻な疑義があり信頼性がないと判断した場合には，監査人は意見を表明してはならない（580 第9・10・19 項）。

　経営者確認書は，**監査報告書が対象とする全ての事業年度に対する全ての財務諸表を対象とするものでなければならない**（580 第13 項）。これは，過年度に

関して以前に作成された経営者確認書が依然として適切であるということを，経営者が再確認する必要があるためである。監査人と経営者は，過年度の経営者確認書の確認事項に変更があるかどうか及び変更がある場合，その変更内容に対応する確認を求めることになるため，過年度の経営者確認書の確認事項を更新するための方法について合意することがある（580A16 項）。

　監査報告書が対象とする事業年度以後に経営者が交代している場合，現在の経営者は，該当する事業年度には経営者の立場になかったことを理由に，経営者確認書の一部又は全部を確認する立場にないと主張することがある。しかしながら，財務諸表全体に対する経営者の責任は当該事実によって軽減されないため，このような場合にも現在の経営者に対して関連する全ての事業年度を対象とする経営者確認書を要請する（580A17 項）。

（5）監査調書

　監査人は，評価したリスクに対応する監査人の手続として図表 3 － 29 の事項を**監査調書**に記載する（330 第 27 項）。なお監査調書の作成目的は図表 3 － 30 のとおりである（230 第 3 項，16 号 2 ・ 4 項）。

図表 3 － 29　監査調書の記載事項

- 財務諸表全体レベルの RMM に応じた全般的な対応
- 実施したリスク対応手続，その実施の時期及び範囲，財務諸表項目レベルの評価したリスクと実施したリスク対応手続との関連性
- 監査手続の結果（当該結果の記載のみでは結論が明確でない場合は結論も含めて記載）
- 過年度の監査において入手した内部統制の運用状況の有効性に関する監査証拠を利用する場合には，過年度の監査において運用評価手続を実施した内部統制に依拠することについての根拠
- 注記事項を含む財務諸表に記載されている情報（総勘定元帳や補助元帳以外から入手した情報を含む。）とその基礎となる会計記録との一致又は調整内容を確かめた結果

> **図表 3 - 30　監査調書の作成目的**

---

①　監査計画を策定する際及び監査を実施する際の支援とすること（監査の計画的かつ円滑な遂行を図り，組織的にして効率的な監査の実施とその管理に役立てること）
②　監査責任者が，**監査補助者を指導監督する際の手段**として役立てること
③　**実施した作業の説明根拠**にすること（監査計画の立案から監査手続の実施を経て監査意見の表明に至るまでの一連の過程を明らかにし，監査意見の形成の根拠とすること）
④　監査人が一般に公正妥当と認められる監査の基準に準拠して，職業的専門家としての正当な注意をもって監査を実施したこと及び十分かつ適切な監査証拠に基づいて監査意見を形成したことを**立証するための資料**とする
⑤　**次期以降の監査の合理的な実施**を図るための資料とする
⑥　**監査業務に係る審査及び監査業務の定期的な検証**の実施を可能にすること
⑦　**法令等に基づき実施される外部による検査**の実施を可能にすること

　監査人は，**経験豊富な監査人**（＝監査実務の経験を有し，①監査のプロセス，②一般に公正妥当と認められる監査の基準及び適用される法令等，③企業の事業内容に関連する経営環境，及び④企業の属する産業における監査及び財務報告に関する事項，について相当程度理解している監査事務所内又は監査事務所外の者）が，以前に当該監査に関与していなくとも以下の事項を理解できるように，監査調書を作成しなければならない（230 第5・7項）。

（1）　一般に公正妥当と認められる監査の基準及び適用される法令等に準拠して実施した監査手続の種類，時期及び範囲
（2）　監査手続を実施した結果及び入手した監査証拠
（3）　監査の過程で生じた重要な事項とその結論及びその際になされた職業的専門家としての重要な判断（A8項からA11項参照）

　上記（1）の実施した監査手続の種類，時期及び範囲の文書化において，手続を実施した項目又は対象を識別するための特性，監査手続を実施した者及びその完了日，査閲をした者，査閲日及び査閲の対象を記録しなければならない。
　また紙媒体，電子媒体等に記録された特定の監査業務に関する監査調書を取りまとめたファイルを**監査ファイル**という（230 第5項）。監査ファイルの最終的な整理を完了する期限は，通常，監査報告書日から60日程度を超えないものとされるが，複数の監査報告書が発行された監査調書を1つの監査ファイル

に整理する場合には，発行される複数の監査報告書日のうち，いずれか遅い監査報告書日から60日程度を超えない期限内に監査ファイルの整理を完了することができるとされる（230A21項）。

　なお，監査報告書日後に行う監査ファイルの最終的な整理は，事務的な作業であり，新たな監査手続を実施したり，新たな結論を導き出すことを含まない。しかし，例えば監査人が監査報告書日前に入手し，監査チームメンバーと討議して合意した監査証拠を文書化する作業や，差し替えられた修正前の文書の削除や廃棄等の，事務的な作業の範囲である限り，最終的な整理段階で監査調書に変更を加えることもできる（230A22項）。

（6）監査の過程で集計した虚偽表示の影響

　監査人は，監査の過程で識別した虚偽表示について，**「明らかに僅少な」**も**の（＝明らかに僅少な虚偽表示）を除き**全て集計したうえで，適切な階層の経営者（＝通常，虚偽表示を評価し，必要な措置を講ずる責任と権限を有する者をいう。）に適時に報告し，これらの虚偽表示を修正するよう経営者に求めなければならない（450第4・7項，A10項）。監査人の要請により，経営者が，取引種類，勘定残高及び注記事項を調査して，発見された虚偽表示を修正した場合でも，監査人は，未発見の虚偽表示があるかどうか判断するため，追加的な監査手続の実施が求められる（450第6項）。

　虚偽表示には金額的なものと質的なものがある。つまり重要性があると判断される虚偽表示と比べて，①金額的にごく少額な水準の虚偽表示（＝「明らかに僅少」な虚偽表示の額）と，②内容が全く異なる虚偽表示（＝質的に明らかに僅少な虚偽表示）がある。そして，先の集計から除く場合の「明らかに僅少」とは，個別にも集計しても，金額，内容又は状況の**いずれにおいても**，明らかに些細なことをいう（450A2項）とされる。さらに，「明らかに僅少」な虚偽表示の額（注：先の①）として設定した額を超えない虚偽表示であっても，内容又は状況から判断すれば「明らかに僅少」ではない（注：つまり②ではない）と判断される場合には，当該虚偽表示は第4項に従い集計されることとなる（450A3項）。これより，①の中には②でない虚偽表示も含まれ，これは集計対象となることがわかる。

　ある虚偽表示につき，「明らかに僅少」であるかどうかについて何らかの疑

義がある場合は,「明らかに僅少」ではないと判断し,経営者に修正を求める
虚偽表示として集計する (450A 2 項)。

　なお内容又は状況を考慮して集計された質的な虚偽表示は,金額に関する虚
偽表示のように合算はできないが,個別に又は集計して (他の虚偽表示と合わせて)
虚偽表示が重要であるかどうかを判断しなければならない。

　なお注記事項に関する虚偽表示も,また,個別にも集計しても,又は金額,
内容若しくは状況を考慮しても「明らかに僅少」である場合がある。監査人は,
「明らかに僅少」ではない注記事項の虚偽表示については,当該虚偽表示に関
連する注記事項及び財務諸表全体に与える影響を評価するために集計する。な
お,図表 3 - 31 に掲げる場合は,**定性的な注記事項**に関する虚偽表示に重要
性があると判断される (450A16 項)。

図表 3 - 31　重要性があると判断される定性的な注記事項の虚偽表示

・減損損失の認識に至った事象又は状況について注記していない場合 (例えば,鉱業
　を営む企業において,金属又はコモディティに対する需要の長期的な著しい低下など。)
・財政状態計算書 (貸借対照表),損益計算書,包括利益計算書,持分変動計算書 (株
　主資本等変動計算書) 又はキャッシュ・フロー計算書における重要な項目に関する
　会計方針の記述が不正確な場合
・保険及び銀行業務を行う企業において,自己資本管理の目的,方針及び手続に関
　する記述が不正確又は不完全な場合
・国際的な取引活動を行う企業において,為替レートの変動に対する感応度に関す
　る記述が不十分な場合

　監査人は,財務諸表が全ての重要な点において一般に公正妥当と認められる
企業会計の基準に準拠して作成され表示されているかどうかを評価しなければ
ならないが,この評価において**経営者が虚偽表示を修正しない理由を把握し,
経営者の判断に偏向が存在する兆候等,企業の会計実務の質的側面を勘案**する
必要がある (450A12 項,700 第 10 項)。そして経営者が,監査人によって報告さ
れた虚偽表示の一部又は全てを修正することに同意しない場合,監査人は,経
営者が修正しない理由を把握した上で,全体としての財務諸表に重要な虚偽表
示がないかどうかを評価しなければならない (450 第 8 項)。企業の会計実務の

質的側面の検討において，監査の過程で経営者に報告した虚偽表示につき，**経営者の判断における中立性の欠如を示す兆候**（例えば増益効果のある虚偽表示だけ修正するなど，経営者が選択的に修正している）が見受けられる場合がある。当該中立性の欠如の累積的な影響を未修正の虚偽表示の影響に加味した場合，全体としての財務諸表に対して重要な虚偽表示を生じさせていると判断することがある（700A2項）。

なお監査の過程で識別した虚偽表示の検討において図表3 - 32の場合，当初策定した監査の基本的な方針及び詳細な監査計画の修正を考慮する必要がある。また監査人が監査の過程で集計対象とした虚偽表示のうち，修正されなかった虚偽表示は**未修正の虚偽表示**とされる。監査人は，未修正の虚偽表示が与える影響を評価しなければならないが，重要性の基準値の決定は通常，企業の業績の見込みに基づき期中において暫定的に行われることから，その前に，監査計画において策定した重要性の基準値が，実績値に照らして依然として適切であるかどうか判断しなければならない（450第9項）。

> **図表3 - 32　識別した虚偽表示の検討において当初の監査計画の見直しを考慮する場合**（450第5項）

（1）　識別した虚偽表示の内容とその発生の状況が他の虚偽表示が存在する可能性を示唆しており，それらを合算した際に，重要な虚偽表示となり得る他の虚偽表示が存在する可能性を示唆している場合

　例えば虚偽表示の原因が，内部統制が機能していないこと，又は企業が広範囲に適用している仮定や評価方法が不適切である場合等のように，単発的に発生したものとは考えられない虚偽表示につき，それ以外にも他の虚偽表示が存在する可能性を示している場合。

（2）　監査の過程で集計した虚偽表示の合計が，重要性の基準値の範囲内であっても，重要性の基準値に近づいている場合

　この場合，サンプリングリスクとノンサンプリングリスクを発生原因とする未発見の虚偽表示を考慮に入れると，監査の過程で集計した虚偽表示と合算すれば，重要性の基準値を上回るリスクを監査上許容可能な低い水準に抑えられないことがあるため。

　例えば監査の実施過程において，企業再編等の状況の変化や新たな情報，又はリスク対応手続の実施の結果更新された企業及び事業活動に関する理解に

よって，監査計画策定の際，重要性の基準値の決定において用いた，過年度の財務諸表又は当年予算に基づく財務諸表数値と当年度の実績値との間に大幅な乖離が生じる可能性が高まる場合がある。このとき未修正の虚偽表示を評価する前に，必要に応じ重要性の基準値（設定している場合には，後述する特定の取引種類，勘定残高及び注記事項に対する重要性の基準値も含む）を改訂するものとされる。重要性の基準値が当初設定した金額を下回る額に改訂された場合，監査意見の基礎となる十分かつ適切な監査証拠を入手するために，手続実施上の重要性と，リスク対応手続の種類，時期及び範囲の適切性を再検討する（450A10～12項）。

　また監査人は個別に又は集計して，未修正の虚偽表示が重要であるかどうかを，図表3－33に掲げる事項を考慮した上で判断しなければならない（450第10項）。また未修正の虚偽表示につき図表3－34の事項を監査役等に報告しなければならない（450第11・12項）。

> ### 図表3－33　未修正の虚偽表示の重要性の判断における検討事項

（1）　**全体としての財務諸表及び関連する取引種類，勘定残高又は注記事項に対する虚偽表示の大きさと内容，並びに虚偽表示が発生した特定の状況。その際以下の事項に留意する。**

1）**金額に関する個々の虚偽表示**が関連する取引種類，勘定残高又は注記事項に与える影響を検討。特定の取引種類，勘定残高又は注記事項に対する重要性の基準値を設定している場合，個々の虚偽表示の金額が当該重要性の基準値を上回っているかどうかを検討する（450A15項）。

2）**定性的な注記事項に関する個々の虚偽表示**が，関連する注記事項及び財務諸表全体に与える影響を検討。当該虚偽表示に重要性があるかどうかは，職業的専門家としての判断を伴う事項であり，適用される財務報告の枠組み及び企業の特定の状況を考慮して判断される。重要性があると判断される定性的な虚偽表示の例については図表3－31参照（450A16項）。

3）**未修正の虚偽表示が内容的に重要であるかどうかを決定**する場合，金額及び注記事項に関する未修正の虚偽表示を検討（450A17項）。そのような虚偽表示は，個別に，又は他の虚偽表示と合わせて重要であると判断される場合がある。例えば，注記事項において識別された虚偽表示について，監査人は以下の①と②の事項を考慮する，とされるが，これは言い換えれば，上記2）の重要性があると判断される場合以外の注記事項の虚偽表示について，重要かどうかを判断する際の判定

事項といえる。

① 識別された虚偽表示が単純であったとしても，**反復的又は広範囲に発生して
おり，リスク評価に影響する**ものであるかどうか。

② **識別された多くの虚偽表示が同一の事項に関連しており，総合的に判断する
と当該事項の財務諸表利用者の理解に影響を与える**かどうか。

監査人は，関連しない情報又は注記された事項の適切な理解を曖昧にする情報を
含めることにより，財務諸表の全体的な表示が損なわれていないかどうかを検討し
なければならず（700 第 11 項（4）），これにより財務諸表を評価する際に，集計した
虚偽表示の検討は，役立つ。

4）**個々の虚偽表示が重要であると判断した場合**，当該虚偽表示を他の虚偽表示と
通常相殺できない。例えば，売上の重要な過大計上による利益への影響が同額の
費用の過大計上によって相殺される場合でも，全体としての財務諸表において，
重要な虚偽表示が存在することになる。

　同じ勘定残高又は取引種類の虚偽表示を相殺することが適切な場合もある。ただ
し，重要性がない虚偽表示を相殺することが適切であると判断する場合でも，未発
見の虚偽表示が存在するリスクに留意する。また，同じ勘定残高又は取引種類にお
いて多数の重要性がない虚偽表示を識別した場合，監査人は，当該勘定残高又は
取引種類に対する RMM を再評価しなければならないことがある（450A18 項）。

5）**勘定科目等の分類に係る虚偽表示が重要であるかどうかの判断には，質的な事
項**（例えば，勘定科目等の分類に係る虚偽表示が，①借入契約等に係る財務制限条項（第 7
章図表 7 - 12 参照），②個々の勘定科目又は小計項目，③主要比率にそれぞれ与える影響の
評価，を含む）を評価する。

　勘定科目等の分類に係る虚偽表示が重要性の基準値（設定している場合，特定の取引
種類，勘定残高又は注記事項に対する重要性の基準値）を上回っていても，全体としての
財務諸表との関連では，重要ではないと判断する場合がある。例えば，貸借対照表
の表示科目の分類の誤りは，その金額が，関連する貸借対照表の表示科目の計上額
に比べて少額であり，かつ当該分類の誤りが，損益計算書又は主要比率に影響を与
えていない場合，全体としての財務諸表との関連では重要ではないと判断する場合
がある。

6）**虚偽表示が重要性の基準値を下回る場合**でも，当該虚偽表示が，個別に，又は
監査の過程で集計した他の虚偽表示と合わせて検討した結果，（質的に）重要であ
ると評価することがある（図表3 - 14 参照）。

7）**不正に起因する又はその可能性がある虚偽表示について，財務諸表に関連して
金額的重要性がない場合**でも，他の監査の局面との関係に留意して，当該虚偽表
示が示す意味を検討（240 第 34 項）。財務諸表の注記事項に関する虚偽表示も，例

えば，以下の場合，不正を示唆することがある。つまりこれらは，不正を示唆する可能性のある注記の虚偽表示といえる。

一　経営者の判断にバイアスがあることにより，誤解を招くような財務諸表の注記が行われている場合

一　財務諸表の記載の適切な理解を妨げることを目的に，重複する又は有益でない注記が幅広く行われている場合

取引種類，勘定残高及び注記事項における虚偽表示の検討を行う際，監査人は200第14項に従い，職業的懐疑心を発揮する。

(2)　過年度の重要性がない未修正の虚偽表示の累積的影響が，当年度の全体としての財務諸表及び関連する取引種類，勘定残高又は注記事項に与える影響

図表3－34　未修正の虚偽表示につき監査人が監査役等に報告する事項

・未修正の虚偽表示の内容とそれが個別に又は集計して監査意見に与える影響
・未修正の虚偽表示のうち重要な虚偽表示がある場合には，監査役等が経営者に重要な虚偽表示の修正を求めることができるように，その旨を明示して報告
・過年度の未修正の虚偽表示が関連する取引種類，勘定残高又は注記事項及び全体としての財務諸表に与える影響

13.　監査の品質管理

　監査に関する品質管理基準（以下「品管基準」という。）は，令和3年の改訂で，国際的な動向とあわせ，監査事務所自らが，実施する業務内容や監査事務所の状況を考慮した上で，品質管理システムの項目ごとに達成すべき品質目標を設定し，当該品質目標の達成を阻害しうるリスクを識別して評価を行い，評価したリスクに対処するための方針又は手続を定め，これを実施するという，リスク・アプローチに基づく品質管理システムを導入することとされた。

　品質管理システム（以下「システム」）は，監査事務所（公認会計士法に基づき登録された個人事務所又は監査法人。以下「事務所」）が実施する監査業務に関し，①事務所及び専門要員が，職業的専門家としての基準及び適用される法令等に従って自らの責任を果たし，当該基準及び法令等に従って監査業務を実施すること。

並びに②事務所又は監査責任者が状況に応じた適切な監査報告書を発行すること，に関する合理的な保証を提供する（つまりこれが事務所の目的となる）ため，整備及び運用するシステム（品質管理基準報告書第1号（以下「品1号」）第14・16項(24)）である。事務所は，監査業務の質を，主体的に管理し，合理的に確保するために，事務所が実施する業務の内容及び状況並びに事務所の性質及び状況を考慮した上で，職業的専門家としての判断に基づき，システムを適切に整備し，運用しなければならない（品管基準第二1）。

　事務所の目的が達成されないリスクがシステムにより許容可能な低いレベルにまで低減される場合，システムの目的達成についての合理的な保証が得られる。なおシステムには，意思決定における判断に誤りが生じ得ること，また例えば人的ミスや人の行動又は情報技術（IT）アプリケーションの不具合によって，システムに機能障害が発生する可能性がある等の固有の限界があるため，合理的な保証は絶対的な保証水準ではない（品1号 A5項）。

　事務所は，システムに関する責任につき，①**システムに関する最高責任**（当該責任は，事務所の最高責任者又は事務所の業務執行理事（若しくはそれに相当するもの）又は適切と判断される場合，事務所の理事会（若しくはそれに相当するもの）に割り当てる。），②**整備及び運用に関する責任**，③**特定の側面の運用に関する責任**（独立性に係る要求事項の遵守（A36項）と，モニタリング及び改善プロセスの運用に関する責任を含む。）の3つに分け，事務所内部で割り当てなければならない（品1号第20項）。ただし，上記①を事務所の最高責任者以外に割り当てた場合でも，**同者がシステムに関する説明責任を含む最終的な責任を負う**（同第20 - 2JP項）他，上記の責任の割当にかかわらず，**事務所がシステムについて最終的な責任を負う**（A33項）。また②と③の責任を割り当てられた者が，システムの最高責任者に対して直接報告することを可能とする伝達経路が存在するかどうかを判断しなければならない（同第22項）。

　システムは，①監査事務所のリスク評価プロセス，②ガバナンス及びリーダーシップ，③職業倫理及び独立性，④監査契約の新規の締結及び更新，⑤業務の実施，⑥資源（**人的資源，テクノロジー資源，知的資源**をいい，事務所のシステムの運用及び業務の実施を可能にするために，3つの資源の適切な資源の取得，開発，利用，維持，配分及び割り当てに適時に対処する品質目標の設定が求められ，サービス・プロバイ

ダーから提供される資源も対象とする。人的資源には，専門要員の雇用・育成や監査チーム
メンバーへの適切な業務の割当が関係し，IT アプリケーションに代表されるテクノロジー資
源は，監査事務所の IT 環境の一部を構成し，監査事務所の IT 環境には，それを支える IT
インフラ並びに IT プロセス及び当該プロセスに関与する人的資源も含まれる。また知的資
源には，システムの運用を可能にし，また一貫した業務の実施を促進するために，事務所が
利用する情報が含まれ，例えば文書化された方針又は手続，手法，業界や特有の事象に関す
る指針，会計に関する指針，調書のひな型又は情報源へのアクセス（例えば，企業に関する
詳細な情報を提供するウェブサイトの購読又は業務の実施において一般的に利用されるその
他の情報）がある。），⑦情報と伝達，⑧モニタリング及び改善プロセス，⑨監査
事務所間の引継，の９個の構成要素から成る。各構成要素は例えば，①はシス
テム全体にわたってリスク・アプローチを適用する際に，事務所が従うべきプ
ロセスを規定し，②はシステムの整備及び運用を支える環境の確立，また⑥と
⑦はシステムの整備及び運用を可能にする，そして⑧はシステム全体のモニタ
リングを行うためにデザインされたプロセスであり，その結果は，①に関連す
る情報を提供し，システムの評価を可能とするだけでなく，業務の品質及びシ
ステムの積極的かつ継続的な改善を促進し，システム内での PDCA サイクル
の実現を可能にするなど，相互に関連する（品1号 A4 項）。

　そして，上記のうち①と⑧を除く７つの構成要素に関連して，事務所が達成
すべき望ましい成果である**品質目標**を設定し，必要があれば追加の品質目標を
設定する。次にその達成を阻害しうる**品質リスク**（発生可能性及び個別に又は他の
品質リスクと組み合わせて，一つ又は複数の品質目標の達成を阻害する可能性の双方が合理
的に存在するリスク）への対応をデザイン及び適用する基礎とするために，品質
リスクを識別し評価する。またこの対応において品質リスクに対処するための
方針（品質リスクに対処するために，すべきこと又はすべきでないことを示すもので，文書
化あるいは伝達の中で明示的に述べたり，意思決定を通じて黙示的に示されることもある。）
又は手続（方針を実行するための行為）を定め，これを実施する（品1号第23項）。

　品質目標については，事務所の性質及び状況並びに事務所が実施する業務の
内容及び状況の変化を踏まえ，品質目標の追加，品質リスクや対応の追加又は
修正の必要性を示唆する情報を識別するための方針又は手続を定め，これらの
情報が識別された場合，当該情報を考慮した上で，（1）追加の品質目標を設定，

又は既に設定した追加の品質目標を修正,（２）追加の品質リスクを識別・評価し,品質リスクの修正又は再評価を実施,（３）追加の対応のデザインと適用,又は対応の修正,を実施する（同第27項）。これよりシステムは,継続的かつ反復的に運用され,事務所の性質及び状況並びに事務所が実施する業務の内容及び状況の変化に対応して運用されるべきものであり,一方向で直線的に運用されるものではない（同第6項）ことに留意する。

　また品質リスクの識別と評価においては,①品質目標の達成を阻害し得る状況,事象,環境又は行動について理解し,②それらの有無が,品質目標の達成について,どのように,またどの程度,阻害し得るか,を考慮する（同第25項）。上記①においては,事務所の性質及び状況（事務所の複雑さと運営上の特徴・事務所の戦略及び業務上の意思決定並びに行動・ビジネスプロセス及びビジネスモデル・リーダーシップの特徴及び経営スタイル・サービスプロバイダーから提供される資源を含む,事務所の資源・ネットワークに属する事務所の場合,ネットワークの要求事項及びネットワーク・サービス（該当する場合）の内容及び範囲等）や,事務所が実施する業務の内容及び状況（業務の種類や発行する報告書,業務対象となる企業の種類）を理解する。例えば事務所の性質及び状況を示す,複雑さと業務上の特徴として,他事務所との合併が最近完了したような場合には,合併した2つの事務所が利用するテクノロジー資源に互換性がないことがある等の,資源に関する品質リスクが生じる可能性がある（同A46項）。

　なお事務所がデザインし適用する対応の内容,時期及び範囲は,品質リスクに対する評価の根拠,すなわち想定される発生可能性及び1つ又は複数の品質目標の達成に与える影響に基づいている。また当該対応は,事務所レベル又は業務レベルのいずれかで運用されることもあれば,両方のレベルで運用する対応を事務所がデザインし適用することもある。後者の事例として**専門的な見解の問合せ**（監査業務に関して,監査事務所内外の専門的な知識,経験等を有する者から,専門的な事項に係る見解を得ることをいう（品管基準第八二2（注））があり,監査チームが誰に対して問合せを実施すべきか,及び問合せの実施が必要となる具体的な事案を含む,専門的な見解の問合せの実施に関する方針又は手続の策定及び問合せを提供するための,適切な資質と経験を有する者の選任は,事務所が行う。一方,監査チームは,問合せを実施すべき事項が発生した際にそれを識別

し，問合せを実施し，当該問合せにより合意した結論に従って業務を実施する責任を負う（品1号A49・50項，220第35項参照）。

　そして品質リスクへの対応として定めた方針及び手続は，内部規程や監査マニュアル等において文書化し，監査実施者に伝達しなければならず，その伝達に当たり，それぞれの方針及び手続並びにその目的を説明し，個々の監査実施者がシステムへの準拠が求められている旨を説明する。そして当該準拠を徹底させるよう，システムのモニタリングを行うとともに，監査実施者からのシステムに関する意見又は懸念事項をフィードバックできる手段を整える必要がある。また監査責任者は，専門的な見解の問合せ，監査上の判断の相違，監査業務に係る審査について，事務所が定めた方針及び手続に準拠した上で，補助者に対し監査調書の査閲等を通じた適切な指示及び監督を行う必要がある。

　事務所は，モニタリング活動の実施，外部の検証及び他の関連する情報源から得られた**発見事項**を集約し，**品質管理システムの不備**（以下「不備」）が存在するかどうかを判断しなければならない（品1号A157〜162項）。当該判断は，発見事項に関する定量的及び定性的な要因によって影響を受けることがある。例えば，発見事項の内容が，最高責任者等の行動や姿勢に関する場合，システム全体に広範な影響を及ぼす可能性があるため，定性的に重要なことがある（同A159・160項）。なお不備は，①システムの目的を達成するために必要な品質目標が設定されていない，②品質リスク又は品質リスクの組合せが，識別されていない又は適切に評価されていない（A11項参照），③対応又は対応の組合せが，適切に整備又は有効に運用されていないため，関連する品質リスクの発生可能性が許容可能な水準まで低減されていない，④上記①〜③以外で，システムのある側面が欠如している，若しくは適切に整備又は有効に運用されていないことにより，品1号の要求事項が満たされていない場合（A12項参照）の，いずれかの場合に存在する（同第16項（1））。

　またシステムに関する最高責任者は，少なくとも年に一度，特定の基準日において，システムを評価しなければならず，この年次評価が未実施の場合は，上述の④に該当するシステムの不備となる（同A12項）。そしてこの評価に基づき，システムが，その目的が達成されているという合理的な保証を事務所に提供しているか否かにつき，（1）提供している，（2）システムの整備及び運用

について，重大ではあるが広範ではない識別された不備を除き，提供している，又は（3）提供していない，の，いずれかの結論を下す。評価の結論や当該結論に至った理由を含むシステムの状況等については，監査報告の利用者が事務所の監査品質を適切に評価できるよう，各事務所において公表することが望ましいとされ，これを受け**登録上場会社等監査人**にはこの公表体制の整備を求めている（品管基準前文二4，法施行規則第93条）。

　そして上記（2）（3）の結論に達した場合，事務所は，①迅速かつ適切な措置を講じる（a.識別された不備が改善されるまで，追加の資源を割り当てるか，追加の指針の作成により業務の実施を支援し，事務所の発行した監査報告書が状況に応じて適切であることを確かめる措置を講じ，監査チームに当該措置を伝達する。あるいはb.法律専門家の助言を得る。）とともに，②監査チーム及びシステムにおいて活動を実施する者と第34項（5）に記載されている外部の者（事務所がネットワークに属する場合や，例えば，グループ監査の際に，ネットワーク・ファームが，事務所が実施した作業を利用する場合には，事務所がシステムの評価について外部の者に伝達することが適切となる（品1号 A198項参照））に伝達する（1号第55項及び図表3－46（5）参照）。

　識別された不備の重大性と広範性の評価は，不備の根本原因を調査（調査手続の内容，時期及び範囲を決定する際は，識別された不備の内容及び想定される重大性を考慮する。例えば不備の内容が，上場企業の監査に関して不適切な監査報告書が発行された場合又は識別された不備が最高責任者等の品質に関する行動や姿勢に関係していた場合，また不備が複数の監査業務において識別，あるいは，方針又は手続が高い割合で遵守されていないことを示す兆候がある等想定される重大性が高い場合，識別された不備の根本原因を理解するための事務所の手続は，より厳密になることがある。）し，不備が，個別に，及び他の不備との組み合わせによりシステムに及ぼす影響を評価することにより実施する。そして不備が重大かつ広範であり，不備を改善するための措置が適切でなく，その影響が適切に是正されていない場合，システムに関する最高責任者は，システムの目的が達成されているという合理的な保証を事務所に提供していないと結論付けることがある。

　例えば事務所内における最大の地域事務所であり，地域全体の財務上，業務上及び技術上の支援を行う地域事務所（例えば関東甲信越あるいは東北圏や札幌等の地区事務所の支援を実施する東京事務所が該当）における不備が識別されたとする。

不備は，事務所の方針又は手続の多くが遵守されていないことに関係し，事務所は，その地域事務所の組織風土，特に財務上の優先事項に過度に着目した当該事務所の責任者の行動と姿勢が，不備の根本原因であると判断したとする。この場合不備の影響は，当該地域事務所の組織風土及び事務所の方針又は手続への全体的な遵守状況に関連したものであるため重大である。また当該地域事務所は最大の事務所であり，多くの他の地域事務所に支援を行っており，事務所の方針又は手続が遵守されていないことがそれらの他の地域事務所にも広く影響を及ぼすことがあるため，広範と判断される（品1号 A166 項）。

　ただし事務所が定めたシステムに不備が存在した場合であっても，個々の監査業務が職業的専門家としての基準及び適用される法令等を遵守して実施されなかったこと，又は監査意見の形成が適切ではなかったことを必ずしも示すものではない（220A29 項）ことに留意する。

　また事務所は，システムに関する最高責任者，システムの整備及び運用に関する責任者に関し，説明責任を促すために，システムの評価結果を考慮の上，それぞれの定期的な業績評価を実施しなければならない（品1号第56 項）。

　なお，事務所がそのシステムについて，独立した第三者による保証報告書を取得することを要求するものではないが，妨げるものではない（品1号 A195 項）ことから，将来的にはこうした保証報告書の取得が必要となる可能性がある。

（1）ガバナンス及びリーダーシップ

　事務所は，**システムを支援する環境を確立するために**，ガバナンス及びリーダーシップに関する図表3－35 の品質目標を設定しなければならない。

> **図表3－35　ガバナンス及びリーダーシップに関する品質目標**（品1号第28 項）

（1）事務所は，事務所全体の組織風土を通じて，品質へのコミットメントを示し，以下を認識し強化すること（**健全な組織風土の醸成**）。
① 　より質の高い監査の一貫した実施により，公共の利益に資する事務所の役割，
② 　職業的専門家としての倫理，価値観及び姿勢の重要性，
③ 　業務の実施又はシステムの活動における品質に対する全ての**専門要員**（事務所に所属する社員等及び専門職員全体のこと。なお**社員等**は事務所において，専門業務の業務執

行権を有する全ての個人をいい，監査法人の場合は監査法人の社員，個人事務所及び共同事務所の場合は業務執行責任者として業務を行っている者をいう。なお，**専門職員**は，専門業務に従事する社員等以外の者であり，事務所が雇用する専門家（会計又は監査以外の分野において専門知識を有する個人）を含む。）の責任並びに期待される行動

④　財務上及び業務上の優先事項を含む，事務所の戦略的意思決定及び行動における品質の重要性，を認識し強化すること。

（2）最高責任者等（事務所の最高責任者及び事務所の運営に関与する者をいう。）は，品質に関して説明責任を含む責任を負うこと（**最高責任者等の品質に関する説明責任を含む責任の明確化**）。

（3）最高責任者等は，その行動と姿勢を通じて品質へのコミットメントを示すこと（**最高責任者等が果たすべき主導的役割**）。

（4）事務所のシステムの整備及び運用を可能にするように，組織構造並びに役割，責任及び権限の分担が適切であること（**適切な組織構造と職務分掌**）。

（5）財源を含む必要な資源（人的資源とテクノロジー資源及び知的資源）が計画され，事務所の品質へのコミットメントと整合した方法で資源が入手，配分又は割り当てられていること（**業務運営に関する資源の適切な利用**）。

　これは，内部統制システムにおける統制環境に相当し，審査会の検査結果において，事務所トップが監査品質にコミットしておらず，品質管理態勢を構築するためのリーダーシップを発揮していないという指摘に対応したものである。品質管理は，事務所において単独で機能するものではなく，品質に対するコミットメントを示す組織風土，事務所の戦略，事業活動及び業務プロセスを統合したものである。このため，システムと事務所の事業活動及び業務プロセスを統合的にデザインすることによって，事務所の業務運営をより調和の取れたものにするとともに，品質管理の有効性を高めることができる（品1号 A30項）。そのため事務所自らシステムの整備と運用に向け，健全な組織風土の醸成に努めると共に，最高責任者等が品質管理に最終的な説明責任を負い，その行動と姿勢を通じたリーダーシップの発揮により，品質管理に向け主導的な役割を果たすというその責任の明確化，また事務所内における適切な組織構造と職務分掌，業務運営においての適切な資源の利用を求めたものである。

　また**監査責任者**（事務所に選任された，監査業務の実施の責任者，すなわち，専門要員のうち，監査業務とその実施及び発行する監査報告書に対する責任を負う社員等（品1号第16項（3））は，事務所が定めるシステムに準拠し，実施する監査業務の全体的な品質の管理と達成に対する責任を負わなければならないが，これには，業務において事務所の組織風土や監査チームのメンバーに期待される行動を強く意識付ける環境を整備する責任が含まれる（220第13項）。

（2）職業倫理及び独立性

　事務所は, 独立性を含む職業倫理に関する規定に従った責任を果たすために, 図表3 - 36に掲げる品質目標を設定しなければならない。

図表3 - 36　職業倫理及び独立性に関する品質目標（品1号第29項）

（1）**事務所及びその専門要員については**, 事務所及びその業務が対象となる**職業倫理に関する規定を理解し**, かつ**当該規定に関連する責任を果たすこと**。

（2）**事務所及びその業務に適用される職業倫理に関する規定の対象となるその他の者**（ネットワーク, ネットワーク・ファーム, ネットワーク若しくはネットワーク・ファームに所属する者の他, **外部の業務提供者であるサービス・プロバイダー等を含む**ことに留意。）については, **適用される職業倫理に関する規定を理解し**, かつ**当該規定に関連する責任を果たすこと**,

　これに関する特定の対応については, 図表3 - 46の（1）と（2）を参照。事務所は専門要員の独立性が適切に保持されていること, そして監査責任者は職業倫理に関する規定を理解し, その遵守と独立性の保持につき自ら努めると同時に補助者についても徹底されているかの確認が求められる。さらに独立性の保持の品質目標については, 事務所及び所属するネットワークが提供している非監査業務が独立性に与える影響の考慮が求められる（品管基準第六）。

　なおネットワークは, 事務所よりも大きな組織体で, 所属する事業体の相互の協力を目的とし, ア. 利益の分配又は費用の分担を目的にしている。イ. 共通の組織により所有, 支配及び経営されている。ウ. 品質管理の方針又は手続を共有。エ. 事業戦略を共有。オ. ブランド名を共有。カ. 業務運営に関する資源の重要な部分を共有。のいずれかを備えている組織体をいい, ネットワークに所属する事務所又は事業体を**ネットワーク・ファーム**という（第16項（11）（12））。また**サービス・プロバイダー**は, **システム又は監査業務の実施において利用される資源を提供する**, **事務所の外部の個人又は組織**（基準第六にいう**外部の業務提供者**）をいい, ①所属するネットワーク外の事務所（グループ監査における構成単位の監査人や事務所のモニタリング活動若しくは審査の実施又は専門的な見解の問合せに従事する者等）と②所属するネットワーク外の専門家（複雑な金融商品, 無形固定資産等の資産及び負債の評価, 石油及びガス埋蔵量の見積り等のサービスを提供する会計又は監査以外の領域の外部の専門家）, 及び③上記①, ②以外のサービス・プロバイダーが該当する（品1号実務ガイダンス第3号Q3 - 1）。よって④事務所と⑤所属するネットワーク及びネットワーク・ファーム又はその他形態にかかわらずネットワークに属する組織は事務所の外部ではないので, サービス・プロバイダーには含まれない。これより, **外部の業務提供者についても**

職業倫理の遵守と独立性の保持が求められることに留意する。

　なお監査チームは，個々の監査業務を実施する全ての社員等及び専門職員，並びに当該業務において監査手続を実施する他の全ての者から構成され，監査人の利用する外部の専門家は含まない。よって，上記サービス・プロバイダーのうち②所属するネットワーク外の専門家（220 A 21 項）は監査手続の実施を問わず外部の専門家のため，また上記①③④⑤のいずれかの個人又は組織を問わず監査手続を実施しない者，専門的な見解の問合せにおける専門知識を有する者（220 A 19 項）さらに審査担当者及び審査を実施する他の者（220 A 20 項）は，監査手続を実施しないため，監査チームに含まれないことに留意する。

　一方，監査手続を実施するのであれば，上記④と⑤は無論，上記①（所属するネットワーク外の構成単位の監査人等）と③の個人又は組織の他，サービス・デリバリーセンターの者も含める場合がある（例えば確認手続の実施機能を集中化するため，事務所，ネットワーク，同一ネットワーク内の他の事務所又は組織によって設立される場合が該当する（220 A 18 項））。

　なお事務所はネットワークに属する場合，該当するときには，以下の図表3－37に掲げる事項を理解した上で，対応が求められる（品1号第48項）。

図表3－37　ネットワークに属する事務所が理解すべきことと対応

① **ネットワークの要求事項**（事務所のシステムに関してネットワークが定めた要求事項。これには，ネットワークがデザイン又は提供した資源やサービスを，監査事務所が適用又は利用するための要求事項が含まれる。）
② **ネットワーク・サービス**（例えば任意の研修プログラム等，事務所が，自らのシステムをデザイン，適用又は運用する際に，適用又は利用することを選択した，ネットワークが提供する全てのサービス又は資源）
③ **ネットワークの要求事項を適用する，又はネットワーク・サービスを利用するために必要な，全ての措置に対する事務所の責任**
　ただし事務所は，ネットワークに属し，ネットワーク・サービスを利用する場合でも，システムを整備及び運用する際の職業的専門家としての判断を含め，**自らのシステムに対しては**ネットワークではなく，**自ら責任を負わなければならない**ことに留意する。また当然であるが，品1号の要求事項に違反するような，ネットワークの要求事項への準拠又はネットワーク・サービスの使用を許容してはならない。

　そして上記で得られた理解に基づき，ネットワークの要求事項又はネットワーク・サービスについて，①事務所のシステムにどのように**関連するか**を**判断**し，どのように**考慮するか**を，**適用方法を含めて決定**，また②事務所のシステムにおいて適切に利用するために，**適応させる**，又は**補完する必要があるかどうか**，またその場合には**適応させる**，又は**補完する方法を評価**する（A179 項及び A180 項参照）。

　なお，ネットワークが事務所のシステムに関するモニタリングを行う場合には，当該モニタリングが事務所のシステムのモニタリング及び改善プロセスに与える影響を考慮し，発見事項の評価及び不備の識別の一環としてネットワークからモニタリング活動の結果を適時に入手しなければならない（品管基準第十二 2・品 1 号第 50 項）。

（3）契約の新規の締結及び更新

　事務所は監査契約の新規の締結及び更新につき，図表 3 - 38 に関する品質目標を設定しなければならない（品 1 号第 30 項）。なおこれにつき別途，特定の対応として求められる方針と手続については，図表 3 - 46 の（4）を参照。

> **図表 3 - 38　契約の新規の締結及び更新に関する品質目標**

（1）契約の新規の締結又は更新についての判断は，①その判断を支えるのに十分な，**業務の性質及び状況**（対象企業の業種及び関連する規制要因や企業の性質（例えば，事業，組織構造，所有者とガバナンス，ビジネスモデル及び資金調達方法）等）並びに**依頼人**（経営者及び適切な場合には監査役等を含む。）**の誠実性及び倫理的価値観に関する情報**及び②職業的専門家としての基準及び適用される法令等に従って，**業務を実施する事務所の能力**，に基づき適切であること，

（2）**事務所の財務上及び業務上の優先事項**が，契約の新規の締結又は更新についての**不適切な判断につながらないこと**

　上記（1）①の関与先の誠実性及び倫理的価値観に関し入手する情報には，**関与先の主要な株主，主要な経営者及び監査役等の氏名又は名称並びに事業上の評判**が含まれる。さらに注意を払うべき事項として，ア．所有と経営構造の複雑さを含む，業務の実施対象となる企業の性質，イ．関与先の事業や商慣行の特質，ウ．会計基準の解釈などに対する関与先に重要な影響力のある株主，経営者及び監査役等の姿勢並びに統制環境に関する情報，エ．関与先が事務所の報酬を過度に低く抑えようとしているか否か，オ．監査範囲の制約など関与先による業務の範囲の制限の兆候，カ．関与先が資金洗浄又は他の重要な違法行為に関与している兆候，キ．別の事務

所を選任する理由及び前任の事務所と契約を更新しない理由，ク．関連当事者の氏名又は名称及び事業上の評判等，がある（品1号 A68 項）。

また（1）②の事務所の業務を実施する能力は，ア．業務を実施するための適切な資源の利用可能性，イ．業務を実施するための情報又は当該情報を提供する者へのアクセスの有無，及びウ．事務所及び監査チームが，職業倫理に関する規定に関する責任を果たすことができるか，により影響を受ける。

上記ア．を判断する際，a.業務の状況及び報告期限（監査報告書の発行予定日までに業務を完了することができるか），b.業務を実施するための十分な時間を含む，適性と適切な能力を有する者（例えば，業務の指揮及び監督に対する全体的な責任を負う者や，関連する業界若しくは基礎となる主題又は主題情報の作成に当たって適用される規準に関する知識，並びに関連する規制又は報告についての要求事項に関する経験を有する者またグループ財務諸表の監査を目的として，構成単位の財務情報に対して監査手続を実施する者等）が利用可能かどうか，c.必要な場合，専門家が利用可能かどうか，d.審査が必要な場合，品2号の適格性に関する要求事項を満たす者が関与可能かどうか，e.テクノロジー資源（例えば，監査チームが企業のデータに対して手続を実施することを可能にする IT アプリケーション）の必要性，及び f.知的資源（例えば，手法，業界若しくは主題特有の指針又は情報源へのアクセス）の必要性を考慮する。

また上記（2）につき，事務所の収益性という財務上の優先事項並びに監査事務所の市場シェアの拡大，業界の特定又は新サービスの提供等の戦略的重点分野といった業務上の優先事項を重視するあまり，例えば，関与先の経営者が誠実性及び倫理的価値観を欠いていても報酬が多額の場合や，報酬が業務実施に対し低廉であり，事務所が職業的専門家としての基準及び適用される法令等に従って業務を実施できない場合等，適切ではない場合でも，新規の契約の締結及び更新を行ってしまうといった事態を防ぐために要求される。

（4）業務の実施

事務所は，より質の高い監査の実施に対処するために，業務の実施につき図表3－39 に掲げる品質目標を定めなければならない（品1号第31項）。

図表3－39　業務の実施に関する品質目標

（1）**監査責任者**が監査業務の品質の管理と達成に対して，**監査業務の全過程を通じて十分かつ適切に関与する**という全体的な責任を含め，**監査チームが自ら**

の責任を理解し果たすこと。

（2）監査チームの指揮及び監督の内容，時期及び範囲，並びに作業の査閲が，業務の内容及び状況，監査チームに割り当てられた資源に基づき適切であること。また，経験の浅い監査チームのメンバーが行う業務については，より経験のある監査チームのメンバーが指揮，監督及び作業の査閲を行うこと。

（3）監査チームは，**職業的専門家としての適切な判断**を行い，また監査業務の種類に応じて，**職業的専門家としての懐疑心を発揮**すること（職業的専門家としての適切な判断並びに懐疑心の保持及び発揮）。

（4）専門性が高く，判断に困難が伴う事項や見解が定まっていない事項について**専門的な見解の問合せ**を行い，合意された結論に従って対処すること。

（5）監査チーム内の**監査上の判断の相違**又は監査チームと審査担当者若しくは事務所のシステムにおいて活動を実施する者との監査上の判断の相違は，**事務所に報告され，解消**されていること。

（6）**監査調書**は監査報告書の提出日後に**適時に整理**され，監査事務所自らの必要性を満たし，また法令等，職業倫理に関する規定及び職業的専門家としての基準を遵守するために**適切に維持及び保存**されること。

　上記（1）及び（2）につき，監査責任者が実施すべき事項は図表3－40のとおりである。

図表3－40　監査責任者が監査実施において実施すべき事項

1）**監査チームの指揮監督**（業務の進捗状況を把握し，監査の過程で発見された重要な会計及び業務上の問題となる可能性がある事項をより経験のある監査チーム内のメンバーに報告するように指示し，当該事項の重要性の程度を検討し，監査計画を適切に修正するなど）と**作業の査閲**（事務所の方針や手続，職業的専門家としての基準及び適用される法令等に従って作業を行っているかどうか，重要な事項を詳細に検討しているかどうか，監査手続の種類，時期及び範囲の変更の必要性等を検討する）（品1号 A76項）。

　なお監査調書の査閲については，**必ずしも全ての監査調書を査閲する必要はないが，査閲日及び査閲の対象を文書化し，監査業務の全過程を通じて，適切な段階で適時に実施**することにより，監査報告書日以前に重要な事項について納得した上で解決することが可能となる（220A91-92項）。

2）**職業的専門家としての判断を行使して，監査チームが重要な判断を必要とする領域を特定**。監査業務に関する重要な判断には，監査の基本的な方針，詳細な監

査計画，業務の実施，並びに監査チームが到達した全体的な結論に関する事項が含まれる（例えば，a重要性の基準値の決定に関する事項等や監査計画に関する事項，b会計又は監査の専門領域において専門知識を有する専門要員やサービス・デリバリー・センターの人員の利用を含む監査チームの構成に関する事項，c外部の専門家を含む専門家の業務を利用するかどうかの判断また利用した場合には専門家が実施した業務及び専門家が導き出した結論に対する監査チームの評価，d固有リスク要因の検討及びIRの評価において，監査チームによる重要な判断を必要とする状況を含む，監査チームのリスク評価プロセス，e特定の会計上の見積り，会計方針又は継続企業の前提に関する結論等監査チームが，業務における重要な領域に関して実施した手続の結果，fグループ監査に関する事項（グループ財務諸表の監査の基本的な方針及び詳細な監査計画，構成単位の財務情報について，重要な虚偽表示リスクが高いと評価された領域がある場合における構成単位の監査人に対する指揮，監督及びその作業の査閲の方法等の構成単位の監査人の関与に関する意思決定，構成単位の監査人が実施した作業及び構成単位の監査人が導き出した結論に対する評価），g監査報告書の監査意見及び「監査上の主要な検討事項」区分又は「継続企業の前提に関する重要な不確実性」区分等に記載される事項が含まれることがある。）（品2号A92項）。

　また上記（3）につき，個々の業務での職業的専門家としての懐疑心の発揮に対する障害として，①十分な経験のある，又は専門的な資質のある人的資源（専門家を含む。）の利用を妨げる可能性につながる予算の制約，②複雑な情報を効果的に分析することへの制約になる可能性を生む厳しい期限，③経営者からの協力の欠如や過度のプレッシャー，④記録，施設，特定の従業員，顧客又は取引業者等へのアクセスの困難性，⑤自動化されたツールや技法への過度の依存が挙げられる（220A34項）。なお，職業的専門家としての懐疑心の発揮，さらには品1号の要求事項を遵守するために監査チームが行使する職業的専門家としての合理的な判断を妨げる監査人の無意識の偏向と，職業的専門家としての懐疑心の発揮に対する障害を緩和するため，監査チームが行う対応は，以下の図表3－41を参照。

図表3－41　監査人の無意識の偏向及び監査チームの対応

監査人の無意識の偏向（220A35項）
1. **可用性バイアス**（すぐに思い浮かんだ事象や経験又は容易に引用可能な事象や経験を，そうではないものよりも重視する傾向）

2．**確証バイアス**（既存の考えに矛盾する，又は疑問を呈する情報よりも，それを裏付ける情報を重視する傾向）

3．**集団思考**（創造性や個人の責任を妨げるように，集団として検討又は意思決定を行う傾向）

4．**過信バイアス**（リスク評価や他の判断又は意思決定の正確性に関する自身の能力を過大に評価する傾向）

5．**アンカリング効果によるバイアス**（最初に入手した情報を重視し，その後に入手した情報を過小に評価する傾向）

6．**自動化バイアス**（人による推論や矛盾した情報によって，生成物の信頼性や目的適合性について疑わしい場合であっても，自動化されたシステムによる生成物を好む傾向）

監査人の無意識の偏向に対する監査チームの対応（220A36 項）

a.追加の又は異なる資源の要請，b.監査チームの構成の変更（例えば，より高い技能や知識又は特定の専門的な知見を有する経験豊富な者を業務に割り当てるよう要請），c.交渉に困難を伴う経営者への対処策として，より経験のある監査チームのメンバーを関与，d.専門的な技能と知識を有する監査チームのメンバー又は監査人が利用する専門家を関与，e.複雑な又は主観的な判断を伴うあるいはより質の高い監査を達成する上でリスクのある領域，または不正リスクのある領域や，識別された違法行為又はその疑いのある監査領域で，より経験のある監査チームのメンバーを関与させ，より多くの対面による監督又は特定の監査調書のより詳細な査閲により，指揮，監督又は査閲の内容，時期及び範囲を変更，f.経営者が過度のプレッシャーを課す場合又は監査チームが監査証拠を入手するための記録，施設，特定の従業員，顧客，取引業者等へのアクセスに困難を伴う場合に監査役等とコミュニケーションを実施。

　上記（5）において監査責任者は，事務所の方針又は手続に従って，監査上の判断の相違への対処及び解決に対する責任を負い，到達した結論を文書化し，この結論に従って業務を実施しているかどうかを判断するとともに，**監査上の判断の相違が解決した日以降を監査報告書日とする**ことが求められる（220第38項）。なお監査責任者が監査上の判断の相違の解決に納得しない場合，法律専門家に助言を求める他，適用される法令等において可能な場合には，監査契約を解除する（220A108項）。そして事務所については，**監査責任者と監査業務に係る審査の担当者等**（審査の担当者及び監査チーム外で専門的な見解を含む監査上の判断について見解を提供する者をいう。）**との間の判断の相違が解決しない限り，監査報告書を発行してはならない**（品管基準第八3）。

（5）監査業務の審査

　監査人は，意見の表明に先立ち，自らの意見が一般に公正妥当と認められる監査の基準に準拠して適切に形成されていることを確かめるため，意見表明に関する審査を受けなければならない（監査基準第四報告基準一5.）。**審査**は，審査担当者によって監査報告書日以前に実施される，監査チームが行った重要な判断及び到達した結論についての客観的評価をいい，ここで**審査担当者**は，審査を実施するために監査事務所が選任した社員等，事務所内の他の者（つまり監査チームメンバー以外の者）又は外部の者をいう（品1号第11項，220第6項）。事務所は，原則として，全ての監査業務について図表3－46（6）の特定の対応として図表3－42に掲げる審査に関する方針及び手続を定めなければならないが，監査報告の対象となる財務諸表の社会的影響が小さく，かつ，監査報告の利用者が限定されている監査業務については，当該方針又は手続において，意見が適切に形成されていることを確認できる他の方法が定められている場合には，審査を要しないとすることができる（品管基準四1）。また**大会社等以外**の審査では，業務の品質が合理的に確保される範囲において，監査業務の目的や内容（社会的影響の程度を含む）及び個々の監査業務において識別した通例でない環境又はリスクの重要性を考慮し，**審査の方法，内容，時期及び範囲を簡素化又は柔軟**に実施することができる（品1号A37項）。

```
図表3－42　審査に関する方針又は手続
```

審査担当者の選任に関する責任の付与に関する方針又は手続
　その適性，能力及び事務所における適切な権限を有する者が，審査担当者の選任に関する責任を付与され，かつ当該責任者が審査担当者を選任することを定め，審査担当者の客観性が維持されるように，**実務的に不可能な場合を除いて，監査チームのメンバーが審査担当者を指名しないこと**，を明記する必要がある（品質管理基準委員会報告書2号（以下品2号）第17項-A2項）。

審査担当者の適格性の規準を定める方針又は手続
　a.審査担当者が監査チームのメンバーではないこと（つまり審査担当期間においてその業務に従事せず，また監査チームに代わって意思決定を行わないこと），さらにb.審査を実施するための十分な時間の確保を含む，適性と能力（例えば企業の属する産業に関す

る知識・類似の内容及び複雑さを有する監査業務の理解及び関連する経験等が豊富）及び適切な権限を有していること（その際，企業の性質や企業が事業を行っている産業又は規制環境の専門性と複雑さ，監査業務において特定の場合に必要となることがある専門的な知識（例えば，情報技術（IT）又は会計や監査の専門領域に関するもの）又は科学や技術的な知識に関連する程度を考慮する），c. 審査担当者の客観性と独立性への阻害要因との関連を含め，我が国における職業倫理に関する規定への準拠，及び d. 該当する場合には，審査担当者の適格性に関する法令の規定への準拠，を求めている。これは**審査担当者が補助者を使用する場合，当該補助者についても上記 b. における適切な権限の付与を除き，適用される**（品2号第18・20項，A5・6項）。また上記 c に関する方針又は手続では，**過去に監査責任者を担当後，審査担当者に就任するまでクーリングオフ期間の2年間又は職業倫理に関する規定により要求される場合は，それより長い期間を，明記しなければならない**。これは過去に監査責任者として行った重要な判断が，後に審査担当者となった場合当該判断の客観的評価の実施に影響を与える可能性があり，客観性への阻害要因，特に自己レビューの脅威を許容水準にまで緩和する適切なセーフガードの整備のために，設けられたものである（品2号第19項・A17〜18項）。

審査担当者が審査の文書化に責任を負い，その文書が監査調書に含まれることを要求する方針又は手続

　審査の文書化において審査担当者は，自ら及び該当する場合にはその補助者によって実施された審査手続の種類，時期及び範囲並びにその実施において到達した結論についての文書化が，**以前に当該監査業務に関与していない経験豊富な監査人が理解するのに十分であることを，確かめなければならない**。なお審査担当者は，監査チームが行った重要な判断又は到達した結論が適切でないと懸念する場合の他，220第27項において審査の実施に関して第2号の要求事項が遵守されているかどうか，及び審査が完了したかどうかを判断し，審査が完了した場合にはその旨を，それぞれ監査責任者に通知し，また審査担当者の懸念事項が解決されない場合，審査が完了できないことを事務所の適切な者に通知する。この場合審査の文書化において，a. これらの通知，の他，b. 第27項に従った審査担当者の判断の根拠，c. 審査担当者及び審査の補助者の氏名，d. 審査担当者が査閲した監査調書の特定，及び e. 審査の完了日，が含まれることを確かめねばならない（220第26項〜30項）。

審査の内容，時期及び範囲を示した方針及び手続

　監査報告書日は，監査責任者及び監査チームが財務諸表に対する意見表明の基礎となる十分かつ適切な監査証拠を入手するとともに，関連する審査を完了した日以降とすることが求められていることから，この方針及び手続において，監査報告書

の日付を審査の完了日以降とすることを定めなければならない（品2号第24項（2））。つまり，**審査は監査報告書日以前に完了していなければならない。**よって例えば，監査計画段階において，当該監査業務の全体的な戦略及び計画に関連した手続についての審査を実施する等，監査計画，監査の実施及び報告など監査業務の全ての段階において，審査担当者による監査調書の適時な査閲により，監査報告書日以前に，審査担当者が納得できるような形で，審査対象の事項について迅速に解決することが可能となる。また審査の適時な実施により，監査計画段階及び監査の実施の際に，監査チームが，職業的専門家としての判断を慎重に行い，より職業的専門家としての懐疑心を保持及び発揮することが可能となる（品2号A29項）。しかし，**審査の文書化の整理**自体は，審査の実施に関する全ての要求事項が満たされていることを条件として，監査調書の最終的な整理の前であれば，当該**監査報告書日の後に完了**することができる。

事務所は，審査に関する方針及び手続において，図表3－43に掲げる，審査において実施すべき事項を含めなければならない。

> **図表3－43　審査に関する方針及び手続に含めるべき，審査上の実施事項**

審査上の実施事項（品2号第25項）
- 監査チームから提供される，監査業務と企業の性質及び状況及び事務所から提供される，事務所のシステムのモニタリング及び改善プロセスにより識別された不備の情報（特に監査チームが行った重要な判断を含む領域に関係する，又は影響を与える可能性のある不備）を通読し理解
- 監査責任者及び必要な場合には監査チームの他のメンバーと，監査業務の計画，実施及び報告における，重要な事項及び重要な判断を討議
- 上記により得られた情報に基づき監査チームが行った重要な判断とその結論に関する監査調書を査閲し，監査業務の種類に応じた重要な判断の根拠（監査チームによる職業的専門家としての懐疑心が保持及び発揮されているかどうかを含む）や，監査調書は，到達した結論を裏付けるかどうか，及び到達した結論が適切かどうか，を評価。
- 220第21項により，監査責任者は，監査報告書日以前に，独立性を含む我が国における職業倫理に関する規定が遵守されているかどうかを判断することに対する責任を負うが，当該規定を遵守していると監査責任者が判断した根拠を評価。
- 専門性が高く，判断に困難が伴う事項や見解が定まっていない事項又は監査上の判断の相違がある事項について必要に応じて適切な専門的な見解の問合せが行わ

れたか，及び当該専門的な見解の問合せから生じた結論を評価。
・220第40項（1）は，監査報告書日以前に，監査責任者が，重要な判断及び到達した結論は監査業務の内容及び状況に踏まえて適切であるかを判断するための根拠が得られるよう，監査業務の全過程を通じて十分かつ適切に関与しているか判断することを規定するが，その判断した根拠を評価
・財務諸表及び監査報告書案を検討（該当する場合には，監査上の主要な検討事項の記述を含む。）
　なお，大会社等の審査においては，監査チームが行った重要な判断として検討され評価される事項に，以下の事項を含むことがある（品2号A30-2JP項）。
・監査の基本的な方針と詳細な監査計画の内容（監査期間中に行われた重要な修正を含む）
・監査の実施中に識別された特検リスクとそのリスクに対する対応
・監査上の判断，特に重要性及び特検リスクに関して行った判断
・監査の実施中に識別した，修正された又は未修正の虚偽表示に関する重要性の判断とその対処
・経営者及び監査役等，該当する場合，規制当局などの第三者に伝達する事項

　なお特定の監査業務に関して審査担当者を選任しない場合，会議体による審査（以下「**合議制による審査**」という）を実施することができ，その際以下の図表3－44に掲げる事項に留意する。

図表3－44　合議制による審査における留意事項（品2号A4-2JP項）

・会議体の構成員は，審査担当者として必要とされる知識，経験，能力，職位等を有する者から選任される。
・合議制による審査は，監査計画の策定から監査意見の形成まで一貫してかつ適時に実施する。なお，構成員が従事している監査業務に係る審査においては，当該構成員は**案件の説明のみを行い審査に加わらない**。
・合議制による審査の内容及び結論を，監査調書として適切に文書化する。

（6）情報と伝達

　事務所は，システムの整備及び運用を可能にするために，システム及び事務所内外への適時な情報の発信に関して，情報の取得，生成又は利用に対処する，図表3－45の品質目標を設定しなければならない。

図表 3 － 45　情報と伝達に関する品質目標（品 1 号第 33 項）

（1）情報システムが，内外の情報源を問わず，システムを支える，関連性のある信頼性の高い情報を識別・捕捉・処理・維持すること。

　関連性のある信頼性の高い情報は，正確，完全，適時で有効な情報が含まれ，事務所のシステムが適切に機能することを可能にし，またシステムに関する意思決定を支援する。

（2）事務所の組織風土が，専門要員と事務所との間及び専門要員間で情報を交換する責任を認識させ強化するものであること。

（3）監査チームを含む事務所全体で関連性のある信頼性の高い情報が以下のように交換されること。①専門要員と監査チームに情報が伝達されており，また当該情報の内容，時期及び範囲は，システムの活動又は監査業務の実施に関連する責任を理解し，果たす上で十分である。②専門要員及び監査チームは，システムの活動又は監査業務を実施する際に，事務所に情報を伝達する。

　これは，いわば風通しのよい組織作りのため，事務所全体のコミュニケーションを促進するための伝達経路を確立する必要性を説いたものである。上記（3）①において事務所が伝達すべき事項として，例えば，ア．システムの変更が専門要員と監査チームの責任に関連する場合，その責任に応じて迅速かつ適切に行動できるように，その変更，イ．契約の新規の締結及び更新プロセスにおいて入手した情報のうち，監査チームが業務を計画し実施する上で関連する情報等，が挙げられる。また監査チームが事務所に伝達する情報として，契約の新規の締結又は更新の前に知っていれば，事務所が当該締結又は更新を承認しない原因となった可能性のある，業務の実施において得られた関与先に関する情報，事務所の対応の運用に関する情報（例えば，不備を示している可能性もある，専門要員を業務に割り当てる事務所のプロセスに関する懸念），がある。その他，監査チームは，審査担当者又は専門的な見解の問合せを実施する者に情報を伝達し，またグループ監査チームは，事務所の方針又は手続に従って，業務レベルでの品質管理に関する事項等を構成単位の監査人に伝達し，独立性に関する要求事項の遵守についての運用責任者は，関連する専門要員及び監査チームに対して，独立性に関する要求事項の変更，並びにその変更に対処するための事務所の方針又は手続を伝達する（品 1 号 A112 項）。

　なお事務所が品質目標の設定，品質リスクの識別と評価及び対応のデザインと適用を可能にする情報源は，事務所の情報と伝達の構成要素の一部となり，情報源には，以下が含まれる（品 1 号 A 41 項）。

・事務所のモニタリング活動及び改善プロセスの結果

・以下を含む，ネットワーク又はサービス・プロバイダーからの情報
－ネットワークの要求事項又はネットワーク・サービスに関する情報
－ネットワークからのその他の情報（ネットワーク・ファームに対するネットワークが実施したモニタリング活動の結果に関する情報も含む。）

　また事務所内外からのその他の情報は，以下のように，事務所のリスク評価プロセスに関連することがある。
・職業的専門家としての基準及び適用される法令等に従って監査業務が実施されなかったこと，又は品1号に従って設定された事務所の方針若しくは手続が遵守されなかったことに関する，不服と疑義の申立てに関する情報
・外部の検証プログラムの結果
・事務所が業務を実施する対象の企業に関する証券監督当局から得た情報（例えば，企業の財務諸表における非違行為又は証券規制の不遵守）など，事務所が業務を実施する対象の企業に関する情報で，規制当局から提供されたもの
・システムのその他の側面に影響を与えるシステムの変更（例えば，事務所の資源についての変更）
・その他外部の情報源（例えば，当該事務所又はその管轄区域内の他の事務所に対する規制上の措置及び訴訟など，事務所が検討すべき分野を明らかにする可能性のあるもの）

（4）関連性及び信頼性の高い情報が以下を含め外部の者にも伝達されること。
①　事務所から事務所のネットワーク又はサービス・プロバイダーに対して情報が伝達される。該当がある場合，当該情報は，ネットワーク又はサービス・プロバイダーが，ネットワークの要求事項若しくはネットワーク・サービス又はそれらによって提供される資源に関する責任を果たすことを可能にする。
②　法令等若しくは職業的専門家としての基準により要求される場合又は外部の者のシステムに対する理解を支援するために，外部にも情報が伝達される。

　例えば，事務所が関与先の違法行為に気付いており，かつ職業倫理に関する規定が事務所に対して関与先の外部の適切な当局へ当該違法行為の報告，又はそのような報告が状況において適切な行為であるかどうかを検討することを要求している場合，また法令等が，事務所に対して透明性報告書の発行を要求し，また透明性報告書に記載することが要求される情報の内容を明記している場合が挙げられる（品1号 A114項）。この点に関する特定の対応については，図表3－46（5）を参照。

（7）特定の対応

　事務所は，品質リスクの評価の根拠に基づき，また当該根拠に応じた方法により，品質リスクに対処するための対応をデザインし適用しなければならない

が，識別し評価した品質リスクにかかわらず，全ての事務所がデザインし適用すべき「**特定の対応**」として，以下の図表3－46に掲げる事項を含めなければならない（品1号第34項）。特定の対応は，例えば，不服と疑義の申立てに関する方針又は手続は，資源（例えば，専門要員の品質へのコミットメント），職業倫理及び独立性並びにガバナンス及びリーダーシップにおける品質目標に関連する品質リスクに対処することがある等，異なる構成要素における複数の品質目標に関連する複数の品質リスクに対処することがある。しかし，特定の対応のみでは，システムの目的を達成するには不十分である（品1号A116項）。

図表3－46　特定の対応

（1）事務所は以下の①と②の事項に係る方針又は手続を定める。これは職業倫理と独立性に関連し，倫理規則が，会員が基本原則の遵守に対する阻害要因の識別，評価及び対処を行うために適用すべき概念的枠組みを定めていることに対応したものである。倫理規則では，阻害要因に対処するための対応策を「阻害要因を許容可能な水準にまで軽減するために講じる対応策」と「阻害要因を生じさせている状況を除去するための対応策」に分け，前者をセーフガードとして定義している（R120.10，120.10A1，120.10A2）。

①　職業倫理に関する規定の遵守に関する阻害要因の識別，評価及び対処。

②　職業倫理に関する規定の違反を識別，伝達，評価及び報告し，また当該違反の原因と結果に適時に対応（A118項及びA119項参照）。

（2）独立性の保持が要求される全ての専門要員から，独立性の保持のための方針又は手続の遵守に関する確認書を，少なくとも年に一度入手。

（3）職業的専門家としての基準及び適用される法令等に従って監査業務が実施されなかったこと，又は事務所の方針若しくは手続が遵守されなかったことに関する，**不服と疑義の申立て**（専門要員又は監査事務所の外部の者（例えば，関与先，構成単位の監査人又は監査事務所のネットワーク内の者）が行う可能性がある）**を受領し，調査し，また解決するための方針又は手続**。これらの方針又は手続は，品質へのコミットメントを示さず，事務所の品質へのコミットメントを支援するような行動を取らない，又は姿勢を示さない者（最高責任者等を含む。）の識別と対処，またシステムの不備の識別において事務所を支援し，不適切な監査報告書の発行を防止するのに役立つことがある（品1号A120・121項）。

（4）事務所は，以下の場合に対処する方針又は手続を定める。

①　契約の新規の締結又は更新の前に**事務所が認識していれば契約の締結を辞退す**

る原因となるような情報（当該締結又は更新に関する判断時に存在したが，気付いていなかった情報や，当該判断時以降に発生した新しい情報）を事務所が当該締結又は更新の後に知ることとなった場合（A122 項及び A123 項参照）この場合，事務所の方針又は手続において規定する事項の例は以下の通り。

・事務所内又は法律専門家との専門的な見解の問合せを実施する。
・事務所が業務を継続することに関する職業的専門家としての基準又は法令等があるかどうかを考慮する。
・適切なレベルの関与先の経営者及び監査役等又は契約当事者と，関連する事実及び状況に基づいて事務所が取り得る行動について討議する。
・契約の解除が適切な行動と判断した場合，関与先の経営者及び監査役等又は契約当事者に対して，当該判断及び解除の理由を伝達し，さらに，事務所が契約を解除した旨及びその理由を規制当局に報告することを要求する，職業的専門家としての基準又は法令等があるかどうかを考慮する。

（5）事務所は，品質に対処するために実施した活動とその有効性について，目的適合性があり，信頼性が高く，透明性のあるコミュニケーションを行うことにより，業務の品質に対する利害関係者の信頼を維持し向上させることができるため，以下外部とのコミュニケーションに関する方針又は手続を定める（A124 項から A126 項参照）。これは情報と伝達に関連するものである。

① 260 第16 項に記載した企業等の財務諸表監査を実施する際に，システムがより質の高い監査を一貫して実施することをどのように支援しているかについて，監査役等とのコミュニケーションを要求する（A127 項から A129 項参照）。
② ①以外に，外部の関係者と事務所のシステムについてコミュニケーションすることが適切な場合（A130 項参照）。
③ コミュニケーションの内容，時期及び範囲，並びに適切な形式を含む，①及び②に従って行う外部とのコミュニケーションの際に提供すべき情報（A131 項及び A132 項参照）。この点に関し，事務所は，口頭又は書面で行われる，企業の財務諸表監査を実施する際の監査役等とのコミュニケーションを含め，状況に応じた外部の者との適切なコミュニケーションの様式（例えば，透明性報告書や監査品質報告書等の発行）を決定する際には，職業的専門家としての判断を行使する。なお外部の者に提供されるシステムに関する情報には，システムがより質の高い監査の一貫した実施をどのように支援しているかについて監査役等に伝達される情報が含まれる。そのような情報は以下の事項を含むことがある（品1号 A126 項）。

・組織構造，ビジネスモデル，戦略及び業務の環境等，監査事務所の性質及び状況。
・事務所のガバナンス及びリーダーシップ，例えば，組織風土，品質へのコミットメントをどのように示すか，並びにシステムに関して割り当てられた役割，責任

及び権限。

・事務所が，独立性に関する要求事項を含む職業倫理に関する規定に従った責任を
どのように果たしているか。

・より質の高い監査に寄与する要因，例えば，そのような情報は，指標を説明する
記載を含め，業務品質の指標の形式で示されることがある。

・事務所のモニタリング活動及び外部の検証の結果，並びに事務所が識別された不
備をどのように改善したか，又はその他の方法で対応しているか。

・システムが，その目的が達成されていることの合理的な保証を事務所に提供する
かどうかに関して第53項及び第54項に従って実施した評価及びその結論（評価
し結論を出すに当たっての判断の根拠を含む）。

・事務所は，事務所又はその業務の状況の変化に応じてどのようにシステムを適応
させて対応してきたか。

・ネットワークの全体的な構造，その要求事項及び提供するサービスの記述，事務
所とネットワークの関係及びそれぞれの責任（事務所がシステムの最終的な責任を負
うことを含む。），並びにネットワークがネットワーク・ファームを対象として実施
するモニタリング活動の全般的な範囲と結果に関する情報。

（6）事務所は，品2号に従って審査に対処し，企業等の財務諸表の監査について
審査を要求するための方針又は手続を定める（A135項及びA135-2JP参照）。

（8）モニタリング及び改善プロセス

　事務所は，①システムの整備及び運用について，関連性及び信頼性が高くか
つ適時性を有する情報を提供すること，及び②不備が適時に改善されるように，
識別された不備に対応する適切な措置を講じること，を達成するためにモニタ
リング及び改善プロセスを定めなければならず，①及び②を達成するようなデ
ザイン又は適用となっていない場合は，システムの不備となる（品1号第35項・
A12項）。システムには固有の限界があり，不備が識別されることはまれではな
く，また不備の迅速な識別は事務所が不備を適時にかつ効果的に改善すること
を可能にし，継続的改善の組織風土の醸成につながるため，システムの重要な
側面である。またモニタリング活動は，いずれ不備につながりかねない発見事
項に対処することにより，事務所が不備の発生を予防できるような情報を提供
することがある。よって，モニタリング及び改善プロセスは，システムの評価
を可能にするだけでなく，業務の品質及び同システムの積極的かつ継続的な改

善を促進する（品1号 A138項）。

　事務所は，不備を識別するための基礎を提供するためにデザインし実施するモニタリング活動の内容，時期及び範囲の決定に際し，品質リスクに対する評価の根拠や過去のモニタリング活動の結果等を考慮する（品1号第36・37項）。モニタリング活動は通常，日常的な活動として，事務所のプロセスに組み込まれて，状況の変化に対応して即時に実施される日常的モニタリング活動と，一定の間隔で実施される定期的なモニタリング活動の組合せにより構成される。モニタリング活動において，完了した監査業務の検証を含めなければならず，またどの監査業務及びどの監査責任者を選定するかを判断しなければならない。完了した監査業務を監査責任者ごとに一定のサイクルで検証することは，担当業務の品質を管理し達成する全体的な責任を監査責任者が果たしているかどうかを，事務所がモニタリングする際に役立つことがある（品1号 A153項）。

　なお事務所は，モニタリング活動を実施する者につき，①モニタリング活動を効果的に行うための十分な時間を含む適性及び適切な能力を有すること，及び②その客観性，に関する方針又は手続を定めなければならず，当該方針又は手続においては**監査チームのメンバー又は審査担当者が当該監査業務の検証を実施することを禁止しなければならない**（品1号39項）。

　モニタリングに関し，事務所等が実施すべきことは以下にまとめられる。

図表3－47　モニタリングにおける監査事務所等の対応

---

①　監査事務所

　モニタリング活動の実施，**外部の検証**（協会の品質管理レビューや審査会による検査等，事務所のシステム又は事務所が実施した監査業務に関連して，外部の監督当局等によって実施される検証又は調査（品1号第16項（7）をいう。）及び他の関連する情報源から得られたシステムの整備及び運用に関する情報のうち，一つ又は複数の不備が存在する可能性を示す発見事項を評価し，不備が存在するかどうかを判断しなければならない。識別した不備については，その重大性と影響を及ぼす範囲を評価し，適切な改善につながるよう，根本原因（特定の不備に関する直接的な原因や，複数の不備に共通した原因について，原因が生じた原因を検討・分析することで究明される，不備の本質的な原因）を調査・分析，また当該不備が個別に，及び他の不備と組み合わせてシステムに及ぼす影響を評価し，その結果を踏まえ不備の根本原因に対処する改善活動を実施する。

　なお適切に具体化された根本原因の識別は識別された不備を改善する事務所のプロセスに役立つことがあり，例えば事務所が，監査チームが，経営者による仮定の主観性が非常に高い会計上の見積りに関して，十分かつ適切な監査証拠を入手できていないことを識別したとする。この時事務所は，監査チームが適切に職業的専門家としての懐疑心を発揮していないと認識しているが，この問題の根本的な原因は例えば，より強力な権限のある者に疑問を持つことを監査チームのメンバーに奨励しない組織風土又は監査業務における指揮，監督及び査閲が不十分であること等，別の事項に関係していることがある，とする例を挙げている（品1号A 168項）。

　また監査チーム及びシステムにおいて活動を実施する者へ，モニタリング及び改善プロセスの運用に関する責任者からの報告事項（下記②を参照）を伝達し，各自がその責任に応じて迅速かつ適切な措置を講じることを可能にしなければならない（品1号第46・47項）。

②　モニタリング及び改善プロセスの運用に関する責任者

　事務所が識別した不備に対処するために，その根本原因の分析結果に応じてデザインし，適用する是正措置につき，デザインの適切性と適用状況，またその有効性を判断する。そして否定的な結論が得られた場合，是正措置が適切に修正され有効であると判断できるまで，適切に対処しなければならない。なお事務所のモニタリング及び改善プロセスが，システムの整備及び運用に関して，目的適合性，信頼性及び適時性を有する情報を提供する，あるいは不備が適時に改善されるように，事務所が，識別された不備に対応する適切な措置を講じることを可能にするような，デザイン又は適用となっていない場合は，不備に該当する（品1号第16項（1）④，A12項）。さらに，システムに関する最高責任者並びにシステムの整備及び運用に関する責任者へ，（1）実施したモニタリング活動の内容（2）識別された不備及びその重大性及び広範性（3）識別された不備に対処するための是正措置を適時に報告しなければならない。

③　監査責任者（220 第39項，A110・111項）

　事務所から伝達された，事務所のモニタリング及び改善プロセスからの情報（該当する場合，ネットワーク及びネットワーク・ファーム全体のモニタリング及び改善プロセスからの情報を含む。）を理解する。そして伝達された特定の監査業務に関する発見事項（例えば，監査責任者や監査チームの他のメンバーが実施した別の業務に関する発見事項，現地の事務所における発見事項又は企業の過年度の監査の検証結果に関する情報）が監査意見の適切な形成に影響を与えていないか等実施する監査業務への影響を考慮し，必要に応じ監査チームに伝達し，適切な措置（専門家の関与や，不備が識別された領域における指揮，監督及び査閲の強化とその内容，時期及び範囲の改善の検討）を講じる。また，監査業務の全過程を通じて，モニタリング及び改善プロセスに関連する可能性のある情報に留意し，上記②の者に伝達しなければならない。

　なお外部の検証の結果は，過去に実施したモニタリング活動がシステムの不備を識別できなかったことを示し，当該活動の内容，時期及び範囲に関する情報を提供しそれらに関する事務所の考慮事項に影響を与えることがある。よってシステムの整備と運用に当たり，事務所のモニタリング活動と改善プロセスと並び，外部の検証も活用していくことが期待される。しかし，**外部の検証は，事務所のモニタリング活動を代替するものではないため，それをそのまま事務所が実施すべき品質管理のモニタリング活動の代わりとして用いることはできない**（品1号 A149-150 項）。

（9）監査事務所間の引継ぎ

　事務所は，監査人の交代に際して，監査業務の質に重大な影響を及ぼさないようにするために，監査上の重要事項につき，①後任の事務所に対する伝達，②前任の事務所に対する問い合わせの実施，についての品質目標を設定しなければならない。そしてこれに関連し，以下の3つのための方針又は手続を定めなければならない（品1号 61JP，62JP 項）。

（1）後任の事務所に対して，財務諸表の重要な虚偽表示に関する情報若しくは状況又は企業との間の重要な意見の相違等を含め，監査上の重要な事項を伝達するとともに，後任の事務所から要請のあった関連する調書の閲覧に応じるため。

（2）前任の事務所に対して，事務所の交代事由，企業との間の重要な意見の相違等の監査上の重要な事項について問い合わせるため。

（3）監査実施の責任者が，実施した引継の状況を適切な部署又は者に報告するため。

（10）共同監査

　事務所が共同監査を実施する場合は，監査業務の質を合理的に確保するための共同監査に関する方針及び手続を定めなければならず，当該方針及び手続には事務所相互間の監査業務の分担方法，監査業務に係る審査に関する事項などが含まれる。そして他の事務所のシステムが基準に準拠し監査業務の質を合理的に確保するものであるかどうかを確かめねばならないが，**同一のシステ**

ム下で**監査業務を実施することまで求められるものではない**（品1号63JP項・
A209JP項，基準第11）。

第4章 財務諸表監査における不正

1. 不正リスク対応基準の設定の背景と考え方

　監査基準第三実施基準一5.では，「監査人は，職業的専門家としての懐疑心をもって，不正及び誤謬により財務諸表に重要な虚偽の表示がもたらされる可能性に関して評価を行い，その結果を監査計画に反映し，これに基づき監査を実施しなければならない」としている。しかしながら，不正は他社を欺く行為を伴う意図的な行為であり，また文書の偽造，取引を故意に記録しない，又は意図的な虚偽の陳述などのように，不正を隠蔽するために巧妙かつ念入りに仕組まれたスキームを伴うことがあるため，監査人にとって，**不正による重要な虚偽表示を発見できないリスクは，誤謬による重要な虚偽表示を発見できないリスクよりも，高くなる**。また，経営者は，直接的又は間接的に会計記録を改竄すること，不正な財務諸表を作成すること，又は他の従業員による不正を防止するためにデザインされた内部統制を無効化することができる立場にある場合が多いので，監査人が，**経営者不正による重要な虚偽の表示を発見できない可能性は，従業員不正による場合よりも高い。**

　近時，金商法上のディスクロージャーをめぐり，有価証券報告書の虚偽記載等の不正による不適切な事例に対しては，現行の監査基準では，不正による重要な虚偽の表示を示唆する状況等があるような場合に，どのように対応すべきかが必ずしも明確でなく，実務にばらつきが生じ，結果として公認会計士監査が有効に機能していない，さらにそうした状況等がある時に，上記のような不正の特徴から，監査手続をより慎重に行い，実効的なものとすべきとの指摘がある。

　以上より，監査をめぐる内外の動向を踏まえ，**不正による重要な虚偽表示の****リスク**（以下「不正リスク」）**に対応した監査手続を明確化**するとともに，**一定の****場合には監査手続をより慎重に実施**することを求めるとの観点から，監査における**不正リスク対応基準**（以下「不正基準」という）を設けることとした（不正基準前文二 1.）。

　不正基準は，監査人が財務諸表監査において対象とする**重要な虚偽の表示の****原因となる不正**について取り扱うものであり，重要な虚偽の表示の原因とは関係のない不正は対象としていない。つまり，この点は従来の監査基準の考え方と変わるものではない。また不正基準はあくまで，不正摘発自体を意図するものではなく，その意味で財務諸表監査の目的を変えるものでもなく，**不正リス****クに対応する監査手続**を規定するものである。

　さらに不正基準は，過重な監査手続を求めるものではなく，現行の監査基準においてすでに採用されているリスク・アプローチの考え方を前提として，公認会計士監査の有効性を確保するため，**不正リスクを適切に評価し**，**評価した****不正リスクに対応した適切な監査手続が実施されるように監査手続の明確化を****図った**ものである。被監査企業に財務諸表に不正による重要な虚偽の表示を示唆するような状況がないような場合や，監査人においてすでに本基準に規定されているような監査手続等を実施している場合には，現行の監査基準に基づく監査実務と基本的に変わるものではなく，よって，すべての財務諸表監査において画一的に不正リスクに対応するための追加的な監査手続の実施を求めることを意図したものではない。

　二重責任の原則によれば，監査人の責任は，経営者の作成した財務諸表に対して監査意見を表明することにあり，財務諸表の作成に対する経営者の責任と，当該財務諸表の意見表明に関する監査人の責任とは区別されている。よって経営者の作成した財務諸表に重要な虚偽の表示がないことについて，**職業的専門****家としての正当な注意を払って監査を行った場合**には，**監査人としてはその責****任を果たした**ことになる。

　不正基準は，企業の不正リスクにより有効に対応することにより，我が国資本市場の透明性，公正性を確保することが最終的な目的となっているところから，すべての監査において実施されるのではなく，主として，財務諸表及び監

査報告について広範な利用者が存在する**金融商品取引法に基づいて開示を行っている企業**（非上場企業のうち資本金５億円未満又は売上高 10 億円未満かつ負債総額 200億円未満の企業は除く。以下「上場企業等」という。）に対する監査において実施することを念頭に作成されている。なお，不正基準の適用範囲は関係法令において明確化されるものであり，関係法令において明示的に求められていない限り，不正基準に準拠することを要しない（不正基準前文 2.3.）。

２．不正リスクの評価と対応

　監査人は，財務諸表全体レベル及びアサーション・レベルの不正リスクを識別し評価し（240 第 24 項），**不正リスクであると評価したリスクを特別な検討を必要とするリスクとして取り扱わなければならない**（240 第 26 項）。その際併せて，当該リスクに対応する内部統制を識別し，デザインを評価し，業務に適用されているかどうかを判断することが求められるが，不正基準が適用される場合，内部統制のデザインと業務への適用の評価につき，専門家の利用を検討する（240F A51 − ２項）。

　さらに不正基準が適用となる場合は，**不正リスクに対する十分かつ適切な監査証拠を入手したかどうかを判断**しなければならず，財務諸表の重要なアサーションについて十分かつ適切な監査証拠を**入手していないと判断した場合には，追加の監査証拠を入手するため，監査手続を実施**しなければならない（240F32 − ３項）。

　監基報 315 第４項から第 23 項において要求される，内部統制を含む，企業及び企業環境を理解するためのリスク評価手続とこれに関連する活動を実施する際，監査人は，**不正リスクを識別するための情報を入手するため**，不正リスクに関連する質問をはじめとする図表４− １の手続を実施しなければならない（基準第二２，240 第 15 項）。なお不正基準が適用される場合，当該手続の実施の際に併せて，不正リスクを適切に評価するため，企業及び当該企業が属する産業を理解するに当たって，**公表されている主な不正事例や，不正に利用される可能性のある一般的及び当該企業の属する産業特有の取引慣行を理解**することが求められる（基準第二１及び 240F15 − ２）。

184

図表 4 - 1　不正リスクを識別するための情報入手の手続

| 経営者及びその他の企業構成員への質問 (240 第 16～18 項, A14～A17 項) | 1) 監査人は以下の事項について経営者に質問 (240 第 16 項)
・財務諸表に不正による重要な虚偽表示が行われるリスクに関する経営者の評価

内部統制を整備及び運用し，財務諸表の作成責任を有する経営者に対し，不正リスクに関する経営者による評価及び不正を防止し発見するために構築した内部統制に関する経営者による評価につき，質問することが有益である。経営者による評価の内容，範囲及び頻度は，ある企業では年次ベースで又は継続的な監視活動の一部として，詳細な評価を実施，また別の企業では経営者による評価が制度化されているとまでいえず，かつ頻度も多くないなど，企業によりさまざまである。
　また経営者が不正リスクに関する評価を行っていない場合は，経営者が内部統制を無視している可能性があるなど，経営者による評価の内容，範囲及び頻度は，企業の統制環境についての監査人の理解に影響を与える。
・経営者が不正リスクの識別と対応について構築した一連の管理プロセス (経営者が識別したか注意を払っている特定の不正リスク，又は不正リスクが存在する可能性がある取引種類，勘定残高又は注記事項を含む)
　多数の事業所がある企業の場合，経営者の管理プロセスには，事業所や事業セグメントによって異なるレベルの監視活動が含まれることがあり，また経営者は不正リスクが存在する可能性がより高い事業所やセグメントを識別していることがある。
・上記の管理プロセスに関して経営者と監査役等の協議が行われている場合にはその内容
・経営者の企業経営に対する考え方や倫理的な行動についての見解を従業員に伝達している場合にはその内容

2) 経営者，及び必要な場合にはその他の企業構成員に，その企業に影響を及ぼす不正，不正の疑い又は不正の申し立てを把握しているかどうか質問 (第 17 項，A14～A16 項)・・・・経営者に対する質問は，従業員不正による重要な虚偽表示リスクに関する有益な情報を入手できるが，経営者不正による重要な虚偽表示リスクに関する有益な情報を入手できる可能性は低く，その他の企業構成員に対する質問は，通常伝 |

達されない情報を企業構成員から監査人が入手できる機会をもたらす。

その他の企業構成員は，例えば，財務報告プロセスに直接関係しない業務担当者，異なる職位の従業員，複雑な又は通例でない取引の開始，記録又は処理に関係した従業員と，その管理者又は監視者，法務部門担当者，倫理担当役員又はその同等者，不正の申立てに対応する責任者が含まれる。

監査人は，質問に対する経営者の回答を評価する場合，経営者が最も不正を行いやすい立場にあることが多いため，職業的懐疑心を保持して，質問に対する回答を他の情報で裏付けることが必要かどうかを判断する。

3）内部監査機能を有する企業については，内部監査に従事する適切な者に対して，企業に影響を及ぼす不正，不正の疑い又は不正の申立てを把握しているかどうかを判断するため，及び不正リスクに関する見解を得るため，質問を行わなければならない（第18項・A17項）‥‥内部監査人が不正を発見するために監査対象期間中に実施した手続や，内部監査人が当該手続を実施したことにより発見した事項に対する，経営者による十分な対応の有無につき，質問することがある。

なお不正基準で求められる不正リスクに関連する質問は，上記1）から3）によって実施される（240FA10 - 6項）。

分析的手続 （240第21項）	収益勘定を対象としたものを含めて，**分析的手続の実施により識別した通例でない又は予期せぬ関係が，不正リスクを示す可能性があるか**どうかを検討し，その結果を監査調書に記載する。 分析的手続は，財務諸表及び監査において留意すべき，通例でない取引又は会計事象，金額，比率及び傾向の存在を識別する場合に有益である。監査人は，分析的手続を実施する際には，内部統制を含む，企業及び企業環境の理解に基づいて，データ間に存在すると推測される関係を利用して推定値を算出し，これらの推定値と財務諸表項目の金額又は比率とを比較した結果，通例でない又は予期せぬ関係を発見した場合には，不正リスクを識別する際に，これらの分析結果を考慮する。監査人は，架空売上や，経営者から提示されていない付帯契約の存在を示唆するような顧客からの多額の返品といった，不正リスクを示す可能性がある通例でない又は予期せぬ関係を識別するために，収益勘定を対象として分析的手続を実施することがある。

取締役会や監査役等の監視活動の理解 (240 第19・20項)	1) 不正リスクの識別と対応について経営者が構築した一連の管理プロセス及び不正リスクを低減するために経営者が構築した内部統制に対する監視を，取締役会及び監査役等がどのように実施しているかを理解・・・取締役及び監査役等は，リスク管理，財務報告及び法令遵守に関する体制を監視する責任があり，不正リスクに対する評価と当該リスクに対応する内部統制に対する監視の役割を果たしている。監査人は，取締役会及び監査役等が実施している監視活動を理解することにより，経営者による不正が行われる可能性，不正リスクに対応する内部統制の妥当性及び経営者の能力と誠実性に関しての見識を得ることがあり，取締役会及び監査役会（又は監査等委員会若しくは監査委員会）の議事録の閲覧又は監査役等若しくは非業務執行取締役への質問などによって，これらを理解できる場合がある。 2) 経営者の回答を補強する意味合いも込めて，監査役等にその企業に影響を及ぼす不正，不正の疑い又は不正の申し立てを把握しているかどうかを質問。 　なお不正基準で求められる不正リスクに関連する質問は，上記1)と2)によって実施される（240FA10 – 6項）。
その他の情報 (240 第2・A20項)	監査人は，自ら入手したその他の情報が不正リスクを示しているかどうかを考慮しなければならない。・・・分析的手続による入手情報に加え，企業及び企業環境，適用される財務報告の枠組み並びに企業の内部統制システムについて入手したその他の情報は，不正リスクの識別に有用なことがあり，監査チーム内の討議により，そのようなリスクの識別に役立つ情報を入手することがある。また監査契約の新規の締結及び更新に関する手続並びに企業に対して実施したその他の業務（例えば，四半期レビュー業務）において入手した情報は，不正リスクの識別に関連することがある。
不正リスク要因の検討 (240 第23項)	不正リスク要因は，不正な財務報告に関する要因と資産の流用に関する要因のそれぞれにつき，不正を実行する「動機・プレッシャー」の存在を示す事象や状況，不正を実行する「機会」を与える事象や状況，又は不正行為に対する姿勢や不正行為を正当化する状況をいう。不正の発生に関係する状況として，以下のような状況がある（240 第10項，A21・A23項，付録1）。 ・経営者が，企業内外の関係者から期待される（そして，おそらく非現実的な）利益目標又はその他の財務的な目標達成のプレッシャー下にある場合，財務的な目標達成の失敗の影響は経営者にとって深刻となり得ることから，不正な財務報告を実行する動機・プレッシャー

が存在することがある。また現金等の窃盗されやすい資産を取り扱う従業員につき，解雇が公表された，又は予想される等，会社と対立関係になっている場合や，収入を超えた生活をしている場合は，資産を流用する動機を持つ場合がある。

・例えば責任のある立場にいるため，又は特定の内部統制の不備を知っているために，内部統制を無効化できると考える者は，不正を実行する機会を有している。

・経営者が株価と利益傾向の維持や増大，又は不当に税金を最小限とすることに過剰な関心を抱いたり，モラルが低い等の場合，不正な財務報告を実行する姿勢や正当化の要因となり得る。また従業員の処遇や企業に対する不満が存在する，また資産の流用に関するリスクを考慮した監視活動や，当該リスクを低減する活動を行っていない等の場合は，資産の流用を実行する姿勢や正当化に結び付きやすい。

　不正な財務報告は，財務諸表の利用者を欺くために財務諸表に意図的な虚偽の表示を行うことであり，計上すべき金額を計上しないこと又は必要な注記を行わないことを含んでおり，経営者による内部統制の無効化を伴うことが多い。

　また企業の業績や収益力について財務諸表の利用者を欺くために，経営者が利益調整を図ることを目的として行われる可能性がある。このような利益調整は，経営者の些細な行為又は仮定や判断の不適切な変更から始まることが多い。これらの行為は，動機やプレッシャーによって，不正な財務報告にまで至ることがある。例えば，業績報酬を最大にしたいという欲求や，市場の期待に応えるというプレッシャーのために，不正な財務報告を行うことがある。また，税金を最小限にするための利益の圧縮，又は銀行からの資金調達を確保するための利益の水増しといった動機を持つこともある。

　不正な財務報告は，以下の方法により行われることがある（240A2・A3・A4項）。

・財務諸表の基礎となる会計記録や証憑書類の改竄，偽造又は変造

・取引，会計事象又は重要な情報の財務諸表における虚偽の記載や意図的な除外

・金額，分類，表示又は注記事項に関する意図的な会計基準の不適切な適用

　資産の流用は企業の資産の盗罪をいい，従業員により行われ，比較的少額であることが多いが，資産の流用を偽装し隠蔽することを比較的容易に実施できる立場にある経営者が関与することもある。資産の流用は，以下のような方法で行われることがある（240A5項）。

・受取金の着服（例えば，売掛金の回収金を流用すること，又は償却済債権の回収金を個人の銀行口座へ入金させること）

・物的資産の窃盗又は知的財産の窃用（例えば，棚卸資産を私用又は販売用に盗むこと，スクラップを再販売用に盗むこと，競合企業と共謀して報酬と引換えに技術的情報を漏らすこと）

・企業が提供を受けていない財貨・サービスに対する支払（例えば，架空の売主に対する支払，水増しされた価格と引換えに売主から企業の購買担当者に対して支払われるキックバック，架空の従業員に対する給与支払）

・企業の資産の私的な利用（例えば，企業の資産を個人又はその関係者の借入金の担保に供すること）

なお，資産の流用においては，資産の紛失や正当な承認のない担保提供といった事実を隠蔽するために記録又は証憑書類の偽造を伴うことが多い。

企業の規模，複雑性及び所有形態は，関連する不正リスク要因の検討に関し重要な影響を及ぼし，大企業の場合には，取締役会や監査役等による有効な監視，有効な内部監査機能，文書化された行動規範の存在と運用は，経営者による不適切な行為を抑止する働きを持つ（240A24 項）。

不正リスク要因の存在は，必ずしも不正が行われていることを示すわけではないが，不正が発生した状況においては，不正リスク要因が存在していることが多く，したがって不正リスクを示すことがある。

監査人は，実施したその他のリスク評価手続とこれに関連する活動により入手した情報が，不正リスク要因の存在を示しているかどうかを検討しなければならない（240 第23 項）。そして，識別した不正リスク要因を考慮した上で，財務諸表全体レベルの不正リスクか，アサーション・レベルの不正リスクかを識別し評価し，不正による重要な虚偽表示であると評価したリスクを，特別な検討を必要とするリスクとして取り扱わなければならない（240 第24 項）。

なお，不正リスクを識別し評価する際，収益認識については，多くの場合，**先行認識又は架空計上による過大計上という不正リスク**があるという推定に基づき，**どのような種類の収益，取引形態又はアサーションに関連して不正リスクが発生するかを判断**しなければならない。

　また単一の賃貸経営からのリース収入のように，収益取引が単一の形態で単純である場合のように，収益認識に関して不正リスクがあるという推定を適用する状況にないと結論付け，**収益認識を不正リスクとして識別しない場合には，その理由を監査調書に記載**しなければならない（240第46項）。

　また監査責任者と監査チームの主要メンバー（全てのメンバーではない）は，財務諸表に重要な虚偽表示が行われる可能性につき討議し，監査責任者は討議に参加していない監査チームメンバーに伝達する事項を決定しなければならないが，監査チームメンバーは，経営者，取締役等及び監査役等が信頼でき誠実であるという考えを持たずに，特に**不正による重要な虚偽表示が財務諸表のどこにどのように行われる可能性があるのか**について，重点的に討議を行い，知識を共有することが求められる（240第14項）。なお不正基準が適用される場合，監査責任者は，監査業務の監督に際し，事業上の合理性が不明瞭な通例でない重要な取引等，不正示唆状況を含む，監査の過程で発見された不正に関連する重要な会計及び監査上の問題となる可能性がある事項を，より経験のある監査チーム内のメンバーに報告するよう監査チームメンバーに指示しなければならない。さらに当該事項の重要性の程度を検討し，監査計画を適切に修正するとともに，専門的な見解の問合せが必要な事項又はより経験のある監査チームのメンバーが検討を必要とする事項を特定しなければならない（240F14－2，FA10－2，FA10－3項）。

3．評価した不正リスクへの対応

（1）全般的な対応

　監査人は評価した財務諸表全体レベルの不正リスクについては，全般的な対応を決定しなければならない。その決定においては，①重要な取引の裏付けとなる証憑書類の種類及びその範囲をより注意深く選択すること，及び②重要な事項に関する経営者の説明や陳述を裏付ける必要性の認識を高める，等を具体的な内容とする，**高められた職業的懐疑心を監査全般にどのように反映する**ことができるか，を考慮するとともに，以下の事項を実施しなければならない（240第27・28項，A31項）。

図表4−2 不正リスクへの全般的対応（240A32〜A34項）

① 重要な役割を与えられる監査チームメンバーの知識，技能及び能力，並びに評価した財務諸表全体レベルの不正リスクを考慮した上での監査チームメンバーの配置と指導監督（例えば不正調査やITの専門家のような専門的知識と技能を持ったメンバーの追加や豊富な経験を有するメンバーの配置）

② 企業が採用している会計方針の選択と適用，特に主観的な測定と複雑な取引に関係する会計方針について，経営者による利益調整に起因する不正な財務報告の可能性を示唆しているかどうかの評価

③ 実施する監査手続の種類，時期及び範囲の選択に当たって，企業が想定しない要素の組込み（例えば，重要性やリスクの観点から通常選択しない勘定残高やアサーションについての実証手続の実施や，監査手続の想定される実施時期の変更，異なるサンプリング方法の使用，往査事業所の選択方法の変更又は予告なしの往査を行う。企業構成員のうち通常の監査業務で実施される監査手続に詳しい者が不正な財務報告の隠蔽をより容易に行えることから，これを防止するために実施）

（2）アサーション・レベルの不正リスクに対応する監査人の手続

次に監査人は，評価したアサーション・レベルの不正リスクに応じて，リスク対応手続を立案し実施しなければならない。評価したアサーション・レベルの不正リスクに対しては，当該アサーションについて不正リスクを識別していない場合に比べ，**より適合性が高く，より証明力が強く，又はより多くの監査証拠を入手**しなければならず，そのため図表4−3の対応が求められる（240第29項）。

図表4−3 不正リスクに対するリスク対応手続の留意点

1）**実施するリスク対応手続の種類，時期及び範囲の変更**（240A35項）
・より証明力が強くより適合性の高い監査証拠を入手するために，又は裏付けとなる追加的な情報を入手するために，実施する監査手続の種類の変更が必要となることがある。監査手続の種類の変更は，例えば以下のように，実施する監査手続の手法とその組合せに影響を及ぼすことがある。
− 特定の資産の実地棚卸立会や実査を実施することがより重要になる場合，又は重要な勘定や電子的な取引ファイルに含まれるデータについてより多くの証拠を集めるためにコンピュータ利用監査技法（CAAT）を利用することがある。

　－　監査人は追加的な裏付け情報を入手する手続を立案する場合もある。経営者に
　　利益目標達成のプレッシャーがかかっていると監査人が識別した場合には，収益
　　を認識できないような条件を付された販売契約を締結することによって，又は出
　　荷前に請求書を発行することにより，売上を過大計上するリスクが存在すること
　　もあり，この場合，売上債権残高だけでなく，日付，返品条件及び引渡条件を含
　　めた販売契約の詳細を確認し，さらに販売契約及び出荷条件の変更について，経
　　理以外の部門に質問し，確認を補完することが有効なこともある。
・実証手続の実施の時期の変更が必要となることがある。
　　監査人は，期末日又は期末日近くで実証手続を実施することが，評価した不正リ
　スクにより適切に対応すると結論付けることがある。意図的な虚偽表示又は利益操
　作が行われるリスクがある場合には，監査人は，期中の監査上の結論を期末日まで
　更新して利用するために実施する監査手続は有効でないと結論付けることがある。
　対照的に，意図的な虚偽表示（例えば，不適切な収益認識が関係する虚偽表示）は，期中
　から始められる場合があるので，取引の発生に近い時期又は監査対象期間を通じて，
　実証手続を適用することがある。
・実施する監査手続の範囲の変更が必要となることがある。
　　例えばサンプル数の増加や，より詳細なレベルでの分析的実証手続の実施が適切
　なこともある。またCAATを用いることにより，電子的な取引ファイルと勘定ファ
　イルに対するより広範な手続の実施が可能となることがある。CAATは重要な電子
　的ファイルからのサンプル抽出，特性に基づいた取引のソート又は項目抽出を行わ
　ずに母集団全体に手続を実施する場合に利用できる。

2) 棚卸資産の数量に関係する不正リスクを識別した場合の対応 （240A36項）

　　在庫記録の査閲が，実地棚卸時又は棚卸後において特に留意すべき事業所や品目
　の識別に役立ち，査閲の結果，例えば，予告なしに特定の事業所の実地棚卸の立会
　を決定する，又は各事業所で一斉に実地棚卸を実施するように企業に依頼すること
　がある。

3) 多くの勘定科目とアサーションに影響する不正リスクへの対応 （240A37項）

　　これらは資産評価，特定の取引（例えば，買収，リストラクチャリング又は事業セグメ
　ントの廃止）や重要な債務（退職給付債務等）に関する見積りを含むことがあり，また
　そのリスクは，経常的な見積りに関する仮定の重要な変更に関係することもある。
　企業及び企業環境の理解を通じて入手した情報は，経営者の見積り及びその基礎と
　なる仮定と判断の合理性に対する監査人の評価に役立つこともあり，過年度におけ
　る経営者の類似の仮定と判断を遡及的に検討することにより，経営者の見積りを裏
　付ける仮定と判断の合理性についての理解が得られることもある。

　また不正リスクに対応する手続として**積極的確認を実施したが未回答で不正基準が適用される場合，監査人は代替的な監査手続に移行する前に，未回答の理由について慎重に検討し，企業の担当者に未回答の理由を質問し，不正リスク要因を示唆していないかどうかの検討**が求められる。そしてその上で，**回答者への回答の督促の実施**や，**確認依頼の再発送又は追加送付**により，回答の入手に努めるものとされる。また代替的な監査手続の実施においては，例えば，企業及び当該子会社又は企業の影響力が及ぶ関連当事者の作成した情報のように，**企業内部又は企業の影響力が及ぶ範囲で作成された情報も，情報の作成と管理に関する内部統制が有効であれば，必要な監査証拠を入手できるケースもあるので利用することができる。但し当該情報の信頼性については，より慎重に判断**することが求められている（240F 1 - 2，FA19 - 3，19 - 4）。

　なお，不正による重要な虚偽表示に関するリスク対応手続は，図表4 - 4のとおり，収益認識等に関係する不正な財務報告による，又は資産の流用による重要な虚偽表示に関するリスク対応手続とに分けて例示される。

> **図表4 - 4　不正による重要な虚偽表示に関するリスク対応手続の例示**
> （240 付録2）

1）アサーション・レベルにおける検討事項

　不正による重要な虚偽表示に関するリスク対応手続は，不正リスク要因の種類や組合せ，又は識別した状況，並びにこれらが影響する取引種類，勘定残高及び注記事項並びにアサーションによって異なる。リスク対応手続の例は次のとおりである。

・**予告なしに事業所を往査するか，又は特定の監査手続を実施する。**例えば，前もって監査人が参加することが伝えられていない事業所の実地棚卸立会を実施する，又は抜打ちで現金を実査する。

・棚卸資産の実地棚卸完了日と期末日との間に残高の操作が行われないようにするため，**期末日又は期末日近くに棚卸をするよう企業に依頼する。**

・**主要な得意先及び仕入先に対して確認状を送付するとともに，直接連絡をとる**ことにより多角的な情報を得る。

・期末の修正仕訳を詳細に検討し，取引内容や金額について**通例でないと思われるすべての仕訳を調査する。**

・**重要かつ通例でない取引，特に期末日又は期末日近くに発生する取引**について，関連当事者との取引の可能性や資金移動の裏付けを調査する。

・各種データを使用して分析的手続を実施する。例えば売上高と売上原価について地域別，事業セグメント別又は月別に，監査人が算出した推定値と比較する。
・不正リスクを識別した部門の担当者に対して，不正リスクに関する見解と対応について質問する。
・他の監査人が子会社等の財務諸表を監査している場合には，関連当事者との取引等から生じる不正リスクに対応するため，実施すべき監査業務の範囲を当該他の監査人と討議する。
・不正による重要な虚偽表示が行われる可能性が高い財務諸表項目について，専門家が行った業務が特に重要である場合には，当該専門家による仮定，方法又は結果に関して追加手続を実施し，その結果が非合理的ではないことを確認する。確認できなかった場合は，他の専門家への依頼を検討する。
・会計上の見積りや判断を伴う項目，例えば，引当金がその後どのように取り崩されたかを評価するために，当年度の開始残高からの変動を分析する。
・期中に実施された調整の検討を含め，企業が作成した勘定残高の調整表等について調査する。
・CAAT を用いて手続を実施する。例えばデータマイニングにより母集団から異常取引を抽出する。
・コンピュータ処理された記録や取引の信頼性を検証する。
・外部証拠を追加して収集する。

2）不正な財務報告による重要な虚偽表示に関するリスク対応手続

《(1) 収益認識》

・各種データを利用して，収益に関する分析的手続を実施。例えば，**月別及び製品別又は事業セグメント別に，当年度の収益を前年の収益と比較**。CAAT は通例でない又は予期せぬ収益間の関係や取引の識別に有用な場合がある。
・会計処理は特定の条件又は契約により影響を受けるが，これらの事項，例えば，リベートに関する算定基礎や算定期間が十分に明記されていないことが多いため，**契約条件及び付帯契約がないことを取引先に確認する。検収条件，引渡条件，支払条件，製品の返品権，保証された再販金額，解約条項又は払戻条項**がある場合には，このような状況が当てはまる。
・販売担当者，マーケティング担当者又は法務部門担当者に，期末日近くの売上と出荷，及びこれらの取引に関する通例でない条件や状況について質問。
・期末日に複数の事業所を往査し，出荷準備が完了した若しくは返品処理待ちの両品を観察，又は売上や棚卸資産のカットオフ手続の実施。
・収益に関する処理がコンピュータ処理されている場合，計上された収益に関する取引の発生と記録に関する内部統制の有効性を検討。

《(2) 棚卸数量》
・実地棚卸手続において特に留意すべき事業所や品目を識別するため，在庫記録を査閲。
・特定の事業所の実地棚卸に予告なしに立ち会う，又は各事業所で一斉に現物のカウントを実施。
・実地棚卸完了日と期末日との間に残高の操作が行われないようにするため，期末日又は期末日近くに棚卸を実施するよう企業に依頼。
・実地棚卸立会中に追加手続を実施。例えば，箱詰された品目の内容，商品の積み方又はラベルの添付方法，及び香料や特殊な化学物質のような液体物質の品質（純度，等級，濃度等）について，より厳密に調査。
・棚卸資産の種類や区分，所在場所又は他の分類基準ごとに当年度の数量を前年度の数量と，又は実際残高を継続記録と比較。
・実地棚卸結果を検証するため，CAAT を利用（例えばタグコントロールを検証するために棚札番号順に並べる，又は品目の脱落や重複の可能性を検証するために項目番号順に並べる）。

《(3) 経営者の見積り》
・経営者から独立した専門家に依頼し，経営者の見積りと比較。
・見積りの選定となる事業計画を遂行する経営者の能力と意図を裏付けるため，経営者や経理部門以外の者にまで質問対象を広げる。

3）資産の流用による重要な虚偽表示リスクに関するリスク対応手続
・期末日又は期末日近くにおいて現金や有価証券を実査。
・得意先に直接，監査対象期間の取引活動（マイナスの請求書の発行金額，売上返品及び支払日）について確認。
・償却済み債権の回収分析の実施。
・保管場所別又は製品種類別に，棚卸資産の減耗について分析を行う。
・主要な棚卸資産比率について業界平均と比較。
・棚卸資産の差異に関する分析資料を検討。
・仕入先リストと従業員リストを CAAT により照合し，住所や電話番号が一致していないかどうか確かめる。
・給与支払記録を CAAT により調査し，住所，従業員番号又は銀行口座の重複がないかどうかを確かめる。
・業績評価がないなど実在性の疑われる従業員がいないかどうかについて人事記録を調査。
・異常な売上値引や返品について分析。
・第三者との特殊な契約条件を確認。

・契約が約定どおり履行されていることを確かめる。
・多額で通例でない費用について妥当性を検討。
・経営者とその関係者への貸付に関する承認や帳簿残高を検討。
・経営者から提出された経費報告書の妥当性を検討。

（3）経営者による内部統制の無効化に関係したリスク対応手続

　経営者は，有効に運用されている内部統制を無効化することにより，会計記録を改竄し，不正な財務諸表を作成することができる特別な立場にあり，**経営者による内部統制を無効化するリスク**の程度は，企業により異なるがすべての企業に存在する。内部統制の無効化は予期せぬ手段により行われる（具体的な内部統制の無効化の手法は図表4－5参照）ため，不正リスクであり，それゆえ特別な検討を必要とするリスクである（240第30項）。

図表4－5　不正のために経営者が行う内部統制の無効化の手法（240A4項）

・**経営成績の改竄**等の目的のために架空の仕訳入力（特に期末日直前）を行う。
・会計上の見積りに使用される**仮定や判断を不適切に変更**する。
・会計期間に発生した**取引や会計事象を認識しない**こと，又は認識を不適切に早めたり遅らせたりすること。
・適用される財務報告の枠組みで**要求される注記事項**又は適正表示を達成するために**必要な注記事項を省略**したり，不明瞭に記載したり，又は誤った**表示**をする。
・財務諸表に記録される金額に影響を与える可能性のある**事実を隠蔽**する。
・企業の財政状態又は経営成績を偽るために**仕組まれた複雑な取引を行う**。
・**重要かつ通例でない取引**についての**記録や契約条項を偽造**する。
　これに対し組織内での適切な全社的又は業務プロセスレベルに係る内部統制の構築は，複数の者が当該事実に関与するため，経営者によるこうした行為の実行は相当程度，困難なものとなる。また適切な経営理念等に基づく社内の制度の設計・運用，適切な職務の分掌，組織全体を含めた経営者の内部統制の整備及び運用に対する取締役会による監督，監査役等による監査及び内部監査人による取締役会及び監査役等への直接的な報告に係る体制等の整備も経営者による内部統制の無視又は無効化への対策となると考えられる。なお，経営者以外の内部統制における業務プロセスに責任を有する者が，内部統制を無視又は無効ならしめることもあるので留意（財務報告に係る内部統制の評価及び監査の実施基準3.）。

　監査人は，経営者による内部統制を無効化するリスクに対する監査人の**評価にかかわらず**，当該リスクに対応するため**リスク・アプローチの限界を補う監査手続**として（監基研1号第21 − 2項），①仕訳入力及びその他の修正に対する詳細テスト（以下「**仕訳テスト**」とする），②会計上の見積りにおける経営者の偏向の有無，③通例でない取引の評価，といった監査手続を立案し実施しなければならない。またこれらの手続では十分に対応していない当該リスクを識別した場合には，その他の監査手続を併せて実施する必要があるかどうかを決定しなければならない（240第31・32項）。

① **仕訳テスト**

　総勘定元帳に記録された仕訳入力や総勘定元帳から財務諸表を作成する過程における修正についての適切性を検証するために，以下の手続を立案し実施しなければならない（240第31項）。

図表4−6　仕訳テストにおいて実施する手続

・財務報告プロセスの担当者に対し，仕訳入力及び修正のプロセスに関連する**不適切又は通例でない処理について質問**する。
・**期末時点で行われた仕訳入力及び修正を抽出**する（不正な仕訳入力やその他の修正は，多くの場合，期末に行われるため）。
・仕訳入力及び修正を，**監査対象期間を通じて検証する必要性を考慮**する（不正による重要な虚偽表示やさまざまな隠蔽行為は年度を通じて起こり得るため）。

　これは不正による重要な虚偽表示が，**不適切な又は権限外の仕訳を記録するような財務報告プロセスにおける操作を伴う**ことが多く，**監査対象期間を通じて，又は期末**に経営者によって，**連結決算修正又は組替のように正規の仕訳によらずに財務諸表上の金額を修正**することにより行われる可能性があることによる（240A39項）。

　また監査人が，仕訳入力に対する不適切な，内部統制の無効化に関係する重要な虚偽表示リスクを検討することも重要である。これは自動化されたプロセスや内部統制が，不注意から生ずる誤謬のリスクを低減させることがあるにしても，例えば，**総勘定元帳又は財務報告システムが自動的に処理した金額を個**

人が変更するといった，**自動化されたプロセスを不適切に無効化するリスクに**対応しないためである。また IT が情報の自動的な転送に使用されている場合，情報システムにはそのような介入についての可視的な証拠がほとんど又はまったくないことがあることによる（240A40項）。

②　会計上の見積りにおける経営者の偏向の有無の検討

　経営者の偏向が会計上の見積りに存在するかどうかを検討し，偏向の発生している状況がもしあれば，不正リスクを示すかどうか評価するために，以下の手続を実施する（240第31項（2）①②）。

図表4－7　経営者の偏向に対する手続

・財務諸表に含まれる会計上の見積りにおける経営者の判断及び決定が，個々には合理的であるとしても，不正リスクとなるような経営者の偏向が存在する可能性を示唆するものであるかどうかを評価し，示唆している場合には，会計上の見積りを全体として再評価する。

　　経営者は財務諸表の作成に際して，重要な会計上の見積りに影響する多くの仮定または判断を行うこと及び継続して見積りの合理性を監視することに責任があり，不正な財務報告は，会計上の見積りに関する意図的な虚偽表示によって行われることが多いためである。例えば，企業の業績と収益力に関して財務諸表の利用者を欺く目的で，利益の平準化又は目標利益水準を達成するために，引当金等がすべて過少又は過大表示されることを考えればよい。

・過年度の財務諸表に反映された重要な会計上の見積りに関連する経営者の仮定及び判断に対して，遡及的に検討すること。

　　実施目的は，経営者の偏向の可能性が示唆されているかどうかを判断することであり，過年度において行った監査人の判断を問題とするものではない。また遡及的な検討は，経営者の過年度の見積りプロセスの有効性，鑑定額についての監査証拠，又は該当する場合，当年度の会計上の見積りを行うための過年度の会計上の再見積額についての情報や，財務諸表に注記することが求められる見積りの不確実性のような事項についての監査証拠を入手するためのリスク評価手続として行う（以上，240A43, 44項参照）。

---

③　通例でない取引の評価

　企業の通常の取引過程から外れた重要な取引，又は企業及び企業環境に関す

る監査人の理解や監査中に入手した情報を考慮すると通例でないと判断される
その他の重要な取引について，取引の事業上の合理性（又はその欠如）が，不正
な財務報告を行うため又は資産の流用を隠蔽するために行われた可能性を示唆
するものであるかどうかを評価する（240第31項（3））。

　上記①と③に対する留意事項は，図表4－8のとおりである。

> **図表4－8　経営者による内部統制の無効化に関係したリスク対応手続の留意事項**

《仕訳テスト》（240A40・41項）
　詳細テストを実施する仕訳入力及びその他の修正を識別して抽出し，これらの裏
付けを適切に検証する方法を決定する場合の関連事項
・**不正リスクの識別と評価の過程で入手した不正リスク要因とその他の情報**は，詳
　細テストを実施する特定の仕訳入力及びその他の修正を識別するのに役立つ。
・仕訳入力及びその他の修正に関して**適用された内部統制運用評価手続**を実施し有
　効と判断すれば，必要となる詳細テストの範囲を狭めることができる。
・**財務報告プロセスと入手可能な証拠**
　　多くの企業では，定型的な取引の処理を手作業と自動化された内部統制を組合
　せて行っており，仕訳入力及びその他の修正プロセスも，同様にして行っている
　ことが多く，財務報告プロセスにおいてITを利用している場合には，仕訳入力
　及びその他の修正は電子的情報のみで存在することがある。
・**不適切な仕訳入力及びその他の修正が持つ特性**
　　不適切な仕訳入力及びその他の修正は，例えば以下のような識別できる特性を
　持っていることが多い。
① **取引とは無関係な又はほとんど使用されない勘定**を利用した仕訳入力
② **入力担当者以外によって入力**された仕訳入力
③ **期末又は締め切り後の仕訳入力**のうち，**摘要欄の説明が不十分**な仕訳入力
④ **未登録の勘定科目を用いて行われる**仕訳入力
⑤ **同じ数字が並ぶ数値を含んでいる**仕訳入力（例えば000や999）
・**勘定の性質と複雑性**
　以下のような勘定に含まれる場合がある。
① 複雑又は通例でない取引を含む勘定
② 重要な見積りと期末修正を含む勘定
③ 過去において虚偽表示に利用された勘定
④ 適時に調整されていない又は未調整の差異を含む勘定
⑤ 内部取引を含む勘定

⑥ その他，識別した不正による重要な虚偽表示リスクと関係する勘定

なお，複数の事業所又は構成単位がある企業では複数の事業所又は構成単位からの仕訳入力を抽出する必要性を検討する。

・非定型的な仕訳入力やその他の修正

　非定型的な仕訳入力は，月次の販売，購買，支払といった経常的な取引を帳簿に記録する仕訳と同じ内容と範囲の内部統制では対応できないことがある。

《通例でない取引の評価》（240A46 項）

　企業の通常の取引過程から外れた重要な取引，又は通例でないと判断される重要な取引が，不正な財務報告を行うため又は資産の流用を隠蔽するために行われたことを示す兆候には，以下が含まれる。

・取引の形態が非常に複雑（例えば，連結グループ内における複数の企業間取引，又は通常は取引関係のない複数の第三者との取引）

・経営者が，取引内容や会計処理を取締役会又は監査役等と討議しておらず，十分に文書化していない

・経営者が取引の実態よりも**特定の会計処理の必要性を強調している。**

・特別目的会社等を含む非連結の関連当事者との取引が，取締役会によって適切に検討され承認されていない。

・取引が，以前には識別されていなかった関連当事者，又は実体のない取引先や被監査会社からの支援なしには財務的資力がない取引先に関係している。

4. 監査証拠の評価

（1）不正による重要な虚偽表示の兆候を示す状況を識別した場合のリスク評価への考慮

不正による重要な虚偽表示の兆候を示す状況（以下「不正兆候状況」）とは，不正による重要な虚偽表示が行われている**可能性を示す状況**をいう（240 第 10 項（1））。

　また，**不正による重要な虚偽表示を示唆する状況**（以下「不正示唆状況」）とは，不正兆候状況のうち，不正による重要な虚偽表示が行われている**可能性がより高いものとして，不正基準で取り扱われているものを**いう（240 第 10 項 F（5）），不正基準の発効以前はなかった概念である。不正兆候状況と，不正示唆状況の例示は，監基報 240 の付録 3 と付録 4 にそれぞれ示されるが，実は後者の例示は，分類項目こそ異なれ前者とほぼ同じであり，同じ状況でも不正基準が適用

200

される場合は，不正による重要な虚偽表示が行われている可能性がより高いものとして，後述するように（懐疑心の保持から一歩進み）**懐疑心を高め，相応の手続を実施することが求められる**ことを意味する。

　以下，不正示唆状況とは明らかに異なる，不正兆候状況の例示を図表4－9に掲げる。

図表4－9　不正兆候状況の例示（240 付録3）

会計記録の矛盾	・従業員が，業務の遂行上必要のないシステム又は記録にアクセスした証拠が存在する。
証拠の矛盾又は紛失	・勘定残高の通例でない変動や趨勢の変化，又は売上の増加を上回る売上債権の増加といった重要な財務比率や相関関係の変動がみられる。 ・質問や分析的手続の結果，経営者や従業員から入手した回答に矛盾が生じている，又は説明が曖昧であったり，信頼性が疑われる。 ・重要な記録等に矛盾する点が存在する。 ・売上債権勘定に多額の貸方記帳その他の修正がある。 ・売上債権勘定の補助簿と統制勘定又は顧客向け報告書との差異に関して十分な説明がない。 ・多額の棚卸資産又は有形資産を紛失している。 ・企業の記録保存に関する手続に従っていないため，利用不可能な又は消失した電子的証憑がある。 ・確認の回答件数が予想と大きく乖離している。 ・重要なシステム開発やプログラム変更テスト，又は当年度のシステム変更やプログラムの設置に関する証拠が入手できない。
経営者の監査への対応	・複雑な又は問題のある事項の解決について経営者が不当な時間的プレッシャーを加える。 ・監査の実施に関する経営者の不満が存在する。又は監査証拠に対する監査人の批判的評価や経営者との潜在的な意見の相違などに関して，経営者が監査チームメンバーに不当なプレッシャーを与える。 ・監査上必要な情報の提供を著しく遅延する。 ・監査人がCAATを用いてテストを行う際に，重要な電子的ファイルへのアクセスを制限する。 ・セキュリティ，運営及びシステム開発の担当者を含む重要なIT担当者と接することや設備へ立ち入ることを拒否する。 ・財務諸表をより完全で理解しやすいものとするための注記の追加や修正に消極的である。 ・識別された内部統制の不備に対して適時に対処することに消極的である。

その他	・監査人が取締役又は監査役等と接することに経営者が消極的である。 ・企業が属する産業における一般的な会計方針とは異なる会計方針を採用しようとしている。 ・従業員による企業の行動規範に対する違反について寛容である。

　監査人は監査手続を実施した結果，不正兆候状況を識別した場合には，これを考慮してアサーション・レベルの不正リスクに関する評価が依然として適切であるかどうかを判断するが，これは監査人の職業的専門家としての判断に基づき主に質的な側面を検討することにより行われる。またこれにより監査人は不正リスクについて理解を深め，追加的な又は異なる監査手続を実施する必要性についての見解が得られることがある，とされる（240 第 32 - 2・A47 項）。

　そして上記の結果，当初は識別していなかったアサーション・レベルの不正リスクを識別した場合には，不正に対応した手続を行う。

（2）全般的な結論を形成するための分析的手続の結果の評価

　監査人は企業に関する監査人の理解と財務諸表が整合していることについての全般的な結論を形成するために，監査の最終段階で分析的手続を実施するが，その結果がこれまで認識していなかった不正リスクを示唆していないかどうかを評価しなければならない（240 第 33 項）。

　どのような傾向や関係が不正リスクを示唆しているかを決定する際には，監査人の職業的専門家としての判断を要するが，特に期末日前後の収益や利益を伴う通例でない関係が該当する。例えば，期末日前の数週間に計上された，異常に多額な利益や通例でない取引，又は営業活動によるキャッシュ・フローの傾向と矛盾する利益などである（240A48 項）。

（3）虚偽表示の識別

　監査人が虚偽表示を識別した場合に，財務諸表監査における不正に関連して，とるべき対応は以下の図表4 - 10 の2つである。

> ### 図表 4 - 10　財務諸表監査における不正に関連して
> ### 虚偽表示を識別した場合にとるべき対応

・当該虚偽表示が不正の兆候であるかどうかを評価

　不正は,不正を実行する「動機・プレッシャー」,「機会」,不正行為に対する「姿勢・正当化」に関係しているので,不正が単発的に発生することはほとんどなく,特定の事業所での多数の虚偽表示は,その累積的影響が重要でないとしても,不正リスクを示唆することがある。よって不正の兆候であると判断した場合,当該事実を認識し,他の監査の局面との関係,特に経営者の陳述の信頼性に留意して,当該虚偽表示が与える影響を評価しなければならない（240 第34項,A49項）。

・不正リスクに関する評価と,実施するリスク対応手続の種類,時期及び範囲への影響を再評価

　識別した不正の影響はその状況によって決まり,例えば,他の場合には重要ではない不正でも,上級経営者が関与している場合は重要となることがあり,そのような状況下では,経営者の陳述性と信頼性及び会計記録と証憑書類の真正性が疑わしくなるので,これまでに入手した証拠の信頼性に疑義が生じることもある。また従業員,経営者又は第三者による共謀の可能性もある。

　そこで識別した虚偽表示が重要であるかどうかにかかわらず,当該虚偽表示が不正に起因するものであるか又はその可能性があり,経営者（特に上級経営者）が関与していると考えるときは,不正リスクに関する評価と,実施するリスク対応手続の種類,時期及び範囲への影響を再評価しなければならない。また監査人は,それまでに入手した証拠の証明力を再検討する場合,従業員,経営者又は第三者による共謀の可能性を検討しなければならない（240 第35項・A40項）。

（4）不正示唆状況を識別した場合の対応

　監査人が,監査実施の過程において,不正示唆状況を識別した場合には,不正による重要な虚偽表示の兆候が識別された場合に比べ,不正による重要な虚偽表示が行われている可能性がより高いことから,不正基準の適用により,（懐疑心の保持から一歩進み）懐疑心を高め,以下の手続の実施が求められる。

　まず不正による重要な虚偽表示の疑義（以下「不正疑義」）が存在していないかどうかを判断するために,経営者に質問し説明を求めるとともに,追加的な監査手続を実施しなければならない（240F35 - 2項）。そして当該手続の実施によ

り，アサーション・レベルの不正リスクに関する評価が依然として適切である
かどうかを判断する（240FA50 - 2項，監基研1号F18項）のは，不正兆候状況を
識別した場合と同様である。

　不正疑義とは，不正による重要な虚偽表示の**疑いが高いと判断した状況**をい
い（240第10項，F6項），監査人は不正示唆状況を識別したが，不正疑義に該当
しないと判断した場合には，その旨と理由を監査調書に記載しなければならな
い（240F35 - 3，F4 - 2項）。監査人は以下の図表4 - 11のいずれかの場合，不
正疑義があるとして扱わなければならない（240F35 - 3項）。

図表4 - 11　不正疑義があると判断するケース

---

(1) 識別した不正示唆状況について，**関連して入手した監査証拠に基づいて経営者
　の説明に合理性がないと判断した場合**

(2) 識別し評価した不正リスクに対応して，当初計画した監査手続を実施した結果，
　必要と判断した追加的な監査手続を実施してもなお，**不正リスクに関連する十分
　かつ適切な監査証拠を入手できない場合**（不正基準の適用により，監査人は，不正リス
　クに対する十分かつ適切な監査証拠を入手したかどうかを判断しなければならず，十分かつ
　適切な監査証拠を入手していないと判断した場合には，追加の監査証拠を入手するため，監
　査手続を実施しなければならない（240F32 - 3項）との規定に対応するものである）。

　これは，不正疑義に至る2つのルートを表し，(1)は不正示唆状況を識別し
た場合のルート，(2)は不正リスクを識別した場合のルートとなる。

　よって上記(1)に基づき，不正示唆状況につき，関連して入手した監査証
拠に基づいて経営者の説明に合理性がないと判断した場合，不正疑義があると
判断して扱わなければならない。またその一方において，経営者の説明に合理
性があり，不正疑義に該当しないと判断した場合は，その旨とその理由を監査
調書に記載しなければならない。

　なお監査人は追加的な監査手続を実施した結果，入手した監査証拠に基づき
経営者に質問し説明の合理性を確かめることもあれば，経営者に質問し説明を
求めた結果，当該説明の合理性を確かめるため，必要と判断した追加的な監査
手続を実施することもある。さらには，当初のリスク評価の基礎となった情報

と大きく乖離する情報に気付いた場合は，当初のリスク評価を修正した上で，追加的な監査手続を実施することもあるなど，実施する追加的な監査手続の種類，時期及び範囲は，その状況に応じた監査人の職業的専門家としての判断事項に係るものである（240FA50 - 3）。

(5) 不正疑義への対応

　前節で示したとおり，不正疑義に至るルートは２つあり，第１のルートの他，第２のルートとして識別し評価した不正リスクに対応して当初計画した監査手続を実施した結果，必要と判断した追加的な監査手続を実施してもなお，不正リスクに関連する十分かつ適切な監査証拠を入手できない場合，監査人は，不正疑義があるとして扱わなければならない。

　そしてこれらのルートに従い，不正疑義があると判断した場合には，当該疑義に関する十分かつ適切な監査証拠を入手するため，**監査計画を修正**し，**当初のリスク評価及び立案したリスク対応手続を見直し**，**不正疑義に関する十分な検討**を含め，**想定される不正の態様等に直接対応した監査手続**を実施しなければならない（240F35 - 4項）。さらに，当該疑義の内容，実施した監査手続とその結果，監査人としての結論及びその際になされた職業的専門家としての重要な判断について，監査調書に記載しなければならない（240F4 - 3項）。

　なお監査人は，監査の各段階において不正リスクの内容や程度に応じ，適切に監査役等と協議する等，監査役等と連携を図らなければならず，不正疑義があると判断した場合には，速やかに監査役等に報告するとともに，監査を完了するために必要となる監査手続の種類，時期及び範囲についても監査役等と協議することが求められる。

　先に述べたとおり，不正基準で示された不正示唆状況の例示は，従来の不正兆候状況とほぼ同じである。したがって不正基準適用以前は同一の状況でも，不正兆候状況として扱われ，またそれ以外の状況でも**不正示唆状況という概念がなかった**ため，不正兆候状況か否かの検討で終わり，当初の不正リスクに関する評価が依然として適切であるかどうかの検討のみにとどまっていた。これに対し不正基準適用後は，**不正示唆状況かどうかの検討**が求められ，**示唆する状況と判断された場合**には，さらに**不正疑義が存在していないかどうかを判断**

するため，**経営者に質問し説明を求める**とともに，**追加的な監査手続の実施**が求められるようになったことが最大のポイントといえる。なお，全体像の把握として，リスクモデルに関する監基報の相互関係（300 実務ガイダンス 1 号 31 項）を本章の最終頁にかかげておく。

5．不正基準が適用となる場合の品質管理

監査事務所は，不正リスクに関する品質管理の責任者を明確にし，不正リスクに留意して品質管理に関する適切な方針及び手続を定め，監査業務における不正リスクへの対応状況について，定期的な検証により，①監査契約の新規の締結及び更新，②不正に関する教育・訓練，③業務の実施（監督及び査閲，監査事務所内外からもたらされる情報への対処，専門的な見解の問合せ，審査，同一の企業の監査業務を担当する監査責任者が全員交代した場合の引継を含む。），④監査事務所間の引継が，品質管理の方針及び手続に準拠して実施されていることを確かめねばならない（品 1 号 F9-2JP，F22-2JP，F38-2JP）。また監査責任者は，監査契約の新規の締結及び更新に当たり，**不正リスクを考慮**（関与先の誠実性に関する理解を含む）**した監査契約の締結及び更新に伴うリスク評価の実施**，並びに，**当該評価の妥当性**について，新規の締結時，及び更新時はリスクの程度に応じて，**監査チーム外の適切な部署又は者**（例えば審査担当者など）**による検討**が，監査事務所の定める方針及び手続に従って，適切に行われていることを確かめねばならない（品 1 F30 － 2JP，FA68 － 2JP，220F22 － JP 項）。また監査責任者は，不正示唆状況が識別された場合又は，不正疑義があると判断された場合において，**監査チームが必要に応じ専門的な見解の問合せを適切に実施する責任**を負わなければならない（220F35 － 2JP 項）。

審査担当者が審査において評価する重要な事項や監査チームが行った重要な判断には，不正示唆状況を識別した場合，不正疑義があるかどうかの判断が含まれる（品 2 号 FA35 － 2JP 項）。そして不正疑義があると判断された場合には，通常の審査担当者による審査に比べて監査事務所として**より慎重な審査**を行い，監査意見が適切に形成されるよう，**当該疑義に対応する十分かつ適切な経験や職位等の資格を有する審査の担当者**（適格者で構成される会議体を含む）を監査事

務所として選任することを，審査に関する方針及び手続に定めなければならない（不正基準前文二4（4）③）。そして監査責任者は，監査事務所の定める方針及び手続に従って審査担当者が選任されていることを確かめねばならない（220－F36－2JP項）。また審査担当者は，監査事務所の定める方針及び手続に従い，**修正後の監査の基本的な方針と詳細な監査計画の内容，監査上の判断**（特に重要性及び重要な虚偽表示の発生可能性に関して行った判断），**リスク対応手続の種類，時期及び範囲，専門的な見解の問合せの要否及びその結論，**不正疑義に関する監査調書には，**実施した手続とその結論が適切に記載**されているかどうか等の評価及び検討を通じて，**修正後のリスク評価及びリスク対応手続が妥当であるかどうか，入手した監査証拠が十分かつ適切であるか**どうかについて検討しなければならない（品2号F25－2JP，25－3JP，FA35－3JP項）。

6．職業的懐疑心

　監査人は，経営者が内部統制を無効化するリスクを考慮するとともに，誤謬を発見するためには有効な監査手続が不正を発見するためには有効でない可能性があるということを認識し，監査の過程を通じて職業的懐疑心を保持する責任がある（240第7・8項）。

　職業的懐疑心は，入手した情報と監査証拠が，不正による重要な虚偽表示が存在する可能性を示唆していないかどうかについて継続的に疑問を持つことを必要とし，これには，**監査証拠として利用する情報の信頼性の検討，及びこれに関連する情報の作成と管理に関する統制活動において識別された内部統制があればその検討**が含まれる（240A6項）。

　不正の持つ特性，さらには監査人が過去の経験に基づいて，経営者，取締役及び監査役等は信頼が置ける又は誠実であると認識していたとしても，状況が変化している可能性があることから，不正リスクを検討する場合には，経営者の説明を批判的に検討するなど，監査人の職業的懐疑心は特に重要である。よって，経営者，取締役及び監査役等の信頼性及び誠実性に関する監査人の過去の経験にかかわらず，不正による重要な虚偽表示が行われる可能性に常に留意し，監査の全過程を通じて，職業的懐疑心を保持しなければならない（240A6，A7，

11 項）。

　監査人は，記録や証憑書類の真正性に疑いを抱く理由がある場合を除いては，通常，記録や証憑書類を真正なものとして受け入れることができる。したがってそのような理由がない場合にまで，記録や証憑書類の真正性を立証する証拠の入手が求められるわけではないが，監査証拠として利用する情報の信頼性の検討は必要とされる。なお監査の過程で把握した状況により，ある記録や証憑書類が真正ではないと疑われる場合，又は文言が後から変更されているが，監査人に開示されていないと疑われる場合には，第三者への直接確認，記録や証憑書類の真正性を評価する専門家の利用といった手続を実施し，さらに調査しなければならない（200A20 項，240 第 12 項，A 8 項）。

　また不正基準が適用される場合，監査人は，不正リスクについては，その評価，対応する監査手続の実施，入手した監査証拠の評価に際し，不正示唆状況を看過することがないよう，職業的懐疑心を発揮しなければならない。また職業的懐疑心を高め，不正疑義に該当するかどうかを判断し，当該疑義に対応する監査手続を実施しなければならない（240F11 - 2 項）としているように，監査の全過程を通じての職業的懐疑心の保持に加えて，「発揮」と「高め」というように，一歩踏み込んだ表現がされている。しかし，監査を行うに際し，これまでの監査基準で採られている，経営者が誠実とも不誠実とも想定しないという中立的な観点を変更するものではないことに留意する（不正基準前文二 4 (2)）。

図表 4 - 12　リスクモデルに関する監査基準報告書の相互関係

監基報 200「財務諸表監査における総括的な目的」
・監査人は、合理的な保証を得るため、監査リスク（財務諸表の重要な虚偽の表示を看過して誤った意見を形成する可能性）を許容
　可能な低い水準に抑える十分かつ適切な監査証拠を入手しなければならない。（第 16 項）
・監査リスク＝　<u>重要な虚偽表示リスク</u>×発見リスク　　（A31 項から A43 項）
　　　　　　┌──財務諸表全体レベルの重要な虚偽表示リスク
　　　　　　└──アサーション・レベルの重要な虚偽表示リスク＝固有リスク×統制リスク

監基報 300「監査計画」
・効果的かつ効率的な方法で監査を実施するために監査を計画する。
・監査計画の策定は、当年度の監査の終了まで継続する連続的かつ反復的なプロセス（A2 項）
・計画活動
　　　－監査の基本的な方針の策定…詳細な監査計画を作成するための指針を決定（第 6 項）
　　　－詳細な監査計画の作成…実施すべき監査手続の種類、時期及び範囲を決定（第 8 項）
　　　　　　　　　　　　　　┌──リスク評価手続（監基報 315）
　　　　　　　　　　　　　　├──リスク対応手続（監基報 330）
　　　　　　　　　　　　　　└──他の監査手続（その他の監査基準報告書等に基づく手続）

監基報 315「重要な虚偽表示リスクの識別と評価」

<u>リスク評価手続（第 12 項から第 26 項）</u>
・質問、分析的手続、観察、記録や文書の閲覧
・以下の理解
　－ 企業及び企業環境の理解
　－ 適用される財務報告の枠組みや会計方針及びその変更理由の
　　　理解
　－ 内部統制の整備状況の評価
・監査チーム内の討議

<u>重要な虚偽表示リスクの識別と評価（第 27 項から第 36 項）</u>
・財務諸表全体レベルの重要な虚偽表示リスクの識別と評価
・アサーション・レベルの重要な虚偽表示リスクの識別と評価
・特別な検討を必要とするリスクの識別
・実証手続のみでは十分かつ適切な監査証拠を入手できないリス
　クの識別
・監査実施中に入手した監査証拠による、当初のリスク評価の修
　正

監基報 330「評価したリスクに対応する監査人の手続」
<u>全般的な対応（第 4 項、A1 項から A3 項）</u>
職業的懐疑心の保持、豊富な経験・特定分野における専門的な知識・技
能を持つ監査チームのメンバーの配置、監査チームメンバーへの指示/
監督や監査調書の査閲に関する内容・時期・範囲の変更、専門家の業務
の利用、監査人の想定しない要素の組込み、監査の基本的な方針又
は計画された監査手続の変更など
<u>アサーション・レベルの重要な虚偽表示リスクに対応した監査手続（リス</u>
<u>ク対応手続）　（第 5 項から第 23 項）</u>
・内部統制の運用評価手続
　　　－質問、観察、記録や文書の閲覧、再実施
　　　－少なくとも 3 年に一度
・実証手続
　　　－詳細テスト、分析的実証手続
<u>特別な検討を必要とするリスクへの対応</u>
・内部統制に依拠しようとする場合は、当年度に運用評価手続を実施（第
　14 項）
・実証手続を実施する場合は、詳細テストを実施（第 20 項）
関連するアサーションを識別していないが重要性のある取引種類、勘定残
高又は注記事項並びに重要な取引種類、勘定残高及び注記事項に対する実
証手続の実施（第 17 項）
<u>入手した監査証拠の十分性及び適切性の評価（第 24 項から第 26 項）</u>
・当初のアサーション・レベルの重要な虚偽表示リスクの評価の妥当性の
　検討

監基報 240「財務諸表監査における不正」

　　　　　　　　　　　　　　　職業的懐疑心の保持・発揮　　　　　　　　　　◀──────────────────▶

<u>不正リスクを識別するための手続の実施</u>
・経営者等への質問（不正リスクの評
　価、不正リスクに対する管理プロセス
　等）
・不正、不正の疑い又は不正の申立ての
　有無についての、経営者及び従業員、
　内部監査人、監査役等への質問
・不正識別・対応のための管理プロセス
　や関連する内部統制に対する、取締役
　会や監査役等の監視状況の理解
・分析的手続により識別した通例でない
　又は予期せぬ関係の存在
・不正リスク要因の評価（付録 1）
・F：不正事例の理解

<u>不正リスクの識別と評価</u>
・財務諸表全体レベルの重要
　な虚偽表示リスクの識別と
　評価
・アサーション・レベルの重
　要な虚偽表示リスクの識別
　と評価
・不正リスクは特別な検討を
　必要とするリスクとして取
　り扱う

<u>不正リスクへの対応</u>
・全般的な対応
・アサーション・レベルの重
　要な虚偽表示リスクに対応
　した監査手続（リスク対応
　手続）
・経営者による内部統制の無
　効化に関連したリスクへの
　対応：
　　－仕訳テスト
　　－会計上の見積りにおける
　　　経営者の偏向の評価
　　－通例でない重要な取引の
　　　評価
　　－その他の監査手続
・専門家の業務の利用の検討

<u>監査証拠の評価</u>
・監査の最終段階における分析的手続が不正リスクを
　示唆していないかを評価
・識別した虚偽表示が不正の兆候を示していないかを
　検討。不正の兆候がある場合は監査（特に経営者の
　陳述の信頼性）に与える影響を評価
・虚偽表示が不正による（その可能性がある。）場合
　は、リスクの再評価及び入手した証拠の証明力を再
　評価
・「兆候」識別、不正リスク評価が依然として適切
　か。
・F：「示唆」識別、合理性テスト・不正リスク評価
　が依然として適切か。
・F：以下の場合には「疑義あり」
　　①不正リスクに関連する監査証拠が入手できない。
　　②「示唆」識別、経営者の説明に合理性なし
・F：「疑義」識別、直接対応手続の実施

出所：300 実ガ 1 号 31 項

第5章　監査報告

1．監査報告書の意義と適正性の実質的判断

　監査人は，経営者の作成した財務諸表が，一般に公正妥当と認められる企業会計の基準に準拠して，企業の財政状態，経営成績及びキャッシュ・フローの状況を全ての重要な点において，適正に表示しているかどうか（つまり**財務諸表の適正性**）について意見を表明しなければならず，また適正に表示していると認められると判断したときは，その旨の意見（この意見を「**無限定適正意見**」といい，財務諸表が意思決定資料として有用であり，利害関係者がそのまま利用しても何ら問題がないことを表す）を表明しなければならない（「監査基準」第四報告基準一1及び三）。

　ここで監査人が，監査の結果，財務諸表の適正性に関する意見表明の媒体として公表するのが**監査報告書**である。そして，ひとたび公表された監査報告書の内容については，監査人は一切の責任を負うことになる。よって，監査報告書は，監査人の意見を表明する手段であると同時に，監査人が自己の意見に関する責任を正式に認める手段となる。

　監査人は財務諸表の適正性を判断するに当たり，実質的に判断する必要がある。監査人は，①経営者が採用した会計方針が会計基準のいずれかに準拠し，それが単に継続的に適用されているかどうかのみならず，②その会計方針の選択や適用方法が会計事象や取引の実態を適切に反映するものであるかどうかを判断し，その上で③財務諸表における表示が利用者に理解されるために適切であるかどうかについても評価しなければならない。

　会計方針の選択や適用方法が会計事象や取引の実態を適切に反映するものであるかの判断においては，会計処理や財務諸表の表示方法に関する法令又は明

文化された会計基準やその解釈に関わる指針等に基づいて判断するが，その中で，会計事象や取引について適用すべき会計基準等が明確でない場合には，経営者が採用した会計方針が当該会計事象や取引の実態を適切に反映するものであるかどうかについて，監査人が自己の判断で評価しなければならない。また，会計基準等において詳細な定めのない場合も，会計基準等の趣旨を踏まえ，同様に監査人が自己の判断で評価することとなる。新しい会計事象や取引，例えば，複雑な金融取引や情報技術を利用した電子的な取引についても，経営者が選択し，適用した会計方針がその事象や取引の実態を適切に反映するものであるかどうかを，経営者とのディスカッション，関連資料の閲覧等により，関連する企業会計の基準の趣旨を踏まえて，自己の判断で評価しなければならない（平成14年改訂監査基準前文三9（1）②③，監基報24号11項〜13項）。よって関連する企業会計の基準の趣旨を踏まえない，監査人の勝手な判断は許されないものといえる。

２．監査報告書の標準文例

　監査報告は，記載されたものでなければならず，監査報告書は書面又は電磁的記録によって発行される（700第18項・A18項）。以下，700実務指針第1号（以下「700実1」）文例1を基に，金商法監査で監査役会設置会社の連結財務諸表に対する無限定適正意見の監査報告書の文例を示す（以下，適正表示の枠組み，また特定証明による有限責任監査法人を前提とする）。

　監査報告書の全体構成は，利用者にとっての関心を考慮し，当該会社の監査に固有の情報を先に記載し，どの会社にも共通する標準化された文言による経営者及び監査役等並びに監査人の責任に関する区分は後に記載する（報告Q＆A・Q1−1）。なお内部統制監査対象の上場会社は一体型の報告書となり，表題は「独立監査人の監査報告書及び内部統制監査報告書」とし，監査意見の上で〈財務諸表監査〉の見出しを付し，監査人の責任の後で〈内部統制監査〉の見出しを付し別途記載する。また倫理規則改正により被監査会社や連結子会社等からの監査報酬の記載が必要となる場合，末尾の利害関係の直前で〈報酬関連情報〉の見出しを付し記載が見込まれる。

図表５－１　監査報告書の無限定適正意見の文例１（700 実１文例１参考）

<u>独立監査人の監査報告書</u>(1)

ＡＩ新日本興業株式会社

　　取締役会　御中(2)

×年×月×日(3)

<u>ＧＢ全日本有限責任監査法人</u>

新潟事務所(5)

指定有限責任社員　公認会計士　<u>馬場　芯</u>(4)
業 務 執 行 社 員

指定有限責任社員　公認会計士　<u>鶴田馬之助</u>(4)
業 務 執 行 社 員

監査意見(6)

　当監査法人は，金融商品取引法第193条の２第１項の規定に基づく監査証明を行うため，「経理の状況」に掲げられているＡＩ新日本興業株式会社の×年×月×日から×年×月×日までの連結会計年度の連結財務諸表，すなわち，連結貸借対照表，連結損益計算書，連結包括利益計算書，連結株主資本等変動計算書，連結キャッシュ・フロー計算書，連結財務諸表作成のための基本となる重要な事項，その他の注記及び連結附属明細表について監査を行った。

　当監査法人は，上記の連結財務諸表が，我が国において一般に公正妥当と認められる<u>企業会計の基準</u>(ⅰ)に準拠して，ＡＩ新日本興業株式会社及び連結子会社の×年×月×日現在の財政状態並びに同日をもって終了する連結会計年度の経営成績及びキャッシュ・フローの状況を，全ての重要な点において適正に表示しているものと認める。

監査意見の根拠(7)

　当監査法人は，我が国において一般に公正妥当と認められる監査の基準に準拠して監査を行った(ⅰ)。<u>監査の基準における当監査法人の責任は，「連結財務諸表監査における監査人の責任」に記載されている</u>(ⅱ)。<u>当監査法人は，我が国における職業倫理に関する規定に従って，会社及び連結子会社から独立しており，また，監査人としてのその他の倫理上の責任を果たしている</u>(ⅲ)。<u>当監査法人は，意見表明の基礎となる十分かつ適切な監査証拠を入手したと判断している</u>(ⅳ)。

監査上の主要な検討事項(8)

　監査上の主要な検討事項とは，当連結会計年度の連結財務諸表の監査において，監査人が職業的専門家として特に重要であると判断した事項である。監査上の主要な検討事項は，連結財務諸表全体に対する監査の実施過程及び監査意見の形成において対応した事項であり，<u>当監査法人は，当該事項に対して個別に意見を表明するものではない</u>(ⅰ)。

212

［監基報701に従った監査上の主要な検討事項の記載例
（表形式にする場合の記載例）

○○○○（監査上の主要な検討事項の見出し及び該当する場合には連結財務諸表の注記事項への参照）	
監査上の主要な検討事項の内容及び決定理由	監査上の対応
……（監査上の主要な検討事項の内容及び決定理由の内容を記載する）……。	……（監査上の対応を記載する）……。

その他の記載内容(9)

その他の記載内容は，有価証券報告書に含まれる情報のうち，連結財務諸表及び財務諸表並びにこれらの監査報告書以外の情報である。(i) 経営者の責任は，その他の記載内容を作成し開示することにある。また，監査役会の責任は，その他の記載内容の報告プロセスの整備及び運用における取締役の職務の執行を監視することにある。(ii)

当監査法人の連結財務諸表に対する監査意見の対象にはその他の記載内容は含まれておらず，当監査法人はその他の記載内容に対して意見を表明するものではない。(iii)

連結財務諸表監査における当監査法人の責任は，その他の記載内容を通読し，通読の過程において，その他の記載内容と連結財務諸表又は当監査法人が監査の過程で得た知識との間に重要な相違があるかどうか検討すること，また，そのような重要な相違以外にその他の記載内容に重要な誤りの兆候があるかどうか注意を払うことにある。

当監査法人は，実施した作業に基づき，その他の記載内容に重要な誤りがあると判断した場合には，その事実を報告することが求められている。(iv)

その他の記載内容に関して，当監査法人が報告すべき事項はない。(v)

連結財務諸表に対する経営者並びに監査役及び監査役会の責任(10)

経営者の責任は，我が国において一般に公正妥当と認められる企業会計の基準に準拠して連結財務諸表を作成し適正に表示することにある。これには，不正又は誤謬による重要な虚偽表示のない連結財務諸表を作成し適正に表示するために経営者が必要と判断した内部統制を整備及び運用することが含まれる。

連結財務諸表を作成するに当たり，経営者は，継続企業の前提に基づき連結財務諸表を作成することが適切であるかどうかを評価し，我が国において一般に公正妥当と認められる企業会計の基準に基づいて継続企業に関する事項を開示する必要がある場合には当該事項を開示する責任がある(i)。

監査役及び監査役会の責任は，財務報告プロセスの整備及び運用における取締役の職務の執行を監視することにある(ii)。

連結財務諸表監査における監査人の責任(11)

監査人の責任は，監査人が実施した監査に基づいて，全体としての連結財務諸表に不正又は誤謬による重要な虚偽表示がないかどうかについて合理的な保証を得て，監査報告書において独立の立場から連結財務諸表に対する意見を表明することにある(i)。虚偽表示は，不正又は誤謬により発生する可能性があり，個別に又は集計すると，連結財務諸表の利用者の意思決定に影響を与えると合理的に見込まれる場合に，重要性があると判断される(ii)。

監査人は，我が国において一般に公正妥当と認められる監査の基準に従って，監査の

過程を通じて，職業的専門家としての判断を行い，職業的懐疑心を保持して以下を実施する。(ⅲ)
- 不正又は誤謬による重要な虚偽表示リスクを識別し，評価する。また，重要な虚偽表示リスクに対応した監査手続を立案し，実施する。監査手続の選択及び適用は監査人の判断による。さらに，意見表明の基礎となる十分かつ適切な監査証拠を入手する。
- 連結財務諸表監査の目的は，内部統制の有効性について意見表明するためのものではないが，監査人は，リスク評価の実施に際して，状況に応じた適切な監査手続を立案するために，監査に関連する内部統制を検討する。
- 経営者が採用した会計方針及びその適用方法の適切性，並びに経営者によって行われた会計上の見積りの合理性及び関連する注記事項の妥当性を評価する。
- 経営者が継続企業を前提として連結財務諸表を作成することが適切であるかどうか，また，入手した監査証拠に基づき，継続企業の前提に重要な疑義を生じさせるような事象又は状況に関して重要な不確実性が認められるかどうか結論付ける。継続企業の前提に関する重要な不確実性が認められる場合は，監査報告書において連結財務諸表の注記事項に注意を喚起すること，又は重要な不確実性に関する連結財務諸表の注記事項が適切でない場合は，連結財務諸表に対して除外事項付意見を表明することが求められている。監査人の結論は，監査報告書日までに入手した監査証拠に基づいているが，将来の事象や状況により，企業は継続企業として存続できなくなる可能性がある。
- 連結財務諸表の表示及び注記事項が，我が国において一般に公正妥当と認められる企業会計の基準に準拠しているかどうかとともに，関連する注記事項を含めた連結財務諸表の表示，構成及び内容，並びに連結財務諸表が基礎となる取引や会計事象を適正に表示しているかどうかを評価する。
- 連結財務諸表に対する意見表明の基礎となる，会社及び連結子会社の財務情報に関する十分かつ適切な監査証拠を入手するために，連結財務諸表の監査を計画し実施する。監査人は，連結財務諸表の監査に関する指揮，監督及び査閲に関して責任がある。監査人は，単独で監査意見に対して責任を負う。(ⅳ)

監査人は，監査役及び監査役会に対して，計画した監査の範囲とその実施時期，監査の実施過程で識別した内部統制の重要な不備を含む監査上の重要な発見事項，及び監査の基準で求められているその他の事項について報告を行う。(ⅴ)

監査人は，監査役及び監査役会に対して，独立性についての我が国における職業倫理に関する規定を遵守したこと，並びに監査人の独立性に影響を与えると合理的に考えられる事項，及び阻害要因を除去するための対応策を講じている場合又は阻害要因を許容可能な水準にまで軽減するためのセーフガードを適用している場合はその内容について報告を行う。(ⅵ)

監査人は，監査役及び監査役会と協議した事項のうち，当連結会計年度の連結財務諸表の監査で特に重要であると判断した事項を監査上の主要な検討事項と決定し，監査報告書において記載する。ただし，法令等により当該事項の公表が禁止されている場合や，極めて限定的ではあるが，監査報告書において報告することにより生じる不利益が公共の利益を上回ると合理的に見込まれるため，監査人が報告すべきでないと判断した場合は，当該事項を記載しない。(ⅶ)

利害関係(12)
　会社及び連結子会社と当監査法人又は業務執行社員との間には，公認会計士法の規定により記載すべき利害関係はない。

以　　上

　監査報告書には，以下の事項を記載することが求められる（下線部の数字は括弧内の番号に対応，またローマ数字は括弧内の説明中の記載に対応）。

（1）表題（700 第 19 項・A20 項）

　独立監査人の監査報告書であることを明瞭に示す表題を付す。これより監査人が独立性についての職業倫理に関する規定の全てを満たすものであることを示し，例えば監査役や内部監査人等，独立監査人以外の者が発行する報告書と区別する意味合いを持つものである。

（2）宛先（700 第 20 項・A21 項）。

　契約内容に応じた宛先が記載され，我が国の場合通常，取締役会とされる。

（3）監査報告書日（700 第 44 項，A57 〜 60 項）

　監査報告書日の記載は，監査人がその日付までに気付き，かつその日付までに発生した事象や取引の影響を検討したことを利用者に知らせ，監査人の責任の及ぶ時間的限界を示すものである。監査人は，財務諸表に対する意見表明の基礎となる十分かつ適切な監査証拠を入手した日よりも前の日付を，監査報告書に付してはならないとされる。これにつき，審査は，監査人が十分かつ適切な監査証拠を入手したかどうかの判断の一助となることから，**監査報告書日は，関連する審査を完了した日以降**とされる。

　なお監査意見は，財務諸表を対象としており，財務諸表に対する責任は経営者が負うものであるから，監査人は，関連する注記を含む全ての財務諸表が作成され，認められた権限を持つ者が，当該財務諸表に対して責任を認めたという証拠を入手するまでは，十分かつ適切な監査証拠を入手したと判断することはできない。

　なお，我が国では，株主総会又は取締役会による財務諸表の最終承認が要求されているが，そのような最終承認は，監査人が財務諸表に対する意見表明の基礎となる十分かつ適切な監査証拠を入手したと判断するために必要なものではない。一般に公正妥当と認められる監査の基準では，財務諸表の承認日は，経営者確認書において，認められた権限を持つ者が，関連する注記を含むすべ

ての財務諸表が作成されたと判断し，当該財務諸表に対して責任を認めた日付
をいう。

（4）監査人の署名（700 第 41 項，A55 項）

公認会計士又は監査法人の代表者が作成年月日を付して署名（自署又は電子署名
をいう。）しなければならない。また監査法人の場合，法人名と併せ，当該法人の
代表者のほか，監査責任者として当該監査証明に係る業務を執行した社員であ
る業務執行社員が，その資格を表示して署名する。ただし，指定証明又は特定
証明の場合，当該指定証明に係る指定社員，又当該特定証明に係る指定有限責
任社員である業務執行社員が，作成年月日を付して署名しなければならない。

（5）事務所の所在地（報告 Q&A・Q 1-5）

監査事務所の所在地として，例えば，監査責任者が執務する事業所の都市名
（例えば○○県○○市）又は登記されている事業所名（例えば日本の主要都市に事務所
を有する大手監査法人の場合，東京事務所や大阪事務所等）を記載する。また，国外で
流通する外国文の監査報告書の場合は，監査事務所の所在地として，例えば，
監査責任者が執務する事業所の都市名及び国名を記載する。これは監査事務所
の所在地の記載も，監査の透明性の向上に資すると考えられたことによる。

特に複数の事業所を有する監査事務所の場合，事務所所在地の記載により当
該監査契約の管理責任が明確になること，また海外投資家から有価証券報告書
の英文化への要請が高まっており，有価証券報告書に含まれる英文監査報告書
のニーズが高まることが予想され，従来から英文監査報告書では事務所所在地
を記載し，日本語と英語の監査報告書に差を設ける理由に乏しいため，と説明
される。

（6）監査意見（700 第 21，22 項，A22・23 項）

利用者にとって最も関心の高い情報である監査人の意見を，「監査意見」と
いう見出しを付した区分を設け，監査報告書の冒頭に記載する。また「監査意
見」の区分には，監査人の責任の及ぶ範囲を明確にして，監査人自身の利益も
擁護するため，①監査対象である財務諸表を作成している企業の名称，②財務

諸表の監査を行った旨，③財務諸表の名称，④財務諸表に関連する注記事項（重要な会計方針を含む），⑤財務諸表が対象とする日付又は期間，を記載する。なお監査の根拠法令も併せて示す必要があり，文例では，金融商品取引法を前提としているため，「金融商品取引法第193条の2第1項の規定に基づく監査証明を行うため，『経理の状況』に掲げられている」としている。

　そして2段落目にあるように，無限定適正意見の場合，「連結財務諸表が，一般に公正妥当と認められる企業会計の基準に準拠して，・・をすべての重要な点において適正に表示している」との記載がなされる。つまり監査基準第一監査の目的1後段にあるように，（十分かつ適切な監査証拠が入手できた結果として）財務諸表には，全体として重要な虚偽の表示がないということについて，合理的な保証を得たとの，監査人の実質的な判断の結果として，財務諸表の適正性に関し**無限定適正意見**が表明され，財務諸表は，意思決定資料として信頼して利用可能であることを対外的に知らしめることとなる。なお IFRS 任意適用会社の場合，下線部（i）は，「『連結財務諸表の用語，様式及び作成方法に関する規則』第93条により規定された国際会計基準」に変更される。

（7）監査意見の根拠（700 第 26 項，A33 項，705 第 19 項（1））

　監査報告書には，「監査意見」区分に続けて「監査意見の根拠」という見出しを付した区分を設けなければならず，監査意見の表明に関する重要な前提が記載され，具体的には，下線部iからivの旨が，それぞれ記載される。なお，後に見る除外事項付意見を表明する場合，「監査意見の根拠」の見出しを，状況に応じて，「限定付適正意見の根拠」，「不適正意見の根拠」又は「意見不表明の根拠」に修正する。

　下線部iは，監査意見を表明するに当たり準拠した監査の基準を監査報告書に明記することにより，当該監査が広く認知されている基準に準拠して行われたことを，利用者に対して示すものである。

　また下線部iiiにつき，監査人への独立性への関心の高まりとともに，監査の透明性の向上の一環として，どの国の監査基準に準拠しているかと同様，どの国の職業倫理に関する規定に準拠しているのかの明示が求められていることから，「我が国における職業倫理に関する規定の遵守」という記載が必要となった。

　なお，当該規定は監査人だけでなく，監査業務には従事せず，非監査業務を行うすべての公認会計士を対象とするため，当該規定のうち監査人に関する規定が対象であることを明確にするため，「監査人としてのその他の倫理上の責任」とされる。また，下線部ⅲは，意見不表明の場合は，「監査人の責任」区分に記載されることになるので，注意する（報告 Q&A・Q１−１）。

　そして最後に，下線部ⅳで監査人の責任である意見表明に当たり，その根拠となるべき十分かつ適切な監査証拠を入手できたかどうかを表明させることで，監査人の判断が職業的専門家としての確固たる根拠に基づくものであることを，社会に知らしめる意味合いを有するものである。

（8）監査上の主要な検討事項（KAM: Key Audit Matters）

　監査上の主要な検討事項（以下監査報告書上の表示区分を示す以外は KAM と略）とは，当年度の財務諸表の監査の過程で監査役等と協議した事項のうち，職業的専門家として当該監査において特に重要であると判断した事項をいい，監査人が監査役等とコミュニケーションを行った事項から選択される（701 第７項）。

　近年の財務諸表は，退職給付会計や税効果会計，資産除去債務等の，将来情報に基づく会計上の見積りの要素を多く含むようになった結果，高度に複雑化し，経営者の判断に大きく依存することとなった。加えて 2008 年の金融危機の際，継続企業の前提に関する重要な不確実性の注意喚起が十分機能しなかったこともあり，**財務諸表のどの領域に複雑で高度な会計上の見積りが含まれているのか**，それに対して**監査人はどのような対応を行っているのか**，また監査人がどのような点に着目して**監査を実施した**のかについての情報提供を求める声が高まってきた。これに対し，従来の標準文言を中心とした監査報告書は，監査人の結論が簡潔に表示されるとの長所がある一方，個々の会社においてどのような監査が実施されたのかに関する情報の記載がなく，監査がブラックボックスとなっているとの批判がなされてきた。

　これを受け，リスク・アプローチの監査において**監査人が重点を置いた個々の会社の監査に固有の情報を記載**することにより，**実施された監査の透明性を高め，監査報告書の情報価値を高める**ことを目的として，ISA で KAM の記載が導入され，我が国でも，2018 年の改訂監査基準により制定されることとなっ

た（報告 Q&A・Ⅰ 2.⑴3.）。KAM の決定プロセスは図表5−2のとおりである。

```
┌──────────────────────────────────────────────┐
│          図表5−2  KAM の決定プロセス          │
└──────────────────────────────────────────────┘
```

① 監査役等とのコミュニケーションを行った事項の中から，**財務諸表の監査にあたり，特に注意を払った事項**を決定する（第1段階）。その際，以下について考慮しなければならない

ア．**特別な検討を必要とするリスクが識別された事項**，又は**重要な虚偽表示のリスクが高いと評価された領域**

イ．見積りの不確実性が高いと識別された会計上の見積りを含む，経営者の重要な判断を伴う財務諸表の領域に関連する監査人の重要な判断，

ウ．当年度において発生した重要な事象又は取引が監査に与える影響等

② 次に，当該決定を行った事項の中からさらに，当年度の財務諸表の監査において，**職業的専門家として特に重要であると判断した事項**を絞り込み，KAM として決定する（第2段階）。

　監査役等は，会社法の規定に基づき，経営者（取締役又は執行役）の業務執行を監視し，監査人の監査の相当性を評価する責任を有するため，監査人は，リスク・アプローチに基づく監査計画の策定段階から監査の過程を通じて監査役等と協議を行うなど，適切な連携を図ることが求められる。そしてその一環として，監査の過程で経営者と協議又は伝達した重要な事項について，監査役等と双方向のコミュニケーションを行い，KAM の決定においてその中から監査において特に注意を払った事項を決定する。

　上記①アに関し，経営者の重要な判断に依存している事項や重要かつ通例ではない取引の領域は，特検リスクとして識別されることが多く，同時に監査人が特に注意を払う領域であることが多い。また監査役等とのコミュニケーションが要求される事項のうち，KAM に関係する可能性のある項目には，①計画した監査の範囲とその実施時期（特検リスクを含む）（260 第13⑤），②監査上の重要な発見事項（会計方針，会計上の見積り及び財務諸表の表示及び注記事項を含む，企業の会計実務の質的側面のうち重要なものについての監査人の見解（260 付録2参照）や，監査期間中に困難な状況に直面した状況，監査の過程で発見され，経営者と協議したか又は経営者に伝達した重要な事項等），③識別された不正（違法行為）又はその疑い（240F39−2項から第41項，250 第19項及び第22項から第24項），④内部統制の重要な不備，⑤未修正の虚偽表示，過年度の未修正の虚偽表示（450 第11項及び第12項），⑥関連当事者に関する重要な事項（550 第26項），⑦継続企業の前提に重要な疑義を生じさせる事象又は状況，⑧強調事項又はその他

の事項（706 第 11 項），また⑨その他の記載内容の虚偽記載（監基報 720 第 9 項，第 12 項及び第 15 項）等がある。そしてアからウの項目は，相互に関係するため，ある事項が複数の項目に該当する場合，監査人が当該事項を KAM として識別する可能性は高まるが，アからウの項目に該当しない項目が特に注意を払った事項となることもある。

なお，監基報が特検リスクとして扱う，**収益認識への不正リスクの推定，経営者による内部統制の無効化等の領域は，KAM の候補とはなり得ても，必ずしもすべての場合に該当するわけではなく，個々の状況によっては，最終的に監査人が特に注意を払った事項に該当しないことがあり，KAM とならないこともある。**さらに，特検リスク以外にも，重要な虚偽表示リスクが高い領域に対する監査人の対応について監査役等とのコミュニケーションを行うこともあり（260A12 項），そのような事項を監査人が特に注意を払った事項に該当すると判断し，KAM となることもあるので留意する。

また，第 2 段階の，特に重要であると判断した事項の決定は，その数も含め，職業的専門家の判断により，他社との比較における重要性や絶対的な重要性で判断するのではなく，監査人が特に注意を払った事項の相対的な重要性に基づいて決定される。その際，①想定される財務諸表の利用者による財務諸表の理解にとっての重要性（特に当該事項の財務諸表における重要性）や，②当該事項に関連して虚偽表示が識別された場合，不正又は誤謬による虚偽表示（修正済みか未修正かを問わない。）の内容及び金額的又は質的な重要性，③当該事項のために必要となる監査上の対応状況（監査手続の実施又は当該手続の結果を評価するために必要な専門的な技能又は知識，監査チーム外の者に対する専門的な見解の問合せの内容等），④監査人の判断が主観的になる場合等に高まる監査証拠の入手の難易度，⑤当該事項に関連して識別された内部統制の不備の程度，また⑥当該事項は，関連する複数の監査上の考慮事項を含んでいるかどうか（例えば，長期契約は収益認識，訴訟又はその他の偶発事象に関して監査人が特に注意を払った事項を含むことがある等，複数の関連する監査上の考慮事項を含み，また他の会計上の見積りに影響を与えることがある）等，を考慮する（報告 Q&A・Q 2 - 2・3・17）。

KAM に関するコミュニケーションの適切な時期については，監査の早い段階で，当該事項の候補の提示及び協議，草案の検討等を行うおおよその時期について経営者及び監査役等と協議しておくことが重要であり，継続監査の場合は，監査計画の段階から始めることが適切である。何故なら，当該事項の決定理由や監査人の対応の記載内容に関する検討，そして監査役等及び経営者等との協議に相応の時間を要し，その過程で経営者に開示を促す必要が生じること

が予想されること，また，財務諸表に重要な影響を及ぼすリスクに関する認識が深まる効果も期待されるからである。具体的には，図表5－3に掲げるように，監査契約の締結から監査報告書の作成に至る，監査の全過程においてのコミュニケーションが必要となる。

図表5－3　監査上の主要な検討事項についての監査の全過程を通じた監査役等とのコミュニケーション

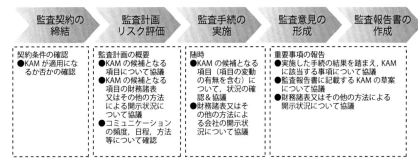

出所：報告Q&A・Q2－18

また，KAMの記載事項と記述上の留意点は以下の図表のとおりである。

図表5－4　KAMの記載内容と記述上の留意点

　監査報告書に「監査上の主要な検討事項」の区分を設け，関連する財務諸表における開示がある場合には当該開示への参照を付した上で（ただし，財務諸表以外の情報を参照することは財務諸表以外の情報まで監査対象であるかのような誤解が生じることになるため，財務諸表以外の情報には参照を付さないことに注意（Q&A2-14）），以下を記載。

（1）個々のKAMの内容
（2）監査人が，当年度の財務諸表の監査における特に重要な事項であると考え，KAMであると決定した理由
（3）当該事項に対する監査上の対応

上記（3）の監査上の対応の記載事項としては，以下のいずれか又は組合せで記載する（701A46項）。

（3－1）KAMに最も適合している，又は評価した重要な虚偽表示リスクに焦点を当てた監査人の対応又は監査アプローチの内容
（3－2）実施した手続の簡潔な概要

（3－3）監査人による手続の結果に関連する記述
（3－4）当該事項に関する主要な見解
　このうち，少なくとも（3－1）は記載し，またその内容を具体的に記載する。また（3－2）については，利用者に，監査上の対応が不完全なのではないか，又は適切な対応がまだ完了していないのではないかとの懸念を抱かせないよう，併せて記載することが有用である（701A47項）。
　一方，上記（3－3）及び（3－4）については，監査報告書の利用者が，監査上の対応やアプローチの理解を促進するよう記載する場合もあるが，必ずしも強制されるものではない。何故なら，KAMに対して監査人が行った対応の結果は，全て財務諸表全体に対する監査意見に反映されており，除外事項付意見が表明されている場合を除いて，KAMについて監査人は財務報告の枠組みに照らして不満足な事項はなかったということを意味しているからである。
　仮にこれらを記載する場合は，財務諸表に含まれる個別の事項に対する監査意見を表明しないように，又は表明しているという印象を与えないように留意する。具体的には，上記（3－3）については，**実施した手続の結果を事実に基づき客観的に記述**する，また（3－4）については，例えば，会社が行った○○に関する見積りは，合理的であった等，KAMに関連する勘定残高等についての結論を述べるのではなく，監査上の対応として記載した監査アプローチ又は**手続の対象となった要素（経営者の重要な仮定等）に対する監査人の評価を記述**する，という点にそれぞれ留意しなければならない。また，これらは必ずしも監査の発見事項の記載を想定しているわけではないが，発見事項を記載する場合は，監査意見と矛盾しているような印象を与えないように留意する。

　KAMに影響を与える要因には，企業を取り巻く環境や規制などの外部要因，又は企業の事業内容，規模及び業績を含む内部要因があり，これらに重要な変化がなければ，過年度と同じ記載になることもある。またあれば，監査人が注意を払う領域に変化が生じ，結果として監査役等にコミュニケーションを行う事項も変わり，KAMの記載は変化することが想定される。
　また，その時々の相対的な重要性に基づくものであるため，監査役等にコミュニケーションを行った事項に変化がなくても，その記載が変わることもある。よって過年度と同一であったとしても，なぜ当該項目が特に重要であるのか，そしてその対応手続が，その年度の状況やリスクに応じて適切な内容となっていることが重要である。
　またKAMの記述により，監査及び監査人の判断に対する利用者の理解を深めるためには，以下に掲げる点に留意して，**企業の特定の状況に直接関連付けた，個々**

の企業の監査に特有の情報を含めることが適切である（701A44 項，A47 項及び A48 項参照）。

① **KAM の対象となる領域や金額を特定する。**

　KAM に関係する勘定科目のみならず，対象となった領域の名称（例えば，セグメント名や事業名等）や金額を特定し，どの取引内容に関連して言及しているかを明確にする。これにより，財務諸表の利用者に当該監査の重点を適切に伝え，対象としている範囲が広範に及んでいるかのような誤った憶測を防ぎ，その影響の大きさを正しく理解させることができ，監査人の意図が正しく伝わることとなる。

② **KAM の決定理由や監査上の対応につき，どの企業の監査報告書にも当てはまる紋切型（ボイラープレート）で特徴がなく，分かりにくい記述となることのないよう，過度な専門用語の多用を避け，財務報告の枠組みや監査基準で利用される文言のみでの記述はしない。**

　例えば，KAM として選定が多い，会計上の見積りに関連する項目につき，単に「見積りが複雑である」，「経営者の主観的判断に大きな影響を受ける」等の記述だけでは，**会計上の見積りにどのような企業固有の不確実性に関連する要因が含まれているのか，監査人は会計上の見積りに使用されたどの要素に対して重点的な対応を行ったのかを利用者が理解できない。**よって，以下に例示する点を参考に，どのような点が決定理由になっているのかを個々の状況に即してポイントをよく検討した上で，記述することが適切である。

　　— 経営者が適用している**見積りの手法は複雑**かどうか。**複雑な手法となっている要因は何か**

　　— 経営者が採用している**重要な仮定はどの程度主観的か。なぜ，主観性が高いのか**（例えば，過去の実績データが利用できない場合，新規のビジネスである場合，事業環境が大きく変わることが予想されている場合など，主観性を高める要因は何か）

　　— **重要な仮定を左右する要因は何か**（例えば，将来キャッシュ・フローの見積りの基礎となっている将来の事業計画等に影響を与える要因として，市場の成長率，顧客の定着率等，どのようなものが大きな影響を与えているか）

　　— **見積りには，どのような分野の，どの程度の専門的な知識が必要か**

　監査上の対応の記述は，KAM の決定理由に書かれた要因に適合する手続又は監査アプローチの内容をできる限り具体的に記述することが適切と考えられる。単に「関連する内部統制の整備・運用状況を評価した」，「経営者の採用した仮定を批判的に検討した」というだけでなく，**どのようなリスク**（統制目標）**に対応した内部統制を評価したのか，どのように批判的な検討を行ったのかを具体的に示すことが利用者にとって有用な情報となる。**

　なお，監査人は表明した監査意見に単独で責任を負うため，無限定意見の監査報告書では専門家の業務を利用（以下「業務利用」）したことを記載してはならない（620第 13 項）。ただし除外事項付意見の理由を説明するために，監査報告書において専門家について言及することが個々の状況によって適切となることがあり，この場合，当該記載が監査意見に対する監査人の責任を軽減しないことを監査報告書において示さなければならず，また必要に応じ専門家の同意を得るものとされる（620 第 14 項，A41 項）。また，701A49 項において，KAM の監査アプローチを記載する際に，例えば，複雑な金融商品の公正価値の評価のように見積りの不確実性が高い会計上の見積りにおける，業務利用の記載は，先の無限定意見における同記載を禁止する状況には該当しないと整理される。よって，KAM への監査上の対応として，業務利用が特徴の一つであるのなら，職業的専門家としての判断に基づき，業務利用について記載することができる。ただし，この場合でも，これまで通り監査意見に対する監査人の責任を軽減するものではない。そしてこれは，構成単位の監査人が作業を実施した旨の記載についても，全く同様とされる。

　KAM において，業務利用の旨の記載をする場合には，620「専門家の業務の利用」に基づいた監査手続（専門家の利用の必要性の判断や専門家の適性，能力及び客観性の評価等）に焦点を当てるのではなく，KAM に対応するために，**どのような領域の専門家の業務をどのような局面**（リスク評価，リスク対応手続，又は結果の評価など）**で利用したかについて，利用した業務の内容，範囲及び目的等を具体的に記載**することが適切であると考えられる。

　また構成単位の監査人については，グループ監査における一般的な記述（例えば，600 の文言を利用して，構成単位の監査チームが実施する作業内容や結論について十分な理解や評価を行った旨）だけではなく，KAM に**関連する構成単位の名称**（国地域名，セグメント名等）**や構成単位の監査人が実施した監査手続を具体的に記載**することが適切であると考えられる（報告 Q&A・Q 2 - 9・12・13）。

　KAM を報告する場合は，監査人は，監査報告書に「監査意見」区分及び「監査意見の根拠」区分の後で，「監査上の主要な検討事項」区分を設け，個々のKAM に適切な小見出しを付して記述しなければならない（701 第 10 項）。ただし当該記載は，財務諸表利用者に対し，監査人が実施した監査の内容に関する情報を提供するものであり，監査報告書における監査意見の位置付けを変更するものではない。そこで，監査意見とは明確に区別しなければならないことを明確にするため，下線部ⅰにあるように，「当該事項に対して個別に意見を表

明するものでない」との記載が必要とされ，これにより，当該情報への注意が促される（701A31 項）。

　このように，KAM は，**監査意見とは明確に区別された追加的な情報提供**であり，その記載を求める趣旨は，**我が国の資本市場の透明性，公正性を確保**することにある。よって適用対象は，不正リスク対応基準と同様，財務諸表及び監査報告について広範な利用者が存在する金商法に基づいて開示を行っている企業（非上場企業のうち資本金 5 億円未満又は売上高 10 億円未満かつ負債総額 200 億円未満の企業は除く。）とされ（700A38 項），年度監査を前提として実施される。

　なお監査人が KAM に，**会社の未公表の情報**（第 1 章参照）を含める必要があると判断する場合，会社に関する全ての情報の開示責任は経営者にあり，経営者による開示のないまま，監査報告書上不適切に言及すれば，守秘義務違反となる恐れが生じる。よって財務諸表利用者が財務諸表を適切に理解するための情報が十分に提供されているかどうかという観点から，まず経営者に対して財務諸表又はそれ以外の方法により情報を追加することを促し，必要に応じて監査役等と協議し，経営者が注記の追加を不要と判断した場合，監査人は，**追加情報**（財務諸表等規則第 8 条の 5 で「この規則において特に定める注記のほか，利害関係人が会社の財政状態，経営成績及びキャッシュ・フローの状況に関する適正な判断を行うために必要と認められる事項があるときは，当該事項を注記しなければならない。」とし**追加情報**の記載を求め，適正表示の達成を意図していると考えられる（200A7 項）。このように追加情報とは，会計方針あるいは貸借対照表又は損益計算書等に注記すべきものとして規則等で具体的に規定しているもの以外の注記による情報をいい（監査・保証実務委員会実務指針第 77 号），最近では「新型コロナウイルス感染症の影響に関する会計上の見積り」が，該当する。）がなくとも利用者は財務諸表を適切に理解可能か，つまり，財務諸表が適正表示を達成しているかどうかを検討する。

　なお財務諸表の適正表示を達成するため，①具体的に要求されている**以上の**開示を行うことが必要な場合があることが，明示的又は黙示的に認められている，または，②要求されている事項からの離脱が必要な場合があることが，明示的に認められている，のいずれかを満たす財務報告の枠組みを，**適正表示の枠組み**（一方，上記①②のいずれも満たさず，その財務報告の枠組みにおいて要求される事項の遵守が要求されるのみであるものを，**準拠性の枠組み**。）という。我が国におい

て存在するさまざまな財務報告の枠組みは，その多くが，先の追加情報のように，必須の注記事項以外に利害関係者が財政状態や経営成績等の状況を適切に判断するために必要と認められる事項がある場合の追加的な開示要求を明示的に規定しており（離脱規定を明示的に規定したものはない。），形式的には①を満たす場合が多い。ただし，適正表示の枠組みは適正表示を達成するため追加開示の必要性を求める枠組みであるため，①の追加開示の規定があるからといって，それのみで適正表示の枠組みかどうかを判断するのは適切でない。監査人は，追加開示の必要性の評価に当たっては，財務諸表が財務報告の枠組みにおける表示に関する規定に準拠しているかどうかの評価に加え，財務諸表により提供される情報，すなわち，事業体の財政状態や経営成績又はキャッシュ・フローの状況を，利用者が財務諸表から適切に理解できるか否かという観点に立って俯瞰的な評価を行うこと（平成26年改訂監査基準前文の「一歩離れて行う評価」）が要請される。よって追加的な開示要求を規定しているという形式面だけで判断するのではなく，必ずしも明確に適正表示の達成を意図しておらず，慣行的に追加開示が行われていない場合には，準拠性の枠組みとして取り扱うのが適切となる（800実務ガイダンス第1号Q6，Q13）。

　なお監査人は，経営者に追加開示を要請する際，財務諸表で追加情報として注記する方法に限定する必要は必ずしもない。また，KAMは，関連する財務諸表の注記事項がある場合にのみ参照を付すため（監基報701A40項），財務諸表以外の情報を参照することは財務諸表以外の情報まで監査対象であるかのような誤解が生じるため，財務諸表以外の情報には参照を付さないことに留意する。

　そして協議を経た上でも，経営者が情報を開示しない場合，監査基準に準拠する上で，監査人が正当な注意を払い職業的専門家としての判断を行使した結果，会社の未公表の情報をKAMに記載することが必要と認められる限り，守秘義務が解除される正当な理由に該当するものと解される（平成30年改訂監査基準前文二.1（5），701A55項）。よって**会社と開示について十分議論を重ね，その記載が監査基準に準拠する上で必要な範囲**であるという，2つの要件を満たせば，KAMの記述に会社の未公表の情報を含めたとしても，監査人の守秘義務に抵触しないものとされる。以上より，監査人及び経営者は，適用される財務報告の枠組みに照らして，財務諸表の適正表示が達成されているかどうかにつ

いての検討が，これまで以上に求められるものと考えられる（以上，報告 Q&A・Q 2 - 14・15）。

（9）その他の記載内容

　近時，我が国では，企業内容等に関する情報開示につき，経営者による財務諸表以外の情報の開示の充実が進み，今後，それらの情報の開示のさらなる充実が期待される中，当該情報に対する監査人の役割の明確化，及び監査報告書における情報提供の充実を図ることの必要性が高まっている。この点，監査した財務諸表を含む開示書類のうち当該財務諸表と監査報告書とを除いた部分の記載内容（以下「その他の記載内容」（通常，財務諸表及びその監査報告書を除く，企業の年次報告書（有価証券報告書の他，有価証券届出書等，監査した財務諸表を含む年次報告書以外の開示書類にも適用されることがあるが決算短信等の財務情報の速報は含まない。）に含まれる財務情報及び非財務情報が該当する（720 第 7・11 項）。））につき，財務諸表又は監査人が監査の過程で得た知識とその他の記載内容に重要な相違がある場合，財務諸表上の重要な虚偽表示又はその他の記載内容の重要な誤りの存在を示唆している可能性があり，そのいずれの場合も財務諸表及びその監査報告書の信頼性を損なう可能性がある。またそのような重要な虚偽表示又は誤りは，監査報告書の利用者の経済的意思決定に不適切な影響を及ぼす可能性がある。

　そこで，従来監査人に対しその他の記載内容を通読し，財務諸表との間に識別した重要な相違につき後述する追記情報のその他の事項区分に追記のみ求めていたが，令和 2 年改訂監査基準では，財務諸表のみならず監査人が監査の過程で得た知識とその他の記載内容との間に重要な相違があるかどうかを検討し，通読及び検討に当たり，財務諸表又はその他の記載内容における重要な誤り（当該内容における不正確な記載又は誤解を生じさせる記載のみならず，開示された事項の適切な理解のために必要な情報を省略している場合又は曖昧にしている場合も含む（同第 11 項(2)。））の兆候に注意を払い，重要な相違の有無に関わらず，監査報告書上「その他の記載内容」又は他の適切な見出しを付した区分を設け，必要な記載を求めることとした（同第 3 項）。監査人はその他の記載内容に対して意見を表明するものではなく，監査報告書における当該記載は，監査意見とは明確に区別された情報の提供であるという位置付けは維持しつつ，その記載を明確にするこ

とにより，監査人のその他の記載内容に係る役割をより一層明確にしたもので
ある。

　その他の記載内容の区分には，①当該内容の範囲（下線部ⅰ），②当該内容に
対する経営者及び監査役等の責任（同ⅱ），③当該内容に対し監査人は意見を表
明するものではない旨（同ⅲ），④当該内容に対する監査人の責任（同ⅳ）及び
⑤監査報告書日以前に入手したその他の記載内容につき報告すべきはない旨又
はその他の記載内容に未修正の重要な誤りがあると結論付けた場合，当該未修
正の重要な誤りの内容（同ⅴ）（以下「その他の記載内容についての結論」）を監査報
告書に記載しなければならない（21項）。文例の記載は，その他の記載内容に
重要な誤りを識別していない場合であるが，仮に識別した場合は，下線部ⅴを
「以下に記載のとおり，当監査法人は，その他の記載内容に重要な誤りがある
と判断している」とし，その下でその内容を記載する。

　監査人は，その他の記載内容の入手に当たり，（1）経営者との協議を通じ，
年次報告書を構成する文書並びにその発行方法及び発行時期の予定を特定し，
（2）年次報告書を構成する文書の最終版を，適時に，また可能であれば監査
報告書日以前に入手するため，経営者と適切な調整を行い，（3）上記（1）
において特定された文書の一部又は全てを監査報告書日までに入手できない場
合，要求される手続を完了できるようにするため，経営者に対し，企業が当該
文書を発行する前に最終版の提供が可能となった時点で監査人に提供する旨を
経営者確認書に含めるよう要請する。

　その他の記載内容への監査人の対応は，以下の図表5−5にまとめられる。

図表5−5　その他の記載内容に関する監査人の対応

1）その他の記載内容を通読し，以下1と2を実施（720 第13項（1）（2））。
1　**当該内容と財務諸表との間に重要な相違があるかどうかについて検討**
　双方の整合性を評価するため，その他の記載内容の数値（主要な経営指標等の要約に
含まれる項目（売上高・当期純利益等）や，事業の状況に含まれるデータ（製品・サービス別
又は地域別のセグメントの売上高等））又は数値以外の項目（重要な会計上の見積り及びその
仮定の説明等）のうち，財務諸表の数値又は数値以外の項目と同一の情報，要約した
情報又はより詳細な情報を提供することを意図した情報（例えば「研究開発費の合計は，

20X1 年は XXX 百万円であった。」等の経営成績の記述をいい，以下「同一情報等」とする）を，数値又は数値以外の項目の記載の方法や文脈を考慮した重要度等を考慮し，職業的専門家としての判断に基づき，選択する。そして①財務諸表の情報と同一であることが意図された情報については，当該情報と財務諸表を比較し，②財務諸表の開示と同じ意味を伝えることが意図された情報については，使用された文言を比較し，また使用された文言の相違の重要性及び当該相違により意味が異なるかどうかを検討する。また，③その他の記載内容の金額と財務諸表の調整を経営者から入手し，当該調整における項目を財務諸表及びその他の記載内容と比較し，当該調整における計算が正確かどうかを確認する（720 第 13 項（1），A25 ～ 28 項）。

2　**当該内容と監査人が監査の過程で得た知識**（企業及び企業環境，適用される財務報告の枠組み並びに企業の内部統制システムに関する監査人の理解や，将来に関する事項（のれん等の無形資産に関する減損テストにおいて経営者が使用した仮定を検討する場合に，監査人が検討した事業の予測や将来キャッシュ・フロー等）を含む（720 A 31・32 項））**の間に重要な相違があるかどうかについて検討**（720 第 13 項（2））。

　その他の記載内容には，監査人が監査の過程で得た知識と関連する数値又は数値以外の項目（例えば，生産量，受注量又は販売量の実績に関する開示や，「当社は主として○○国において事業を行っており」等の主要な事業拠点の要約等で，上記 1 が検討対象とする同一情報等は除かれることに留意（A30 項））が含まれることがある。これについては，経験豊富で監査の主要な部分に精通している監査人が，経営者若しくは監査役等との協議又は取締役会議事録の通読といった監査期間中に実施した手続から得た情報に関する認識と照らし合わせて検討を行うのみで十分な場合があり，必要に応じ，監査調書の参照や関連する監査チームのメンバー若しくは構成単位の監査人に質問を行うものとする。

2）**上記 1）の通読の過程で，財務諸表や監査の過程で得た知識に関連しない内容についても，重要な誤りの兆候に注意を払う**（720 第 14 項）。

　その他の記載内容には，財務諸表に関連しておらず，また監査人が監査の過程で得た知識の範囲を超える事項（例えば企業の温室効果ガスの排出に関する記述）に関する議論が含まれることがある。この場合でもこれらにおける重要な誤りのその他の兆候に注意を払うことは，監査人の倫理規則の遵守（重要な虚偽又は誤解を招く情報をそれと認識しながらその報告，回答，コミュニケーション又はその他の情報に関与してはならないと定める誠実性の原則）に資するとともに，その他の記載内容に重要な誤りがあると思われる事項（当該内容を通読した監査チームメンバーが監査の過程で得た知識とは別の一般的な知識と，その他の記載内容との相違点や，その他の記載内容における不整合等）の識別につながる場合がある。よって上記 2）の対応が求められる（720 第 14 項・A 37・38 項）。

3）重要な相違又は重要な誤りがあると思われるその他の記載内容に気付いた場合の対応

当該事項について**経営者と協議し，（1）その他の記載内容に重要な誤りがある。（2）財務諸表に重要な虚偽表示がある。（3）監査人の企業及び企業環境に関する理解を更新する必要がある，**のいずれに該当するかを判断するため，必要に応じ職業的専門家としての判断に基づきその他の手続を実施（第15項）。

上記（1）の場合，当該記載内容の入手時期（監査報告書日以前か後か）を問わず，**経営者に修正を依頼し同意が有れば修正が行われたことの確認，なければ監査役等に当該事項を報告し，修正を要請**する（第16項）。

また**監査報告書日以前に入手し，監査役等への報告後も修正がない場合，**監査報告書に及ぼす影響を検討し，監査報告書において重要な誤りに関して監査人がどのように対応する計画かを監査役等に対して報告する。経営者及び監査役等の誠実性に関して疑義が生じその結果，①監査証拠全体の証明力が疑われる場合には，財務諸表に対して意見不表明とし，また②監査の過程で入手した経営者及び監査役等の陳述の信頼性が疑われる場合には，現実的な対応として可能であれば，監査契約を解除することが，それぞれ適切な対応となる（第17項（1）（2），A45・46項）。

また**監査報告書日後の入手の場合，**①その他の記載内容が修正されれば，状況に応じて必要な手続（修正が行われたことの確認の他，すでにその他の記載内容が発行済みの場合には，その他の記載内容の受領者に対して修正内容を伝達するために経営者が行う対応を検討することを含む（A47項）。）を実施し，また②監査役等への報告後もその他の記載内容が修正されない場合，未修正の重要な誤りにつき監査報告書利用者への適切な注意喚起のために求められる，監査人としての法的権利と義務を，必要に応じ法律専門家に助言を求めた上で検討し，適切な措置を講じる。なお法令により許容される場合には，その他の記載内容の重要な誤りに対し，株主総会において当該事項の説明をする等により利用者に注意喚起をする他，当該誤りがある旨を含む新しい又は訂正された監査報告書を利用者に提供することを経営者に要請，或いは監査契約の継続に関連する事項を検討する等の措置を講じる（A 47 ～ 49項）。

また**上記（2）（3）の場合**は，他の監基報に従って適切に対応する。監査人は，その他の記載内容の通読によって，①企業及び企業環境等に関する監査人の理解また，それらに応じて，リスク評価を修正する必要性，②識別した虚偽表示が監査に与える影響や未修正の虚偽表示が財務諸表に与える影響を評価する監査人の責任，そして③後発事象に関する監査人の責任，という3つの事項に影響する新たな情報，に気付くことがある（第19・A50項）。

4）限定付適正意見又は不適正意見を表明する場合の対応

　除外事項付意見の原因となった事項の影響を検討し，当該事項がその他の記載内容に含まれていない，又は参照されておらず，その他の記載内容のどの部分にも影響しない場合（例えば，適用される財務報告の枠組みにより要求される，担保資産を開示しない場合），財務諸表に対する限定意見又は否定的意見は第21項（5）で要求されるその他の記載内容の結論に影響しないことがある。

　また重要な虚偽表示による限定意見の場合で，その原因となった事項又は関連する事項が，その他の記載内容にも関連し，当該内容に重要な誤りがあれば，限定付適正意見又は不適正意見いずれの場合も，①当該意見の根拠区分で記載した原因となった事項及び②それにより影響を受ける数値又は数値以外の項目に関して，その他の記載内容に重要な誤りがあると判断した旨を，それぞれ段落を分けて記載する（720文例6参照）。

　また財務諸表の重要な項目に関して監査範囲の制約がある場合，監査人は当該事項に関して十分かつ適切な監査証拠を入手していないため，当該事項に関連するその他の記載内容の数値又は数値以外の項目が，重要な誤りとなるかどうかを判断できないことがある。この場合には，第21項（5）の適用において，監査人は，限定意見の根拠区分で記載した監査範囲の制約に関連したその他の記載内容の記述を検討できない（具体的には「当該事項に関するその他の記載内容に重要な誤りがあるかどうか判断することができなかった」）旨を記載する（720文例5参照）。ただし，その他の記載内容に，他の未修正の重要な誤りを識別した場合には報告することが要求される（A54項）。

5）意見不表明の場合の対応

　その他の記載内容との重要な相違の有無を監査報告書に記載し，財務諸表の一部についての詳細な情報を提供することは，当該記載と財務諸表全体に対する意見を表明しないという監査人の結論との関係を曖昧にするおそれがあるため，その他の記載内容について記載しないことが適当とされる（A56項）。

（10）連結財務諸表に対する経営者並びに監査役及び監査役会の責任

　監査報告書には，「財務諸表に対する経営者並びに監査役及び監査役会の責任」という見出しを付した区分を設けなければならない（700第30項）。なお，「監査役及び監査役会の責任」については，会社の機関設計に応じて適切な見出しを付す（700 A41項）。

　二重責任の原則に基づき，経営者の財務諸表の作成責任に加え，不正又は誤謬による重要な虚偽表示のない財務諸表作成の前提となる内部統制の整備及び運用に対しても責任を有する旨の記載も必要とされる（監査証明府令４条４項）。また，継続企業の前提に関する評価と開示に関する経営者の対応についてより明確にするために，下線部ⅰの継続企業の前提に関する責任も記載する。

　また監査役等の責任として，財務報告プロセスの整備及び運用における取締役又は執行役の職務執行を監視することにある旨の下線部ⅱの記載も必要となる。監査役等は，現行法令に基づき取締役又は執行役の職務の執行を監査する役割を負うが，昨今，監査役等の財務報告プロセスにおける監視責任の重要性についての認識の高まりを受け，監査役等の役割の一部である，財務報告プロセスの監視責任について，経営者の財務諸表の作成責任と並んで監査報告書の利用者に明確に示すこととしたものである。よってこの記載は，**監査役等の責任の拡大又は変更をもたらすものではない**（報告Q&A・Ｑ１-２）。

（11）監査人の責任（700 第 35 ～ 37 項，A47 ～ 49 項）

　「監査人の責任」区分の記載内容が拡充され，財務諸表の監査において監査人が実施することが求められている基本的な責任とともに，監査の基本的な性質が，見出しを付した上で記載される。

　下線部ⅰは，二重責任の原則に基づく，監査人の責任を述べている。また下線部ⅱは，適用される財務報告の枠組みが，我が国において一般に公正妥当と認められる企業会計の基準である場合の，重要性の概念を述べたものである。

　下線部ⅲで一般に公正妥当と認められる監査の基準に準拠して監査を実施した旨を記載することで，少なくとも社会一般が期待する最低限の水準以上の監査が行われたことを知らしめるものである。

　また下線部ⅳは，監査人が実施する監査の内容を利害関係者に詳細に示すことで，下線部ⅰで述べた抽象的な監査人の責任をより具体化，明確化するものである。内部統制については，財務諸表監査においてリスク評価の過程で，内部統制の評価を実施するものの，財務諸表監査の目的は内部統制の有効性について意見表明するものでないことを記載し，監査人の責任を明確化している。なお経営者の場合と同様，監査人についても，継続企業の前提に関する責任も

記載され，その他不正リスクの識別と評価及び対応，表示及び注記事項の検討，グループ監査を実施する場合の責任が追加された。

さらに下線部 v と vi は，監査役等とのコミュニケーションが要求される事項の記載であるが，vi は上場企業の監査の場合のみ記載される。そして最後に下線部vii で KAM に関する記載がなされる。

なお，意見不表明の場合には，記載項目が変更される（705 第 27 項）。

（12）利害関係

先述したとおり，監査報告書は，表題として「独立監査人の監査報告書」が付され，本来はこれにより監査人が独立性についての職業倫理に関する規定の全てを満たしていることが担保されているはずである。しかし，我が国では公認会計士法 25 条 2 項及び 34 条の 12 第 3 項等により，監査報告書に利害関係の有無を記載することが求められている。よって「利害関係」の見出しを付した上で，利害関係の有無について記載することとしている。これは後述する追記情報の一種である。

第 7 章で述べるが，財務諸表監査と内部統制監査は一体型の監査報告書が発行され，内部統制監査報告書においても内部統制府令により利害関係の記載が求められているため，財務諸表監査と内部統制監査に共通する記載事項として，従来と同様に監査報告書の末尾の独立した区分に記載することとした。

3．除外事項付意見の表明が要求される場合

除外事項とは，財務諸表全体に及ぼす又は及ぼす可能性のある影響の重要性に鑑み，無限定適正意見を表明できない結果をもたらす事項をいい，**未修正の虚偽表示**（適用される財務報告の枠組みに照らして財務諸表に不適切な事項が未修正のまま含まれている状況を表し，**意見に関する除外事項**あるいは**財務諸表上の不適正事項**と呼ばれる。）と**未発見の虚偽表示**（無限定意見表明の基礎となる十分かつ適切な監査証拠を入手できず，財務諸表に重要な虚偽表示が未発見のまま含まれている可能性がある状況を表し，**監査範囲の制約**ともいう）とに分けられる（報告 Q&A・Q 1 － 6）。

財務諸表の重要な虚偽表示は，（1）選択した会計方針の適切性，（2）選択

した会計方針の適用，（3）財務諸表の注記事項の適切性又は十分性，に関連
して生ずることがあるとされ，虚偽表示については，財務諸表本表のみならず，
注記事項においても存在又は存在する可能性がある。注記事項の未修正の虚偽
表示には，注記内容が不適切又は不完全である場合や，財務報告の枠組みにお
いて明示的に要求されていないが，注記を求める趣旨に照らして必要と考えら
れる注記がなされていない場合，又は適正表示の枠組みに基づき作成された財
務諸表の場合で，財務報告の枠組みでは明示的に求められていないが，適正表
示の目的を達成するために必要な注記が行われていない場合などを含む（450
第 3 項及び A1 項，報告 Q&A・Q 1 − 6）。また虚偽表示の重要性については，第 3
章でみた重要性の基準値という金額的な基準のみによって判断されるとは限ら
ず，たとえ重要性の基準値の範囲内であっても，質的な観点から重要と判断さ
れる場合があることに留意する。そして未修正又は未発見の虚偽表示のいずれ
の場合でも，無限定適正意見を表明できなくなる結果をもたらす程度のものが
重要と判断される。監査人は，以下の場合，監査報告書において**除外事項付意
見**を表明しなければならない（705 第 5 項）。

図表 5 − 6　除外事項付意見が表明されるケース

(1) 監査人が自ら入手した監査証拠に基づいて，全体としての財務諸表に重要な虚
　偽表示があると判断する場合（＝未修正の虚偽表示がある場合）
　　　十分かつ適切な監査証拠が得られた結果，経営者が採用した会計方針の選択
　及びその適用方法，財務諸表の表示方法に関して不適切なものがあり，その影
　響が，
① 　無限定適正意見を表明することができない程度に重要であるものの，財務諸表
　を全体として虚偽の表示に当たるとするほどではない（＝虚偽表示が財務諸表に及ぼ
　す影響が，個別に又は集計した場合を前提として，重要だが広範ではない場合。図表 5 − 7
　①に該当）と判断した場合には限定付適正意見，
② 　財務諸表を全体として虚偽の表示に当たるとするほどに重要である（影響が重要
　かつ広範。図表 5 − 7 ②に該当）と判断した場合には，不適正意見が表明される。
(2) 監査人が，全体としての財務諸表に重要な虚偽表示がないと判断するための十
　分かつ適切な監査証拠を入手できない場合（＝未発見の虚偽表示の可能性）
　　　重要な監査手続が実施できなかったことにより，十分かつ適切な監査証拠が
　得られず，無限定適正意見を表明することができない場合で，
① 　その影響が財務諸表全体に対する意見表明ができないほどではない（未発見の虚
　偽表示がもしあるとすればそれが財務諸表に及ぼす可能性のある影響が重要だが広範でない。

図表 5 - 7 ③に該当）と判断したときに，除外事項を付した限定付適正意見，

② 財務諸表全体に対する意見表明のための基礎が得られなかった（影響が重要かつ広範。図表 5 - 7 ④に該当）ときに，意見不表明となる。

監査範囲の制約における，十分かつ適切な監査証拠を入手できない原因には，①企業の管理の及ばない状況（火災や災害等による会計記録の滅失・行政当局による重要な構成単位の会計記録の長期に渡る差し押さえ），②監査人の作業の種類又は実施時期に関する状況（持分法の適用対象となる関連会社の財務情報に関し，持分法の適切な適用を評価するための十分かつ適切な監査証拠が入手できない・監査人の選任時期による，実地棚卸の立会の未実施・実証手続の実施のみでは十分かつ適切な監査証拠が入手できないと判断したが，関連する企業の内部統制が有効でない），③経営者による監査範囲の制約（監査人の実地棚卸の立会や，特定の勘定残高に関する外部確認についての監査人の要求を拒否）が挙げられる。

なお，同 3・4 及び六 3 では，①他の監査人が実施した監査の重要な事項について，その監査の結果を利用できないと判断したときに，さらに当該事項について，重要な監査手続を追加して実施できなかった場合，又②将来の帰結が予測し得ない事象又は状況について，財務諸表に与える当該事象又は状況の影響が複合的かつ多岐にわたる場合（**未確定事項**），さらに③継続企業の前提に重要な疑義を生じさせるような事象又は状況に関して経営者が評価及び対応策を示さないときには，継続企業の前提に関する重要な不確実性が認められるか否かを確かめる十分かつ適切な監査証拠を入手できないことがあるため，これらのケースにおいては，重要な監査手続が実施できなかった場合に準じて，①と③の場合は，意見の表明の適否を判断しなければならず，②の場合は，意見の表明ができるか否かを慎重に判断しなければならないとされ，この場合には意見の表明をしない可能性があることに留意する。

未確定事項に関し，705 第 9 項では，監査人は，複数の不確実性を伴う極めてまれな状況において，たとえ個々の不確実性については十分かつ適切な監査証拠を入手したとしても，それらが財務諸表に及ぼす可能性のある累積的影響が複合的かつ多岐にわたるため，財務諸表に対する意見を形成できないと判断する場合には，意見を表明してはならない，としている。

なお，監査人は，監査役等と有効なコミュニケーションをとることが求められるが，監査役等との間で行われる双方向のコミュニケーションが十分でなく，その状況を解消できない場合，監査報告書において監査範囲の制約に関する除外事項を付す措置を講じることがある（260A52 項）。

　除外事項付意見には，適正表示の枠組みの場合は，**限定付適正意見，不適正意見及び意見不表明**の３つの類型がある。除外事項付意見は，除外事項付意見を表明する原因の性質と，それが財務諸表に及ぼす影響の範囲，又は及ぼす可能性のある影響の範囲が広範かどうかという監査人の判断によって，図表5－7のように分類することができる（以上，700実1 29項）。

図表5－7　除外事項と監査意見の類型 (700実1 19項)

除外事項付意見を表明する原因の性質	除外事項付意見を表明する原因となる事項が財務諸表に及ぼす影響の範囲，又は及ぼす可能性のある影響の範囲が広範なものかどうかという監査人の判断	
	重要だが広範でない	重要かつ広範である
財務諸表に重要な虚偽表示がある（意見に関する除外）	①　限定付適正意見	②　不適正意見
十分かつ適切な監査証拠が入手できず，重要な虚偽表示の可能性がある（監査範囲の制約）	③　限定付適正意見	④　意見不表明

　ここで，**広範**とは，未修正の虚偽表示が財務諸表全体に及ぼす影響の程度，又は監査人が十分かつ適切な監査証拠を入手できず，未発見の虚偽表示がもしあるとすれば，それが財務諸表全体に及ぼす可能性のある影響の程度を説明するものである。そして財務諸表全体に対して広範な影響を及ぼす場合とは，監査人の判断において，以下のいずれかに該当する場合をいう（705 第4項）。
①　未修正又は未発見の虚偽表示の及ぼす又は及ぼす可能性のある影響が，財務諸表の特定の構成要素，勘定又は項目に限定されない場合
②　未修正又は未発見の虚偽表示の及ぼす又は及ぼす可能性のある影響が，特定の構成要素，勘定又は項目に限定されているものの，財務諸表全体としての虚偽表示に当たる場合，又は当たる可能性がある場合
③　利用者の財務諸表の理解に不可欠な注記事項に未修正の虚偽表示がある場合，又は未発見の虚偽表示の可能性がある場合
　言い換えれば，広範な影響とは，未修正の虚偽表示の場合は，当該表示が財

務諸表の全体像を大きく歪め，財務諸表全体が虚偽の表示に当たる場合，また未発見の虚偽表示の場合は，十分かつ適切な監査証拠を入手できなかった影響が財務諸表全体に対する意見表明ができない程である場合を，それぞれ指す（報告 Q&A・Q 1 − 6）。

限定付適正意見の場合，除外事項以外の部分は適正であるということを意味し，利用者は除外事項が付された除外事項の内容及び財務諸表に及ぼす影響に関する情報を用いて，財務諸表を適正に利用することができる（報告 Q&A 1 − 6）。

監査人は，監査報告書において除外事項付の監査意見の表明が見込まれる場合，その原因となる状況と，除外事項付意見の文言の草案について，監査役等に報告しなければならない（705 第 27 項）。これにより監査人は監査役等に，除外事項付意見の表明が見込まれること，及び除外事項付意見の表明理由又は状況を事前に知らせ，当該意見の表明原因となる事実に関する監査役等の意見を確認することができ，監査役等は，該当する場合，当該原因となる事項に関して，追加の情報や説明を監査人に提供することが可能になる（705A24 項）。

4．意見に関する除外と監査報告書の文例

意見に関する除外事項に起因する除外事項付意見は，先に示したとおり，限定付適正意見と不適正意見に分かれるが，以下それぞれの監査報告書の文例を掲げる。限定付適正意見は，図表5−8のとおりである。

図表5−8　意見に関する除外による限定付適正意見の文例2（700 実 1 文例 16）

限定付適正意見
　当監査法人は，金融商品取引法第 193 条の 2 第 1 項の規定に基づく監査証明を行うため，・・・（以下文例 1 の「監査意見」の区分の第 1 段落と同じ）・・・について監査を行った。
　当監査法人は，上記の連結財務諸表が，「限定付適正意見の根拠」に記載した事項の連結財務諸表に及ぼす影響を除き(i)，我が国において・・（以下文例 1 と同じ）・・全ての重要な点において適正に表示しているものと認める。

限定付適正意見の根拠

　会社は,・・・・・について,・・・・ではなく,・・・・により計上している。我が国において一般に公正妥当と認められる企業会計の基準に準拠していれば,・・・・・・を計上することが必要である。当該事項は,連結財務諸表における・・・・の・・・・に影響を与えており,結果として,営業利益,経常利益及び税金等調整前当期純利益はそれぞれ×××百万円過大に表示され,当期純利益は△△△百万円過大に表示されている（注1）。この影響は・・・・・・・である（注2）。したがって,連結財務諸表に及ぼす影響は重要であるが広範ではない。

　当監査法人は,我が国において一般に公正妥当と認められる監査の基準に準拠して監査を行った。監査の基準における当監査法人の責任は,・・（以下文例1と同じ）・・監査人としてのその他の倫理上の責任を果たしている。当監査法人は,<u>限定付適正意見表明の基礎となる</u>(ⅱ)十分かつ適切な監査証拠を入手したと判断している。

監査上の主要な検討事項

　・・・文例1の監査上の主要な検討事項の第1段落と同じ・・・

　<u>当監査法人は,「限定付適正意見の根拠」に記載されている事項のほか,以下に記載した事項を監査報告書において監査上の主要な検討事項として報告すべき事項と判断している。</u>(ⅲ)

［監基報701に従った監査上の主要な検討事項の記載例］

（表形式にする場合の記載例）以下文例1と同じ形式

（注1）重要な虚偽表示に関する金額的な影響額については,連結損益計算書又は連結損益及び包括利益計算書の各区分損益項目以外にも,700実1第31項に基づき,連結損益計算書に重要な影響を及ぼすと考えられるその他の重要な項目についても適宜記載する。

（注2）本来不適正意見とすべきものを,限定付適正意見とする可能性もある。よって「‥」には,なぜ重要であるが広範でないと判断し,不適正意見ではなく限定付適正意見としたのか,その理由を,個々の状況における職業的専門家としての監査人の判断の論理的筋道を説明した上で,財務諸表利用者の視点に立って分かりやすく具体的に記載する（報告Q&A・Q1－6）。

　まず監査意見の区分を「限定付適正意見」とし,下線部ⅰの「『限定付適正意見の根拠』に記載した事項の連結財務諸表に及ぼす影響を除き,」という文言が新たに加わる。これは,特定のアサーションにつき重要な虚偽表示が存在するものの,その影響が広範ではなく当該部分を除けば財務諸表全体に対する意見形成は可能なため,「・・・を除き」という表現となる。また第1段落は文例1と共通し,これは以降全ての監査意見についても同じである。

　限定付適正意見の意味は，財務諸表の利用者に除外事項への注意を喚起し，除外事項とした箇所については不適正であるが，その影響が広範ではないため，当該事項を除けば，全体として財務諸表は適正であるということを，財務諸表の利用者に誤解なく伝え，利用者の保護を図るものであり，事例として 2017年 3 月期の東芝の監査報告書を参照されたい。

　そして「監査意見の根拠」の見出しは，「限定付適正意見の根拠」とし，本区分に，除外事項付意見を表明する原因となる事項について記載する。当該事項につき，『監査基準』第四報告基準四 1 では，除外した不適切な事項，財務諸表に与えている影響及びこれらを踏まえて除外事項を付した限定付適正意見とした理由を掲げている。そして第 700 実 1 第 31 項では，定量的な注記情報を含め，財務諸表の特定の金額に関連する重要な虚偽表示が存在する場合，金額的な影響額を算定することが困難でない限り，当該虚偽表示による金額的な影響額とそれに関連する説明を記載することとしている。例えば，棚卸資産の過大表示の場合，重要な虚偽表示に関する金額的な影響額として，税引前当期純損益，当期純損益及び純資産への影響額の記載が挙げられ，また，金額的な影響額を算定するのが困難な場合は，監査意見の根拠の区分にその旨が記載される。また定性的な注記事項に関連する重要な虚偽表示が存在する場合も，当該虚偽表示の内容について記載が求められる（705 第 21 項）。

　金額的な影響額は，概算値や範囲で示すこともある。なお，金額的な影響額を算定できるかどうかは，算定に必要な資料の入手可能性や監査報告書の提出期限に依存するため，金額的影響を算定することが困難な場合は，監査意見の根拠区分にその旨を記載することが求められる（705 第 20 項）。

　また，監査意見の根拠区分で，「十分かつ適切な監査証拠」の入手に関し，図表 5 - 1 の無限定適正意見の場合は「意見表明の基礎となる」とあるところを，下線部ⅱの「限定付適正意見表明の基礎となる」とし，限定付適正意見を表明するためのものであることを示す必要がある。

　なお監査報告書に対して**除外事項付意見を表明する原因となる事項は，その性質上，KAM に該当するが，監査人はこれらの事項を監査報告書の「監査上の主要な検討事項」区分に記載してはならない**（701 第 14 項）。本文例では，「限定付適正意見の根拠」区分に記載された事項以外に，KAM の報告を行う場合

を示しているが，その記載においては意見の根拠の区分に記載すべき内容と明確に区別しなければならない（平成30年改訂監査基準前文二1（4））。なお，報告すべきその他のKAMがないと監査人が判断した場合は，「監査上の主要な検討事項」区分における下線部iii以降の2段落目の記載を，「当監査法人は，『限定付適正意見の根拠』に記載されている事項を除き，監査報告書において報告すべき監査上の主要な検討事項はないと判断している。」に差し替える。これは，後述する不適正意見報告書（この場合，上記『』内を不適正意見の根拠）及び監査範囲の制約に関する限定付適正意見の場合も同様である。

　一方，不適正意見監査報告書は，図表5－9を参照されたい。

図表5－9　意見に関する除外による不適正意見の文例3（700実1文例18）

不適正意見

　当監査法人は，金融商品取引法第193条の2第1項の規定に基づく監査証明を行うため，‥（以下文例1の「監査意見」の区分の第1段落と同じ）‥‥について監査を行った。

　当監査法人は，上記の連結財務諸表が，「不適正意見の根拠」に記載した事項の連結財務諸表に及ぼす影響の重要性に鑑み(i)，我が国において一般に公正妥当と認められる企業会計の基準に準拠して，○○株式会社及び連結子会社の×年×月×日現在の財政状態並びに同日をもって終了する連結会計年度の経営成績及びキャッシュ・フローの状況を，適正に表示していないものと認める。(ii)

不適正意見の根拠

　会社は，‥について，‥ではなく，‥により計上している。我が国において一般に公正妥当と認められる企業会計の基準に準拠していれば，‥‥‥を計上することが必要である。この結果，営業利益，経常利益及び税金等調整前当期純利益はそれぞれ×××百万円過大に表示され，当期純利益は△△△百万円過大に表示されている（注）。

　当監査法人は，我が国において一般に公正妥当と認められる監査の基準に準拠して監査を行った。監査の基準における当監査法人の責任は，「連結財務諸表監査における監査人の責任」に記載されている。当監査法人は，我が国における職業倫理に関する規定に従って，会社及び連結子会社から独立しており，また，監査人としてのその他の倫理上の責任を果たしている。当監査法人は，不適正意見表明の基礎となる(iii)十分かつ適切な監査証拠を入手したと判断している。

監査上の主要な検討事項

・・・文例1の監査上の主要な検討事項の第1段落の記載と同じ・・・

<u>当監査法人は，「不適正意見の根拠」に記載されている事項を除き，監査報告書において報告すべき監査上の主要な検討事項はないと判断している。</u>(iv)

（注）図表5−8文例2（注1）に同じ。

　まず，「監査意見」の区分において，「不適正意見」の見出しを付し，下線部 ii のように財務諸表が，財政状態，経営成績等を適正に表示していないものと認める旨を記載する。この場合，未修正の虚偽表示の影響が重要かつ広範であるため，もはや当該事項を除けば，全体として財務諸表は適正である，ということを表明すること自体が不可能である。よって下線部 i の「不適正意見の根拠に記載した事項の連結財務諸表に及ぼす影響の重要性に鑑み」という文言を加え，財務諸表を意思決定資料として用いた場合，誤った判断を下すものであることを伝え，注意を喚起するわけである。

　そして不適正意見を表明する原因となる事項について記載する区分を「不適正意見の根拠」という見出しを付し，「監査人の責任」の区分の次に設ける。当該区分には，除外した不適切な事項及び財務諸表に与えている影響を踏まえて不適正意見とした理由を記載する。また文例3では，限定付適正意見の場合と比べ，除外事項の影響が重要かつ広範であるという点で違いがあるものの，定量的な注記事項を含め財務諸表の特定の金額に，また定性的な注記事項に関連する重要な虚偽表示が存在する場合，限定付適正意見の場合と同様の記載をする。そして最後に下線部 iii の「不適正意見表明の基礎となる」十分かつ適切な監査証拠の入手の旨が記載される。

　ちなみに，不適正意見を表明する原因となる事項以外に，除外事項付意見の原因となる事項を監査人が識別している場合には，当該事項についても全て「不適正意見の根拠」区分に，その内容及びそれによる影響を記載することになる。これは，監査人が識別したその他の事項に関する開示が，財務諸表の利用者の理解に資する場合があるためである（705 第26項・A23項）。

　なお KAM は，先述したとおりであり，本事例では，「不適正意見の根拠」区分に記載した事項以外にないと判断しているため，第1段落は，文例1，2

共に共通するが，第2段落において，下線部ivのように，別途その旨を記載
する。仮に，不適正意見を表明する原因となる事項以外にKAMを決定した場
合，KAMの記述によって，財務諸表全体の信頼性が高まるという誤った印象
を与えないようにすることが特に重要である（701A7項）。

　また財務諸表に開示すべき情報が開示されないため，除外事項付意見を表明
する場合，監査人は，監査役等と必要な情報が開示されていないことについて
協議し，法令等で禁止されておらず，実務的に困難でなく，開示されていない
情報につき十分かつ適切な監査証拠を入手したときのみ，除外事項付意見の根
拠区分に，開示されていない情報を記載することが求められる。これは，財務
報告の枠組みに従って必要な開示を行う責任は経営者にあり，監査人ではない
ことと，十分な裏付けのない不正確な情報を監査報告書に記載することは職業
的専門家として避けなければならない（倫理規則の誠実性の原則）ためである。な
お，当該開示を経営者が未作成，又は監査人が容易に入手不能，さらに当該開
示を監査報告書に含めるには膨大と監査人が判断する場合が，実務的に困難な
事例に当たる（705第18項，22項，A18項，報告Q&A・Q1－6）。

5．監査範囲の制約による除外事項と監査報告書の文例

　次に，監査範囲の制約による除外事項付意見の監査報告書を以下に掲げ，無
限定適正意見の監査報告書の図表5－1と異なる点を中心に示す。

> **図表5－10　監査範囲の制約による限定付適正意見の文例4**（705文例3）

限定付適正意見
　当監査法人は，金融商品取引法第193条の2第1項の規定に基づく監査証明を行
うため，・・・（以下文例1の「監査意見」の区分の第1段落と同じ）・・・について監査を
行った。
　当監査法人は，上記の連結財務諸表が，「限定付適正意見の根拠」に記載した事
項の連結財務諸表に及ぼす可能性のある(i)影響を除き，我が国において一般に公正
妥当と認められる企業会計の基準に準拠して，○○株式会社及び連結子会社の×年
×月×日現在の財政状態並びに同日をもって終了する連結会計年度の経営成績及び

242

キャッシュ・フローの状況を，全ての重要な点において適正に表示しているものと認める。

限定付適正意見の根拠

　会社は，当連結会計年度中にＺ社の株式を取得し，在外関連会社として当該会社の投資に対し持分法を適用している。Ｚ社に対する投資は，×年12月31日現在の連結貸借対照表上 XXX で計上され，Ｚ社の当期純利益のうち会社の持分相当額である XXX が，同日に終了した連結会計年度の会社の当期純利益に含まれている。当監査法人は，Ｚ社の財務情報を入手することができず，また，Ｚ社の経営者及び監査人とのコミュニケーションが認められなかったため，Ｚ社に対する×年12月31日現在の会社の持分法による投資簿価および同日に終了した連結会計年度の当期純利益のうち関連する持分法投資利益について，十分かつ適切な監査証拠を入手することができなかった。したがって，当監査法人は，これらの金額に修正が必要となるかどうかについて判断することができなかった。(ⅱ) この影響は・・・である（注）。したがって，連結財務諸表に及ぼす可能性のある影響は重要であるが広範ではない。

　当監査法人は，我が国において一般に公正妥当と認められる監査の基準に準拠して監査を行った。監査の基準における当監査法人の責任は，「連結財務諸表監査における監査人の責任」に記載されている。当監査法人は，我が国における職業倫理に関する規定に従って，会社及び連結子会社から独立しており，また，監査人としてのその他の倫理上の責任を果たしている。当監査法人は，限定付適正意見表明の基礎となる十分かつ適切な監査証拠を入手したと判断している。(ⅲ)

監査上の主要な検討事項
・・文例2に同じ・・・

(注) 本来意見不表明とすべきものを，限定付適正意見とする可能性もある，よって「・・」には，なぜ重要であるが広範ではないと判断し，意見不表明ではなく限定付適正意見としたのか，その理由を，個々の状況における職業的専門家としての監査人の判断の論理的筋道を説明した上で，財務諸表利用者の視点に立って分かりやすく具体的に記載する（報告 Q&A・Q1－6）。

　初めに限定付適正意見であるが，「監査意見」の区分を「限定付適正意見」の見出しを付し，そして記載内容については，「『限定付適正意見の根拠』に記載した事項の連結財務諸表に及ぼす**可能性のある**影響を除き，」という文言が新たに加わる。これは，特定のアサーションにつき重要な監査手続を実施でき

ず十分かつ適切な監査証拠を得ることができなかったものの，当該部分を除けば財務諸表全体に対する意見形成は可能なため，「・・・を除き」という表現に変え，財務諸表の利用者に除外事項への注意を喚起させ，財務諸表の合理的な利用を図るものである。なお，意見に関する除外事項と異なり，監査手続が実施できず，その影響が確定できないため，「及ぼす影響を除き」ではなく，「及ぼす可能性のある影響を除き」，となり，この点を除けば，意見に関する除外事項を原因とする限定付適正意見と記載内容は同一となる。

　次に「限定付適正意見の根拠」区分を設け，監査基準第四報告基準五1では実施できなかった監査手続，当該事実が影響する事項及びこれらを踏まえて除外事項を付した限定付適正意見とした理由（本事例では，持分法適用関連会社Z社の財務情報を入手できず，また同社の経営者及び監査人と必要なコミュニケーションをとれなかったため，持分法投資利益につき十分かつ適切な監査証拠を入手できなかった旨）を記載することが求められる。そして監査範囲の制約により，特定の事項につき十分かつ適切な監査証拠が入手できなかったため，下線部（ⅱ）の「これらの金額に修正が必要となるかどうか，について判断することができなかった」旨の記載が必要となる。なお，最後の段落の下線部（ⅲ）は，文例2と共通し，意見に関する除外事項付意見の場合と同様，「限定付適正意見表明の基礎となる十分かつ適切な監査証拠」とし，限定付適正意見を表明するための十分かつ適切な監査証拠を入手したことを示す必要がある。

　KAMについては，先の意見に関する除外事項付意見で検討したとおりであり，文例2と同様としている。

　次に意見不表明監査報告書については，以下の図表5－11を参照されたい。

図表5－11　監査範囲の制約による意見不表明監査報告書の文例5
（700実1文例20参考）

意見不表明
　当監査法人は，金融商品取引法第193条の2第1項の規定に基づく監査証明を行うため，・・・（以下文例1の「監査意見」の区分の第1段落と同じ）・・・について監査を行った。
　当監査法人は，「意見不表明の根拠」に記載した事項の連結財務諸表に及ぼす可

能性のある影響の重要性に鑑み(ⅰ)，連結財務諸表に対する意見表明の基礎となる十分かつ適切な監査証拠を入手することができなかったため，監査意見を表明しない。

意見不表明の根拠

　当監査法人は，×年12月31日より後に監査契約を締結したため，当連結会計年度の期首及び期末の棚卸資産の実地棚卸に立ち会うことができず，×年及び×年12月31日現在において連結貸借対照表にそれぞれ×××百万円及び△△△百万円で計上されている棚卸資産の数量に関して，他の監査手続によっても十分かつ適切な監査証拠を入手することができなかった。また，×年9月に新しい売掛金システムを導入したことにより，売掛金に多数の誤謬が生じている。監査報告書日現在においても，システムの不具合を是正し誤謬を修正している過程にあった。当監査法人は，×年12月31日現在の連結貸借対照表に計上されている売掛金残高×××百万円を，他の方法によって確認又は検証することができなかった。これらの結果，当監査法人は，棚卸資産及び売掛金残高，関連する包括利益項目，並びに，連結株主資本等変動計算書及び連結キャッシュ・フロー計算書を構成する要素に関して，何らかの修正が必要かどうかについて判断することができなかった。

　なお，上記のほかに，会社は，・・について，・・ではなく，・・により計上している。我が国において一般に公正妥当と認められる企業会計の基準に準拠していれば，・・・・・・・・・・・・・を計上することが必要である。この結果，営業利益，経常利益及び税金等調整前当期純利益はそれぞれ×××百万円過大に表示され，当期純利益は△△△百万円過大に表示されている（注）。

連結財務諸表に対する経営者並びに監査役及び監査役会の責任

（文例1に同じ）

連結財務諸表監査における監査人の責任

　監査人の責任は，我が国において一般に公正妥当と認められる監査の基準に準拠して監査を実施し，監査報告書において意見を表明することにある。(ⅱ)しかしながら，本報告書の「意見不表明の根拠」に記載されているとおり，当監査法人は連結財務諸表に対する意見表明の基礎となる十分かつ適切な監査証拠を入手することができなかった。当監査法人は，我が国における職業倫理に関する規定に従って，会社及び連結子会社から独立しており，また，監査人としてのその他の倫理上の責任を果たしている。(ⅲ)

（注）図表5－8文例2の（注1）に同じ。

　意見区分では，「意見不表明」の見出しを付し，十分かつ適切な監査証拠が入手できず財務諸表への影響が重要かつ広範であるため，もはや除外事項を除いて意見表明することが不可能なため，下線部 i のようにその及ぼす可能性のある影響の重要性に鑑み，意見を表明しない旨が記載される。つまり監査人は，財務諸表に対し正しいとも間違っているともいえないわけであるから，仮に利用者が財務諸表を意思決定資料として用いるのであれば，あくまでも自己責任のもと，信頼性が担保されないままの利用になることを訴えるわけである。なお，意見を表明しない場合でも，監査人は財務諸表について監査を行った旨を記載しなければならず，第１段落は文例１と共通することに，注意する。

　また「意見不表明の根拠」の区分においては，「監査基準」第四報告基準五２では，意見不表明の理由，705 第 23 項では十分かつ適切な監査証拠を入手できない理由を記載事項として掲げている。本文例が参考とした，700 実 1 文例 20 では，棚卸資産と売掛金残高という複数の事象についての監査範囲の制約により，単独では意見不表明とするほどではないが，複数の事象につき財務諸表全体に及ぼす影響を総合的に考慮して意見不表明となる事態を想定している。そしてここでは，実施できなかった監査手続（立会等）と実施できなかった理由（監査契約の締結の遅れ等），そして当該事実が影響する事項も併せて記載されている。そして監査人として，意見不表明となる事態を回避すべくベストを尽くしたとの意味合いから「他の方法によって確認又は検証することができなかった」旨も記載される。

　なお不適正意見監査報告書の場合と同様，意見不表明の原因となる事項以外に，重要ではあるが広範ではないと認められる除外事項がある場合には，当該事項についても全て，根拠区分に，その内容及びそれによる影響額を記載しなければならず，文例５では，重要な虚偽表示がある場合の，各種利益に与える影響が記載されている。

　なお，**KAM については，監査意見を表明しない場合には記載してはならない**（705 第 28 項）。これは，意見不表明の場合において，その根拠となった理由以外の事項を「監査上の主要な検討事項」として記載することは，財務諸表全体に対する意見表明のための基礎を得ることができていないにもかかわらず，当該事項について部分的に保証しているかのような印象を与える可能性がある

からとされる（平成30年改訂監査基準前文）。つまり，全体としての財務諸表の適正性に関する意見表明という監査の目的を損なうからと考えられる。

また，意見不表明の場合，「財務諸表監査における監査人の責任」区分は，無限定適正意見の場合に要求される事項に代えて本図表の記載となる（705第27項）。

下線（ii）中の「我が国において一般に公正妥当と認められる監査の基準に準拠して監査を実施した旨」と下線（iii）は，無限定適正意見の場合は，「監査意見の根拠」区分で記載されるものである。これは監査報告書の全体の構成の観点から，利用者の理解可能性を考慮したものとされる（705A24項）。さらに無限定適正意見の場合，下線（ii）は「監査人の責任は，監査人が実施した監査に基づいて，全体としての連結財務諸表に不正又は誤謬による重要な虚偽表示がないかどうかについて合理的な保証を得て，監査報告書において独立の立場から連結財務諸表に対する意見を表明することにある。」であり，かなり簡略化されている。これは意見不表明につき，結果的に監査を実施できなかったことと同様となるため，監査実施の詳細なプロセスや「合理的な保証を得て」，という文言の記載が省略されたものと考えられる。

6．追記情報

財務諸表監査の目的は，二重責任の原則に基づき，経営者が作成した財務諸表の適正性につき，監査人が意見表明を行い，投資者をはじめとする利害関係者の保護を図ることにあり，こうした監査人の機能は，**意見表明機能**あるいは**保証機能**と呼ばれる。一方，利害関係者は監査人に対し，単なる財務諸表の適正性に関する保証だけではなく，保証以外の有用な情報の提供を期待するという期待ギャップが存在する。また監査人サイドからも，財務諸表利用者の誤解を避け自己の責任を明確にするために，単なる意見表明にとどまらず，財務諸表に関して強調すべき箇所や注意を喚起する点を明示したほうが得策と判断することもあり，こうした監査人の機能を**情報提供機能**という。

本来，意見表明に関する監査人の責任は，自らの意見を通しての保証の枠組みの中で果たされるべきものであり，その枠組みから外れる事項は意見とは明

確に区分することが必要である。平成14年改訂監査基準では，このように考え方を整理した上で，監査人の情報提供機能の一環を担うものとして「監査基準」第四報告基準七で追記情報を定め，財務諸表の表示に関して適正であると判断し，なおもその判断に関して説明を付す必要がある事項や財務諸表の記載について強調する必要がある事項を監査報告書で情報として追記する場合には，監査意見と同じ欄に記載すると二重責任の原則に反し，利害関係者からの無用な誤解を招き監査人自身も思わぬ責任を負うため，意見の表明とは明確に区分し，監査人からの情報として追記するものとした。

　一方，平成22年改訂監査基準では，従来，財務諸表における記載を特に強調するために当該記載を前提に強調する強調事項と，監査人の判断において説明することが適当として記載される説明事項であるその他の事項との区分がなく，混在して規定されていたことから，国際監査基準の改訂とも併せ，両者を区分して記載することとした。

　監査人は，監査報告書に強調事項区分又はその他の事項区分を設けることが見込まれる場合，その旨と当該区分の文言の草案について，監査役等にコミュニケーションを行わなければならず，これにより，監査役等は監査報告書で記載される特定の事項の性質について認識することができ，また必要に応じ，監査人から追加的な説明を受ける機会を得ることができる（706第11項，A18項）。

（1）強調事項

　強調事項区分は，財務諸表に表示又は開示されている事項について，利用者が財務諸表を理解する基礎として重要であるため，当該事項を強調して利用者の注意を喚起する必要があると判断し，かつ以下のいずれにも該当する場合，監査報告書に「強調事項」の見出しを付し，設ける区分である（監基報706第7項）。

1）705「独立監査人の監査報告書における除外事項付意見」に従い強調事項に関連して除外事項付意見を表明する必要がないと判断している。

2）701が適用される場合，「強調事項」区分への記載を検討する事項が，KAMに該当しないと判断している。

　この点，KAMが適用となる前の旧規定においては，上記1），2）に代え，「当該事項について財務諸表の重要な虚偽表示がないという十分かつ適切な監査証

拠を入手した場合」を前提としていた。上記1）につき，仮に強調事項区分への記載を検討する事項（以下「強調事項検討事項」とする）につき，十分かつ適切な監査証拠を入手した結果，重要な虚偽表示が存在すれば，除外事項付意見を表明する結果となるわけであるから（706第5・6項・A4項），表現を変えていても旧規定と意味するところは同じといえる。よって事実上2）が新たな記載要件といえる。

　なお従来，監査人が必要と判断した強調事項は，**監査意見の類型に関わらず記載される**ことになる，との規定があったため（旧監基報706第5・6項·A4項），限定付適正意見のみならず，意見不表明の場合にも記載されるものと解された。事実，過去の意見不表明の監査報告書上においても，強調事項の記載が見られる。しかし，当該規定は削除されたため，特に意見不表明の場合に，明確に記載が禁止されるKAMとの関連で，果たして強調事項が記載されるのか，定義上不明確となっている。

　この点，報告Q&AのQ1-1において，従来の監査報告書との共通点の②として，追記情報の定義や記載事項は改正前と同じとし，また記載の要否の判断は，**KAMとの関係に関する事項を除いて**（つまり新たに加わった記載要件を除いて），改正前と同じとしている。これより，先の記載条件2）を満たすKAMに該当しない，強調事項検討事項については，意見不表明の場合にも，記載が必要と考えられる。

　その一方で，強調事項検討事項が同時にKAMにも該当する場合，以下の図表5-12のように整理される。

> **図表5-12　強調事項検討事項がKAMにも該当する場合の監査報告書への記載**

ケース1）特定の状況において「強調事項」区分を設けることが他の監基報で要求される事項の場合（706付録1又は付録2及び後にみる事後判明事実Ⅱにつき訂正後の財務諸表に対し監査報告書の差し替えがあった場合）。
　強調事項区分の記載をもって，KAMの記載の代替とすることはできず（706A1項），「監査上の主要な検討事項」区分と「強調事項」区分の両方に記載する（706A4項）。
　ただし，もし監査意見が意見不表明であれば監査上の主要な検討事項区分を設け

ることはできず，また強調事項区分への記載は，監査人の判断，またKAMへの該
当の有無を問わず要求されるため，必要となる。

ケース2）上記以外で，KAMにも該当する場合。
　先の記載要件に従い，「強調事項区分」への記載はなく，「監査上の主要な検討事項」
区分に記載する。なお監査人が，当該事項が相対的に重要であることを強調し，注
意喚起することが適切と判断する場合，当該事項を「監査上の主要な検討事項」区
分の最初に記載したり，利用者が財務諸表を理解する基礎として重要であることを
示唆する追加の情報を，KAMの記載に含めることがある（706A 2項）。
　ただし意見不表明の場合，「監査上の主要な検討事項」区分への記載ができない
ため，結果として強調事項の記載要件の2）を満たし，注意喚起のため，強調事項
への記載が必要と考えられる。

　記載においては，「強調事項」という用語を含めた適切な見出しを付して，
当該区分を監査報告書の独立した区分として設け，財務諸表における記載箇所
と関連付けて，強調する事項を明瞭に記載する。また強調事項は，財務諸表に
表示又は開示された情報のみを記載するものでなければならず，監査人の意見
に影響を及ぼすものではないことを記載する。

　財務諸表を理解する基礎として重要であるものとして，強調事項の記載が必
要と判断する可能性のある場合の例として，監査基準第四　八において①会計
方針の変更，②重要な偶発事象，③重要な後発事象の3つが掲げられており，
以下それぞれについて見ていく。

①　会計方針の変更

　会計方針とは，財務諸表の作成に当たって採用した会計処理の原則及び手続
をいい（「会計方針の開示，会計上の変更及び誤謬の訂正に関する会計基準」（以下「過年
度遡及会計基準」とする）第4項1），なお「会計方針の開示，会計上の変更及び誤謬の訂
正に関する会計基準の適用指針」を以下「過年度遡及適用指針」とする），会計方針の変
更とは，従来採用していた一般に公正妥当と認められた会計方針から他の一般に
公正妥当と認められた会計方針に変更することをいう（過年度遡及会計基準第4項）。

　企業会計上は，例えば固定資産の減価償却方法の定額法や定率法のように，
1つの会計事実につき，複数の会計方針が認められている場合があり，会計方
針を毎期自由に変更することが可能であれば，利益操作が可能となり，財務諸

250

表の期間比較の可能性が阻害される。そこで，「企業会計原則　第一　一般原則五」の継続性の原則において，「企業会計は，その処理の原則及び手続を毎期継続して適用し，みだりにこれを変更してはならない」と規定し，正当な理由がない限り会計方針を変更することは認められていない。そして，正当な理由により会計方針を変更した場合には，経営者が財務諸表上適切な開示を行うことで，利害関係者の保護を図っている。

　一方，正当な理由による会計方針の変更が財務諸表上，注記されるとはいえ，利用者の意思決定に重大な影響を及ぼし，財務諸表を理解する基礎として重要と考えられる場合には，監査人はさらに利用者の注意を喚起し，利用者の保護を図ることが期待される。そこで，監査人の情報提供機能の一環として，経営者による財務諸表の注記と併せ監査報告書上，正当な理由による会計方針の変更を追記情報として記載することが求められるのである。

　なお当該記載に当たっては，監査人は，強調事項区分で強調事項の見出しを付し，そこで利害関係者が参照しやすいよう，財務諸表上の注記事項の記載箇所と関連付け，会計方針変更の旨を記載するものとされる。また正当な理由による会計方針の変更は従来，除外事項とされていたが，不適切な理由による変更と同様に扱うことは誤解を招くことから，除外事項の対象とせず，追記する情報の例とされた。この改訂に伴い，会計基準の変更に伴う会計方針の変更についても，正当な理由による会計方針の変更として取り扱うこととなり，財務諸表に広範な影響を及ぼす新しい会計基準の早期適用（早期適用が認められている場合）も，強調事項区分が必要と監査人が判断する可能性のある場合の例とされている（706A1項）。

　また監査人は，経営者による会計方針の選択及び適用方法が会計事象や取引を適切に反映するものであるかどうかを評価しなければならず，会計方針の変更のための正当な理由があるかどうかの判断に当たっては，図表5－13の事項を総合的に勘案する必要がある（78号Ⅲ8.）。

> **図表 5 − 13　正当な理由による会計方針の変更か否かを判断する際の検討事項**

①　会計方針の変更が企業の事業内容又は企業内外の経営環境の変化に対応して行われるものであること
②　会計方針の変更が会計事象等を財務諸表に，より適切に反映するために行われるものであること
③　変更後の会計方針が一般に公正妥当と認められる企業会計の基準に照らして妥当であること
④　会計方針の変更が利益操作等を目的としていないこと
⑤　会計方針を当該事業年度に変更することが妥当であること

②　偶発事象

　偶発事象は，貸借対照表日現在において存在する事象又は状況で，その最終的な結果としての利得又は損失が将来事象の発生又は不発生によってのみ解消されるものをいう。例えば重要な訴訟や規制上の措置の将来の結果に関する不確実性が当てはまる。

　偶発事象は，偶発利益と偶発損失に分類されるが，偶発利益については，実現主義の原則より，注記も含め会計処理の対象外とされる。一方，偶発損失については，その発生の可能性に応じて扱いが異なり，発生の可能性が高く金額の合理的な見積りが可能である場合には，引当金としての計上が必要とされ，発生の可能性が高いが金額を合理的に見積もることができない，また発生の可能性はそれほど高くないもののある程度予想される場合は，財務諸表上注記の対象となる。

　重要な偶発事象は，将来の企業経営に及ぼす潜在的な影響に鑑み，利害関係者に重大な影響をもたらす恐れがある。そこで監査人は，経営者が必要な注記を行わないとしたら，不適正意見を表明することとなるほど，財務諸表に著しい影響を与える事象であり，利害関係者の判断を誤らせないようにするため強調し注意を喚起することが適当と判断した事象については，監査報告書上，追記情報として記載することが求められる。これは後述する重要な後発事象の場合も同様である（監査・保証実務委員会実務指針 75 号Ⅲ. 1. (1) ⑤ (エ)）。

③ 後発事象

後発事象は，決算日後から監査報告書日までに発生した事象をいい，修正後発事象と開示後発事象の２つがある。

修正後発事象は，決算日後に発生した会計事象ではあるが，その実質的な原因が決算日現在においてすでに存在しており，決算日現在の状況に関連する会計上の判断ないし見積りをする上で，追加的ないしより客観的な証拠を提供するものとして考慮しなければならない会計事象をいう。これにより，当該事象が発生する以前の段階における判断又は見積りを修正する必要が生ずる場合があり，当該決算期の財務諸表に影響を及ぼすことから，重要な後発事象については，**財務諸表の修正を行う必要**がある。

開示後発事象は，決算日後において発生し，当該事業年度の財務諸表には影響を及ぼさないが，翌事業年度以降の財務諸表に影響を及ぼす会計事象であり，重要な後発事象については，会社の財政状態，経営成績及びキャッシュ・フローの状況に関する的確な判断に資するため，当該事業年度の財務諸表に注記を行う必要があるため，**強調事項の対象となるのは開示後発事象**となる。

> **図表５－14　修正後発事象と開示後発事象の例示**（監査・保証実務委員会第76号）

修正後発事象	①　決算日後における訴訟事件の解決により，決算日において既に債務が存在したことが明確となった場合には，単に偶発債務として開示するのではなく，既存の引当金の修正又は新たな引当金の計上を行わなければならない。 ②　決算日後に生じた販売先の倒産により，決算日において既に売掛債権に損失が生じていたことが裏付けられた場合には，貸倒引当金を追加計上しなければならない。
開示後発事象	**Ⅰ 財務諸表提出会社，子会社及び関連会社** **1　会社が営む事業に関する事象** 　重要な事業の譲受・重要な事業の譲渡・重要な合併・重要な会社分割・重要な事業からの撤退・重要な資産の譲渡・大量の希望退職者の募集・主要な取引先の倒産 **2　資本の増減等に関する事象** 　重要な新株の発行・重要な資本金又は準備金の減少・重要な株式交換，株式移転・重要な自己株式の取得，処分，消却・重要な株式併合又は株式分割 **3　資金の調達又は返済等に関する事象** 　多額の社債の発行，買入償還又は繰上償還・多額な資金の借入

> **4　子会社等に関する事象**
> 　子会社等の援助のための多額な負担の発生・重要な子会社等の株式の売却
> **5　会社の意思にかかわりなく蒙ることとなった損失に関する事象**
> 　火災，震災，出水等による重大な損害の発生・外国における戦争の勃発等による重大な損害の発生・不祥事等を起因とする信用失墜に伴う重大な損害の発生
> **6　その他**
> 　重要な経営改善又は計画の策定・重要な係争事件の発生又は解決・重要な資産の担保提供・投資に係る重要な事象（取得，売却等）
> **Ⅱ　連結財務諸表固有の後発事象**
> 　重要な連結範囲の変更・セグメント情報に関する重要な変更・重要な未実現損益の実現

　なお**事後判明事実**とは，監査報告書日後に監査人が知るところとなったが，もし監査報告書日現在に気付いていたとしたら，監査報告書を修正する原因となった可能性のある事実をいい（560 第4項），時系列でみて図表5−15の2つに分類される。

　監査人は，後発事象として財務諸表の修正又は財務諸表における開示が要求される全ての事象を識別したことについて十分かつ適切な監査証拠を入手するために立案した監査手続を，期末日の翌日から監査報告書日までの期間を対象として，実施しなければならず，当該手続には，図表5−16の①から④の手続を含めるものとする。

　また監査人が経営者に質問を実施する過程で，図表5−16の⑤から⑧の手続を必要に応じて実施する。

　重要な偶発事象あるいは後発事象にせよ，あくまで財務諸表上の注記が適切であることを前提として，その影響に鑑み利害関係者が財務諸表を理解する基礎として重要と判断したため，強調事項の対象となるものである。したがって，監査人が偶発事象や後発事象の注記対象となるべき事項に関し十分かつ適切な監査証拠を入手した結果，注記が必要と認めたにもかかわらず，注記そのものが不適切または注記がない場合等は，財務諸表の虚偽表示となり，その重要性と広範性により，意見に関する除外事項として，限定付適正意見あるいは不適正意見を表明することとなるので注意する。

図表 5 − 15　事後判明事実の種類

① 事後判明事実Ⅰ・・・・事後判明事実のうち監査報告書日の翌日から財務諸表の発行日までの間に監査人が知るところとなった事実
② 事後判明事実Ⅱ・・・・事後判明事実のうち財務諸表が発行された後に監査人が知るところとなった事実

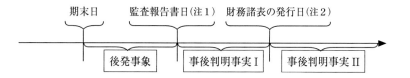

(注1) **監査報告書日**は，監査人が自らの責任において監査が終了したと判断した時の日付であり，財務諸表の承認日より前の日付とすることはできない（監基報560A3項）。一方，**財務諸表の承認日**は，関連する注記を含む全ての財務諸表が作成されており，認められた権限を持つ者が，当該財務諸表に対する責任を認めた日付（560第4項）をいい，経営者が実施した後発事象の評価期間の末日を指し，通常，経営者確認書の日付となる（560A2項）。ここで後発事象の評価期間の末日は監査報告書日であることから，監査報告書日＝財務諸表の承認日＝経営者確認書の日付，といえる。
(注2) **財務諸表の発行日**は，監査報告書と監査した財務諸表を第三者が入手可能となる日付をいい（560第4項），監査した財務諸表は，監査報告書が添付されていないと発行できないため，監査した財務諸表の発行日は，**監査報告書日以降で，かつ企業に監査報告書が提出される日以降の日付**でなければならない（560A4項）。金融商品取引法においては，有価証券報告書の提出日が該当する。

図表 5 − 16　後発事象の監査手続

① 後発事象を識別するために経営者が実施している手続の理解
② 財務諸表に影響を及ぼす可能性のある後発事象が発生したかどうかについての経営者への質問
③ 期末日後に取締役会，監査役会，監査等委員会又は監査委員会，株主総会が開催されている場合の，議事録の閲覧（議事録が入手不能の場合，会議で討議された事項への質問）

④　企業の翌年度の直近の月次等の期中財務諸表について，利用可能であれば通読
　上記②の経営者への質問の際，暫定的なデータを基に会計処理された項目の現在
の状況や以下の特定の事項について質問することがある。
　・新たな約定，借入又は保証が行われたかどうか。
　・資産の売却又は取得，又はその計画があるかどうか。
　・資本の増加や債券の発行（例えば，新株や社債の発行）が行われているか，又は合
　　併や清算の手続が行われているか，若しくはその計画があるかどうか。
　・政府によって収用された，又は火災や出水等により重大な損害を受けた資産が
　　あるかどうか。
　・偶発事象について何か進展があったかどうか。
　・通常でない会計上の修正が行われたか，又は検討されているかどうか。
　・財務諸表で使用している会計方針の適切性に疑問を抱かせるような事象が発生
　　しているか，又は発生する可能性がないかどうか（例えば，継続企業の前提に疑義
　　を生じさせるような事象）。
　・財務諸表で行われた見積り又は引当金の測定に関連する事象が発生したかどうか。
　・資産の回収可能性に関連する事象が発生したかどうか。
⑤　期末日後に申請・決済された稟議書の閲覧（稟議書が回付中のものは，受付簿等で
　その内容を確認する）
⑥　期末日後の期間に対する予算や資金計画のような，最新の経営管理資料の通読
⑦　訴訟及び損害賠償請求に関する企業の顧問弁護士への質問，又は以前行った口
　頭又は文書による質問への回答を更新
⑧　他の監査証拠を裏付け，十分かつ適切な監査証拠を入手するため，経営者確認
　書で特定の後発事象についての確認を行う必要があるかどうかを検討

　監査人は，監査報告書日後に，財務諸表に関していかなる監査手続を実施す
る義務も負わない（560第9項）。また財務諸表が発行された後に，当該財務諸
表に関していかなる監査手続を実施する義務も負わない（同第13項）。しかし
ながら，事後判明事実Ⅰ又は事後判明事実Ⅱについては，経営者及び適切な
場合，監査役等と当該事項について協議し，事後判明事実Ⅰについては財務諸
表の修正又は財務諸表における開示，また事後判明事実Ⅱについては財務諸
表の訂正が，それぞれ必要かどうか判断しなければならない。
　事後判明事実Ⅰにつき財務諸表に修正又は開示が追加された場合，また事後
判明事実Ⅱにつき財務諸表が訂正された場合（有価証券報告書の提出後，連結財務
諸表に重要な虚偽表示が発見され訂正報告書を提出する場合），後発事象の監査手続を

それぞれの財務諸表の監査報告書日までの期間に拡大して実施しなければならない。

そして監査報告書については，事後判明事実Ｉの場合は，当該修正又は開示が追加された財務諸表に対する監査報告書に差し替え，事後判明事実Ⅱの場合は，訂正後の財務諸表に対する監査報告書を提出しなければならない。なお経営者が訂正の事実，内容について自主的に財務諸表に注記の開示を行っている場合には，監査報告書上の強調事項区分に，またそうでない場合にはその他の事項区分において，財務諸表の訂正理由への参照と以前に発行した監査報告書について，それぞれ記載を行う（同14項3・15項，700実1文例32）。なおこの場合の強調事項が，図表5－12ケース1）の他の監基報が記載を要求する事項に該当し，KAMにも該当する場合は，双方に記載することになる。

（2）その他の事項

追記情報の中でも，監査人が，財務諸表に表示又は開示されていない事項について，監査，監査人の責任又は監査報告書についての利用者の理解に関連するため監査報告書において説明する必要があると判断した事項は，「**その他の事項**」又は他の適切な見出しを付した区分を設けて，当該事項を記載しなければならない。ただし法令等によって監査報告書に記載することが禁止されていない事項で，かつKAMが適用となる監査契約の場合は，当該事項に該当しないと判断するものでなければならない（706第9項）。

なお特定の状況において，監査報告書に「その他の事項」区分を設けることが他の監基報で要求され，かつ，当該事項がKAMにも該当する場合には，双方の区分に記載し，これは強調事項と同じである。またその他の事項区分は，財務情報で表示および開示することが要求されていない事項であることを明瞭に示す内容でなければならない（706第7・A9項）。

その他の事項区分の例としては，利害関係の見出しを付して，公認会計士法の規定により要求される利害関係の記載（706A5項）や，比較数値が表示され，過年度の財務諸表は前任監査人により監査されている場合の，比較数値に関して前任監査人が監査している旨及びその意見，がある（706文例1）。

7．比較情報の監査

　企業会計基準委員会（ASBJ）が平成 21 年に公表した過年度遡及会計基準及び過年度遡及適用指針では，会計方針や表示方法の変更，過去の誤謬の訂正があった場合に，あたかも新たな会計方針や表示方法等を過去の財務諸表に遡って適用していたかのように会計処理又は表示の変更等を行うものとされた。

　従前の金商法上の開示としては，当期の財務諸表と対比される前期の財務諸表は，原則として前期に提出された有価証券報告書に含まれていた財務諸表がそのまま記載され，当期に会計方針の変更があった場合には，必ずしも財務諸表の期間比較可能性が確保されてはいなかった。

　上記の新基準適用後は，**財務諸表の期間比較可能性を確保・向上し，投資者に有用な情報を提供**する観点から，金商法上，**前期の財務諸表は，当期の財務諸表の一部を構成するものとして，当期の財務数値に対応する前期の財務諸表を比較情報として位置づけ，これを開示**することが適当とされる。したがって，この比較情報としての前期の財務数値は，上記の新基準にしたがって修正されたものではあるが，前期に提出された財務諸表自体を全体として修正したものではなく，**当期の財務諸表に含まれる比較情報の当期の財務数値に対応する前期の数値を，必要な限りで修正・記載**したものであると位置づけられる（以上，平成 22 年改訂監査基準前文二 41）。

　比較情報は，適用される財務報告の枠組みに基づき財務諸表に含まれる過年度の金額及び注記事項をいう。そして**対応数値**は，その比較情報が当年度の財務諸表に不可分の一部として含まれ，当年度に関する金額及び注記事項(以下「当年度の数値」）と関連付けて読まれることのみを意図しており，対応する金額と注記事項をどの程度詳細に表示するかは，主に，当年度の数値との関連性において決定されるものとして監査意見を表明する場合の当該比較情報をいう。この場合，**財務諸表に対する監査意見は当年度のみを対象**として表明され，我が国においてはこの方式が採用されている。

　一方，**比較財務諸表**は，当年度の財務諸表との比較のために，当年度の財務諸表と同程度の比較情報が含まれており，比較情報について監査が実施されて

いる場合に，比較情報に対する監査意見が当年度の監査報告書に記載されるときの当該比較情報をいう。この場合，監査意見は，財務諸表に表示された各々の年度を対象として表明される（以上，710第5項）。

（1）対応数値の監査報告と比較財務諸表の監査報告

比較情報が対応数値として表示される場合，監査意見は，対応数値を含む当年度の財務諸表全体に対して表明されるため，監査人は，対応数値について意見を表明してはならない。ただし以下に掲げるケースの場合は，監査意見において対応数値に言及するものとされる（710第9項・A2項）。

╭───╮
│ **図表5－17　監査意見において対応数値への言及が必要となるケース** │
╰───╯

ケース1）以前に発行した前年度の監査報告書において，除外事項付意見が表明され，かつ当該除外事項付意見の原因となった事項が未解消の場合

監査人は，当年度の財務諸表に対し除外事項付意見を表明し，監査報告書の除外事項付意見の根拠区分に以下のいずれかを記載しなければならない（710第10項）。

・当該事項が当年度の数値に及ぼす影響又は及ぼす可能性のある影響が重要な場合，除外事項付意見の原因となった事項の説明において，当年度の数値と対応数値の両方に及ぼす影響。

・上記以外の場合は，当年度の数値と対応数値の比較可能性の観点から，未解消事項が及ぼす影響又は及ぼす可能性のある影響を勘案した結果，除外事項付意見が表明されている旨。

なおケース1において，除外事項付意見の原因となった事項が解消され，財務諸表において当該事項が適切に会計処理又は開示された結果，比較可能性が確保されている場合，前年度の除外事項を当年度の財務諸表に対する監査報告書において除外事項として取り扱う必要はないことに注意する（710A6項）。

またこの事例として，2018年3月期における東芝の監査報告書がある。これは辞任した新日本（現EY新日本）有限責任監査法人の後任のあらた（現PwCあらた）有限責任監査法人が，2018年3月期の比較対象となる2017年3月期において，米国の原発子会社ウエスチングハウスの損失処理を巡り東芝と対立し，限定付適正意見とした結果，2018年3月期の数値とこれらの対応数値との比較可能性に影響を及ぼしたため，とされる。

なお，これはあくまで金商法上の規定であるため，同期の会社法上の計算書類に対しては，無限定適正意見が表明されている。

ケース2）以前に無限定意見が表明されている前年度の財務諸表に重要な虚偽表示が存在するという監査証拠を入手したが，対応数値が適切に修正再表示されていない又は開示が妥当ではない場合（710第11項）

　当年度の財務諸表に対する監査報告書において，当該財務諸表に含まれる対応数値に関する除外事項付意見として，限定付適正意見又は不適正意見を表明しなければならない。ただし，当年度の財務諸表において，対応数値が適切に修正再表示されている，又は開示が妥当な場合，監査報告書に強調事項区分を設けて，当該事項に関する概要を記載するとともに，財務諸表上の開示のうち関連する記載箇所について記載することを検討する（710A6項）。

ケース3）前年度の財務諸表が監査されていない場合

　監査人は，監査報告書のその他の事項区分に，対応数値が監査されていない旨を記載しなければならない。ただし，当該記載をしても，当年度の財務諸表に重要な影響を及ぼす虚偽表示が期首残高に含まれていないという十分かつ適切な監査証拠の入手が免除されるわけではなく，入手が困難な場合は，当該事項を監査上の主要な検討事項と判断することがある（710第13・A8項）。

　なお期首残高に関する十分かつ適切な監査証拠を入手できず，その影響が重要である場合の監査意見は，①個々の状況に応じて，監査範囲の制約に関する限定意見を表明するか又は意見を表明しない，または②法令等により禁止されていない場合に限り，経営成績及びキャッシュ・フローの状況（関連する場合）については監査範囲の制約に関する限定意見を表明する又は意見を表明しない一方で，財政状態については無限定意見を表明する，のいずれかとなる（510第9項・A6項）。

　次に比較情報が比較財務諸表として表示される場合，監査人は，財務諸表の表示期間に含まれるそれぞれの年度に関して監査意見を表明しなければならない。したがって，ある年度の財務諸表に対しては除外事項付意見を表明し，又は強調事項区分を設けて記載する一方，他の年度の財務諸表に対しては異なる監査意見を表明することがある（710第14項・A9項）。

　また当年度の監査に関連して前年度の財務諸表に対して監査意見を表明する場合において，当年度の監査を実施する中で，前年度の財務諸表に重要な影響を及ぼす状況又は事象に気付いた場合，前年度の財務諸表に対して以前と異なる意見を表明することがある。このとき監査人は，その他の事項区分で，監査意見が異なる理由を記載しなければならない（710第15項，A11項）。

　前年度の財務諸表が監査されていない場合の対応は，対応数値の場合のケース３において，その他の事項区分に，比較財務諸表が監査されていない旨の記載となる点だけが異なり，後は同じである（710第18項・A13項）。

　なお経営者確認書については，比較財務諸表の場合，監査人は，監査意見を表明する全ての対象年度について，経営者確認書に記載することを要請する。これは，前年度に関して以前に作成された経営者確認書が依然として適切であることを，経営者が再確認する必要があるためである。

　一方，対応数値の場合，監査人は，当年度の財務諸表のみについて，経営者確認書に記載することを要請する。これは，監査意見が，対応数値を含む当年度の財務諸表に対するものであるためである。

　いずれの場合も，監査人は，比較情報に影響を及ぼす前年度の財務諸表の重要な虚偽表示を訂正するために行われた全ての修正再表示に関する確認事項を含めて，経営者確認書を入手しなければならない（710第8項，A1項）。

（２）前年度の財務諸表を前任監査人が監査している場合

　前年度の財務諸表を前任監査人が監査している場合を前提として，

①対応数値の場合は，監査報告書において前任監査人が対応数値を監査している旨及びその意見を記載することが法令等によって禁止されておらず，かつ監査人がそれを記載することにした場合，

②比較財務諸表の場合は，前年度の財務諸表に対する前任監査人の監査報告書が当年度の財務諸表とともに再発行される場合を除き，当年度の財務諸表に対する意見表明に加えて，

監査人は，監査報告書のその他の事項区分に，１）前年度の財務諸表は，前任監査人により監査された旨，２）前任監査人が表明した監査意見の類型，及び，除外事項付意見が表明されていた場合にはその理由，３）前任監査人の監査報告書の日付，を記載しなければならない（710第12・16項）。

　なお前任監査人が以前に無限定意見を表明した前年度の財務諸表に影響を及ぼす重要な虚偽表示が存在すると判断する場合の対応として，比較財務諸表では遵守が要求される「要求事項」として，「当該虚偽表示について適切な階層の経営者及び監査役若しくは監査役会，監査等委員会又は監査委員会へ報告す

るとともに，前任監査人を含め三者間で協議するよう」**求めなければならない**
(710 第 17 項)，とされる。

　一方，対応数値の場合，上記括弧内の対応の前後に「**通常**」と「**求める**」が
それぞれ付され (710A7 項)，報告書上も「要求事項」区分ではなく，「適用指針」
の区分（＝それ自体が要求事項を定めるものではないが，要求事項を適切に適用するため
に有用なもの（日本公認会計士協会監査基準委員会編「新起草方針に基づく監査基準委員会
報告書等の概要」1 頁）で規定され，若干異なる表現となっている。しかし「通常」
という文言が示すように，監査人としての正当な注意の行使という点では，当
然に実施すべきものであろう。

　また比較財務諸表の場合，前年度の財務諸表が訂正され，前任監査人が訂正
された前年度の財務諸表に対して新しい監査報告書を発行することに同意する
場合，監査人は当年度の財務諸表のみに監査意見を表明しなければならない。
しかし，前任監査人が前年度の財務諸表に対する監査報告書を発行することが
できない，又はそれを拒否する場合には，監査人は，その他の事項区分におい
て，前任監査人が訂正前の前年度の財務諸表に対して監査意見を表明した旨を
記載する場合がある (710 第 17 項)。

第6章 継続企業の前提に関する監査人の検討

1. 継続企業の前提に関する注記に関する開示規定

継続企業の前提は，企業が予測し得る将来にわたって事業活動を継続するとの前提をいう。従前の我が国においては，財務諸表に無限定適正意見が表明されているにも関わらず，その直後に企業が破綻する事例が相次ぎ，利害関係者から監査人に対し継続企業の前提について監査人が検討することへの要望が強まっていた。すでに米国をはじめとする主要国の監査基準ならびに国際監査基準（ISA）で，継続企業の前提に関し監査人が検討を行うことを義務付けていたことから，我が国においても，平成14年改訂監査基準において，導入された（平成14年改訂監査基準前文）。

　一般目的の財務諸表は，経営者に当該企業の清算若しくは事業停止の意図があるか，又はそれ以外に代替案がない場合を除き，継続企業の前提に基づき作成される（570第2項）。継続企業の前提の下では，財務諸表に計上されている資産及び負債は，将来の継続的な事業活動において回収又は返済されることが予定されているが，企業はさまざまなリスクにさらされながら事業活動を営んでおり，企業が将来に渡って事業活動を継続できるかどうかは，もともと不確実性を有することとなる。よって，貸借対照表日において，単独で又は複合して継続企業の前提に重要な疑義を生じさせるような事象又は状況（以下「重要な疑義事象又は状況」）が存在する場合で，当該事象又は状況を解消し，又は改善するための対応策を講じてもなお継続企業の前提に関する重要な不確実性が認められるときには，経営者は，財務諸表において継続企業の前提に関する事項として，①当該事象又は状況が存在する旨及びその内容，②当該事象又は状況を

解消し，又は改善するための対応策，③当該重要な不確実性が認められる旨及びその理由，及び④当該重要な不確実性の影響を財務諸表に反映しているか否かの別，を財務諸表に注記するものとされた（監基報22号3項，財務諸表等規則8条の27）。

継続企業の前提の評価に当たっては，入手可能なすべての情報に基づき，合理的な期間（少なくとも貸借対照表日の翌日から1年間）にわたり企業が事業活動を継続できるかどうかについて検討することが求められ，重要な疑義事象又は状況が存在する場合には，経営者は当該事象又は状況を解消し，又は改善するための対応策を踏まえて継続企業の前提の評価を行う（22号6項）。

また，企業活動の継続が損なわれるような重要な事象又は状況が突然生起することは稀であると考えられるため，継続企業の前提に関する開示の検討に際しては，重要な疑義事象又は状況につながるおそれのある重要な事項を幅広く検討することが必要である。よって継続企業の前提に関する重要な不確実性が認められるまでには至らない場合であっても，有価証券報告書等における財務諸表以外の箇所において適切に開示する必要がある。

このような基本的な考え方から，「企業内容等の開示に関する内閣府令」では，継続企業の前提に関する注記を開示するまでには至らない場合でも，重要な疑義事象又は状況が存在する場合には，有価証券報告書の「事業等のリスク」及び「経営者による財政状態，経営成績及びキャッシュ・フローの状況の分析」にその旨及びその内容等の開示を求めている。

また継続企業の前提に関する事項を財務諸表に注記する場合でも，当該注記に係る重要な疑義事象又は状況が発生した経緯及び経過等について，「事業等のリスク」及び「経営者による財政状態，経営成績及びキャッシュ・フローの状況の分析」に記載することになる（監査・保証実務委員会報告第74号3.）。

なお貸借対照表日後において，重要な疑義事象又は状況が解消し又は改善したため，継続企業の前提に関する重要な不確実性が認められなくなったときには，継続企業の前提に関する注記を行う必要はない。ただし，この場合，当該事象又は状況を解消し，又は改善するために実施した対応策が重要な後発事象として注記対象となることも考えられるため，留意する。また貸借対照表日後に重要な疑義事象又は状況が発生した場合であっても，当該事象又は状況を解

消し，又は改善するための対応をしてもなお継続企業の前提に関する重要な不確実性が認められ，翌事業年度以降の財政状態，経営成績及びキャッシュ・フローの状況に重要な影響を及ぼすときは，重要な後発事象として注記される。

　ただしこうした後発事象のうち，**貸借対照表日において既に存在していた状態で，その後その状態が一層明白**になったものについては，継続企業の前提に関する注記の要否を検討する必要がある（以上，74号7項）。

2. 継続企業の前提に関する経営者の評価に対する監査人の検討

　監査人は，監査計画の策定及びこれに基づく監査の実施において，経営者が継続企業の前提に基づき財務諸表を作成することが適切であるか否かを検討しなければならない。よって監査人は，経営者が継続企業を前提として財務諸表を作成することの適切性について十分かつ適切な監査証拠を入手し，結論付けるとともに入手した監査証拠に基づき，重要な疑義事象又は状況に関する重要な不確実性（以下「**継続企業の前提に関する重要な不確実性**」という。）が認められるか否かを結論付ける責任がある。これらの責任は，財務諸表の作成に使用された財務報告の枠組みに，経営者に対して継続企業の前提に関する一定の評価を行うことを要求する明示的な規定が含まれない場合にも存在する。

　しかしながら，図表1－3のとおり，監査には固有の限界があるため，重要な虚偽表示が発見されないという回避できないリスクがある。企業が継続企業として存続できない状態を引き起こす可能性のある将来の事象又は状況に関しては，この限界の影響がより大きくなる。監査人は，そのような将来の事象又は状況を予測することはできないため，継続企業の前提に関する不確実性についての記載が監査報告書にないことをもって，企業が将来にわたって事業活動を継続することを保証するものではない。すなわち監査人の責任は，企業の事業継続能力そのものを認定し，企業の存続を保証することにはなく，適切な開示が行われているかの判断，すなわち，会計処理や開示の適正性に関する意見表明の枠組みの中で対応することにある（570第6・7項）。

　監査人は監査計画の策定に際しリスク評価手続において，経営者とのディス

カッション，監査役等とのコミュニケーションや分析的手続等により，財務指標の悪化の傾向，財政破綻の可能性その他重要な疑義事象又は状況が存在するか否かについて検討が求められる。その結果，当該事象又は状況の存在が識別された場合は，当該事象又は状況が監査の実施に及ぼす影響を考慮し，実施する監査手続，その実施時期及び範囲を決定しなければならない。当該事象又は状況の存在が識別されない場合には，監査実施に際し当該事象又は状況を識別するために特別な監査手続を実施する必要はなく，監査計画において立案した手続を実施する。なお，①分析的手続，②後発事象の検討，③社債・借入金等に係る契約条項への準拠性の検討，④株主総会・取締役会等の議事録の閲覧，⑤顧問弁護士等や財務的支援を行っている親会社等に対する照会といった手続により，当該事象又は状況を識別することがある（22号8・9・10項）。

　また経営者が継続企業の前提に関する予備的な評価を実施しているかどうかを判断した上で，以下の図表6－1のいずれかを実施する（570第9項）。

図表6－1　経営者の予備的な評価の実施・未実施に応じて監査人が実施する手続

経営者が予備的な評価を実施している場合
　当該評価につき，経営者と協議し，単独で又は複合して重要な疑義事象又は状況を経営者が識別したかどうかを判断する。さらに経営者が，当該事象又は状況を識別している場合，それに対する経営者の対応策について経営者と協議する。
経営者が予備的な評価を未だ実施していない場合
　経営者が継続企業を前提として財務諸表を作成しようとする根拠について経営者と協議。さらに単独で又は複合して重要な疑義事象又は状況が存在するかどうかについて経営者に質問する。

　監査人は，継続企業を前提として財務諸表を作成することの適切性に関して合理的な期間について経営者が行った評価を，<u>重要な疑義事象又は状況の有無にかかわらず</u>検討しなければならない（22号12項）。570第11項では，下線部の文言はないものの，その意味するところは変わらず，継続企業の前提に関する経営者の評価は，経営者が継続企業を前提として財務諸表を作成することに関する監査人の重要な検討対象である（570A7項）ため，たとえ当期純利益が十分に確保されているような場合でも，継続企業の前提に関して経営者が行っ

た評価を検討しなければならないといえる。監査人は当該検討に当たり，監査の結果として気付いた全ての関連する情報が経営者の評価に含まれているかどうかを，考慮する（570 第 13 項）。

　ここで本来，経営者が，継続企業の前提に関する評価を裏付けるための詳細な分析を行うべきものであり，経営者による分析の不足を補足することは監査人の責任ではない。しかし例えば，企業が利益基調であり，資金調達を容易に行い得る状況にある場合等には，経営者は詳細な分析を行うことなく，継続企業の前提に関する評価を行う場合がある。この場合，監査人は，他の監査手続によって，継続企業を前提として経営者が財務諸表を作成することがその状況において適切であるかどうか結論付けることが可能であれば，経営者が行った評価の適切性の検討について，詳細な評価手続を行わないこともある（570A8 項）。

　監査人による継続企業の前提に関する検討は，経営者による継続企業の前提に関する評価を踏まえて行われるものであり，具体的には，**継続企業の前提に重要な疑義を抱かせる状況の有無**，**合理的な期間**（少なくとも決算日から 1 年間）について，**経営者が行った評価**，**当該事象等を解消あるいは大幅に改善させるための経営者の対応及び経営計画**について検討する。監査人は，継続企業の前提に関して経営者が行った評価の検討に当たって，経営者の評価期間と同じ期間を対象としなければならない。経営者の評価期間については，適用される財務報告の枠組みで要求される期間又は法令に規定される期間とされ（570 第 12 項），また当該期間につき，我が国においては，財務諸表の表示に関する規則に従って，少なくとも期末日の翌日から 1 年間評価することになる，とされている（570A10 項）。そのため，経営者の評価期間が期末日の翌日から 12 か月に満たない場合には，評価期間を少なくとも期末日の翌日から 12 か月間に延長するよう求めなければならない。なお，監査人が経営者に対し評価の実施又は評価期間の延長を求めたにもかかわらず，経営者がこれを行わない場合の監査意見については，図表 6 - 6 のケース 3 ）を参照。

　また監査人は，**監査の過程を通じて重要な疑義事象又は状況に留意**する必要がある（570 第 10 項）が，それには，例えば，翌年度末後監査報告書日までに償還日が到来する社債の償還可能性などのように，経営者の評価期間を超えた期間に発生することが判明又は予定されている事象又は状況のうち継続企業を

前提として財務諸表を作成することの適切性が問題となるような事象又は状況が存在する可能性も含まれる。

　よって監査人は，これらの事象又は状況に関しても何らかの対応が求められることとなる。しかしこれらの事象又は状況は，発生までの期間が長くなるほど，結果の不確実性の程度は高くなる。よって監査人は，経営者の評価期間を超えた期間に発生する可能性がある重要な疑義事象又は状況に関しては，基本的に経営者が有する情報について質問するのみで足りる。ただし継続企業の前提に疑義を生じさせるような兆候が顕著である場合には，追加的な手続の必要性を検討することになる。そして，そのような事象又は状況を識別した場合，監査人は，経営者に，継続企業の前提に関する経営者の評価における当該事象又は状況の潜在的な重要性を評価することを依頼する必要が生じることがある。このような場合，図表6－3に掲げる手続が適用される（570第12項，A13・14項）。つまり経営者の評価期間を超えた期間については，リスク評価手続たる経営者への質問は必ず要求されるが，それ以外の手続の実施については，特別な場合に限定されることに留意する。

3. 継続企業の前提に重要な疑義を生じさせるような事象又は状況を識別した場合の追加的な監査手続

　単独で又は複合して継続企業の前提に重要な疑義を生じさせるような事象又は状況の例示としては，以下の図表6－2のものがある（570A2項）。ただし以下に掲げる事項のうちの1つ以上が存在する場合に，必ずしも重要な不確実性が存在していることを意味するわけではない，という点に留意する。

図表6－2　継続企業の前提に重要な疑義を生じさせるような事象又は状況の例示

財務関係
- 債務超過，又は流動負債が流動資産を超過している状態
- 返済期限が間近の借入金があるが，借換え又は返済の現実的見通しがない，又は長期性資産の資金調達を短期借入金に過度に依存している状態
- 債権者による財務的支援の打切りの兆候，又は債務免除の要請の動き

・過去の財務諸表又は予測財務諸表におけるマイナスの営業キャッシュ・フロー
・主要な財務比率の著しい悪化，又は売上高の著しい減少
・重要な営業損失，配当の遅延又は中止，借入金の契約条項の不履行，仕入先からの与信の拒絶
・資産の価値の著しい低下，又は売却を予定している重要な資産の処分の困難性
・新たな資金調達の困難性，特に主力の新製品の開発又は必要な投資のための資金調達ができない状況，支払期日における債務の返済の困難性

営業関係

・経営者による企業の清算又は事業停止の計画
・主要な経営者の退任，又は事業活動に不可欠な人材の流出
・主要な得意先，フランチャイズ，ライセンス若しくは仕入先，又は重要な市場の喪失
・労務問題に関する困難性，重要な原材料の不足，強力な競合企業の出現

その他

・法令に基づく重要な事業の制約，例えば，金融機関に対するソルベンシー規制や流動性規制等の自己資本規制その他の法的又は規制要件への抵触
・巨額な損害賠償の履行の可能性，ブランド・イメージの著しい悪化
・企業に不利な影響を及ぼすと予想される法令又は政策の変更
・付保されていない又は一部しか付保されていない重大な災害による損害の発生

　監査人は，重要な疑義事象又は状況が存在すると判断した場合には，当該事象又は状況に関して合理的な期間について経営者が行った評価及び対応策について検討した上で，以下の図表6－3に掲げる**追加的な監査手続の実施**（当該事象又は状況を解消する，又は改善する要因の検討を含む）により，**継続企業の前提に関する重要な不確実性が認められるかどうか判断するための十分かつ適切な監査証拠を入手**しなければならない。

図表6－3　継続企業の前提に重要な疑義を生じさせるような事象又は状況を識別した場合の追加的な監査手続（監基報570第15項・A14〜17項）

（1）継続企業の前提に関する経営者の評価が未了の場合には，評価の実施を経営者に求める。
（2）継続企業の評価に関連する経営者の対応策が，**当該事象又は状況を解消し，又は改善するものであるかどうか，及びその実行可能性について検討**しなければ

ならず，当該対応策の顛末について予測不能のため，実施可能な範囲で，以下
の点を考慮して当該対応策を検討する。

＜資産の処分による対応策＞

・資産処分の制限（抵当権設定等），処分予定資産の売却可能性，資産処分による影
響（生産能力の縮小等）

・売却先の信用力

＜資金調達による対応策＞

・新たな借入計画の実行可能性（与信限度，担保余力等）

・増資計画の実行可能性（割当先の信用力等）

・その他資金調達の実行可能性（売掛債権の流動化，リースバック等）

・経費の節減又は設備投資計画等の実施の延期による影響

＜債務免除による対応策＞

・債務免除を受ける計画の実行可能性（債権者との合意等）

　対応策の検討に関連する監査手続には，以下のものが含まれる。

・キャッシュ・フロー，利益その他関連する予測財務情報を分析し経営者と協議する。

・企業の入手可能な直近の財務諸表，中間財務諸表又は四半期財務諸表を分析し経
営者と協議する。

・社債及び借入金の契約条項を閲覧し抵触しているものがないか検討する。

・資金調達の困難性に関して参考にするため，株主総会，取締役会，監査役会，監
査等委員会，監査委員会等の議事録を閲覧する。

・訴訟や賠償請求等の存在，並びに，それらの見通しと財務的な影響の見積りに関
する経営者の評価の合理性について企業の顧問弁護士に照会する。

・新たな財務的支援又は既存の支援を継続する取決めの存在，その法的有効性及び
実行可能性について，企業の親会社又は取引金融機関等の支援者に確認し当該支
援者に追加資金を提供する財務的能力があるかどうかを評価する。

・顧客からの受注に対応する企業の能力を検討する。

・継続企業の前提に影響を及ぼす後発事象を識別するための監査手続を実施する。
これには，重要な疑義を及ぼす事象又は状況を改善する事象を含む。

・借入枠の存在，条件及び十分性を確認する。

・規制当局からの報告書や通知書を入手し査閲する。

・計画されている資産処分に十分な裏付けがあるかどうか検討する。

（3）企業が資金計画を作成しており，当該計画を分析することが経営者の対応策
を評価するに当たって事象又は状況の将来の帰結を検討する際の重要な要素
となる場合，以下を行う。

① 資金計画を作成するために生成した基礎データの信頼性を評価する。

② 資金計画の基礎となる仮定に十分な裏付けがあるかどうかを判断する。

　さらに対応策に含まれる予測財務情報を分析することが重要と判断した場合，以下を行うことがある。

・直近の数期間の予測財務情報と実績とを比較
・当年度に関する予測財務情報と現時点までの実績（監査報告書予定日直近月まで）とを比較
・予測財務情報の基礎となる重要な仮定の検討

　経営者の評価は，貸付の劣後化，資金提供の継続若しくは追加資金提供の確約，又は保証といった第三者による継続的な支援を前提としており，そのような支援が企業の継続企業の前提にとって重要な場合がある。こうした場合に，監査人は，当該第三者に対して，書面による確認（契約条件を含む）を依頼することを検討するとともに，当該第三者が当該支援を行う能力を有するかどうかについて証拠の入手が必要なことがある。

（4）経営者が評価を行った日の後に入手可能となった追加的な事実又は情報がないかどうかを検討する。

（5）経営者に，経営者の対応策及びその実行可能性に関して記載した経営者確認書を要請する。

4．重要な不確実性の判断

　監査人は，入手した監査証拠に基づき，単独で又は複合して継続企業の前提に関する不確実性が認められるか否かについて実態に即して判断し結論付けなければならない。**継続企業の前提に関する重要な不確実性**は，財務諸表の適正表示を達成するため，つまり財務諸表が適正に表示されるという趣旨に照らして，**当該不確実性がもたらす影響の大きさ及びその発生可能性により，財務諸表の利用者が企業の財政状態，経営成績及びキャッシュ・フローの状況を適切に理解するために，不確実性の内容及び影響について適切な注記が必要であると監査人が判断**した場合に存在するものとされる（570 第 17 項）。

　また，監査人は監査意見の表明時点において継続企業の前提に関する検討結果を踏まえ，最終的に経営者が継続企業の前提に基づき財務諸表を作成することが適切であるかどうかについて判断しなければならず，適切と判断した場合，

継続企業の前提に関する事項を財務諸表に注記する必要があるかどうか，また注記する場合にはその内容が適切であるかどうかについて検討しなければならない（22号18項）。

　以下の図表6－4に掲げる事実がある場合には，継続企業の前提が成立していないことが明らかなものとして，監査人は，継続企業を前提として財務諸表を作成することは不適切であると判断しなければならない。

図表6－4　継続企業を前提として財務諸表を作成することが適切でない場合
（570A25項）

・更生手続開始決定の取消し，更生計画の不認可など
・再生手続開始決定の取消し，再生計画の不認可など
・破産手続開始の申立て
・会社法の規定による特別清算開始の申立て
・法令の規定による整理手続によらない関係者の協議等による事業継続の中止に関する決定
・規制当局による事業停止命令

　監査人は，経営者がその状況において継続企業を前提として財務諸表を作成することが適切であるが，重要な不確実性が認められると結論付ける場合に，図表6－5の事項について判断しなければならない（570第18項）。

図表6－5　継続企業を前提として財務諸表を作成することが適切であるが，重要な不確実性が認められると結論付ける場合に判断する事項

・重要な疑義事象又は状況，及び当該事象又は状況に対する経営者の対応策について，財務諸表における注記が適切であるかどうか。
・通常の事業活動において資産を回収し負債を返済することができない可能性があり，継続企業の前提に関する重要な不確実性が認められることについて，財務諸表に明瞭に注記されているかどうか。
　なお，上記事項が財務諸表に適切に注記されているかの判断は，適用される財務報告の枠組みにより要求されている継続企業の前提に関する重要な不確実性の注記事項が適切かどうかの監査人の判断に加えて行われる。

　財務報告の枠組みによっては，上記事項に加えて，以下の事項に関する注記が求められることがある（570A22項）。

　・債務の履行義務を果たす企業の能力に関して，事象又は状況の重要性に対する経営者の評価
　・継続企業の前提に関する評価の一環としてなされた経営者による重要な判断

（570A19項）。

5．継続企業の前提と監査意見及び注記

　継続企業の前提と監査意見及び注記については，以下の図表6－6を参照されたい。なお重要な不確実性に関しては，その結論に至るまでの検討は，KAMが適用となる場合，当期の監査において監査人が特に重要であると判断するものと考えられるため，定義上，KAMに該当する。しかし，監査報告書上はその重要性に鑑み，「監査意見の根拠」の区分の後で，「継続企業の前提に関する重要な不確実性」という独立した区分に記載され，監査上の主要な検討事項区分には記載されないことに留意する（701第14項）。

図表6－6　継続企業の前提と監査報告

ケース1）監査人は，重要な疑義事象又は状況が存在すると判断し，当該事象又は状況を解消し，又は改善するための対応策を講じてもなお継続企業の前提に関する重要な不確実性が認められる場合において，継続企業を前提として財務諸表を作成することが適切であることを前提として，

1－A）重要な不確実性について財務諸表に適切な注記がなされている場合
・・・無限定適正意見を表明し，財務諸表における注記事項について注意を喚起するため，監査報告書に「継続企業の前提に関する重要な不確実性」という見出しを付した区分を設け，最小限の記載事項として，ⅰ）継続企業の前提に関する重要な不確実性が認められる旨及びⅱ）当該事項は監査人の意見に影響を及ぼすものではない旨，を記載しなければならない（570第21項，A27から30項及びA33項）。この点，改正前は以下の①から④の記載事項が要求されており，570文例1及び700実1文例5

は，改正前の記載事項をそのまま踏襲した内容となっている。開示の後退につながる
ような改正は考えられないため，今後ともこれらの記載は必要となるものと思われる。

① 重要な疑義事象又は状況が存在する旨及びその内容

② 当該事象又は状況を解消し，又は改善するための対応策

③ 継続企業の前提に関する重要な不確実性が認められる旨及びその理由

④ 財務諸表は継続企業を前提として作成されており，当該重要な不確実性の影響
　を財務諸表に反映していない旨

なお，②の対応策及び③のうち継続企業の前提に関する重要な不確実性が認められ
る理由については，内容を記載する方法に代え，財務諸表における該当部分を参照
する方法によることができる。

　以下，700実1文例5に従い，継続企業の前提に関する重要な不確実性が認められ，
かつ財務諸表における注記が適切な場合の無限定適正意見の監査報告書の記載例の
うち，関連する一部を抜粋する。

継続企業の前提に関する重要な不確実性

　継続企業の前提に関する注記に記載されているとおり，会社は，×年4月1日か
ら×年3月31日までの連結会計年度に純損失××百万円を計上しており，×年3
月31日現在において連結貸借対照表上○○百万円の債務超過の状況にあることか
ら，継続企業の前提に重要な疑義を生じさせるような事象又は状況が存在しており，
現時点では継続企業の前提に関する重要な不確実性が認められる。なお，当該事象
又は状況に対する対応策及び重要な不確実性が認められる理由については当該注記
に記載されている。連結財務諸表は継続企業を前提として作成されており，このよ
うな重要な不確実性の影響は財務諸表に反映されていない。

　当該事項は，当監査法人の意見に影響を及ぼすものではない。

監査上の主要な検討事項

　・・第5章図表5−1文例1の第1段落と同じ・・

　当監査法人は，「継続企業の前提に関する重要な不確実性」に記載されている事
項のほか，以下に記載した事項を監査報告書において監査上の主要な検討事項とし
て報告すべき事項と判断している。

　［監査基準委員会報告書701に従った監査上の主要な検討事項の記載］

　「監査上の主要な検討事項」区分の第2段落につき，「継続企業の前提に関する重
要な不確実性」区分に記載した事項以外に，KAMに該当する事項があれば，上記
文例のとおりとなる。一方，それ以外になければ，第2段落は，「当監査法人は，『継

続企業の前提に関する重要な不確実性』</u>に記載されている事項を除き，監査報告書において報告すべき監査上の主要な検討事項はないと判断している。」に代わる。

1－B）継続企業の前提に関する事項の注記が適切であると判断したが，極めてまれな状況ではあるが，重要な不確実性が複数存在し，それが財務諸表に及ぼす可能性のある影響が複合的かつ多岐にわたる場合

・・・意見不表明を検討。監査人は，監査報告書上「継続企業の前提に関する重要な不確実性」の見出しを付した区分の記載に代えて意見不表明とすることが適切と考えることがある（570A32項）。これは監査基準第四報告基準五4.の未確定事項と同様の扱いをするものである。

　なお，意見不表明につき，KAMの記載はない。

1－C）重要な不確実性に係る注記事項が不適切であると判断

・・・限定付適正意見若しくは不適正意見を検討。当該不適切な記載につき財務諸表の重要な虚偽表示のため除外事項として，その影響が広範でなければ限定付適正意見，広範であれば不適正意見を表明し，監査報告書の「限定付適正意見の根拠」又は「不適正意見の根拠」区分において，継続企業の前提に関する重要な不確実性が認められる旨，及び財務諸表に当該事項が適切に注記されていない旨を記載しなければならない（570第22項）。なお監査報告書上「継続企業の前提に関する重要な不確実性」への区分記載は，重要な不確実性に係る注記事項が適切であることを前提とするものであるから，注記自体が不適切な場合は，当該事項の区分記載はできないことに注意する。

　また「監査上の主要な検討事項」については，仮に「限定付適正意見の根拠」または「不適正意見の根拠」区分に記載した事項以外のものがあれば1－Aにおける文例の下線部を「限定付適正意見の根拠」または「不適正意見の根拠」に代える。一方なければ，第2段落を「当監査法人は，『限定付適正意見の根拠』（または『不適正意見の根拠』）に記載されている事項を除き，監査報告書において報告すべき監査上の主要な検討事項はないと判断している。」に代える。

　なおその他の記載内容につき，限定付適正意見の場合に，700実1文例25では，当該内容に重要な誤りを識別していないことを前提として，通常通りの記載としている。一方不適正意見の場合，同文例26では，有価証券報告書の「事業等のリスク」において「重要な不確実性」に関し何ら開示がなく，その他の記載内容に重要な誤りを識別している場合を前提として，第5段落目に当該内容に重要な誤りがあると判断している旨を，そして最終段落で「事業等のリスク」において継続企業の前提に関する重要な不確実性が何ら開示されていない旨を記載例としている。

　以下，限定付適正意見，不適正意見を表明する場合の監査報告書上のそれぞれの

意見根拠区分の第1段落の記載例を示す（570A23・24項）。

限定付適正意見の根拠（700実1文例24）

　継続企業の前提に関する注記に記載されているとおり，会社は，×年4月1日から×年3月31日までの連結会計年度に純損失×××百万円を計上しており，×年3月31日現在において連結貸借対照表上△△△百万円の債務超過の状況にあることから，継続企業の前提に重要な疑義を生じさせるような事象又は状況が存在しており，現時点では継続企業の前提に関する重要な不確実性が認められる。なお，当該事象又は状況に対する対応策及び重要な不確実性が認められる理由については当該注記に記載されているが，・・・という状況が存在しており，連結財務諸表には当該事実が十分に注記されていない。この影響は・・・・・・である（注）。したがって，連結財務諸表に及ぼす影響は重要であるが広範ではない。
（注）第5章図表5−8文例2（注2）に同じ

不適正意見の根拠（85号文例25）

　×年3月31日現在において会社は債務超過の状況であり，また，一年以内償還予定の社債が×××百万円あり，継続企業の前提に重要な疑義を生じさせるような状況が存在しており，当該社債を償還するための資金調達の目途が立っていないため，継続企業の前提に関する重要な不確実性が認められるが，連結財務諸表には，当該事実が何ら注記されていない。

ケース2） 重要な疑義事象又は状況が存在すると判断したが，当該事象又は状況を解消し，又は改善するための対応策により継続企業の前提に関する重要な不確実性が認められず，継続企業を前提として財務諸表を作成することが適切であると判断した場合
・・・無限定適正意見を表明。なおこの場合，経営者は継続企業の前提に関する重要な不確実性が認められず，財務諸表上継続企業の前提に関する注記を行わない。ただし，継続企業の前提に関する重要な不確実性の有無の判断については，経営者による主観的な判断や不確実性を伴うことから，KAMに該当すると判断した場合には，監査報告書上当該区分に「継続企業の前提に関する重要な不確実性の有無についての経営者の判断の検討」等の見出しを付し，記載が求められる。また先の1節で述べた様に有価証券報告書の「事業等のリスク」や「経営者による財政状態，経営成績及びキャッシュ・フローの状況の分析」において重要な疑義事象又は状況の内容等の開示を行うことが求められ，これにつき，720に従って当該記載内容を通読する必要がある（570第19項・A23・24項）。

ケース3）重要な疑義事象又は状況に関して（監査人が求めたにもかかわらず）経営者が評価及び対応策を示さないとき又は評価期間の延長をしない場合

・・・限定付適正意見又は意見不表明を検討。経営者が進めている対応策又は改善するその他の要因の存在についての監査証拠等，継続企業の前提に関する重要な不確実性が認められるか否かを確かめる十分かつ適切な監査証拠を入手できないことがあるため，重要な監査手続を実施できなかった場合に準じ意見表明の適否を判断する。つまり監査範囲の制約として，具体的には限定付適正意見又は意見不表明を検討する（監査基準第四報告基準六2,監基報570第23項，A34項）。

ケース4）継続企業を前提として財務諸表を作成することが適切でない場合

・・・不適正意見を表明。図表6－4に掲げる一定の事実がある場合には，継続企業を前提として財務諸表を作成することが適切でなく（570A25項），継続企業を前提として財務諸表を作成することが適切でないと判断したにもかかわらず，継続企業を前提として，財務諸表が作成されている場合には，継続企業の前提に基づき財務諸表を作成することが不適切である旨が財務諸表に注記されているとしても，財務諸表の虚偽表示が重要かつ広範と考えられるために，不適正である旨の意見を表明する。そして監査報告書の「不適正意見の根拠区分」において，継続企業を前提として経営者が財務諸表を作成することが適切でないと判断した理由を記載する（監査基準第四報告基準六4，570第20項）。

第7章 内部統制監査

1．経営者による内部統制の評価

（1）財務報告に係る内部統制報告制度導入の背景

　証券市場がその機能を十全に発揮するためには，投資者に対して企業情報が適正に開示されることが必要不可欠となる。しかし，有価証券報告書の開示内容など証券取引法上のディスクロージャーをめぐり，不適正な事例が相次いで発生し，これらの事例を見ると，その根本の原因としてディスクロージャーの信頼性を確保するための企業における内部統制が有効に機能しなかったのではないかとの指摘がされてきた。

　開示企業における内部統制の充実は，個々の開示企業に業務の適正化・効率化等を通じたさまざまな利益をもたらすと同時に，ディスクロージャーの全体の信頼性，ひいては証券市場に対する内外の信認を高め，開示企業を含めたすべての市場参加者に多大な利益をもたらすものであり，こうした状況を踏まえ，ディスクロージャーの信頼性を確保するため，開示企業における内部統制の充実を図る方策が真剣に検討されるに至った。

　この点につき，諸外国に目を向ければ，米国ではエンロン事件等をきっかけに企業の内部統制の重要性が認識され，企業改革法（サーベインズ＝オクスリー法）において，証券取引委員会（SEC）登録企業の経営者に財務報告に係る内部統制の有効性を評価した内部統制報告書を作成し公認会計士等による監査を受けることが義務付けられ，英国，フランス，韓国等においても，同様の制度が導入されている。

　我が国では，平成16年3月期決算から，会社代表者による有価証券報告書

の記載内容の適正性に関する確認書が任意の制度として導入され，その中で財務報告に係る内部統制システムが有効に機能していたかの確認が求められてきた。しかし先に述べたとおり，開示企業における内部統制の充実を図る方策が真剣に検討されるべきとの観点から，平成18年4月に成立した金融商品取引法により，上場会社を対象に，財務報告に係る内部統制の経営者による評価と公認会計士等による監査が義務づけられ（内部統制報告制度），平成20年4月1日以後開始する事業年度から適用されることとなった（以上，財務報告に係る内部統制の評価及び監査の基準（以下「基準」）並びに財務報告に係る内部統制の評価及び監査に関する実施基準（以下「実施基準」）の設定について（意見書）（以下「意見書」）前文）。

（2）財務報告に係る内部統制の評価の意義

　内部統制とは，基本的に，業務の有効性及び効率性，報告の信頼性（令和5年改訂「基準」「実施基準」前文二（1）①では，サステナビリティ等の非財務情報に係る開示の進展やCOSO報告書の改訂を踏まえ，従来の「財務報告の信頼性」を，組織内及び組織の外部への報告（非財務情報を含む。）の信頼性を確保し，「財務報告の信頼性」を含むより広い「報告の信頼性」としている。ただし金商上の内部統制報告制度は，あくまで「財務報告の信頼性」の確保が目的であることを強調している。），事業活動に関わる法令等の遵守並びに資産の保全の4つの目的が達成されているとの合理的な保証を得るために，業務に組み込まれ，組織内の全ての者によって遂行されるプロセスをいい，統制環境，リスクの評価と対応，統制活動，情報と伝達，モニタリング（監視活動）及びIT（情報技術）への対応という，6つの基本的要素から構成される。

　内部統制の4つの目的は相互に関連を有しており，当該目的を達成するため，経営者は内部統制の基本的要素が組み込まれたプロセスを整備し，そのプロセスを適切に運用する役割と責任を有している。このうち特に財務報告の信頼性を確保するための内部統制を意味する「**財務報告に係る内部統制**」については，経営者は，一般に公正妥当と認められる内部統制の評価の基準に準拠して，その有効性を自ら評価しその結果を内部統制報告書において，外部に向けて報告することが求められている。それぞれの目的を達成するには，全ての基本的要素が有効に機能していることが必要であり，それぞれの基本的要素は，内部統

制の目的の全てに必要になるという関係にある（「基準」I）。

　金商法の内部統制報告制度では**財務報告**は，**金商法上の開示書類**（有価証券報告書及び有価証券届出書）**に記載される財務諸表及び財務諸表に重要な影響を及ぼす可能性のある情報**をいい，経営者に内部統制の有効性の評価結果を内部統制報告書において報告させ，さらに内部統制報告書に対し公認会計士または監査法人による監査を実施させることで，財務報告に係る内部統制についての有効性を確保しようとするもので，財務報告の信頼性以外の他の目的を達成するための内部統制の整備及び運用を直接的に求めるものではない。

　しかし，財務報告は，組織の業務全体に係る財務情報を集約したもので，組織の業務全体と密接不可分の関係にあるため，経営者が内部統制を有効かつ効率的に構築しようとする場合，4つの目的相互間の関連性を理解した上で，内部統制を整備し，運用することが望まれる（実施基準 I. 1 (5)）。

　内部統制の6つの基本的要素の中で，**統制環境は，組織の気風を決定し内部統制に対する組織構成員の意識に強く影響を及ぼすものであり，他の5つの基本的要素の基礎となるため，財務報告の信頼性に関わる内部統制にとって最も重要な基本的要素となる**（財務報告内部統制監査基準報告書第1（以下「内報」とする）第142項）。

（3）財務報告に係る内部統制の種類

　財務報告に係る内部統制には，連結ベースでの財務報告全体に重要な影響を及ぼす内部統制である**全社的な内部統制**と，業務プロセスに組み込まれ一体となって遂行される内部統制である**業務プロセスに係る内部統制**とがある。

　全社的な内部統制は，**企業全体に広く影響を及ぼし，企業全体を対象とする内部統制**であり，基本的には**企業集団全体を対象とする内部統制**を意味する。経営者は財務報告に係る内部統制の評価に際し，まず全社的な内部統制の評価を行い，その評価結果を踏まえて，業務プロセスの評価範囲を決定するが，全社的な内部統制の具体的な評価に当たっては，財務報告の信頼性について，直接又は間接に企業全体に広範囲な影響を及ぼす内部統制を，内部統制の6つの基本的要素の観点から評価する。

　業務プロセスに係る内部統制は，**予想されるリスクに対して防止又は発見す**

る機能を担うもので，基本的要素との関係では，主として**統制活動，情報と伝達，モニタリング及びITへの対応**が関係している（内報第141項）。

　業務プロセスについては，決算・財務報告に係る業務プロセス（**決算・財務報告プロセス**）と決算・財務報告プロセス以外の業務プロセス（**その他の業務プロセス**）がある。

　決算・財務報告プロセスは，主として経理部門が担当する月次の合計残高試算表の作成，個別財務諸表，連結財務諸表を含む外部公表用の有価証券報告書を作成する一連の過程をいい，引当金の計上，税効果会計，固定資産の減損会計の適用等，会計上の見積りや判断にも関係し，財務報告の信頼性に関して非常に重要な業務プロセスの1つである（内報第16・167項）。

　その他の業務プロセスは，企業内の各種業務プロセスをいい，例えば棚卸資産に至る業務プロセスとして，販売プロセス，在庫管理プロセス，期末の棚卸プロセス，購入プロセス，原価計算プロセス等が挙げられ，他には有形固定資産関係や給与人事関係に係るプロセス，受注から出荷，売上計上，請求に至る卸売販売プロセスといったものが挙げられる。

　全社的な内部統制には，アサーション・レベルの重要な虚偽記載の発生するリスクを直接防止・発見するものと，そうでないものが含まれている。例えば，統制環境は不正リスクや財務諸表全体レベルの重要な虚偽記載の発生するリスクには重要な影響を及ぼすが，個々の取引，勘定残高，開示等におけるアサーション・レベルの重要な虚偽記載の発生するリスクを防止又は発見・是正するものではない。一方，統制活動や日常的なモニタリングは，通常，アサーション・レベルの重要な虚偽記載の発生するリスクを直接防止・発見・是正するように整備及び運用されていることがあり，これらは業務プロセスに係る内部統制として詳細に検討されることが多い（内報第127項）。

　経営者は，内部統制を整備及び運用する役割と責任を有しており，特に，財務報告の信頼性を確保するため，その信頼性に及ぼす影響の重要性の観点から必要な範囲について，財務報告に係る内部統制の有効性につき，一般に公正妥当と認められる内部統制の評価の基準に準拠して，その有効性を自ら評価しその結果を外部に向けて報告することが求められる。

　経営者は評価に先立って，あらかじめ財務報告に係る内部統制の整備及び運

用の方針及び手続を定め，それらの状況を記録し保存しておかなければならない。そして内部統制の有効性の評価に当たり，経営者と監査人はともに，まずは**連結ベースでの全社的な内部統制の評価を行い，その結果を踏まえて財務報告に係る重大な虚偽記載につながるリスクに着眼して，全社的な内部統制では重要な虚偽記載を防止・発見できないと判断した業務プロセスに係る内部統制を評価する**（内報第116項），トップダウン型のリスク重視のアプローチに基づく内部統制の評価又は監査をそれぞれ実施することとされる。経営者による内部統制評価は，**期末日を評価時点として，原則として連結ベースで行う**ものとするが，これは連結財務諸表を構成する有価証券報告書提出会社及び当該会社の子会社並びに関連会社を，財務報告に係る内部統制の評価範囲の決定手続を行う際の対象とすることを意味する。以下，内部統制の基本要素ごとに，財務報告に係る全社的な内部統制の構築状況に関する42の評価項目の一部を，図表7－1に示す（実施基準Ⅱ参考1）。

図表7－1　財務報告に係る全社的な内部統制に関する評価項目の例

統制環境

・適切な経営理念や倫理規程に基づき，社内の制度が設計・運用され，原則を逸脱した行動が発見された場合には，適切に是正が行われるようになっているか。

・経営者は，適切な会計処理の原則を選択し，会計上の見積り等を決定する際の客観的な実施過程を保持しているか。

・取締役会及び監査役等は，財務報告とその内部統制に関し経営者を適切に監督・監視する責任を理解し，実行しているか。

・監査役等は内部監査人及び監査人と適切な連携を図っているか。

・経営者は，問題があっても指摘しにくい等の組織構造や慣行があると認められる事実が存在する場合に，適切な改善を図っているか。

・経営者は，従業員等に職務の遂行に必要となる手段や訓練等を提供し，従業員等の能力を引き出すことを支援しているか。

・従業員等の勤務評価は，公平で適切なものとなっているか。

リスクの評価と対応

・信頼性のある財務報告の作成のため，適切な階層の経営者，管理者を関与させる有効なリスク評価の仕組みが存在しているか。

・経営者は，組織の変更やITの開発など，信頼性のある財務報告の作成に重要な

影響を及ぼす可能性のある変化が発生する都度，リスクを再評価する仕組みを設定し，適切な対応を図っているか。

・経営者は，不正に関するリスクを検討する際に，単に不正に関する表面的な事実だけでなく，不正を犯させるに至る動機，原因，背景等を踏まえ，適切にリスクを評価し，対応しているか。

統制活動

・経営者は，信頼性のある財務報告の作成に関し，職務の分掌を明確化し，権限や職責を担当者に適切に分担させているか。

・全社的な職務規程や，個々の業務手順を適切に作成しているか。

・統制活動は，その実行状況を踏まえて，その妥当性が定期的に検証され，必要な改善が行われているか。

情報と伝達

・信頼性のある財務報告の作成に関する経営者の方針や指示が，企業内の全ての者，特に財務報告の作成に関連する者に適切に伝達される体制が整備されているか。

・経営者，取締役会，監査役等及びその他の関係者の間で，情報が適切に伝達・共有されているか。

・内部通報の仕組みなど，通常の報告経路から独立した伝達経路が利用できるように設定されているか。

モニタリング

・日常的モニタリングが，企業の業務活動に適切に組み込まれているか。

・モニタリングの実施責任者には，業務遂行を行うに足る十分な知識や能力を有する者が指名されているか。

・経営者は，モニタリングの結果を適時に受領し，適切な検討を行っているか。

・内部統制に係る重要な欠陥等に関する情報は，経営者，取締役会，監査役等に適切に伝達されているか。

IT への対応

・経営者は，IT に関する適切な戦略，計画等を定めているか。

・IT を用いて統制活動を整備する際には，IT を利用することにより生じる新たなリスクが考慮されているか。

・経営者は，IT に係る全般統制及び IT に係る業務処理統制についての方針及び手続を適切に定めているか。

（4）評価手続等の記録及び保存

経営者は，財務報告に係る内部統制の有効性の評価手続及びその評価結果，

並びに発見した不備及びその是正措置に関して，記録し保存しなければならず，その記録の範囲，形式及び方法は，一概に規定できないが，例えば以下の事項が考えられる。

図表７－２　経営者による内部統制の評価手続等の記録事項 （実施基準Ⅱ.3.(7)）

イ．財務報告に係る内部統制の整備及び運用の方針及び手続
ロ．全社的な内部統制の評価にあたって，経営者が採用する評価項目ごとの整備及び運用の状況
ハ．重要な勘定科目や開示項目に関連する業務プロセスの概要（各業務プロセスにおけるシステムに関する流れやITに関する業務処理統制の概要，使用されているシステムの一覧などを含む）
ニ．各業務プロセスにおいて重要な虚偽記載が発生するリスクとそれを低減する内部統制の内容（実在性，網羅性，権利と義務の帰属，評価の妥当性，期間配分の適切性，表示の妥当性との関係を含む。また，ITを利用した内部統制の内容を含む）
ホ．上記ニ．に係る内部統制の整備及び運用の状況
ヘ．財務報告に係る内部統制の有効性の評価手続及びその評価結果並びに発見した不備及びその是正措置
・評価計画に関する記録
・評価範囲の決定に関する記録（評価の範囲に関する決定方法及び根拠等を含む）
・実施した内部統制の評価の手順及び評価結果，是正措置等に係る記録

（5）経営者による内部統制報告書の作成と評価結果の表明

　経営者は，財務報告に係る内部統制の有効性の評価に関する報告書である内部統制報告書を作成しなければならず，内部統制報告書の評価結果は，①財務報告に係る内部統制は有効である旨，②評価手続の一部が実施できなかったが，財務報告に係る内部統制は有効である旨，並びに実施できなかった評価手続及びその理由，③開示すべき重要な不備があり，財務報告に係る内部統制は有効でない旨，並びにその開示すべき重要な不備の内容及びそれが是正されない理由，及び④重要な評価手続が実施できなかったため，財務報告に係る内部統制の評価結果を表明できない旨，並びに実施できなかった評価手続及びその理由，の4通りとなる（基準Ⅱ.4.(5)）。また内部統制報告書の記載事項は図表7－3のとおりとされる。

図表７－３　内部統制報告書の記載事項（基準Ⅱ.4.（1）〜（4））

① **整備及び運用に関する事項**
・財務報告及び財務報告に係る内部統制に責任を有する者の氏名
・経営者が，財務報告に係る内部統制の整備及び運用の責任を有している旨
・財務報告に係る内部統制を整備及び運用する際に準拠した一般に公正妥当と認められる内部統制の枠組み
・内部統制の固有の限界
② **評価の範囲，評価時点及び評価手続**
・財務報告に係る内部統制の評価の範囲（範囲の決定方法及び根拠を含む）特に，以下のイからウの事項について，決定の判断事由を含めて記載することが適切である。イ．重要な事業拠点の選定において利用した指標の一定割合　ロ．評価対象とする業務プロセスの識別において企業の事業目的に大きく関わるものとして選定した勘定科目　ハ．個別に評価対象に追加した事業拠点及び業務プロセス
・財務報告に係る内部統制の評価が行われた時点
・財務報告に係る内部統制の評価に当たって，一般に公正妥当と認められる内部統制の評価の基準に準拠した旨
・財務報告に係る内部統制の評価手続の概要
③ **評価結果**
④ **付記事項**
・財務報告に係る内部統制の有効性の評価に重要な影響を及ぼす後発事象
・期末日後に実施した開示すべき重要な不備に対する是正措置等（提出日までに有効な内部統制を整備し，その運用の有効性を確認している場合には，是正措置を完了した旨を，実施した是正措置の内容とともに記載できる）
・前年度に開示すべき重要な不備を報告した場合，当該開示すべき重要な不備に対する是正状況

２．内部統制監査

（１）財務諸表監査の監査人による内部統制監査の目的

　内部統制監査は，経営者による財務報告に係る内部統制の有効性の評価結果に対する財務諸表監査の監査人による監査を意味する。その目的は，経営者の作成した内部統制報告書が一般に公正妥当と認められる財務報告に係る内部統

制の評価の基準に準拠して，内部統制の有効性の評価結果を全ての重要な点において適正に表示しているかどうかについて，監査人自らが入手した監査証拠に基づいて判断した結果を意見として表明することにある。

　つまり監査人は，経営者が採用した内部統制の評価について監査を実施するわけであり，米国で採用されているような，監査人が直接，内部統制の有効性について意見を表明する**ダイレクト・レポーティング**（直接報告義務）は採用しないこととされた（「基準」Ⅲ 1，「意見書」(4) ③）。よって**内部統制監査は，内部統制の有効性について意見を表明するものではない**。また当該意見は，**期末日における**財務報告に係る内部統制の有効性の評価について表明されるものとされ（「基準」Ⅲ. 4. (1)），**会社の一会計期間を対象とするものではない**。

　なお，内部統制監査において，監査人は，監査役等が行った業務監査の中身自体を検討するものではないが，財務報告に係る全社的な内部統制の評価の妥当性を検討するに当たり，監査役等の活動を含めた経営レベルにおける内部統制の整備及び運用状況を，統制環境，モニタリング等の一部として考慮する（実施基準 I. 4. (3)）とあることから，監査役等は内部統制の構成要素の中の統制環境とモニタリングの一部をなすものといえる。したがって会社法上，内部統制システムの整備状況及び運用状況を監視する立場にある監査役等も，内部統制システムの一部として，内部統制監査の評価の対象となるといえる。

（2）内部統制監査と財務諸表監査の関係

　内部統制監査は，財務諸表監査と一体となって行われることにより，同一の監査証拠をそれぞれの監査において利用するなど効果的かつ効率的な監査が実施されると考えられることから，原則として**財務諸表監査の監査人と同一の監査人**（監査事務所のみならず業務執行社員も同一）**により行われる**こととされる。したがって両監査の一層の一体的実施を通じた効率化を図る観点から，同一の監査事務所内の同一の業務執行社員の指示・監督下で監査チームが構成され，監査計画の策定，監査証拠の十分性と適切性に関する監査人の判断，監査証拠を入手するための監査手続の実施，意見表明までの監査実施の一連の過程のすべてにおいて，両監査は一体となって効果的かつ効率的に実施される必要がある。一般に財務報告に係る内部統制に開示すべき重要な不備があり有効でない

場合，財務諸表監査において，監査基準の定める内部統制に依拠した通常の監査による監査は実施できないと考えられる（内基報1第221項　なお令和5年改訂「基準」Ⅲ2では，財務諸表監査の過程で識別された内部統制の不備に，経営者による内部統制評価の範囲外のものが含まれる場合，監査人は，当該不備について内部統制報告制度における内部統制の評価範囲及び評価に及ぼす影響を十分に考慮し，また，必要に応じて，経営者と協議することが求められている）。

　また内部統制監査報告書については，財務諸表監査報告書と合わせて記載することが原則とされ，**内部統制監査報告書と財務諸表の監査報告書の宛先は同一となる。**

　内部統制に係る監査人による検証は，信頼し得る財務諸表作成の前提であると同時に，効果的かつ効率的な財務諸表監査の実施を支える，経営者による内部統制の有効性について検証を行うものである。また，この検証は，財務諸表監査の深度ある効率的実施を担保するためにも財務諸表監査と一体となって行われるが，同一の監査人が，財務諸表監査と異なる保証の水準を得るために異なる手続や証拠の収集等を行うことは適当でない。また，同一の監査証拠を利用する際にも，保証の水準の違いから異なる判断が導き出されることは，かえって両者の監査手続を煩雑なものとすることになる。これらのことから，**内部統制の有効性の評価についての検証は，「監査」の水準とすることとした**（内報第9項。これより，内部統制監査はレビューの保証水準とすることはできないことに留意）。また内部統制の不備に関わる重要性の判断指針についても，最終的には財務諸表の信頼性に関わることから，財務諸表監査における重要性と同一になると考えられるとある（内報第18項）ため，**内部統制の不備に関わる重要性の基準値も，両者で同一**となることにも留意されたい。

　ただし具体的な「監査」手続等の内容を検討するに当たっては，監査人のみならず，財務諸表作成者その他の関係者にとって過度の負担にならないよう留意する必要がある。このため経営者による評価及び監査人による監査の基準の策定に当たっては，評価・監査に係るコスト負担が膨大なものとならないようにするための方策として，ダイレクト・レポーティングの不採用とともに，財務諸表監査の監査人と同一の監査人による，財務諸表監査と内部統制監査の一体的実施が選択されることとなった（「意見書」二（4））。

　一方，内部統制監査と財務諸表監査とでは対象範囲が異なり，前者では有価証券報告書の「経理の状況」の部分のみならず，例えば「企業の概況」，「事業の状況」，その他財務諸表監査の対象外であるセクションに係る経営者の評価の妥当性も監査対象とされている（内報第 14 項）。また従来の財務諸表監査において，内部統制の運用評価手続を実施せずとも実証手続のみで監査リスクを十分低い水準に抑えることができると判断して，運用評価手続を実施せず実証手続のみ実施することとされた財務諸表項目についても，当該財務諸表項目が決算・財務報告プロセス，企業の事業目的に大きく関わる勘定科目に至る業務プロセス，財務報告へ重要な影響を持つ業務プロセスに該当する場合には，内部統制監査での評価対象となる（内報第 58 項）ことに注意する。

（3）内部統制監査の実施プロセス

　実施基準では，監査人に対して，①経営者が決定した評価範囲の妥当性及び②統制上の要点の識別の妥当性を検討した上で，③内部統制の整備状況及び運用状況の有効性に関する経営者の評価結果の妥当性を検討することを求めている（内部統制報告制度に関する Q&A（以下「Q&A」）問 18）。内部統制監査の実施は，経営者の内部統制評価のプロセスに対応して，①監査計画の策定，②評価範囲の妥当性の検討，③全社的な内部統制の評価の検討，④業務プロセスに係る内部統制の評価の検討，そして⑤内部統制の開示すべき重要な不備の報告と是正，というプロセスを辿る。

（4）監査計画の策定（実施基準 II.3）

　監査人は，内部統制監査を効果的かつ効率的に実施するために，①企業の置かれた環境や事業の特性等（市場，取引先，株主，親会社，地域特性，産業固有の規制など企業外部の条件と，当該企業の歴史，規模，業務の内容，従業員構成など企業内部の条件）を踏まえ，②経営者による内部統制の整備及び運用の状況，並びに③経営者による内部統制の評価の状況（評価の範囲の決定など，重要な手続の内容及びその実施時期等を含む経営者の評価手続の内容）を十分に理解し，監査上の重要性と前年度の監査結果を勘案したうえで，財務報告の重要な事項に虚偽記載が発生するリスクに着眼して，監査計画を策定する。

②の内部統制の整備及び運用状況は，例えば，企業の財務報告に係る内部統制についての知識，企業の事業や財務報告に係る内部統制について，最近の変更の有無，企業集団内の事業拠点の状況及びそれら事業拠点における財務報告に係る内部統制に関する記録と保存の状況，モニタリングの実施状況といった事項を含み，監査人は，これらにつき，記録の閲覧，経営者及び適切な管理者又は担当者への質問等を行い，理解する。

　なお内部統制監査の実施に伴い，従来の財務諸表監査の実施との関係で最も影響を及ぼすと考えられるのは，監査計画の策定からリスク評価手続及びリスク対応手続に係る実施の時期と範囲に関する事項である（内報第23項）。

　財務諸表監査において，適切な内部統制の整備及び運用に関する経営者の責任の遂行状況は，監査の基本的な方針を検討する際の重要な項目であることが示されているが，検討すべき具体的な内容については，必ずしも明確ではない。内部統制報告制度が適用される上場会社においては，経営者自身が内部統制の有効性評価を実施することになったため，内部統制の不備（開示すべき重要な不備を含む），評価対象範囲の設定方針，内部統制の評価方法や評価のための体制の整備に関する経営者の考え方等が一般に公正妥当と認められる内部統制評価の基準に照らして適切なものかどうかを，監査計画策定時に監査人が十分に理解することが求められる。この結果，この理解の過程で入手した情報等により内部統制の整備及び運用に関する経営者の責任の遂行状況を客観的に評価することが可能となり，このような評価結果も考慮して，重要な虚偽表示リスクの評価やリスク対応手続の立案が行われること（内報第32項）から，こうした財務諸表監査に与える影響も考慮した上で，慎重な監査計画の策定が求められる。

（5）評価範囲の妥当性の検討

　監査人は，経営者により決定された**内部統制の評価範囲（重要な事業拠点の選定と評価対象とする業務プロセス）**の妥当性を判断するために，経営者が選定した評価範囲とその根拠を示す文書を入手し，経営者との協議等を通じて評価範囲の決定方針を理解することにより，経営者が当該範囲を決定した方法及びその根拠の合理性を検討する（令和5年改訂実施基準Ⅲ3.（2）では，経営者は，評価範囲の決定前後に，当該範囲を決定した方法及びその根拠等について，必要に応じて，監査人と

協議を行っておくことが適切であり，また評価範囲の決定は経営者が行うものであり，当該協議は，あくまで監査人による指摘を含む指導的機能の一環であることに留意が必要としている。また監査人は評価範囲の妥当性の検討に当たり，財務諸表監査の実施過程において入手している監査証拠も必要に応じて活用することが適切とされる。）。

全社的な内部統制と，全社的な観点から評価することが適切な決算・財務報告プロセス（全社レベルの決算・財務報告プロセス）は，持分法適用関連会社を含め，原則として全ての事業拠点について評価する必要がある。しかし，経営者が財務報告に対する影響の重要性が僅少である事業拠点に係るものにつき，重要性を勘案し評価から除外した場合には，その理由を確認しその妥当性を検討することとされる（内報第78・79項）。なお，企業集団を構成する一部の子会社や事業部等に独特の歴史や慣習又は組織構造等が認められ，そこで行われている統制環境やリスク評価，情報と伝達，モニタリング等に属する内部統制も全社的な内部統制に含まれる場合がある（内報第116項）。

一方，業務プロセスに係る内部統制については，企業が複数の事業拠点を有する場合には，評価対象とする事業拠点を売上高等の重要性により決定する（実施基準II 2.（2）①）。事業拠点は，一般的には企業集団を構成する，本社や子会社といった会社単位，または支社，支店，事業部等としてとらえられるが，その識別に当たり，必ずしも地理的概念や法的な組織区分にこだわる必要はなく，その識別の方法及び識別された結果については，経営者による**企業集団の経営管理（権限移譲の状況や事業上のリスク，プロセスや経営管理手法の同質性等を含む）の実態に応じたものとなっているかどうかの検討が必要とされる。**

そして全社的な内部統制の評価が有効であれば，本社を含む各事業拠点の売上高等の指標の金額の高い拠点から合算していき，連結ベースの売上高等の一定割合（おおむね3分の2程度）に達している事業拠点を評価の対象とすることが考えられる。ただし，一定割合については，当該事業拠点が前年度に重要な事業拠点として評価範囲に入っており，イ）**前年度の当該拠点に係る内部統制の評価結果が有効であること，ロ）当該拠点の内部統制の整備状況に重要な変更がないこと，ハ）**重要な事業拠点の中でも，**グループ内の中核会社でない**などの，**特に重要な事業拠点でないこと**を経営者が確認できた場合には，当該事業拠点を本年度の評価対象としないことができると考えられるため，結果とし

て売上高等のおおむね３分の２程度を相当程度下回ることがある。このとき監査人は，経営者が当該要件について確認した状況を把握し，その判断の妥当性を検証するとともに，内部統制報告書において，当該評価範囲の決定方法及び根拠等についても記載しているかどうかを確かめる必要がある（内報95項）。

　なお評価対象から除いた，特に重要な事業拠点以外の重要な事業拠点につき，監査人は，経営者が少なくとも２年に１回は評価範囲に含めているかどうかに留意する必要がある（内報96項）。

　経営者の行った重要な事業拠点の選定の過程や結果が適切でないと判断した場合には，経営者に対し，その旨を指摘するとともに，財務報告に対する影響の程度に応じ，重要な事業拠点の見直しなどの追加的な対応を求める。

　一方，重要な事業拠点に選定した事業拠点では，監査人は経営者が，売上，売掛金，棚卸資産など企業の事業目的に大きく関わる重要な勘定科目に至る業務プロセスを適切に選定しているかどうかについて検討しなければならない（内報97項　なお令和５年改訂前文二（2）①では，経営者が内部統制の評価範囲を決定するに当たり，財務報告の信頼性に及ぼす影響の重要性を適切に考慮すべきことを改めて強調するため，評価対象とする重要な事業拠点や業務プロセスを選定する指標について，財務報告に対する金額的及び質的影響並びにその発生可能性を考慮し，例示されている「売上高等の概ね２／３」や「売上，売掛金及び棚卸資産の３勘定」を機械的に適用すべきでなく，例えば「総資産，税引前利益等の一定割合」等，個別の業種，企業の置かれた環境や事業の特性等に応じて適切に判断すること，また長期間にわたり評価範囲外としてきた特定の事業拠点や業務プロセスについても，評価範囲に含めることの必要性の有無を考慮すること，評価範囲外の事業拠点又は業務プロセスにおいて開示すべき重要な不備が識別された場合には，当該拠点等については，少なくとも当該開示すべき重要な不備が識別された時点を含む会計期間の評価範囲に含めることが適切であることを明確化している。）。

　また経営者が，当該重要な事業拠点が行う事業との関連性が低く，財務報告に対する影響の重要性も僅少であると判断して評価対象としなかった業務プロセスがある場合には，その適切性を確認する。これらにつき，監査人は，図表７−２の経営者による内部統制の評価結果の記録の閲覧や，経営者及び適切な管理者又は担当者に対する質問等により，評価対象となる業務プロセスの選定の適切性を確認する。次に，選定された重要な事業拠点及びそれ以外の事業拠

点について，監査人は，経営者が**持分法適用関連会社を含め，全ての事業拠点**から，図表7－4に掲げる，**財務報告への影響を勘案して，重要な虚偽記載が発生する可能性の高い業務プロセスを**，個別に評価対象に追加する業務プロセスとして，**適切に評価対象に加えているかどうか**を検討する（内報106項）。

図表7－4　財務報告への影響を勘案して個別に評価対象に追加する業務プロセス

- **リスクが大きい取引を行っている事業又は業務に係る業務プロセス**（内報107項）

    例えば，財務報告の重要な事項の虚偽記載に結びつきやすい**事業上のリスクを有する事業又は業務**（例えば，金融取引やデリバティブ取引を行っている事業又は業務や価格変動の激しい棚卸資産を抱えている事業又は業務など）や，**複雑な会計処理が必要な取引**を行っている事業又は業務，複雑又は不安定な権限や職責及び指揮・命令の系統（例えば，海外に所在する事業拠点，企業結合直後の事業拠点，中核的事業でない事業を手掛ける独立性の高い事業拠点）の下での事業又は業務を行っている場合には，当該事業又は業務に係る業務プロセスは，追加的に評価対象に含めることを検討する。

- **見積りや経営者による予測を伴う重要な勘定科目に係る業務プロセス**（内報108項）

    例えば，引当金や固定資産の減損損失，繰延税金資産（負債）など見積りや経営者による予測を伴う重要な勘定科目に係る業務プロセスで，財務報告に及ぼす影響が最終的に大きくなる可能性があるものは，追加的に評価対象に含めることを検討する。

- **非定型・不規則な取引など虚偽記載が発生するリスクが高いものとして，特に留意すべき業務プロセス**（内報109項）

    例えば，**通常の契約条件や決済方法と異なる取引**，期末に集中しての取引や**過年度の趨勢**から見て突出した取引等非定型・不規則な取引を行っていることなどから虚偽記載の発生するリスクが高いものとして，特に留意すべき業務プロセスについては，追加的に評価対象に含めることを検討する。

- (注) 上記その他の理由により追加的に評価対象に含める場合において，財務報告への影響の重要性を勘案して，事業又は業務の全体ではなく，特定の取引又は事象（あるいは，その中の特定の主要な業務プロセス）のみを評価対象に含めれば足りる場合には，その部分だけを評価対象に含めることで足りる（内報110項）。

（6）全社的な内部統制の評価の検討方法

　全社的な内部統制について，監査人は原則として全ての事業拠点（財務報告に対する影響が僅少なものを除く）について，全社的な内部統制の概要を理解し，

図表7－1に示された評価項目に留意し，経営者の実施した全社的な内部統制の整備及び運用状況の評価の妥当性について検討する。

　なお財務諸表監査においては，財務諸表全体レベルとアサーション・レベルの重要な虚偽表示リスクを評価する際に，全社的な内部統制に相当する内部統制を評価しているものの，全社的な内部統制に含まれる内部統制の範囲や評価対象事業拠点の選定は監査人の判断に委ねられている。財務諸表監査と内部統制監査との一体監査を実施するに当たっては，監査人は経営者が内部統制評価基準に従って評価した，全社的な内部統制の評価結果を入手し，適切に評価されているかどうかを検証し，その結果を財務諸表全体レベルとアサーション・レベルの重要な虚偽表示リスクの評価に反映させることになる。なお，財務諸表監査においては，全社的な内部統制に相当する内部統制のうち，アサーション・レベルの重要な虚偽表示リスクの軽減に直接的に影響を及ぼさないもの（例えば統制環境）については，整備状況を評価するのみで必ずしも運用状況の評価までは必要ではないことに留意が必要である。

　監査人は，全社的な内部統制の評価の検討（特に整備状況の評価の検討）は，監査プロセスの早い段階で実施することが必要であり，通常，監査計画の一環として実施するが，その目的は業務プロセスに係る内部統制の評価対象範囲と実施すべき運用評価手続，その実施の時期及び範囲を決定することにある（内報117項）。

① **整備状況の評価の検討**

　整備状況の評価の検討に際し，経営者の採用する評価項目が，図表7－1の評価項目の例に照らして，企業の状況に即した適切な内容となっているか，またその際，経営者が，企業集団内の子会社や事業部等の歴史や慣習，組織構造等の観点から，全社的な内部統制の評価単位を適切に設定しているかどうか（図表7－5参照）を検討し，企業集団のそれぞれの状況に応じて，評価単位と評価項目が適切に設定されているかを検討する（内報124項）。

図表7－5　全社的な内部統制の評価単位

　企業集団が分権型の組織構造で運営されている場合，海外子会社等を含めたグループ全体に適用される方針や手続等が確立されていないケースが想定される。そのような場合は，図表7－1に示されているほとんどの項目について，共通の方針

や手続で運営されている評価単位ごとに整備状況の評価が必要となる可能性もある。
　反対に**中央集権的に企業集団が運営されており，海外子会社にも適用される世界共通の方針や手続が確立されている**場合には，親会社でそれらの方針や手続の整備状況を評価することにより，各子会社や事業部単位での整備状況の評価はほとんど必要がなくなることも考えられる。

　また，経営者による内部統制の記録の閲覧や経営者等に対する質問を通じ，各評価項目についての経営者の評価結果，経営者が当該評価結果を得るに至った根拠等を確認し，経営者の行った評価結果の適切性を判断する。さらに適切な情報開示に重要な役割を果たす，取締役会，監査役等，内部監査等，経営レベルの監視機能が十分に発揮されているかにつき，取締役会や監査役等の構成員が，経営者を適切に監督・監視する責任を理解した上で内部統制の整備及び運用に関するモニタリングを適切に実行しているか等の点に留意し，確認することが求められる（内報125項，実施基準Ⅲ4.（1））。

　整備状況の評価の検討には，内部統制のデザインの検討と，それが業務に適用されているかどうかを判断することが含まれる。**内部統制が適切にデザインされ，それが業務に適用されているかどうかを判断するための監査証拠を入手する手続は，財務諸表監査のリスク評価手続と同様であり，企業の担当者等への質問，特定の内部統制の適用状況の観察，内部統制が適用されていることを示す文書や報告書の閲覧**が含まれる。監査人は，全社的な内部統制の整備状況を検討するに当たって，これらの手続を適宜，組み合わせて実施する（内報126項）。

②　運用状況の評価の検討

　全社的な内部統制の整備状況の評価に基づき，それぞれの基本的要素ごとに有効に整備され，実際に業務に適用されている内部統制から，運用評価手続の対象となる内部統制を選択する。識別した全ての全社的な内部統制の運用状況を評価する必要はない。つまり，有効に整備されていない内部統制についてまで，運用状況の評価をすることまで求められるものではない（内報129項）。

　運用評価手続の種類は，財務諸表監査のリスク対応手続として実施するものと同様であり，**担当者等への質問，関連文書の閲覧，観察，再実施**がある。このうち，再実施が最も強力な監査証拠を提供するが，全社的な内部統制を監査

人が再実施することは現実問題としては極めて困難である。また，統制環境に係るいくつかの項目は，内部統制の運用状況に関する記録が作成されないケースや記録が残されていたとしても形式的な記録しか作成されていないものもある。その場合，監査人は，関係者への質問や観察等により，運用状況を確認する。全社的な内部統制の評価の検討は，監査の早い段階での実施が前提となるため，経営者及び監査人は，内部統制が期末日までに引き続き有効に整備及び運用されていることを確かめなければならない。経営者が内部統制の変更点を適時・適切に把握するモニタリング手続を整備及び運用している場合は，監査人は当該モニタリング手続の有効性を検討する。例えば，全ての事業拠点から，全社的な内部統制に変更が生じた時点で適時に報告が親会社になされている場合，期末日近くに報告内容を閲覧し，実際にそのとおりの変更がなされているかどうかを質問や関連文書の閲覧，観察等を組み合わせて実施する。有効なモニタリング手続が未整備の場合は，監査人は経営者に整備及び運用状況の評価手続を実施した日以降期末日までの期間の有効性を確かめるための手続（以下「ロールフォワード手続」という）の実施を求め，当該ロールフォワード手続の内容と実施結果を検討する（内報130・131項）。

　全社的な内部統制の評価結果は，業務プロセスの評価範囲や経営者自身が実施すべき評価手続に影響を及ぼすため，監査対象事業年度の初期の段階で監査人による手続の実施が可能となるように経営者と協議しておく必要がある。また全社的な内部統制の不備の評価は，特定した不備により財務諸表の重要な虚偽記載が発生する可能性に基づき行うが，具体的な評価の検討に当たりまずは，当該不備が，図表7－6に掲げた，開示すべき重要な不備（実施基準II.3.(4)①ハ.）に該当するかを，検討する（内報132項）。

図表7－6　内部統制の開示すべき重要な不備となる全社的な内部統制の不備の例

---

a. 経営者が財務報告の信頼性に関するリスクの評価と対応を実施していない。

b. 取締役会又は監査役等が財務報告の信頼性を確保するための内部統制の整備及び運用を監督，監視，検証していない。

c. 財務報告に係る内部統制の有効性を評価する責任部署が明確でない。

d. 財務報告に係るITに関する内部統制に不備があり，それが改善されずに放置さ

れている。

e. 業務プロセスに関する記述，虚偽記載のリスクの識別，リスクに対する内部統制に関する記録など，内部統制の整備状況に関する記録を欠いており，取締役会又は監査役等が，財務報告に係る内部統制の有効性を監督，監視，検証することができない。

f. 経営者や取締役会，監査役等に報告された全社的な内部統制の不備が合理的な期間内に改善されない。

　次に基本的要素ごとに集約した全事業拠点の全社的な内部統制の不備の一覧に基づき，それらが連結財務諸表の重要な虚偽記載の発生可能性に与える影響につき，①当該不備が他の内部統制の有効性に与える影響の範囲，②当該不備のある内部統制の基本的要素（統制環境，リスクの評価と対応等）に占める相対的重要性，③過去の虚偽記載の発生の事実等から判断して，当該不備によりエラーの発生するリスクが増大しているか，④当該不備により，経営者による内部統制の無効化のリスクを含む，不正の発生するリスクが増大しているか，⑤当該不備は，他の内部統制で特定した運用状況の例外事項の原因となっているか，又は例外事項の頻度に影響を与えているか，⑥当該不備は，将来どのような影響・結果をもたらすか，を検討する（内報132項）。

　そしてこれらの検討の結果，全社的な内部統制が，連結財務諸表の虚偽記載の発生するリスクを低減するために，①一般に公正妥当と認められる内部統制の枠組みに準拠して整備及び運用されていること。及び②業務プロセスに係る内部統制の有効な整備及び運用を支援し，企業における内部統制全般を適切に構成している状態にあること。という2つの条件の両方を満たしている場合には有効であると考えられる（内報133項）。

　全社的な内部統制の不備は，業務プロセスに係る内部統制にも直接又は間接に広範な影響を及ぼし，最終的な財務報告の内容に広範な影響を及ぼすため，全社的な内部統制に不備がある場合には，業務プロセスに係る内部統制にどのような影響を及ぼすかも含め，財務報告に重要な虚偽記載をもたらす可能性について慎重に検討する必要がある。全社的な内部統制に不備がある場合でも，業務プロセスに係る内部統制が単独で有効に機能することもあり得る。ただし，全社的な内部統制に不備があるという状況は，基本的な内部統制の整備に不備

があることを意味しており，全体としての内部統制が有効に機能する可能性は限定されると考えられる（基準（4）①イ～ハ）。

　よって監査人は，トップダウン型のリスク・アプローチに基づき，経営者が全社的な内部統制の評価結果を踏まえて，業務プロセスに係る内部統制の評価の範囲，方法等を適切に決定しているかを検討しなければならない。

（7）業務プロセスに係る内部統制の評価の検討

①　業務プロセスに係る内部統制の整備状況の評価

　監査人は，業務プロセスに係る内部統制の評価において，当該プロセスに係る内部統制の整備及び運用状況を理解し，経営者の評価の妥当性について検討する。

　まず経営者による評価においては，経営者は，全社的な内部統制の評価結果を踏まえ，評価対象となる内部統制の範囲内にある業務プロセスを分析した上で，**財務報告の信頼性に重要な影響を及ぼす統制上の要点**（以下「統制上の要点」という）を選定し，当該統制上の要点について内部統制の基本的要素が機能しているかを評価する。

　次に，**統制上の要点となる内部統制が虚偽記載の発生するリスクを十分に低減しているかどうか**を評価する。経営者は，各々の統制上の要点の整備及び運用の状況を評価することによって，当該業務プロセスに係る内部統制の有効性に関する評価の基礎とする。統制上の要点は，会計記録の正確性を確保するために企業内部に設けられた仕組みを制度や行為等に具体化した統制活動あるいは統制行為の中から，対象となる虚偽記載リスクを最も効果的に低減するキーコントロールとして知られる。

　まず，**評価対象となる業務プロセスの把握・整理**においては，当該プロセスにおける取引の開始，承認，記録，処理，報告を含む取引の流れを把握し，取引の発生から集計，記帳といった会計処理の過程を理解する。その際，必要に応じ，フローチャートや，例えば，卸売販売プロセスにおける，受注，出荷，売上計上，請求といった事務処理の手順を詳細に述べた業務記述書などの形での文書化を行う。

　次に**業務プロセスにおける虚偽記載の発生するリスクとこれを低減する統制**

上の要点の識別を行うが，まずは評価対象となる業務プロセスにおける不正又
は誤謬の発生により虚偽記載のリスクが生じる場合，適切な財務情報を作成す
るための要件（第3章におけるアサーションと同義であり，財務諸表が一般に公正妥当と
認められる企業会計の基準に準拠しているといえるための要件であり，これらを欠くと虚偽
記載につながる）のうち，どの要件に影響を及ぼすかについて理解する必要があ
る。そして虚偽記載が発生するリスクを低減するための統制上の要点の識別に
おいては，取引の開始，承認，記録，処理，報告に関する内部統制を対象に，
実在性をはじめとする適切な情報を作成するための要件を確保するため，どの
ような内部統制が必要かという観点から識別する。この際，必要に応じ，図や
表を活用して整理・記録することが有用であり，以下に掲げる**リスクコントロー
ルマトリックス**（以下「RCM」とする。先に述べた業務フローチャート，業務記述書と
並び3点セットとして知られる）が有名である。

図表7－7　リスクと統制の対応例（RCM）（実施基準参考3）

業務	リスクの内容	統制の内容	要件	評価	評価内容
受注	与信限度額を超過した受注を受ける	受注入力は，得意先の登録条件に適合した注文のみ入力できる	評価の妥当性	○	
出荷	出荷依頼より少ない数量を発送する	出荷部門の担当者により出荷指図書と商品が一致しているか確認される	実在性権利と義務の帰属	△	不規則な出荷に担当者が対応できなかった

(注) 卸売販売プロセスをさらに，受注，出荷の各業務に区分し，各業務区分の中で重要
な虚偽記載につながるリスクと関連するアサーション及び当該リスクを軽減するた
めに必要な統制活動をフローチャートや業務記述書から把握し，その評価結果を示
したものである。

　経営者は，上記のRCMを作成し，個々の重要な勘定科目に関係する個々の
統制上の要点が適切に整備され，実在性，網羅性，権利と義務の帰属，評価の
妥当性，期間配分の適切性，表示の妥当性といった適切な財務情報を作成する
ための要件を確保する合理的な保証を提供できているかについて，**関連文書の
閲覧，従業員等への質問，観察等**を通じて判断する。そして内部統制の整備状

況の有効性については，内部統制が規程や方針に従って運用された場合に，財務報告の重要な事項に虚偽記載が発生するリスクを十分に低減できるものとなっているかにより評価する（以上，実施基準 II. 3.（3）①～③）。

　一方，監査人は，業務プロセスに係る内部統制の整備状況の評価の検討においては，入手した内部統制の整備状況に関する記録や，業務の流れ図（フローチャート等の関連する記録や文書の閲覧または経営者及び適切な管理者又は担当者に対する質問により，経営者と協議し評価対象となったすべての業務プロセスにおける**取引の流れ**（取引がどのように**開始，承認，記録，処理及び報告**されるか））を把握し，**会計処理の過程**（取引の**発生**から**集計，記帳**）を理解する。そして経営者が財務報告の重要な事項に虚偽記載の発生するリスクと，当該リスクを低減するために中心的な役割を果たす内部統制を意味する**統制上の要点**（キーコントロール）をどのように識別したのかを把握する。

　さらに経営者が識別したリスクが適切であるかどうか，及び当該リスクに対し経営者が選定した個々の統制上の要点が既定の方針に従って運用された場合，内部統制の基本的要素が適切に機能し，財務報告の重要な事項（勘定科目，注記及び開示項目）に虚偽記載が発生するリスクを十分に低減（つまり防止又は適時に発見）できるものとなっているか，**統制上の要点の妥当性の検討**を行う。その際は，先に述べた実在性をはじめとする，適切な財務情報を作成するための要件を確保する合理的な保証を提供できるものとなっているかにより判断し，この判断を基に，内部統制の整備状況の有効性に関する経営者の評価の妥当性を検証する。

　なお記録の閲覧や質問等の実施では，内部統制の整備状況について理解することが困難である場合には，監査人は必要に応じ，業務プロセスの現場に赴いて観察することにより，当該業務プロセスにおいて実施されている手続の適否等を確認する。また評価対象となった業務プロセスごとに，代表的な取引を1つあるいは複数選んで，取引の開始から取引記録が財務諸表に計上されるまでの流れを内部統制の記録等により追跡する手続である**ウォーク・スルー**を実施することも，理解を確実にする上で有用となる（実施基準 III. 4.（2）①イ）。

② **業務プロセスに係る内部統制の運用状況の検討**

　次に業務プロセスに係る内部統制の運用状況の検討においては，評価対象と

なった業務プロセスにつき，①内部統制がデザインどおりに適切に運用されているか及び②統制を実施する担当者や責任者が当該統制を有効に実施するのに必要な権限と能力等を有しているかどうか，を把握し，内部統制の運用状況の有効性に関する経営者の評価の妥当性を検討する（実施基準Ⅲ. 4（2）①ロ）。

　監査人は，期末日現在において内部統制が有効に運用されているかを判断できるよう，適切な時期に，運用状況に関する内部統制の記録の入手，関連文書の閲覧，適切な管理者又は担当者に対する質問等の監査手続により，内部統制の実施状況（自己点検の状況を含む）を検証する。また記録の閲覧や質問等では検証が困難な場合には，業務の観察や，必要に応じて適切な管理者又は担当者に再度手続を実施させる（作業の再現）または監査人による再実施を行うが，実施する手続の決定に当たり，内部統制の重要性及び複雑さ，内部統制に際しなされる判断の重要性，内部統制の実施者の能力といった内部統制の性質を考慮する。

　一方，内部統制監査の実践において，意見書がダイレクト・レポーティングを不採用としながらも，内部統制の有効性の評価結果を全ての重要な点において適正に表示しているかどうかについて，監査人自らが入手した監査証拠に基づいて判断した結果を意見として表明すること，を求めているため，上記の手続については，基本的には監査人は自ら選択したサンプルを用いた試査により，適切な監査証拠を入手して行うこととなる（例えば，日常反復継続する取引について，統計上の二項分布を選定とすると 90% の信頼を得るには，評価対象となる統制上の要点ごとに少なくとも 25 件のサンプルが必要）。

　しかし例えば反復継続的に発生する定型的な取引について，経営者が無作為にサンプルを抽出しているような場合には，監査人自らが同じ方法で別のサンプルを選択することは効率的でないため，統制上の要点として選定した内部統制ごとに，**経営者が抽出したサンプルの妥当性の検討を行った上で**，監査人自らが改めて当該サンプルをサンプルの全部又は一部として選択することができる。また当該サンプルについて，経営者が行った評価結果についても，**評価方法等の妥当性を検証**し，経営者による作業結果の一部について検証した上で，経営者の評価に対する監査証拠として利用することができる（以上，内報 149 ～ 151，158 項，及び実施基準Ⅲ. 4.（2）①ロ a）。

　なお，**事業規模が小規模で，比較的簡素な構造を有している組織等**において

は，効率的な運用状況の検討の観点から，経営者が直接行った日常的モニタリングの結果や，監査役が直接行った内部統制の検証結果（例えば，棚卸の立会などの往査の結果をまとめた報告書等）を内部統制の実施状況の検証として利用することができる（内報159項）。

③　運用状況の検討の実施時期

　監査人は，期末日現在において，内部統制が有効に運用されているか判断できるよう，適切な時期に内部統制の運用状況の検討を行わなければならない。監査人は，経営者の評価の実施から期末日までの期間に内部統制に重要な変更があった場合，経営者が実施基準Ⅱに照らして，変更に係る内部統制の整備及び運用状況の把握及び評価に必要な追加手続を実施しているか確認する（内報160項）。

（8）決算・財務報告プロセスの評価

　決算・財務報告プロセスに係る内部統制は，引当金の計上，税効果会計，固定資産の減損会計の適用等，会計上の見積りや判断にも関係し，財務報告の信頼性に関して非常に重要な業務プロセスであることに加え，その実施頻度が日常的な取引に関連する業務プロセスなどに比して低いため，監査人が検討できる実例の数は少ないものとなる。したがって，決算・財務報告プロセスに係る内部統制は，他の内部統制よりも慎重な運用状況の検討作業を行う必要がある（内報167項）。

　また実施基準では，決算・財務報告に係るプロセスを，全社的な内部統制に準じて全社的な観点で評価することが適切と考えられるものと，財務報告への影響を勘案して個別に評価対象に追加することが適切なものがあるとの整理がされている。これは，連結会計方針の決定や会計上の予測，見積りなど経営者の方針や考え方等のように全社的な内部統制に性格的に近いといえるものと，個別財務諸表作成に当たっての決算整理に関する手続等は，業務プロセスに係る内部統制に近い性格があるとの解釈による（内報168項）が，両者の区分，整理については必ずしも一律に決定されるものではなく，企業の実情に応じた対応を図ることが適切とされる（内報170項）。

　実施基準Ⅱ.2.（2）では，主として経理部門が担当する決算・財務報告に

係る業務プロセスのうち，①**総勘定元帳から財務諸表を作成**する手続，②連結修正，報告書の結合及び組替など**連結財務諸表作成のための仕訳とその内容を記録**する手続，及び③**財務諸表に関連する開示事項を記載**するための手続が，全社的な観点で評価することが適切と考えられるものとして，例示されている（内報 169 項）。

　なお，全社的な観点で評価される内部統制の一例を示せば次のとおりである。

図表 7 － 8　全社的な観点で評価される内部統制の一例（内報 172 項）

・当期の決算において適用される会計方針，連結財務諸表に適用される法令その他の開示に関して要求される事項を記載した決算指示書（600 の A104 項及び A105 項参照）を作成し，各事業拠点に配付し，説明し，周知徹底を図る。
・連結決算のために必要となる子会社等の財務情報等を収集するために必要となる報告パッケージの様式が設計されている。
・上記の報告パッケージの様式について，親会社への報告日程を含め，記載上の留意事項を子会社等に配付し，説明している。
・各事業拠点から収集された報告パッケージについて，親会社の責任者による査閲（対予算比較，対前期比較等）が実施され，異常な増減等があれば，原因が調査され，必要に応じ経営者に説明している。
・有価証券報告書の開示に際し，経営者による査閲が実施され，財務諸表等に異常な増減等があれば適切に対応されている。
・法令等の改正により新たに適用される開示項目について，早期に検討され，必要に応じて法律の専門家や監査人等と協議している。

　一方，財務報告への影響を勘案して個別に評価対象に追加する決算・財務報告プロセスには，例えば，**事業拠点における決算処理手続等**が該当すると考えられる。**引当金や固定資産の減損損失，繰延税金資産（負債）など見積りや経営者による予測を伴う重要な勘定科目に係る業務プロセスで財務報告に及ぼす影響が最終的に大きくなる可能性があるもの**は，追加的に経営者による評価の対象に含めるかどうかを検討しなければならない。個別に評価対象に追加された場合，フローチャート等の記録を入手し，原則として他の業務プロセスにおける監査手続と同様の手続を実施し，経営者による当該プロセスの内部統制の整備状況や運用状況の評価が妥当であるかどうかを確かめなければならない。

　決算・財務報告プロセスに係る内部統制の運用状況の評価の検討については，

当該プロセスの性質上，仮に，当該プロセスで内部統制の不備が発見された場合，財務報告に及ぼす影響や当該事業年度の期末日までに是正措置が実施できないことから，開示すべき重要な不備に該当する可能性も高く，また，財務諸表監査における内部統制の評価プロセスとも重なりあう部分が多いと考えられる。そこで実施基準においては，内部統制の評価時期について，弾力的な取扱いが示されており，期末日までに内部統制に関する重要な変更があった場合に適切な追加手続が実施されることを前提に，必ずしも当期の期末日以降でなく，適切な時期に評価を行うことで足りるとされている。したがって，前年度の運用状況，四半期決算等の作業を通じ，決算・財務報告プロセスについて期中において早期に検証しておくことが効果的かつ効率的と考えられる（内報174項）。

（9）IT を利用した内部統制の評価の検討（実施基準Ⅲ. 4.（2）②）

　監査人は，企業が業務プロセスに IT を利用している場合において，図表7－2の経営者による内部統制の記録を入手して，その概要を把握するとともに，経営者が評価対象とした IT に係る全般統制及び業務処理統制が評価対象として適切なものか検討する。そして人手を利用した統制が行われている部分については，前述の「業務プロセスに係る内部統制の評価の検討」を実施し，IT を利用した統制が行われている部分については，図表7－10，11の **IT に係る全般統制**及び**業務処理統制**の評価の検証を行うことにより，業務プロセスに係る経営者の評価の妥当性の検証を行う。

> **図表7－9　IT に係る全般統制と業務処理統制の関係**
> （IT 委員会研究報告 42 号 Q18）

　IT を利用した情報システムにおいては，いったん適切に組み込まれた内部統制（特に統制活動）は，意図的に手を加えない限り継続して有効に機能するという性質を有している。しかし，開発段階で必要な内部統制が組み込まれなかったり，システムがダウンしたり，プログラムに不正な改竄が行われたり，不正な侵入が行われたりすると，この“継続して有効に機能する”という性質が保証されなくなる。こうした**システムの開発，運用，保守にかかわる内部統制が全般統制**であり，したがって，業務処理統制の評価を伴わない全般統制のみの評価では，内部統制（特に統制活動）の有効性を確かめることはできない。また，反対に，一定時点で業務処理統制のみ

評価を行い，全般統制の有効性を確かめない場合には，監査対象期間を通じての有効性を評価することはできない。全般統制と業務処理統制の評価は，両者ともに行うことにより初めて意味のあるものとなる。

全般統制は，業務処理統制の継続的な運用を支えるものであるから，「業務処理統制が評価の対象となる場合には，それを支える全般統制に依存している程度と範囲について検討し，全般統制の評価範囲を決定する。したがって，企業のすべての情報システムを対象として，評価を実施するものではない。」（IT実6号40項）ことに留意する。

また，「全般統制の評価は必ずしも対象となる情報システムごとに実施しなければならないものではなく，情報システムの種類等や設置場所，あるいは，運営組織を考慮し，共通に評価できるものを1つの評価単位とすることも可能である。」（IT実6号40項）ため，**全般統制の評価は，通常ITに関する基盤**（インフラや管理体制等）**単位で評価**することになる。例えば，企業が購買，販売，流通の3つのアプリケーションを有している場合には，監査人としては，それぞれのアプリケーションがどのような基盤（インフラや管理体制等）の上で動いているかを把握する。

購買，販売，流通の3つのアプリケーションが共通センターの1つのホストで集中管理されている場合など，すべて同一インフラの上で動いていて，その管理体制が同一である場合には，全般統制に関する統制リスク評価は，基本的には共通の評価単位1つで済むが，すべて別のインフラの上で動いている場合や，管理する部門が異なるなど管理体制が異なる場合には，全般統制に関する統制リスク評価は3つの評価単位を対象として行わなければならなくなる。

一方，業務処理統制は，上記どちらの場合であっても，基本的には個々のアプリケーションごとに行わなければならない。

監査人として，**どのようなインフラ・管理体制の下で，どのようなアプリケーションが動いているのか**を識別することが，全般統制に関する統制リスク評価の第1歩となる。

図表7－10 ITに係る全般統制の評価における検討項目（実施基準Ⅲ.4.(2) ②ロ）

全般統制の評価においては，以下の項目を検討する。
a. システムの開発，変更・保守
監査人は，企業が財務報告に関連して，新たにシステム，ソフトウェアを開発，調達又は変更する場合，承認及び導入前の試験が適切に行われているか確認する。
その際，監査人は，例えば，以下の点に留意する。
・システム，ソフトウェアの開発，調達又は変更について，事前に経営者又は適切な管理者に所定の承認を得ていること
・開発目的に適合した適切な開発手法がシステム，ソフトウェアの開発，調達又は

変更に際して，適用されていること

・新たなシステム，ソフトウェアの導入に当たり十分な試験が行われ，その結果が
当該システム，ソフトウェアを利用する部門の適切な管理者及び IT 部門の適切
な管理者により承認されていること

・新たなシステム，ソフトウェアの開発，調達又は変更について，その過程が適切
に記録及び保存されるとともに，変更の場合には，変更前のシステム，ソフトウェ
アに関する内部統制の整備状況に係る記録が更新されていること

・新たなシステム，ソフトウェアにデータを保管又は移行する場合に，誤謬，不正
等を防止する対策が取られていること

・新たなシステム，ソフトウェアを利用するに当たって，利用者たる従業員が適切
な計画に基づき，教育研修を受けていること

b. システムの運用・管理

監査人は，財務報告に係るシステムの運用・管理の有効性を確認する。その際，
例えば，以下の点に留意する。

・システムを構成する重要なデータやソフトウェアについて，障害や故障等による
データ消失等に備え，その内容を保存し，迅速な復旧を図るための対策が取られ
ていること

・システム，ソフトウェアに障害や故障等が発生した場合，障害や故障等の状況の
把握，分析，解決等の対応が適切に行われていること

c. システムの安全性の確保

監査人は，企業がデータ，システム，ソフトウェア等の不正使用，改竄，破壊等
を防止するために，財務報告に係る内部統制に関連するシステム，ソフトウェア等
について，適切なアクセス管理等の方針を定めているか確認する。

d. 外部委託に関する契約の管理

企業が財務報告に関連して，IT に係る業務を外部委託している場合，監査人は，
企業が適切に外部委託に関する契約の管理を行っているか検討する。

図表 7 − 11　IT に係る業務処理統制の整備及び運用状況の評価の検討手続
(実施基準Ⅲ.4.(2) ②ハ)

---

a. 監査人は，システム設計書等を閲覧することにより，企業の意図した会計処理が
行われるシステムが作成されていることを確認する。

b. その際，監査人は，「Ⅱ 財務報告に係る内部統制の評価及び報告」3.(3) に記載
されている，例えば，以下のような評価項目について留意する。

・入力情報の完全性，正確性，正当性等を確保するための手段が取られているか。
・エラーデータの修正と再処理が適切に行われているか。

・仕入先，販売先等のマスタ・データ（顧客マスタや単価マスタ等の業務の基幹となるような固定的な情報を記録したファイルをマスタファイルという）の維持管理が適切に行われているか。

・システムの利用に関する認証・操作範囲の限定など適切なアクセスの管理がなされているか。

c. 監査人は，業務処理統制の運用状況について確認を実施する。

監査人は，図表7−2の内部統制の記録等の閲覧，適切な管理者又は担当者に対する質問等により，業務処理統制の実施状況及び自己点検の状況を検討する。

その際，評価対象となった業務処理統制に係る統制上の要点ごとに，一部の取引を抜き出し（サンプリング），当該取引に係るシステムへの入力情報とシステムからの出力情報を比較し，予想していた出力情報が得られているかを，例えば，入力データに基づいて，検算を行うこと等により確認する。

監査人は，前述のように，基本的には，監査人自ら選択したサンプルを用いた試査により，適切な監査証拠を入手して行うこととなるが，監査人は，統制上の要点として選定した内部統制ごとに，経営者が抽出したサンプルの妥当性の検討を行った上で，監査人自らが改めて当該サンプルをサンプルの全部又は一部として選択することができる。当該サンプルについて，経営者が行った評価結果についても，評価方法等の妥当性を検証し，経営者による作業の一部について検証した上で，経営者の評価に対する監査証拠として利用することができる。

例えば，前年度において，内部統制の評価結果が有効であったITに係る業務処理統制の運用状況の評価に当たっては，当該業務処理統制の整備状況に重要な変更がないなど新たに確認すべき事項がない場合，経営者が評価において選択したサンプル及びその評価結果を利用するなど効率的な手続の実施に留意する。

なお，ITを利用した内部統制は一貫した処理を反復継続するため，その整備状況が有効であると評価された場合には，ITに係る全般統制の有効性を前提に，監査人においても，人手による内部統制よりも，例えば，サンプル数を減らし，サンプルの対象期間を短くするなど，一般に運用状況の検討作業を減らすことができる。また，ITを利用して自動化された内部統制については，過年度の検討結果を考慮し，検討した時点から内部統制が変更されていないこと，障害・エラー等の不具合が発生していないこと，及び関連する全般統制の整備及び運用の状況を検討した結果，全般統制が有効に機能していると判断できる場合には，その結果を記録することで，当該検討結果を継続して利用することができる。

（10）内部統制の開示すべき重要な不備の報告と是正

　内部統制の不備は，内部統制が存在しない，又は規定されている内部統制では内部統制の目的を，十分に果たすことができない等の**整備上の不備**と，整備段階で意図したように内部統制が運用されていない，又は運用上の誤りが多い，あるいは内部統制を実施する者が統制内容や目的を正しく理解していない等の**運用上の不備**からなる（内報第186項）。

　一方，**内部統制の開示すべき重要な不備**とは，内部統制の不備のうち，単独で，又は複数組み合わせて，一定の金額を上回る虚偽記載，又は質的に重要な虚偽記載をもたらす**可能性が高い**ものをいい，開示すべき重要な不備の判断指針は，企業の置かれた環境や事業の特性等によって異なるものであり，一律に示すことはできないが，基本的には，財務報告全般に関する虚偽記載の発生可能性と影響の大きさのそれぞれから判断される。開示すべき重要な不備に該当するかどうかは，実際に虚偽記載が発生したかどうかではなく，**潜在的に重要な虚偽記載の発生を防止又は適時に発見できない可能性がどの程度あるか（潜在性）**によって判断される（内報第187項）。

　経営者又は監査人が開示すべき重要な不備を発見した場合でも，前年度以前に発見された開示すべき重要な不備を含め，それが**内部統制報告書における評価時点（期末日）**までに是正されていれば，内部統制は有効であると認めることができる。監査人は内部統制の不備が識別された場合，当該不備が個々に又は組み合わせにより開示すべき重要な不備に該当するかどうかを，以下の手順で判断する（実施基準Ⅲ.4.（2）④）。

╭───╮
│ **図表7－12　内部統制の不備が開示すべき重要な不備に該当するかどうかの判断手順** │
╰───╯

イ．業務プロセスから発見された内部統制の不備がどの勘定科目等に，どの範囲で影響を及ぼしうるかについての検討

　例えば，ある事業拠点において，ある商品の販売に係る業務プロセスで問題が起きた場合，その問題の影響が及ぶ売上高は，**当該販売プロセスが当該事業拠点に横断的な場合**（例えば，ある事業拠点においてすべての出荷が定型化した販売手続を経て行われる場合であって，その出荷のプロセスに不備が発見された場合）には，当該事業拠点全体の売上高に影響を及ぼすと考えられるが，特定の商品に係る販売プロセスに固有のも

のである場合，当該商品の売上高だけに影響を及ぼすものと考えることができる。

　また，他の事業拠点でも，問題となった業務プロセスと同様の業務手順を横断的に用いている場合（例えば，別の事業拠点でも，同一の手順書等に基づき，先の事業拠点と同一の手順を経て販売が行われる場合）には，上記の問題の影響は当該他の事業拠点全体の売上高にも及ぶことが考えられる。ただし，最終的な内部統制の不備の程度については，以下のロに示すように，当該他の事業拠点において実際に問題が発生する確率の高低等を考慮して決定することになる。

ロ．影響が実際に発生する可能性の検討

　上記イの影響が実際に発生する可能性につき，発生確率をサンプリングの結果を用い統計的に導き出す。またそれが難しい場合には，以下に掲げる事項に留意して，リスクの程度を定性的に（例えば，発生可能性の高，中，低）把握し，それに応じてあらかじめ定めた比率を発生確率として適用することも考えられる。

・検出された例外事項の大きさ・頻度

　　例えば，試査による検討の結果，検出された誤謬等の規模（金額）が大きく，検出の頻度（件数）が高いほど，影響の発生可能性は高いと判断される。

・検出された例外事項の原因

　　例えば，事業拠点において内部統制に関するルールが遵守されてはいたが不注意により誤りが発生したという場合，内部統制のルールがまったく遵守されていなかったという場合よりも，影響の発生可能性は低いと判断される。

・ある内部統制と他の内部統制との代替可能性

　　例えば，内部統制に代替可能性が認められる場合，ある内部統制の不備を他の内部統制が補完している（これを**補完統制**という）可能性があり，その場合には影響の発生する可能性が低減されるということが考えられる。

ハ．内部統制の不備の質的・金額的重要性の判断

　監査人は，上記イ．ロ．で求めた金額と発生可能性を勘案し，当該不備が財務報告に及ぼす潜在的な影響額を検討し，その質的・金額的重要性を判断する。

　内部統制の開示すべき重要な不備は，一定の金額を上回る虚偽記載，又は質的に重要な虚偽記載をもたらす可能性が高いもので，重要性の判断においては，金額的な面及び質的な面の双方について，原則として連結財務諸表に対して検討を行う。

　金額的な重要性の判断は，評価対象年度の実績値のみならず，それぞれ過去の一定期間における実績値の平均を含む，連結総資産，連結売上高，連結税引前利益などに対する比率（例えば，連結税引前利益には概ねその5％程度とすることが考えられるが，最終的には財務諸表監査における金額的重要性との関連に留意する）で判断する。なおこれ

らの比率は画一的に適用するのではなく，会社の業種，規模，特性など会社の状況に応じ適切に用いることとなる。

一方，質的な重要性は，例えば，上場廃止基準や財務制限条項に関わる記載事項など，また関連当事者との取引や大株主の状況に関する記載事項などが，それぞれ投資者の投資判断や，財務報告の信頼性に与える影響の程度で判断する。

なお質的重要性を持つと考えられる内部統制の開示すべき重要な不備の事例としては，以下が挙げられる（内報191～194項）。

（1）上場廃止基準

金融商品取引所が定める上場廃止基準は，例えば，株式会社東京証券取引所では，上場株式数，株主数，時価総額，債務超過，有価証券報告書等の虚偽記載，監査人による不適正意見又は意見不表明，売買高等の定めがある。

開示すべき重要な不備に該当するかどうかの検討は，これらの事項が財務諸表作成における重要な判断に及ぼす影響の大きさを勘案して行われるものであることから，例えば債務超過の回避等，財務諸表に対する虚偽記載が上場廃止基準に抵触することとなる場合には，質的な重要性があると判断する。

（2）財務制限条項

金融機関が債務者に融資を実行する際に，債務者の財政状態，経営成績が一定の条件に該当する場合には，債務者は借入金について期限の利益を失い直ちに一括返済の義務を負う。財務制限条項には，例えば，純資産維持条項，利益維持条項，現預金維持条項等がある。

財務諸表に対する虚偽記載が財務制限条項を回避することとなる場合には，質的な重要性があると判断することとなる。

（3）関連当事者との取引

開示の対象とすべき関連当事者の存在及び当該関連当事者との取引の識別並びにその開示に係る網羅性の検討に係る内部統制に不備が認められる場合には，質的な重要性があると判断する。

（4）大株主の状況

上記の関連当事者との取引とも一部重複があるが，とりわけ，関連当事者の存在の検討に係る内部統制において，名義株の検討，大量保有報告書の検討等，財務諸表提出会社の親会社，その他の関係会社，主要株主の判定における内部統制に不備が認められる場合には，質的な重要性があると判断する。

なお，「大株主の状況」では，所有株式数の多い順に10名程度の株主が記載されるが，財務報告に係る内部統制の評価にあっては，これらすべての大株主の記載が正しいことを求めているわけではないことに留意する。

業務プロセスの不備が及ぼす影響に質的又は金額的な重要性があると認められる場合には，当該不備は開示すべき重要な不備に該当するものと判断される。

二．IT を利用した内部統制に係る IT の全般統制の不備の取扱い

IT を利用した内部統制に係る IT の全般統制は，IT に係る業務処理統制が有効に機能する環境を保証するための統制活動であり，仮に，全般統制に不備があった場合には，たとえ業務処理統制が有効に機能するように整備されていたとしても，その有効な運用を継続的に維持することができない可能性がある。したがって，全般統制に不備が発見された場合には，それをすみやかに改善することが求められる。しかしながら，IT に係る全般統制の不備は，それ自体が財務報告の重要な事項に虚偽記載が発生するリスクに必ずしも直接に繋がるものではないため，業務処理統制が現に有効に機能していることが検証できているのであれば，全般統制の不備をもって直ちに開示すべき重要な不備と評価されるものではないことに留意する。

監査人は，**内部統制の開示すべき重要な不備**を発見した場合には，**内部統制の改善を評価する手続を実施**するなど，**適時に監査計画を修正**し，**経営者に報告して是正を求める**とともに，当該開示すべき重要な不備の**是正状況を適時に検討**しなければならない。また当該開示すべき重要な不備の**内容及びその是正結果を取締役会及び監査役等に報告**しなければならない。

一方，**内部統制の不備**を発見した場合には，**適切な管理責任者に報告**しなければならないとされ，開示すべき重要な不備とでは，対応が異なっていることに注意する（実施基準Ⅲ.3.（1），（5），内報219項）。

財務報告に係る内部統制の有効性の評価は，原則として連結ベースで行うので，重要な影響の水準も原則として連結財務諸表に対して判断する。

なお，開示すべき重要な不備が識別されている場合，開示すべき重要な不備自体を KAM として取り扱う必要は必ずしもない。ただし，当該識別された開示すべき重要な不備が財務諸表監査に及ぼす影響を考慮して，当該不備に関連する事項が KAM に該当すると判断した場合は，財務諸表監査の監査報告書に記載することがある。その場合，開示すべき重要な不備は，内部統制報告書や内部統制監査報告書に記載が求められているため，KAM において内部統制監査報告書の強調事項や不適正意見の根拠に参照を付すことがある（内報222 - 2項）。

（11）経営者が開示すべき重要な不備を識別した場合の対応

　開示すべき重要な不備に該当する全社的な内部統制の不備の事例は，図表７－６でみたが，開示すべき重要な不備に該当するかどうかを検討すべき内部統制の不備の状況を示す例として，①前期以前の財務諸表につき重要な修正をして公表した場合，②企業の内部統制により識別できなかった財務諸表の重要な虚偽記載を監査人が検出した場合，及び③上級経営者層の一部による不正が特定された場合，を挙げている（内報第210項）。

　また次に挙げる①から⑤の分野（①会計方針の選択適用に関する内部統制，②不正の防止・発見に関する制度，③リスクが大きい取引を行っている事業又は業務に係る内部統制，④見積りや経営者による予測を伴う重要な勘定科目に係る内部統制，及び⑤非定型・不規則な取引に関する内部統制）で内部統制の不備が発見された場合には，財務報告の信頼性に与える影響が大きいことから，開示すべき重要な不備に該当する可能性を慎重に検討する（内報第211項）。

　開示すべき重要な不備及び必要に応じて開示すべき重要な不備以外の内部統制の不備（以下「開示すべき重要な不備等」という）が監査人に報告されることになるが，監査人は，経営者が識別した開示すべき重要な不備等を勘案して財務報告の重要な虚偽記載が発生するリスクを考慮する必要がある（内報213項）。監査人は，全社的な内部統制の評価の検討に当たり，経営者が識別した開示すべき重要な不備等について，その判断基準に照らして，経営者の評価結果，経営者が当該評価結果を得るに至った根拠等を確認するとともに，**業務プロセスに係る内部統制に及ぼす影響を含め，財務報告に重要な影響を及ぼす可能性について慎重に検討し，経営者の評価が妥当であるか確認する**（内報214項）。

　また，業務プロセスに係る内部統制の評価の検討に当たり，経営者が識別した開示すべき重要な不備等について，**どの勘定科目等にどの範囲で影響を及ぼし得るか，影響が実際に発生する可能性，質的・金額的重要性等から判断して，経営者の評価が妥当であるかどうか確認する**（内報216項）。

　監査人は，経営者が開示すべき重要な不備について評価時点（期末日）までに是正措置を行った場合には，実施された是正措置について経営者が行った評価が妥当であるかどうかの確認を行う。この際，開示すべき重要な不備を識別してから最終的な評価時点（期末日）までに，一定の期間が確保され，是正措

置の評価が適切に行われたかどうかに留意する。

　経営者が開示すべき重要な不備について評価時点（期末日）までに是正措置を行っていない場合には，内部統制報告書における経営者の評価結果に関する事項の記載内容（開示すべき重要な不備があり，財務報告に係る内部統制は有効でない旨並びにその開示すべき重要な不備の内容及びそれが事業年度の末日までに是正されなかった理由）の妥当性を検討し，当該記載内容が適切であるか否かについて判断する。経営者が上記の記載に加え，内部統制府令ガイドライン4−5により，当該開示すべき重要な不備の是正に向けての方針，当該方針を実行するために検討している計画等を記載しているときは，当該方針や計画等の実在性を検討する（内報217項）。

　また内部統制報告書に，期末日後から内部統制報告書の提出日までに実施された，開示すべき重要な不備に対する是正措置が付記された場合，監査人は，当該是正措置に係る内部統制報告書の**付記事項**などの記載内容の妥当性を検討するため，当該是正措置に関する稟議書等の社内文書を入手して，その内容を確認する等の手続を実施する。

　さらに監査人は，経営者が内部統制報告書に付記事項として記載した，期末日後に実施された是正措置の内容の記載が適切と判断した場合には，追記情報として内部統制監査報告書に重ねて記載する。また是正措置の内容の記載が適切でないと判断した場合は，当該不適切な記載についての除外事項を付した限定付適正意見を表明するか，又は，内部統制報告書の表示が不適正である旨の意見を表明し，その理由を記載しなければならない。

　内部統制報告書の提出日までに有効な内部統制を整備し，その運用の有効性を確認している場合には，経営者は，是正措置を完了した旨を，実施した是正措置の内容とともに記載することとなるが，このような記載が行われる場合には，記載内容の適正性について確認を実施する（実施基準Ⅱ.3.(5)，Ⅲ.4.(3)）。

（12）内部統制監査報告書の記載事項と無限定適正意見の意義

　監査人は，経営者の作成した内部統制報告書が，一般に公正妥当と認められる財務報告に係る内部統制の評価の基準に準拠し，財務報告に係る内部統制の評価結果について，全ての重要な点において適正に表示していると認められる

ときは，内部統制監査報告書において，その旨の意見，つまり無限定適正意見
を表明する。内部統制監査報告書は，原則として，財務諸表監査における監査
報告書に合わせて1つの監査報告書として，一体的に作成する方法を原則とし
(内報254項)，基本的に「監査意見」，「監査意見の根拠」，「経営者及び監査役
等の責任」，「監査人の責任」という4つの区分に分け，「内部統制監査の対象」
以外は，それぞれ見出しを付して明瞭に記載する。

　財務諸表監査報告書の日付は，監査人が意見表明の基礎となる十分かつ適切
な監査証拠を入手した日以降の日付とすることが求められる。そして審査が，
監査人が十分かつ適切な監査証拠を入手したかどうかを判断する一助となるこ
とから，財務諸表監査報告書の日付は関連する審査を完了した日以降とされて
いる。よって，一体監査においては，両方の監査の審査が完了し，意見表明の
基礎となる十分かつ適切な監査証拠を入手したと監査人が判断した日以降の日
付となる (内報25項)。

　内部統制報告書が適正に表示されているとは，内部統制報告書に重要な虚偽
表示（脱漏を含む）が無いということであり，具体的には，一般に公正妥当と認
められる財務報告に係る内部統制の評価の基準に準拠して，①財務報告に係る
内部統制の評価範囲，②財務報告に係る内部統制の評価手続，③財務報告に係
る内部統制の評価結果及び④付記事項等の内容の4点の記載が適切であること
を意味しており，これらの重要な点につき記載が適切でないものがある場合は，
監査人は無限定適正意見を表明することはできない (内報257項)。

　無限定適正意見が想定されるケースとしては，以下のイ～ハがある。

図表7－13　無限定適正意見が想定されるケース (内報273項)

イ．経営者は内部統制報告書において財務報告に係る内部統制は有効であると結論
　付けており，かつ，内部統制の評価範囲，評価手続及び評価結果についての，
　経営者が行った記載が適切である場合。

ロ．経営者は内部統制報告書において財務報告に係る内部統制に開示すべき重要な
　不備があるため有効でない旨及び是正できない理由等を記載しており，かつ内
　部統制の評価範囲，評価手続及び評価結果についての，経営者が行った記載が
　適切である場合。この場合，当該開示すべき重要な不備がある旨及び当該開示
　すべき重要な不備が財務諸表監査に及ぼす影響を強調事項として記載する。

> ハ．経営者は，やむを得ない事情により内部統制の一部について十分な評価を実施
> できなかったが，内部統制報告書において財務報告に係る内部統制は有効であ
> ると結論付けており，かつ，内部統制の評価範囲，評価手続及び評価結果につ
> いての，経営者が行った記載が適切である場合。この場合は，十分な評価手続
> が実施できなかった範囲及びその理由を強調事項として記載する。

（13）意見に関する除外

監査人は，内部統制報告書において，**内部統制の評価範囲，評価手続及び評価結果**についての，経営者が行った記載に関して**不適切**なものがあり，**その影響が**

ⅰ）無限定適正意見を表明することができない程度に**重要**ではあるものの，**内部統制報告書を全体として虚偽の表示に当たるとするほどではない**と判断したとき・・・意見に関する除外事項を付した限定付適正意見を表明し，「監査意見」区分において「限定付適正意見」という見出しを付して，適切に記載する。そして「監査意見の根拠」の見出しを「限定付適正意見の根拠」に修正し，除外した不適切な事項の内容及び当該除外した不適切な事項が財務諸表監査に及ぼす影響を記載する（内報274項，274－2項）。

ⅱ）**内部統制報告書全体として虚偽の表示に当たるとするほどに重要**であると判断した場合・・・不適正意見を表明し，「監査意見」区分において「不適正意見」という見出しを付して，適切に記載する。そして「監査意見の根拠」の見出しを「不適正意見の根拠」に修正し，監査の対象となった内部統制報告書が不適正であるとした理由，並びに財務諸表監査に及ぼす影響を記載する（内報276項，276－2項）。

不適正意見が表明されるケースとしては，以下の事例がある。

図表7－14　不適正意見が表明されるケース（内報276－2項）

> イ．監査人が特定した開示すべき重要な不備を経営者が特定しておらず，内部統制
> 報告書に記載していない場合。この事例として，東芝の2017年3月期における
> 内部統制監査報告書を参照されたい。なおこれには，経営者が開示すべき重
> 要な不備を特定し財務報告に係る内部統制は有効ではないという結論を導いて
> いる場合であっても，経営者が特定した開示すべき重要な不備以外に，監査人

が他の開示すべき重要な不備を特定している場合で，経営者に内部統制報告書への追加記載を求めたが，経営者の合意が得られず，内部統制報告書に記載されなかった場合を含む。

ロ．内部統制の評価範囲，評価手続及び評価結果に関して，内部統制報告書の記載内容が事実と異なり，その影響が内部統制報告書全体として虚偽の表示に当たるとするほどに重要であると判断した場合に，不適正意見が表明される。

（14）監査範囲の制約

監査人は，**重要な監査手続を実施できなかったこと等**により，監査範囲の制約を受けた場合に，

i) 無限定適正意見を表明することができない場合において，その**影響が内部統制報告書全体に対する意見表明ができないほどではない**と判断したとき・・・「監査意見」区分において「限定付適正意見」という見出しを付して監査範囲の制約に関する除外事項を付した限定付適正意見を表明し，「監査意見の根拠」の見出しを「限定付適正意見の根拠」に修正し，実施できなかった監査手続等及び財務諸表監査に及ぼす影響を記載する（内報278項，278 - 2項）。

ii) その影響が内部統制報告書に対する意見表明ができないほど重要と判断し，**内部統制報告書に対する意見表明のための基礎を得ることができなかった**とき・・・「監査意見」区分において「意見不表明」という見出しを付して，意見を表明しない旨を記載し，さらに，「監査意見の根拠」の見出しを「意見不表明の根拠」に修正し，意見を表明しない理由を記載する（内報277項，277 - 2項）。

監査範囲の制約に関する除外事項を付した限定付適正意見が表明されるのは，図表7 - 15のケースである（内報278 - 2項）。

図表7 - 15　監査範囲の制約に関する除外事項を付した限定付適正意見が表明されるケース（内報278 - 2項）

イ．経営者の実施した内部統制の**評価範囲が一部不十分**であるが，**経営者の評価結果そのものは適切**である場合。なお，一部範囲が限定される場合で経営者の評

価結果が不適切な場合は，不適正意見となるが，内部統制監査報告書において
不適正となった理由と共に範囲限定の状況を記載する。
ロ．経営者の実施した内部統制の**評価範囲が一部不十分**であるが，**経営者の評価結
果そのものは適切**であり，経営者が評価を実施した範囲で開示すべき重要な不
備を発見し，当該事実を内部統制報告書に記載を行っている場合。

これはいずれも，内部統制の評価範囲が一部不十分であり，内部統制報告書
全体に対する意見表明ができないほどではないためである。またこの場合でも，
経営者の評価結果そのものは適切であることを前提とし，評価結果が不適切で
ある場合には，意見に関する除外となるので，不適正意見となることに注意する。
一方，意見不表明となるのは，以下のケースである。

図表7－16　意見不表明が想定されるケース（内報277－2項）

イ．重大な災害の発生等により経営者が実施した評価範囲に制約が生じた場合
ロ．上記イ.に加え，経営者が評価を実施した範囲で開示すべき重要な不備を発見し，
当該事実を内部統制報告書に記載を行っている場合

（15）内部統制監査報告書における追記情報（「基準」Ⅲ.4.(6)）

監査人は，内部統制報告書の記載について強調する必要がある事項及び説明
を付す必要がある事項を内部統制監査報告書において情報として追記する場
合には，意見の表明とは明確に区別しなければならず（基準Ⅲ.4.(2)②,），また
内部統制報告書の記載について強調することが適当と判断した事項（強調事項）
とその他説明することが適当と判断した事項（その他の事項）を区分して記載す
ることが求められている（内報258項）。

追記情報として記載すべき事項は，図表7－17の事項その他の監査人が強
調すること又はその他説明することが適当であると判断した事項とされている
（内部統制府令6条6項）。

316

図表7−17　内部統制監査報告書における追記情報（内報259項）

① 経営者が，内部統制報告書に財務報告に係る内部統制に開示すべき重要な不備の内容及びそれが是正されない理由を記載している場合において，当該開示すべき重要な不備がある旨及び当該開示すべき重要な不備が財務諸表監査に及ぼす影響（当該影響とは，財務諸表に対する監査意見に及ぼす影響であり，これは通常，監査計画を修正し見直し後の実証手続の実施により検証する（内報第40項・221項））。

② 上記①の場合で，事業年度の末日後に，開示すべき重要な不備を是正するために実施された措置がある場合には，その内容・・・監査人は，経営者が内部統制報告書に付記事項として記載している事業年度の末日後に実施した是正措置が適正に表示されているか否かは，当該是正措置により新たに導入された内部統制の整備及び運用状況について評価の検討を実施した上で判断する。なお，内部統制監査報告書日までに開示すべき重要な不備の是正方針や計画のみが存在している場合，当該是正方針や計画は，経営者の内部統制報告書においては付記事項としてではなく，開示すべき重要な不備の内容とそれが是正されなかった理由に併せて記載することができることになっている（内部統制府令ガイドライン4−5）ため，追記情報とはならないことに留意する。

③ 財務報告に係る内部統制の有効性の評価に重要な影響を及ぼす後発事象・・・財務報告に係る内部統制の有効性に影響を及ぼす後発事象は，修正後発事象と開示後発事象の2つに分類されており，内部統制監査においては，重要な修正後発事象については，経営者による財務報告に係る内部統制の有効性の評価の結果についての監査人の判断に影響を及ぼす事項であり，追記情報として記載される後発事象は開示後発事象となる。

④ 経営者の評価手続の一部が実施できなかったことについて，やむを得ない事情によると認められるとして無限定適正意見を表明する場合において，十分な評価手続を実施できなかった範囲及びその理由。

　上記の事項は，監査人からの情報として内部統制報告書の利用者に提供されるものであるが，内部統制報告書の作成責任は経営者にあることにより，内部統制報告書に記載されていない情報を監査人が経営者に代わって提供することを予定するものではない。したがって，これらの追記情報は，強調事項として取り扱われることになるため，監査人は，内部統制監査報告書において，「強調事項」又は他の適切な見出しを付した強調事項区分を「監査意見の根拠」区分の次に設けて，当該区分に強調する事項を明瞭に記載する。

　なお，たとえ財務報告に係る内部統制について開示すべき重要な不備がある場合でも，それを原因として自社の内部統制は有効でないとの結論を表示した内部統制報告書であれば，無限定適正意見を表明することは可能であり，その場合，追記情報として上記①の内容を，内部統制監査報告書に記載することになる（なお令和5年改訂基準Ⅲ 4.（2）②では，内部統制の評価結果において，内部統制は有効でない旨を記載している場合は，監査人の意見に含めて記載することが適切とされる）。一方，実施基準Ⅲ. 2. によれば，内部統制に開示すべき重要な不備があり有効でない場合，財務諸表監査において監査基準の定める内部統制に依拠した通常の試査による監査は実施できないと考えられるとある。したがってこの場合，内部統制監査報告書に対する意見は適正であったとしても，それによって内報41項にあるように，重要な監査手続を実施できず，財務諸表に対する意見表明のための基礎を得ることができなかったときには，財務諸表に対しては意見を表明してはならないことになるので留意すべきである。

（16）内部統制監査における評価範囲の制約に係る監査上の取扱い

　内部統制監査における評価範囲の制約に係る監査上の取扱いについては，以下の図表7 - 18にまとめられる。

図表7 - 18　内部統制監査における評価範囲の制約に係る監査上の取扱い

---

① **監査人が評価対象とすべきと判断した内部統制の評価が未実施の場合**

　実施基準Ⅱに基づき，本来，経営者が評価範囲に含めるべきと監査人が判断した内部統制につき，経営者が評価を実施していない場合，当該領域につき，監査対象が存在せず，必要な監査手続は実施できない。よって，監査人は，経営者による評価範囲の妥当性の判断は，監査範囲の制約の問題として取り扱い，評価対象としなかった範囲の与える影響に応じ，基本的には，監査範囲の制約に係る除外事項を付した限定付適正意見又は意見不表明を検討する（内報261項，275項）。

② **経営者による内部統制評価の対象範囲外の領域から重要な虚偽記載が監査人により特定された場合**

　監査人が財務諸表監査の過程で，経営者による内部統制評価の対象ではない重要な事業拠点や業務プロセスから財務諸表の重要な誤謬を指摘した場合，又は財務諸表監査目的で，経営者による内部統制評価の対象ではない業務プロセスの評価を実

施し開示すべき重要な不備に相当する内部統制の不備を特定した場合，当該重要な事業拠点や業務プロセスを内部統制の評価対象に加えるべきであったかどうかを，監査人は検討しなければならず，また，必要に応じて，経営者と協議しなければならない。

　その結果，監査人が当該重要な事業拠点や業務プロセスを内部統制の評価対象とすべきであったという結論に達し，時間的制約から経営者による評価が不可能な場合は，監査範囲の制約として取り扱う（内報262項）。

　なおこの点本章2．(5)で触れた通り，令和5年改訂実施基準Ⅱ(2)が新たな扱いをしたため，今後内報上も変更が予想される。

③　**経営者が必要な評価範囲の内部統制の評価手続を完了できない場合で，内部統制報告書上，評価結果を表明できない旨の記載がある場合**

　監査人は，経営者がやむを得ない事情か否かにかかわらず，必要な評価範囲の内部統制の評価手続を完了できず，全体として，評価結果を表明するに足る証拠が得られない場合で，内部統制報告書において，「重要な評価手続が実施できなかったため，財務報告に係る**内部統制の評価結果を表明できない**旨並びに実施できなかった評価手続及びその理由」が記載されているときには，重要な監査手続を実施できなかったことにより，内部統制報告書に対する意見表明の基礎となる十分かつ適切な監査証拠を入手できないため，**意見を表明してはならない**（内報269項）。これは**やむを得ない事情か否かを問わない**ものであることに注意する。

　またこの場合，たとえ経営者が評価を実施した範囲において，**開示すべき重要な不備**を識別し，内部統制報告書において，「開示すべき重要な不備があり，財務報告に係る**内部統制は有効でない**旨及びその開示すべき重要な不備の内容及びそれが事業年度末日までに是正されなかった理由」を**適切に記載**しているときでも，やはり上記と同様の理由で，監査人は，**意見を表明してはならない**，とされるので注意すること（内報270項）。

　ただし，内部統制報告書上，開示すべき重要な不備を開示しているから，監査人の対応としては，内部統制監査報告書において，意見を表明しない旨及びその理由，並びに強調事項として内部統制報告書に開示すべき重要な不備の記載がある旨及び当該開示すべき重要な不備が財務諸表監査に及ぼす影響について記載することとなる（内報269，270項）。これについては，先の意見不表明が想定される図表7－16のロ．が該当する。

④　**経営者が必要な評価範囲の内部統制の評価手続の一部を完了できず，評価手続を実施できなかった範囲を除外した内部統制報告書を作成し，評価手続を実施できなかった理由が，**

：**やむを得ない事情による場合**（パターン1）

：やむを得ない事情とは認められず，内部統制報告書に「評価手続の一部が実施で
きなかったが，財務報告に係る内部統制は有効である旨，並びに実施できなかっ
た評価手続及びその理由」の記載がある場合（パターン2）

パターン1）監査人は，経営者が**やむを得ない事情**により，内部統制の一部につい
て十分な評価手続を実施できなかったとして，評価手続を実施できなかった範囲を
除外した内部統制報告書を作成している場合には，**経営者が当該範囲を除外した事
情が合理的であるかどうか及び当該範囲を除外する**ことが財務諸表監査に及ぼす影
響について十分に検討しなければならない。

やむを得ない事情とは，期限内に内部統制評価の基準に準拠した評価手続を経営
者が実施することが困難と認められる事情がある場合であり，例えば，大規模なシ
ステム変更や地震，風水害などの災害の発生，下期に大規模な他企業を合併又は買
収し，被合併会社や被買収会社の規模や事業の複雑性を考慮すると，内部統制評価
には相当の準備期間が必要であり，当該年度の決算が取締役会の承認を受けるまで
の間の期間に評価が完了しないことに合理性がある場合等のケースが想定されてい
る。したがって，内部統制評価の責任を有する役職者や担当者の突然の異動・退職，
内部統制評価の基礎となる重要な文書の不注意による滅失等，企業側の責任に帰す
事情により内部統制評価が実施できなかった場合は，やむを得ない事情には該当し
ない（内報263項）。

監査人は，経営者の評価手続の一部が実施できなかったことにつき，やむを得な
い事情によると認められるとして，十分な評価を実施できなかった範囲を除き，一
般に公正妥当と認められる内部統制の評価の基準に準拠し，財務報告に係る内部統
制の評価について，全ての重要な点において適正に表示していると認められると判
断した場合には，内部統制監査報告書において無限定適正意見を表明する。この場
合，監査人は，経営者がやむを得ない事情により十分な評価手続を実施できなかっ
た範囲及びその理由を内部統制監査報告書に強調事項として記載しなければならな
い。この事例については，先の無限定適正意見が表明される図表7－13のハ．が該
当する（内報265・273項③）。

なお，経営者の評価手続の一部が実施できなかったことに正当な理由が認められ
るとして無限定適正意見を表明する場合には，i）経営者による財務報告に係る内部
統制の有効性の評価が，やむを得ない事情により十分な評価手続を実施できなかっ
た一部の内部統制を除き，全体として適切に実施されていること，ii）やむを得ない
事情により，十分な評価手続を実施できなかったことが財務報告の信頼性に重要な
影響を及ぼすまでには至っていないこと，に留意する（内報267項）。

また，「**やむを得ない事情**」により内部統制の評価ができなかった範囲の影響が内

部統制報告書に対する意見を表明できないほどに重要であると判断した際には，やむを得ない事情に正当な理由がある場合であっても，監査人は意見を表明してはならない（内報266項）。この事例については，先の意見不表明が想定される図表7－16のイ．が当てはまる。

パターン２）経営者が**やむを得ない事情とは認められない理由**により，必要な評価範囲の内部統制の評価手続の一部を完了できず，内部統制報告書において，「評価手続の一部が実施できなかったが，財務報告に係る**内部統制は有効である旨**，並びに実施できなかった評価手続及びその理由」が記載されている場合，監査人は，重要な監査手続を実施できない可能性もあるため，その影響に応じ，**意見不表明とするか又は監査範囲の制約に関する除外事項を付した限定付適正意見を表明する（内報271項）**。

　ただし，あくまで評価結果そのものが適切である場合を前提とし，当該場合を前提とした限定付適正意見及びその文例については，内報278－2項①及び図表7－15のイ．を参照。

　なお，意見不表明の場合は，③に準拠して取り扱う。

　監査範囲の制約に関する除外事項を付す場合，内部統制監査報告書に除外事項及び当該除外事項が財務諸表監査に及ぼす影響を記載したうえで，さらに以下の検討が必要とされる。

（ⅰ）識別した開示すべき重要な不備が内部統制報告書に記載されている場合

　監査範囲の制約に関する除外事項を付した限定付適正意見を表明する場合で，経営者が評価を実施した範囲において，**開示すべき重要な不備を識別し**内部統制報告書において，「開示すべき重要な不備があり，財務報告に係る**内部統制は有効でない**旨及びその開示すべき重要な不備の内容及びそれが事業年度末日までに是正されなかった理由」を適切に記載しているときには，強調事項として内部統制監査報告書に当該開示すべき重要な不備の記載がある旨及び当該開示すべき重要な不備が財務諸表監査に及ぼす影響について記載する。内報272項（ⅰ）及び278－2項②及び図表7－15のロ．を参照。

　これについては，先の③のケースとの違いに留意すること。③では，経営者が評価を実施した範囲で，開示すべき重要な不備を識別し，内部統制は有効でない旨の評価結果を表明していても，そもそも監査範囲の制約の影響が大きく，監査人が意見表明の基礎となる十分かつ適切な監査証拠を入手できないわけであるから，意見不表明とするより他ないわけである。しかしこの場合，同じ監査範囲の制約があるにしても，その影響が内部統制報告書全体に対する意見表明ができないほどではなく，開示すべき重要な不備があり内部統制は有効でない旨等の評価結果が適切であ

れば，当該評価結果が記載された内部統制報告書については，除外事項を付した限定付適正意見を表明できるのである。

（ⅱ）識別した開示すべき重要な不備が内部統制報告書に記載されていない場合

　経営者が評価を実施した範囲において**開示すべき重要な不備を識別した**が，**内部統制報告書において必要な記載を行っていない場合**には，内部統制報告書が不適正である旨の意見を表明する。これは，先の図表7－15のイ．のなお書きに該当する。この場合，別に区分を設けて，経営者の内部統制報告書が不適正である旨及びその理由，並びに財務諸表監査に及ぼす影響を記載する（内報272項（ⅱ））。このように一部範囲が限定される場合でも，経営者の**評価結果そのものが不適切となる場合は，不適正意見**となり，内部統制監査報告書において不適正となった理由と共に範囲限定の状況を記載することになるので，注意する（内報278－2項①なお書及び図表7－15イ．のなお書）。

　この扱いは，監査範囲の制約がない場合でも同様である（内報276－2項②及び図表7－14ロ．）。

索　　引

《著者紹介》

山本貴啓（やまもと・たかひろ）

1968 年　東京都生まれ
1990 年　慶應義塾大学経済学部卒業
1991 年　慶應義塾大学大学院商学研究科修士課程中途退学
2000 年　公認会計士開業登録
大手監査法人等勤務後，山本貴啓公認会計士税理士事務所開設を経て，
2006 年　立正大学経営学部准教授
2014 年　立正大学経営学部教授
現在に至る。

主要著書・論文

『実戦テキスト BATIC（国際会計検定）Subject1 アカウンタントレベル（320 点）到達への
　バイブル』税務経理協会　2012 年
『BATIC（国際会計検定）過去問題集アカウンタントレベル（320 点）到達へのトレーニング』
　税務経理協会，2010 年
『基本例文で学ぶ英文会計』税務経理協会，2009 年
「『会計士の公務員化』を考える：大手監査法人での名門企業における監査機能の強化に向け
　て」『産業経理』第 77 巻 3 号 産業経理協会，2017 年
「IFRS にみる会計基準の揺らぎと監査人の対応」『會計』第 189 巻 5 号，森山書店 2016 年
「意見不表明と強調事項」『會計』第 185 巻 4 号，森山書店，2014 年。他

（検印省略）

2016 年 10 月 20 日　初版発行
2020 年 6 月 10 日　改訂版発行
2023 年 5 月 10 日　第 3 版発行　　　　　　　　　　　略称―監査論

ゼミナール監査論 ［第 3 版］

著　者　山本貴啓
発行者　塚田尚寛

発行所　東京都文京区　　**株式会社　創 成 社**
　　　　春日 2 − 13 − 1

　　　　電　話 03（3868）3867　　F A X 03（5802）6802
　　　　出版部 03（3868）3857　　F A X 03（5802）6801
　　　　http://www.books-sosei.com　　振　替 00150-9-191261

定価はカバーに表示してあります。

©2016, 2023 Takahiro Yamamoto　　組版：緑舎　　印刷：エーヴィスシステムズ
ISBN978-4-7944-1580-6 C3034　　製本：エーヴィスシステムズ
Printed in Japan　　　　　　　　　落丁・乱丁本はお取り替えいたします。

───────────── 簿記・会計選書 ─────────────

ゼ ミ ナ ー ル 監 査 論	山 本 貴 啓	著	3,200 円
税 務 会 計 論	柳 裕 治	編著	2,800 円
基礎から学ぶアカウンティング入門	古 賀 智 敏 遠 藤 秀 紀 片 桐 俊 男 田 代 景 子 松 脇 昌 美	著	2,600 円
会計・ファイナンスの基礎・基本	島 本 克 彦 片 上 孝 洋 粂 井 淳 子 引 地 夏 奈 子 藤 原 大 花	著	2,500 円
学 部 生 の た め の 企 業 分 析 テ キ ス ト ― 業界・経営・財務分析の基本 ―	髙 橋 聡 福 川 裕 徳 三 浦 敬	編著	3,200 円
日 本 簿 記 学 説 の 歴 史 探 訪	上 野 清 貴	編著	3,000 円
全 国 経 理 教 育 協 会 公 式 簿 記 会 計 仕 訳 ハ ン ド ブ ッ ク	上 野 清 貴 吉 田 智 也	編著	1,200 円
人 生 を 豊 か に す る 簿 記 ― 続・簿 記 の ス ス メ ―	上 野 清 貴	監修	1,600 円
簿 記 の ス ス メ ― 人 生 を 豊 か に す る 知 識 ―	上 野 清 貴	監修	1,600 円
現代の連結会計制度における諸課題と探求 ― 連結範囲規制のあり方を考える ―	橋 上 徹	著	2,650 円
非 営 利・政 府 会 計 テ キ ス ト	宮 本 幸 平	著	2,000 円
ゼ ミ ナ ー ル 監 査 論	山 本 貴 啓	著	3,200 円

(本体価格)

───────────── 創 成 社 ─────────────